九三文学创作文库

情　殇

李丽芳　杨南鸥

学苑出版社

图书在版编目（CIP）数据

情殇 / 李丽芳，杨南鸥著 . —北京：学苑出版社，2017.4

（九三文学创作文库）

ISBN 978-7-5077-5183-3

Ⅰ. ①情… Ⅱ. ①李…②杨… Ⅲ. ①长篇小说—中国—当代 Ⅳ. ① I247.5

中国版本图书馆CIP数据核字（2017）第042277号

出 版 人：孟　白
责任编辑：孟　玮　王见霞
出版发行：学苑出版社
社　　　址：北京市丰台区南方庄2号院1号楼
邮政编码：100079
网　　　址：www.book001.com
电子信箱：xueyuanpress@163.com
联系电话：010-67601101（营销部）、010-67603091（总编室）
经　　　销：全国新华书店
印 刷 厂：北京信彩瑞禾印刷厂
开本尺寸：880×1230　1/32
印　　　张：19.125
字　　　数：400千字
版　　　次：2017年5月第1版
印　　　次：2017年5月第1次印刷
定　　　价：62.00元

总 序

"九三文学创作文库"第一辑图书即将由学苑出版社出版,这个最初由社中央文化工作委员会提出的构想,在大家努力下,终于有了成果,可喜可贺。

黑龙江省有一位九三学社基层组织的负责同志,是文学爱好者,多次把他的作品通过电子邮件传给我,有散文,有诗歌,描述他在林场当知青的生活,对当今社会巨大进步的感受,还有他特殊的家世,深深打动了我。至今还记得其中的一篇散文,是写囿于深山老林的孤寂的生活,他收养了一条狗,终日为伴,后来他回城了,那条狗天天到路口等他,日夜守护着他留下的物品,终于抑郁而死。生命之间的情感流淌笔端,让我感动不已。当时我想,我们九三学社成员中应该还有不少像他那样的业余文学爱好者,如果能组织起来,相互交流,岂不乐乎?也能以此增强九三学社组织的凝聚力。在我的建议下,2013年9月一批社内作家和业余文学爱好者聚集江西南昌,举办了"家园记忆"主题文学笔会,共商如何活跃与繁荣九三学社文学创作,笔会还邀请了著名作家王安忆和梁晓声做了有关文学创作的讲座。2015年10月社中央文化工作委员会又与九三学社云南省委和四川省委共同举办了"一带一路南方丝绸之路云南行文学笔会",邀请了著名作家方方到会,除座谈交流外,还一起赴南方丝绸之路的"五尺道"采风。这样的活动,增强了全社范围内的文学氛围,活跃了社员的文学创作,最后促成了"九三文学创作文库"的出版。文库第一辑首先选择9位九三学社作家的作品,体裁多样,包括小说、散文、诗歌、随笔等。这9位作家,或为中国作协成员,或为全国性文学大奖的获得者,有长期从事文学创作的经历,具有较为丰富的写作经验和较强的创作实力,旨在为文库开一个好头,今后还将出版更多九三学社文学爱好者的优秀作品。

文学是人类文明殿堂里的瑰宝。好的文学作品能反映社会现实,映照人的灵魂,揭示真善美。经常阅读好的文学作品,能够丰富精神生活,滋润心田,陶冶情操,深化对人生、对生命、对社会的理解,所以我一直倡导我们九三学社的同志多读优秀文学作品。我曾经在社中央全会上以及多个场合,建议大家阅读陈忠实写的《白鹿原》。记得毛主席曾经说过,要了解中国封建社会,就去读《红楼梦》,我演绎了一下:要了解中国晚清到民国的社会,要了解中国近代农村,就去读《白鹿原》。近年来我读莫言的《蛙》、王蒙的《活动变人形》、王安忆的《长恨歌》与《启蒙时代》、贾平凹的《古炉》等,读每一期《新华文摘》转载的小说,都让我对人性与对中国社会有更深入的理解。我读刘慈欣的科幻小说《三体》,对天体物理有了从来没有过的了解和兴趣。总之,我体会到经常阅读好的文学作品,能开阔自己的视野,提升自己的境界,使自己深刻、高贵和优雅,面对纷乱浮躁的社会不至于迷失方向或放弃操守。

九三学社是以科技界为主体的参政党,但历史上也不乏在人文领域卓有建树的大家，比如红学家俞平伯，语言学家黎锦熙，国学大师刘文典、程千帆、游国恩，还有杨晦声、李长之、魏建功、肖涤非、冯沅君、启功等，包括我们九三学社的创始人许德珩先生。此外，像梁希、潘菽、涂长望、茅以升、周培源、吴阶平、王选等许许多多出色的科学家，都具有深厚的文学功底和艺术修养，人文精神的滋养与他们的成才以及在科学技术方面取得重大成就有着密不可分的联系。

记得在"家园记忆"文学笔会上有一位同志提出"九三人要有一颗文学的心"，我深以为然。希望全社更加关注文学，大家读更多的优秀文学著作，也特别希望我们九三学社的文学爱好者能写出更多有思想、有筋骨、有温度、有想象力和创造力的优秀作品。祝愿"九三文学创作文库"办得越来越好，成长为九三学社家园里枝叶茂盛的美丽奇葩。

韩启德

2016年11月19日

目 录
Contents

第 1 章 ······ 3
第 2 章 ······ 22
第 3 章 ······ 42
第 4 章 ······ 66
第 5 章 ······ 89
第 6 章 ······ 119
第 7 章 ······ 134
第 8 章 ······ 154
第 9 章 ······ 168
第 10 章 ······ 194
第 11 章 ······ 219
第 12 章 ······ 239
第 13 章 ······ 255
第 14 章 ······ 271

- 第 15 章 …………………………………… 292
- 第 16 章 …………………………………… 313
- 第 17 章 …………………………………… 331
- 第 18 章 …………………………………… 348
- 第 19 章 …………………………………… 369
- 第 20 章 …………………………………… 388
- 第 21 章 …………………………………… 403
- 第 22 章 …………………………………… 422
- 第 23 章 …………………………………… 443
- 第 24 章 …………………………………… 462
- 第 25 章 …………………………………… 483
- 第 26 章 …………………………………… 503
- 第 27 章 …………………………………… 519
- 第 28 章 …………………………………… 536
- 第 29 章 …………………………………… 556
- 第 30 章 …………………………………… 570
- 第 31 章 …………………………………… 583

狂风暴雨，一纳西汉子冲出门，跑入雨中，身后小屋内传出一阵婴儿的啼哭声。汉子停下脚步，回头看着，脸上泪水和雨水混在一起，一狠心，继续向前跑去。汉子跑上山崖跪下说：为什么？……玉龙雪山作证，不公啊……汉子扑下山崖。

小屋内，产妇气喘着。巫医看着管家轻轻摇摇头，管家垂下头去，巫医走了出去。

产妇抬起手抓住管家的手，把一块玉牌塞到了管家手里说：这是他给我的。小猫小狗也是一条命，就给孩子做干爹吧，家里啥都没有，就只有那套曲谱，留给孩子……

管家眼睛湿润，轻轻点点头。

产妇放开管家，手垂了下去……

管家抱起孩子，慢慢打开旁边的布包，里面是几本书，封面上醒目地写着：纳西正音谱。

第1章

20世纪30年代的丽江四方街上,充满热闹气氛。商号林立,店铺相邻,赶着马帮的人们穿梭于石板街上,吆喝声,喧哗声混成一片。茂恒昌、荣福兴、德盛斋等商号大牌子醒目引人。木家大院,气势夺人,门前马匹、马车拴停了一大排。木家大门内外,身着华丽面料服装的宾客们熙熙攘攘,热闹非凡。

木老爷坐在庭院正中,接受着宾客们的礼物和祝贺。二奶奶指挥丫头下人应酬客人。今天是木府木老爷的五十大寿。

和东巴敲着碰铃,指挥着纳西古乐队在一旁奏乐助兴。有几个宾客送上礼物后,坐到一边喝茶吃点心,边吃边闲聊。

"茂恒昌"号的方老板说:今天可是丢面子了。明明是木老爷摆寿酒,你看我糊涂的,是谁告诉我木老爷子为他小子摆满月,我送的是满月的礼呐。"荣福兴"李老板说:这是恶作剧,木老爷这辈子啥都不缺,……生小子,下辈子吧,他都五十了呀,木家这一房家业,无人续香火,可是大事。木家几代可都是单传啊。"德盛斋"号董老板说:这可难说,枯木逢春,老蚌生珠，没看见木二奶奶还年轻着吗？

"嘘"突然方老板一个眼色，示意众人住嘴。只见二奶奶一脸不高兴地走了过来。众宾客连忙散开，装作若无其事地观看园景去了。

二奶奶哼了一声，来到木老爷子的身边。木老爷问：谁又惹你生气了？二奶奶说：谁也没惹我生气，是我自己的肚子不争气，行了吧？

这时，管家木易牵着一个小男孩乐呵呵地走到木老爷子面前说：老爷，您看看，是谁来了？老爷，拉木耳已经五岁了。托老爷洪福，是个好孩子，人出落得也体面。木老爷高兴地说：噢……五岁，就长这么高了！管家推了推拉木耳：快给木老爷拜寿啊！拉木耳跪下磕头：祝老爷寿比南山，福如东海；天天高兴，长生不老！

木老爷被孩子一说，哈哈哈……高兴得大笑。夸孩子嘴巴灵巧。管家笑着说：这傻小子。拉木耳说：阿爹，我不是傻小子，我长大了要做老爷这样的人，住老爷这样的大房子。

众人一阵大笑。

木老爷把拉木耳拉到身边说：不错，这孩子有出息，来来来，让我好好看看。孩子，刚才说了什么？以后也要像我一样住这大房子。

管家忙说：小孩子胡说，请老爷不要见怪。木老爷说自己就是喜欢有志气的孩子，问管家：如果你同意的话，今天我要把他收为义子。管家躬身：老爷不敢，那可太高攀了。拉木耳，快，快给老爷磕头谢恩！拉木耳走到木老爷面前磕头：老爷，拉木耳给您磕头了。

众人一阵笑声。

方老板说：还叫老爷，错了，该改改口了吧。管家说：傻孩子，还不快叫爹。拉木耳不解地四下看着。

木老爷说：拉木耳，今天我就收你做义子。义子也算有了亲子之份，你改名木润声，记住了，你以后姓木。拉木耳：我为什么要姓木？木老爷：因为老爷姓木，你以后可要好好读书，长大了为木家争光。拉木耳：不，我喜欢练武功。拉木耳说着舞了几下，惹得众人哈哈大笑。

来宾们附和着说，习武好，习武好，木家的子孙，文韬武略，样样精通。木家在丽江几百年来都是有声望有地位的人家，这下好了，有后人了。众人均来祝福木老爷有福气，今天一来是五十大寿，二是义子拜堂，这可都是人生的大喜事啊！

这时佣人上来报告酒宴已备好，可以入席。木老爷即请各位来宾入席。

管家抬头无意与二奶奶的眼光碰在一起，二奶奶沉着脸，两眼充满着怨恨。

木老爷一手牵着木润声，一手招呼着宾客们入席就餐。二奶奶正要在木老爷身边落座。木老爷招了招手吩咐道：管家，去搬张小椅子来。管家应着搬来一张小椅子。木老爷指了指小椅子说：来，坐在爹的身边。木润声在小椅子上坐下。木老爷笑着为孩子夹了一块鸡肉，木润声说：谢谢老爷……噢，谢谢爹！木老爷开心地笑着。

这时，野鸭湖阿成山大土司带着手下人笑着走进来，说：赶得早，不如赶得巧，正好赶上木仁兄贺寿宴开席。木老爷站起身：快！快！给阿大土司看座，我以为你赶不到呢。阿成山招招手，副手张阿六上前。阿成山说：来的匆忙，只好随手为木仁兄讨了一只寿桃。张阿六送上礼盒，木老爷打开礼盒，里面是一只金寿桃。木老爷：哎呀，阿大土司的礼太重了。阿成山：五十大寿，可喜可贺啊！管家上前接过礼盒。

木老爷高兴地告诉阿大土司，今天不仅是大寿，还收了个义子。阿成山看着木润声说：噢，是个俊朗的孩子。拱手祝贺木老爷双喜临门！木老爷开心地笑着。

饭后，送走宾客，木老爷牵着木润声和阿成山走上木府后面的亭楼。阿成山俯瞰着丽江城，远眺着玉龙雪山，感叹道：大研古镇，这可真是一方宝地啊。木老爷笑着说：都是祖上积下的荫德，我不过是照看着罢了。阿成山：都说这木府有帝王之气，如同北平的故宫。站在这儿有些身临其境之感啊！不过我还是有一事不明。木老爷：阿大土司请讲。阿成山：木府如此气派，为何不坐北朝南，而是坐西朝东？为何不建于城中，而是建在了城的西南角了，连府要建在中轴线上的道理也不顾了？

木老爷笑了笑：阿大土司只知其一，不知其二啊。先祖虽然统领一方，但这称王之意是要领杀头之罪的，所以这中轴线断是不可占。至于把府宅建在此地，阿大土司一看便知，此处位于高地，水自高而下，子民成扇面而出，借地获势罢了。坐西朝东，近有千万百姓，远有玉龙雪山，正可接东来紫气。阿成山：哎呀，想不到这中间还有如此多的学问啊！要说木家在丽江也世袭了几百年，为何丽江却成了一座无墙之城？不会真的是像人们所说"木"被包围而成"困"吧?

木老爷说:笑谈,笑谈。云南自古路就难行,从丽江过去,一条古道通过阿大土司的野鸭湖通往印度,已有上千年的历史。丽江说是城,就是城,可这城离不开这条古道,这丽江也就成了古道上最大的一个驿站,这才是丽江真正的风水啊。阿成山:哎呀,都说我是一方大土司,可木仁兄才是真正的富甲一方,原来是这风水都被你们木家给占去了。

两人哈哈地笑了起来,拉木耳认真地听着。

木老爷问:管家,安排好了吗?难得来一次,阿大土司就在府上小住两日吧。阿成山:以后吧,刚继承土司,还得到省城去走动走动,还望木仁兄见谅。木老爷:那就早点休息吧。

晚上,木老爷和木润声嬉笑着玩闹。木老爷绕着桌子,木润声追着。木润声钻到桌子底下,抱住了木老爷的腿。木老爷抱起孩子开心地笑着说:来,咱们不闹了,爹给你讲个故事。木润声说:爹,我会讲"白虎战大象"的故事,我还会讲"丁巴什罗"的故事,你听过没有,要不要我讲给你听听。木老爷:噢……你也会讲故事,好呀,你就讲一个给爹听听。

木润声说:……那个孩子呀,的确是不平常,看一看眼睛,是一双瞅鬼眼;看一看嘴巴,是一张吃鬼嘴;看一看手掌,是一双杀鬼手;看一看脚上,是一双镇鬼脚。他能用有白色矛尖的长矛,去镇压术鬼[①],用有虎爪纹的铠甲去镇压术鬼,戴着护腕去镇压术鬼,用锋利的弓箭去镇压术鬼,在没有制作出利刀

[①] 东巴经里描述的一种鬼。

以前，就用弓箭杀死了九个术鬼，要把术鬼的肉分成九份……

二奶奶站在院子里冷冷地听着，生气地说：哼，真是叫花子撑了庙主，真把自己当成个摆设了。咱们走！二奶奶一转身领着丫头恨恨地离去。管家走出，忧郁地看着二奶奶的背影。

第二天早上，艳阳高照，二奶奶没有起床，木老爷知道二奶奶不高兴了，走进二奶奶的房间，问道：月娇，怎么还不起来？二太太"哼"了一声，转过身去。木老爷问：是不是不舒服啊？二太太把脸扭向里面。木老爷：怎么啦？二太太答：还能怎么啦？您是府上的老爷，认了一个干儿子，我们自然就入不了老爷的法眼了。木老爷笑着说：你们女人呐，成天看着的就是脚尖前的一点事，走出一步，第二步就不知道往哪儿落脚了。二太太回答：我是女人眼浅，不像老爷看得远，捡了个儿子当木家的继承人，也就用不着我了。木老爷哈哈笑了起来：就为这事？不值，不值。认个干儿子也是应应纳西族的风俗。不过，这孩子确实讨人喜欢。

二奶奶生气地坐了起来说：可这是木府呀，老爷。木老爷说：那你赶快给我生个儿子，生个木家的小少爷，连名字我都想好了，按辈分排，他们是润字辈，干儿子叫润声，你生的儿子就叫润铭。杜少陵有诗曰：好雨知时节，当春乃发声。随风潜入夜，润物细无声。木家是诗礼传家，这也是我的希望。二奶奶撒娇地说：老爷，话可得说在前面，我生的孩子才是木家真正的继承人。木老爷说：月娇呀，慢慢你就会明白的。二奶奶：明白什么呀？老爷……

当木老爷牵着木润声走进饭厅时，管家忙迎上，拉椅子让木老爷坐下，木润声也在旁边的椅子上坐下。木润声看到管家说：阿爸，来，这里坐。管家打木润声的小手：小孩子家，你懂什么，你陪着老爷吃，我到厨房去招呼一下。木润声：不嘛，我要阿爸一起吃饭，不然，我就不吃了。二奶奶站起身：算了，还是我去厨房看看吧，这样你们就可以一起吃了。管家：这可不行，厨房是我们下人去的地方，二奶奶怎么能去。二太太：我到厨房去是给老爷拿点泡菜，这儿只有我最了解老爷的口味。

二奶奶说着走出门，管家忙追了出去。二奶奶在过道里站住，说：管家，老爷一时心血来潮，高兴归高兴。不过，孩子可以不懂事，这大人要是也不懂事，可是要惹麻烦的。管家说：二奶奶说的是。二奶奶：人在啥时候也不能忘了自己姓什么，而且爹姓啥这孩子也得姓啥。这是木家，木家有我在，这香火未必就会断得了。管家：是，是，二奶奶说的是。二奶奶：记住，别蹬鼻子上脸。管家：二奶奶您是误会了，正如您说，让老爷高兴一下罢了。二奶奶：可老爷要是当了真，那就不是误会了。二奶奶说完转身走了，管家呆呆地看着二奶奶的背影。

二奶奶一直不孕，这也是她的心病，木家偌大的家业，没有个儿子，岂不成了这个小野种的天下。选了个日子，二奶奶悄悄带着丫头来到剑川石宝山，跪在阿央白石前不停地磕着头，随后，上前到阿央白石头上抹了油。这阿央白是块女性生殖器模样的石头，据说求子最灵。

二奶奶不停地抚摸着阿央白，说道：观音娘娘保佑，请允许我这个有罪的女人能生儿育女，娘娘行行好，给我一个子嗣，为木家传宗接代，让木家的家业不要落入外人之手。

情 殇

一位和尚上前问道：夫人来石宝山，一定是求子吧？二奶奶回答：长老明鉴，俗人远道而来，上石宝山求子，打扰您了。和尚合掌：阿弥陀佛，来此求子的素女无人不应，多子多福，此石为石宝山一宝，名为阿央白，夫人来此求子，一定能为夫人带来福分。二奶奶：谢谢长老。民女早就听说阿央白有求必应，故从丽江远道而来叨扰贵地，但愿长老能够体谅民女的一番苦心，了却民女的心愿。说完向功德箱中放了几个银元。

和尚说：我看夫人心诚愿坚，观音娘娘一定能够特别关照你的。夫人，请随我来。

二奶奶跟随和尚来到禅房，和尚从一个箱子中拿出一包绿色的药粉，给了二奶奶。

和尚说：当年观世音菩萨云游至此，见这里的天空纯净，河水清蓝，乡民善良，特地把她老人家钵里的宝物抓了一些留给了本地，说了句"养生养死"。这东西俗称"香面粉"，实为灵丹妙药，今天见你心诚，观世音一定会赐福予你。二奶奶捧着药说：谢谢长老，民女不胜感激。和尚交代：每晚文火烘烤一个时辰，不可多也不可少，房事前用上，连服三次，夫人心愿得成。

二奶奶回来后，立即来到厨房，准备烘烤"香面粉"，听到下人们正在与管家开玩笑：管家，这儿可不是您该来的地方，您儿子现在都姓木了。父凭子贵，木老爷子以后还能不多关照您吗？官姓木，民姓和，拉木耳有了官姓，管家您好歹也算是攀上了，该享清福了。

走进厨房的二奶奶听到这些话冷冷地说：想吃天鹅肉？也

不看看自己的嘴是不是够得着。想跟老爷子攀高枝，那是做白日梦！

众人回头看到二奶奶站在门口，一个个借着忙活儿开溜了出去。大厨房里只剩下冬妈和管家。二奶奶说：管家，这木府的规矩先得从嘴上开始，要是我以后再听到这种对木家拉长扯短的风言风语，我手里的剪子剪不开布，可撕得开嘴，都给我出去！

冬妈说：二奶奶……可是老爷的燕窝……

二奶喝斥道：出去！

管家和冬妈相互看了看，退了出去。

二奶奶看四下无人，走到炖锅前面，打开盖子，取出和尚给的药粉悄悄放进锅里，把汤水放进炖盅，端出。

木老爷躺在床上，木润声守在床前用小手为木老爷捶着背。木老爷舒服地说：哎呀，这小手捶在身上，真是好过。那我以后天天给爹捶，润声说。木老爷开心地笑着。

二奶奶端盅走进，一把扯开了木润声，在床边坐下，说道：人到了时候，该补就得补啊！

木老爷慢慢坐起身，伸手接盅。二奶奶说：别沾手了，还是我来伺候老爷喝吧。木老爷喝了一口，看看盅里：月娇，你这是弄的什么东西，黑乎乎的。二奶奶：老爷，这是观世音菩萨赏赐的宝物"香面粉"，吃了健骨强身，滋阴补肾，这东西不该难喝啊。木老爷喝了一口：挺好，不难喝，你上哪儿找的？二奶奶：我可是跑到老远的地方为老爷求来的。木老爷：月娇，难得你的一片好意啊。二奶奶：那老爷就都喝了，你的身体好了，木家才会真正的兴旺。老爷有我侍候着，你们还站在这儿干什么？

　　管家走进来，一手抱起木润声，示意丫头们跟自己出去。木润声不肯说道：我不嘛，我不嘛，我还要给爹爹讲故事呢。管家什么话也没说抱着木润声走出，木润声回头看着，正在关上的门缝透出二奶奶冷冷的目光。

　　二奶奶放下盅伸手拉下了罗帐说：老爷，月娇一定会为木家生下小少爷。木老爷感叹道：真能如愿，可就了了我的一件大心事啊。二奶奶劝慰道：老爷就放心吧，有观音菩萨保佑，咱们一定会如愿的……

　　木润声茫然地看着已经关上的门。

　　望子心切的二奶奶果然如愿以偿生了个儿子，鞭炮声响震天，木府大门上贴着大红喜字。木老爷陪着二奶奶走出，二奶奶一脸喜气，抱着木润铭，接受客人们的贺喜。

　　过道的大木柱子下，木润声默默地站着，茫然地看着院子里的一张张笑脸。

　　身着五佛冠的东巴们在木府院中为刚将降临的木家孩子祈福做着法事。东巴们舞着手中的法杖，敲响着清脆的碰铃……

　　厨房里雾气腾腾，下人和丫头们不断出入穿梭，忙得不亦乐乎。厨娘冬妈腆着个大肚子在厨房里忙碌着，当她准备切菜时，突然捂着肚子痛得蹲在地上叫道：哎哟，哎哟……厨房里的人忙围了上来，一位中年妇女说：哎呀，这是快要生产了，快叫人去。丫头答应着跑出去叫人。中年妇女催促道：别愣着了，快来扶一把。几个人扶起冬妈在木凳上坐下。

　　丫头带着和东巴气喘吁吁地跑来。中年妇女说：冬妈这是要生了。和东巴着急地说：这不能冲了老爷的喜，快去找东西把人抬走。和东巴对冬妈说：先忍忍，咱们马上就走。两个壮汉，扛着两根竹竿和一把椅子跑进来。和东巴与他们一起抬走了冬妈。

木府大宅院内，乐队们奏着乐。木老爷开心地抱着小润铭，让众宾客们看。木润声忍住不让自己哭，紧咬着嘴唇转身要走，冷不防一头撞到一个人的身上。二奶奶一巴掌打在木润声的脸上，骂道：不长眼的东西！

木润声捂住脸，倔强地盯着二娘。

二奶奶狠狠地说：哭呀，你怎么不哭啊！小杂种，你的好日子结束了，哼，你以为你是什么？你什么都不是，就是一条没人要的野狗，想登天？做不到，去跟你的死娘老子见鬼去吧。

二奶奶说着揪住木润声的头发使劲摇晃着。木润声抓住二奶奶的手大喊：放开我！二奶奶骂道：嘿，你吃着木家的饭，还想翻木家的天！木润声抓着二奶奶的手狠狠地咬着，二奶奶痛得大叫，木润声推开二奶奶，向木府外跑去。

和东巴打开木府后门，两壮汉把冬妈抬了出来，一行人急忙往镇外跑去。

木润声边抹眼泪边跑出木府，朝镇外奔去……

木润声来到河边，趴在河边痛哭着：我不想当少爷了……再也不想了……为什么非要让我姓木……

突然，树林里传来冬妈的惨叫声，木润声抬起头，四下看着，寻着声音过去。

树林边，和东巴焦急地向树林里张望着，按风俗又不敢进去。木润声跑了过来以为大人们不管冬妈,自己跑进树林。一阵婴儿的啼哭声响起,木润声惊奇地看到草地上有个血淋淋的孩子。冬妈浑身是血,气喘吁吁。

木润声问道:冬妈,你怎么啦?都是血,来,我扶你找巫医去。并指着孩子说,这是什么?

冬妈说:别……别怕……没什么,不过是老母鸡下个肉鸡蛋。木润声惊奇地说:啊?不是肉鸡蛋,好像是个小人。冬妈说:小少爷真聪明,就是个……小人,哎哟……木润声问:她怎么不穿衣服?冬妈说:麻烦小少爷脱件衣服,把小人包上,别……别让她受凉了。木润声忙脱下衣服包上孩子,小心地把孩子递给冬妈。冬妈抹了抹孩子脸上的血。木润声看着孩子,又看孩子抓住自己的手不放,笑了笑:冬妈,她还抓着我的手呐。冬妈笑着把孩子的手和润声的小手都握在自己手里。

冬妈说:小少爷,快帮帮我。木润声问:我……怎么帮你?冬妈答:……你帮我……到……到河边,取……取些水来,快……快去取些水来……木润声应了一声,转身跑去。木润声跑到河边,没东西装水,四下看着,猛然看到河边插了半截的竹筒子,忙跑过去,使劲拔出竹筒子,往里面灌满了水。木润声顾不得手在流血,抱着竹筒跑进树林。

夕阳照着初生婴儿红彤彤的脸,和东巴兴高采烈地抱着婴儿,木润声把竹筒递给了冬妈。

管家赶到,把木润声拉到一边说:小少爷,快回去吧,老爷到处找你呢。木润声眼圈发红,说:我不回去。管家劝道:行了,快跟我走吧,别再闹了。木润声:我知道你不想要我了,没人要就是野狗。管家一怔：谁骂你野狗？木润声说：我就是一条野狗。管家说：唉，那你就像一条野狗一样活着，不然就连野狗也不如。回去！

木老爷抱着小润铭在屋里来回不停地走着。二奶奶坐在一边不高兴地说：哼，这小子就是野，都什么时候了还不回家，等一下他回来了得好好教训教训，不然这府上就没规矩了。木老爷说道：你少说两句行不行，管家已经找去了。

管家带着木润声回来了。木老爷抱着木润铭笑着迎上去说：润声，来，以后不要乱跑，让爹操心。快，你有个小弟弟了，赶快摸摸弟弟的脸，亲亲小弟弟，这样，你们兄弟俩以后才会亲亲热热。

木润声一怔，转头看着管家。老管家向木润声点点头，说道：快，听老爷吩咐，亲亲小弟弟。木润声看着木老爷笑了笑，摸摸木润铭的脸，又在木润铭的额头上亲了一下。木老爷开心地笑着：唔！这就乖了，这小弟弟可是你带来的，等他长大会说话了，我让他叫你哥哥，好不好呀？木润声轻声回答：好。木老爷说：以后就要疼小弟弟，不要欺负他，知道吗？木润声点点头，扭头又看到二奶奶怨恨的目光，木润声转身跑了出去。听到后面二奶奶的骂声"野种"！

木润声回到屋里，他打开柜子把自己的衣服扔在床上，看到衣柜的角落里有个布包，拿出来打开一看是几本书，又重新包上丢在角落里。木润声把衣服收拾好，用布捆成个小包袱，提着向房外走。管家站在门口挡住了木润声，问：润声，你这是干什么？木润声：阿爸，带我走，我要回家！管家：回家？这就是你的家,你还要回哪里去呀?木润声说:不!这不是!再也不是了!我要回我自己的家,你带我走!管家把木润声拉进屋:润声,你听着,以后不准再讲这种话,也不准再叫我爹,你姓木,木老爷才是你爹,你听清楚了吗?记住,你爹是木老爷!木润声倔强地回应道:不!他不是!管家说:是!他是!你现在还小,有很多事情你不明白。你要相信你现在叫的这个阿爹,他很爱你,你就好好在这里待下去,就算是条野狗,也要在这儿待下去。木润声问:爹,我真的必须住在这里吗?管家点点头:对,这是你家,你要永远住在这里。管家一把把木润声搂进怀里,安慰道:孩子,阿爹是不会害你的,别再说走了,阿爹听见会难过的。木润声茫然地点点头。

　　木府后院小石山旁,木老爷和管家正说着悄悄话。木老爷问道:怎么样,孩子已经稳下来了吧?管家点了点头。木老爷:唉,只是苦了孩子。管家:老爷疼他,他是知道的,不过……木老爷:有啥话直说。管家:二奶奶那边,老爷日后倒是要多费点神,别再让她伤了孩子。木老爷淡淡一笑:我知道月娇对润声不太好,女人嘛,都是这样,心眼儿小,自己没有孩子的时候难受,自己有了孩子呢,又要争宠。你放心好了,我会慢慢开导她的,当然你得给我些时间。日后你多替我看着点润声,别再出什么乱子才是。润声这孩子是个有福气之人,他进了木家以后,木家一天比一天兴旺,现在二少爷又出生了,这些我心里都有数。

　　木老爷摆摆手说:走吧,趁她睡了,我去看看孩子。

　　管家扶着木老爷边唠叨着走去。二奶奶从小山石后面走出来，看着远去的木老爷的背影……

二奶奶回到房间，小润铭一直在哭，丫头抱在怀里哄着，可孩子还是哭个不停。二奶奶生气地夺回孩子，不耐烦地挥手让丫头们出去。木润铭在二奶奶怀中，渐渐地不哭了。二奶奶拍着孩子说：铭铭乖，妈妈会保护你的，你要记住，只有你才是木家的小主人，谁也不可以把你的位置夺了去，谁都不可以！

光阴似箭，转眼两个孩子都长大了。院子里，两个孩子正在玩耍，木润声被蒙着双眼，追着边走边躲藏的木润铭。木润声叫道：你必须在这个院子里，不许耍赖。

木润铭捡起一个石子朝另一个方向丢去，石子落地发出响声。木润声仔细地听着，脸上闪过一丝笑容：哼，雕虫小技，能奈我何。木润声说着，继续朝前摸去：哈哈，这下子你被逼上了死路，跑不掉了吧。木润铭向后退着，脚下一绊跌倒在地，把膝盖摔破，眼泪流了出来。而继续往前摸的木润声却摸到了刚走进院子的二奶奶身上。二奶奶一脸怒气，挥手就是两耳光，木润声眼还蒙着，被打倒在地。木润铭连忙上前护住木润声，恳求道：阿妈，别打哥哥。木润声拉下蒙眼布，打着二奶奶，狠狠地抹去嘴边的血。

二奶奶瞥了一眼坐在地上的木润声，嚷道：什么哥哥，一个小野种，以后不许你这样叫他。

二奶奶拉住木润铭说：铭铭，你要记住了，木家真正的少爷只有一个，只有你才是木家真正的传人，懂了吗？二奶奶转而对还坐在地上的木润声说：不要忘了自己姓什么！哼，一个下人的儿子……

情　殇

　　这时管家走了过来，毕恭毕敬地上前，有意无意地挡在小润声面前，恭敬地说：二奶奶，老爷和马锅头回来了，带回来好多礼物，让二奶奶带上二位少爷到大厅去。

　　二奶奶"哼"了一声，拉着小润铭走去。管家忙替木润声抹干净嘴边的血，轻轻推他一起去：去吧，老爷叫你呢。木润声点点头，向大厅走去。

　　木府大厅，木老爷坐在椅子上，一个丫头为木老爷搬来脚垫，两边丫头又忙着替木老爷扇凉。木老爷喝了一口香茶说：唉，走来走去还是在家好呀！马锅头说：老爷，你还真行，走这么远的路，腰不弯，腿不软，宝刀未老啊！木老爷摇了摇头，叹息道：人老了，这是最后一趟，以后就都交给你们了。

　　二奶奶、管家带着木润铭和木润声进来。木润铭扑进木老爷的怀里，撒娇道：爹，我想你了，我替你捶腿。木老爷开心地笑着：铭铭乖！润声，你怎么不过来呀？木润声想动，抬头看了看二奶奶，又站住了。管家轻轻推了一下木润声，木润声慢慢走到木老爷面前，木老爷从怀里掏出一对大玉佩。

　　二奶奶忙接了过去，惊喜地说：哎呀，这么漂亮的东西，一定很贵吧？木老爷笑了笑。马锅头说：二奶奶好眼力，这可是上好的老坑玉。这是一家珠宝行的底子货，人家是冲着老爷的名望才拿出来的。二奶奶拿在手中爱不释手。

　　木老爷笑了笑接了过来说：这是给润铭和润声的。木老爷把两个孩子叫到身边，一人递了一块，严肃地吩咐道：好好保管，谁都不许丢了啊。这玉佩本来就是一对，就像爹对你们，不偏不倚。你们要记住，玉佩是贴身之物，爹给你们，就是希望你们两兄弟任何时候都要像这玉佩一样，不能分开。

两个孩子把玉佩挂在了胸前。看着木润声把玉佩挂上，二奶奶一脸的不高兴。

出生在树林里的小姑娘采尔直玛长大了，可以在厨房帮着冬妈洗菜了。一颗小石子扔到采尔直玛面前的小盆中，采尔直玛被水溅了一脸。门外木润声、木润铭、马锅头的儿子阿都和女儿山茶向采尔直玛招着手。采尔直玛笑一笑，向冬妈挥了挥手，说了声：阿妈，我出去玩了。冬妈点点头，又抹抹采尔直玛脸上的水，采尔直玛跑了出去。

木润声领着孩子们嘻嘻哈哈地跑到河边，玩起了他们最爱玩的娶新娘的游戏。采尔直玛自然是当新娘子，几个男孩子连忙举着手又叫又跳地想当新郎，最后由采尔直玛选定谁当新郎。采尔直玛指着木润声说：我选你！哈……孩子们都笑了。木润声有点儿脸红地问：你咋要选我呢？阿都叫着：直玛，你选我吧，我能背得动你。采尔直玛笑着说：你丑，没有润声哥长得好看。孩子们又笑了，拍着手，拥着二人叫着"小新郎""小新娘"。

孩子们都聚集在坝子上。一队人把小润声装扮好，高高抬起。另一队人把小直玛装扮好，高高抬起。阿都站在采尔直玛这队前用树枝把几条彩带举起，木润铭和几个小男孩子抬着采尔直玛，边唱边叫走过来。木润铭吃力地走在前头，脚没站稳，孩子们用人搭的轿子一下子散了，采尔直玛滚下坝子。木润声和木润铭几个孩子吓坏了，一边叫着采尔直玛的名字一边向坝下冲去。

采尔直玛滚到坝底，被草丛挡住，坐在地上哭了起来。木润铭赶到后内疚地拍拍采尔直玛：对不起，都是我不好，我没站稳。采尔直玛甩开木润铭的手，继续哭着。阿都和木润声也相继赶到了，木润声拍拍采尔直玛：别哭了，新娘子一定要笑着才漂亮，眼睛哭肿了就没法见人见不得人了。

木润铭从脖子上摘下自己的玉佩，递给采尔直玛，安慰道：直玛，别哭了，我真的不是故意的，来，我把这个给你。采尔直玛看了一眼，哭得更加伤心。木润铭问道：这么好的东西你不喜欢吗？我爹给我的，很贵的。采尔直玛：贵的东西，谁敢要你的。木润声犹豫了一下把自己的玉佩也摘了下来，说：那就要我这块，我这块和他的不一样，价钱便宜。采尔直玛抽搐了几下，接过了木润声手中的玉佩：真的给我？木润声点了点头：当然是真的。来，我背你上去，洗个脸，擦干净，好不好？采尔直玛点点头，趴在了木润声的背上，阿都扶着，跟着木润声走去。木润铭看看自己手中的玉佩，疑惑地自言自语道：爹说是一对，不应该是一样的吗？怎么要他的不要我的？

木润声为采尔直玛抹干净脸，她向水中望着自己的样子，开心地朝木润声笑笑。

身后的木润铭生气地把手中的玉佩扔进水里，水又溅了采尔直玛一脸。采尔直玛生气地说：你是故意的。木润声惊慌地叫道：润铭，你疯了，怎么把爹给的玉佩扔了。说着连忙跳到水里，把玉佩捞了出来，塞给润铭：拿着，别再扔了。木润铭转身就走：不要。木润声追上去：为什么？木润铭生气的回答：哼！没人要的东西，我才不稀罕呢。木润声一把拉住木润铭：

不稀罕也得拿着,这是爹给的宝贝,你必须拿着。木润铭倔强地甩开木润声的手:我不要,你的为什么送人。木润铭说着跑开了。

　　你跑不了!木润声追了上去,把木润铭按倒在地,采尔直玛和阿都也扑了上去,抓着木润铭的痒痒,木润铭忍不住笑了起来。木润声笑着把玉佩塞进了木润铭的怀里,几个孩子滚作一团,笑在一起。

第 2 章

大研古镇外的大草坪上挤满了人,木润声、木润铭、采尔直玛都已长大成人。木家两兄弟,性格爱好有着很大的差异。木润声喜欢习武,木润铭爱好音乐。

大研古镇的五凤楼下,古老而有气势,石阶青瓦,矮凳条桌,地上铺着厚厚的松针,矮凳和地上都坐满了听众。木润铭、采尔直玛、和东巴乐师及乐队在一起,演奏着一曲纳西古乐。木老爷陪着外国音乐人顾约翰走了进来,有人忙让出座位,两人坐下听着。演奏者正襟危坐,马褂瓜皮帽,各色长袍,老者居多,满脸岁月的沧桑。

采尔直玛穿着一身漂亮的纳西服装,用纳西古乐的曲调正在演唱着:

帘外雨潺潺,
春意阑珊。
罗衾不耐五更寒。

梦里不知身是客，
一晌贪欢。
独自莫凭栏，
……

演奏完毕，顾约翰鼓掌，观众也跟着鼓起掌来。顾约翰对木老爷称赞道：木先生，太精彩了，很有中国味道，我很喜欢。木老爷欣慰的答道：顾约翰先生能够喜欢纳西古乐，我很高兴。

木老爷站起身来，面向众人大声说道：我给各位介绍一下，这位是顾约翰先生，从美国来，是一位很有成就的音乐家，他这次到丽江就是要收集一些纳西族民歌民曲，介绍到国外去。乐队向顾约翰鼓掌。顾约翰称赞道：小姐刚才唱得真是太好、太精彩了。采尔直玛有些羞涩地笑了笑。木老爷：这位弹琵琶的乐师，和东巴，很有音乐造诣，顾先生可以和他多谈谈。

顾约翰：中国音乐的历史很悠久，纳西古乐，人间仙乐。又对木润铭说：你的古琴弹得非常好，我很喜欢。木润铭微微一笑：谢谢顾先生夸奖！木老爷：这个是犬子木润铭，唱歌的女子是和东巴的女儿，采尔直玛。顾约翰：如果我没有记错的话，直玛小姐刚才唱的好像是中国一个皇帝作的一首什么词……木润铭：顾先生说得对，是中国南唐皇帝李煜李后主写的一首词。李后主虽然不是一个称职的君主，但他是一个优秀的词人，喜欢音乐，为后人留下了许多美好的辞章。

顾约翰看了看木老爷：他知道的事情很多，我很想跟他们多谈谈。木老爷笑着说：你要在丽江住下，那有的是机会。他们也可以从你这里学到许多东西啊!众人笑了起来。

离开五凤楼,木老爷陪着顾约翰慢慢地在四方街走着,木润铭、采尔直玛跟在身后。

顾约翰继续说道:中国古老的音乐很有意思,我走了很多地方,但已经找不到那些古老的乐谱,可在这里我竟然听到了。木老爷介绍道:丽江很早就有一条古道,人们沿着古道来回不停地走着,很多外界有意思的东西自然都会留在这里。顾约翰点了点头,说:人类学和文化学研究也是这样认为的。木老爷说:所以在这里你能看到许多已经消失的文化。纳西男人喜欢音乐,好多都成了家传,今天他们用的乐器,不少都有着上百年的历史了。顾约翰:我很喜欢。我听说有一本《纳西正音谱》,里面收的都是古乐,我到这儿问过一些人,可他们也只是听说过,找不到。木老爷说:你说的书我也听说过,可现在我们演奏的曲子,都是口耳相传下来的,至于顾先生说的《纳西正音谱》,谁也没见过。顾约翰叹息道:唉,要是失传了,就太可惜了。木润铭上前询问:阿爸,我们想请教顾先生一些问题。木老爷回应道:顾先生是个有学问的人,应该好好请教,你们陪顾约翰先生走走。

波光粼粼的玉泉湖,玉龙雪山的倒影印入其中。一行人边走边谈着话。顾约翰回味着:噢,今天我真正听到奇妙古老的中国音乐,是从过去的历史飘过来的。木润铭说:纳西人喜爱音乐,像我阿爸说的那样,许多中国内地的古乐传到这里就留了下来,一直延续至今,应该是广陵绝响,乐之正声,具有高深古雅之气。和东巴说:演奏古乐和听古乐,能够让人心情舒畅,对身体也有好处，所以长寿者多。顾约翰说：和先生的话我不明白。和东巴说：音乐对于我们纳西人来说是不可缺少的一剂良药，常听纳西古乐就很少生病，生病也不用找医生吃药。顾约翰说：是吗？木润铭：古乐很美，不但能让人心静，还能够激发人的想象力，纳西人生活在古乐氛围中，所以纳西人是很有想象力的。

采尔直玛顺手摘了一片树叶吹了起来，曲调优美动听。木润铭也摘了片树叶，吹出一首动听的纳西族求爱的乐曲，采尔直玛脸红了。

顾约翰笑着：真是太奇妙了，丽江处处是音乐，一片树叶都能吹出那么好听的乐曲，生活在音乐中的人是很幸福的。木少爷、和小姐，你们都很有音乐天赋。木润铭说：谢谢！我们纳西人与音乐有一种天然的情缘。几乎每一个纳西汉子都会一两种乐器，有的甚至会五六种。和东巴告诉顾约翰：润铭这话一点不假，住在城里的人喜欢音乐，乡下的汉子、马锅头、杀猪匠、裁缝也喜欢音乐。马锅头长年累月跑马帮，长途贩运，风餐露宿，可一到丽江，先到古乐会来演奏一阵子，才回家去。

顾约翰感叹道：丽江这个喜马拉雅山脚下的小城，真是太奇妙了，在这里我听到了最有中国特色的音乐，看到了最有音乐天赋的人。和，我想把丽江的音乐介绍出去，让全世界都能听到这么好的音乐，都能治病，都能长命百岁。

和东巴很是兴奋：太好了，让外面的人知道丽江，顾先生，我们会帮助你的。

顾约翰继续说道：刚才我看了，纳西古乐有古琴、琵琶、胡琴、笛子，都是一些中国古老的乐器，就是历史书上说的丝竹。我想如果把西方的管乐加上，创作一曲大型管弦乐，来一个空前的东西音乐大融合，你们说可行吗？

采尔直玛好奇的问道：顾先生，什么叫管弦乐，我们可是从来没有听说过。木润铭回答道：我在书上看到过，管弦乐也就是交响乐，管乐器，也称吹奏乐器，它的发音就是气吹进管子后，使管内的空气振荡而发音。采尔直玛又问：那弦乐是什么？木润铭回答：弦乐就是弦鸣乐器，以弦为主要发音条件的乐器，比如你弹奏的琵琶，就是典型的弦乐器，顾先生已经说了，我们纳西古乐是以弦乐为主，如果能够加上一些西洋的管乐，那，真是太有气势，太有价值了。顾先生，你的想法太好了。采尔直玛感叹道：润铭，你知道的可真多！

顾约翰应和道：木先生说得对，管弦乐更有气势，更有震撼力，纳西古乐是历史，把他们放在一起，整个世界都会震撼的。

木润铭说：我想是会很美的，把西方浑厚壮美的音乐和纳西族细腻如丝的古乐结合在一起，那将是世界上最美的曲子。采尔直玛盯着眼前湖中雪山的倒影说：润铭，我们就写一首赞美玉龙雪山的乐曲吧……

木润铭赞同，说道：好，就叫《圣地——玉龙雪山》！

众人拍手称好。

晚上，木老爷看书房的灯还亮着，走了进来，木润铭在书房里仔细地查找着。木老爷问润铭：在找什么？木润铭回答：阿爸，我看咱们家里有没有《纳西正音谱》。木老爷说道：别听风就是雨的，家里有什么书我知道，那是本只听说过，谁也没见过的书。真要是有那本书，也是宝物，不会放在书架上的。木润铭失望地走了。

这时，管家走了过来，对木老爷说：马锁头带信来了，省城那几家商号又在催咱们的货了。木老爷说：凑够了就要赶快启运。管家说：是，老爷，我这就去张罗。

第二天，木润铭、木润声、采尔直玛等几个伙伴走进了顾约翰的住所。阿都用云南话称呼顾约翰：顾大爹在不在？顾约翰从小院角落的洗澡处伸出头说：我正在洗澡，有什么事吗？木润铭说：顾先生，我们几个伙伴今天特意来拜会您。顾约翰高兴地说：噢，欢迎，欢迎，请你们在客厅里先坐一坐。木润声：咱们这样进去不好，还是先在院子里等等吧。木润铭：没关系，随意一些大家都轻松，走吧。几个人走进客厅。

顾约翰沐浴完走了进来说：欢迎各位的光临，你们已经是老朋友了。只有这位还没见过。木润铭介绍道：这是我大哥木润声。顾约翰：噢，木家的大少爷，你父亲对我说起过你。欢迎，欢迎。木润声握着顾约翰伸出的手说：顾先生您好！听我弟弟说，您也热爱音乐，不，应该说您是音乐家，带来了许多西洋唱片，所以就跟他们一起过来听听。顾约翰笑着：音乐能够带给人一种愉悦的享受，如果你们爱听的话，我当然欢迎。

顾约翰说着走到留声机旁，几个人也跟着围了过去。顾约翰问道：不知道你们喜欢听歌剧还是交响乐？采尔直玛建议：还是听歌剧吧。木润声附和道：对，对，听歌剧，歌剧好听。顾约翰挑选了一张唱片放上，摇了摇手摇留声机，留声机里便传来奇妙的音乐。山茶好奇地围着留声机看：太神了，这小匣子居然会唱歌。

顾约翰吩咐佣人：阿福，给客人们上咖啡。阿福端着咖啡走进。木润铭对顾约翰说：顾先生，我回家仔细找过了，没有那本《纳西正音谱》。顾约翰：这本书只能慢慢找，那是你们纳西民族的文化，不能丢。

木润声喝了一口咖啡，皱了皱眉头说：这咖啡有点像咱们的中药，苦得很。采尔直玛点点头说：喝吧，这是人家的心意。阿福说：先生不习惯喝苦咖啡，可以放点糖。木润声说：没关系，很好，很好。阿都加了一些糖，喝了一口：嗯，大少爷，加点糖好喝多了。木润声询问：直玛，你加不加糖？采尔直玛仿佛没听到木润声问话，反而问道：润铭，你要加点糖吗？木润铭痴迷地听着音乐，头一点一点地打着节奏，没有回答。木润声说着帮采尔直玛加上糖，自己也加了些糖，喝了一口：嗯，有糖就好喝多了。

留声机里传出高亢的男高音，几个人一边喝着一边听，木润铭已经完全陶醉其中。顾约翰说：意大利作曲家威尔第的作品，这是其中的《西班牙舞曲》，热情高昂、节奏强烈。阿都说：这有点像赶马调，二少爷，你听，那响声好像是在模仿马蹄声，那个歌词有点像我们丽江话，你们听，我听明白了。阿都唱了起来：赶马的老大哥，有空么来坐坐，有肉吃，有酒喝……

山茶打断：阿都，你乱唱些什么呀。众人大笑，顾约翰也笑了起来。

木润铭说：这意大利歌剧，全世界都是很有名的，不过我听到的更像是咱们的打跳狂欢。顾约翰说：木先生说得对，人类的生活应该是欢乐的,欢乐不仅是生活的目标,也是人类的本性。木润铭感叹道:真美啊,只有这样的音乐,才能去表现咱们的玉龙雪山。

顾约翰说:看来木先生已经找到创作灵感。木润铭回答:不,我正在寻找,玉龙雪山和音乐都太神圣了……

回到家里,采尔直玛还在兴奋之中,跟父亲谈到今天在顾约翰家听到的唱片。和东巴从箱中取出一对碰铃交到采尔直玛的手上说:直玛,这一对碰铃是祖上传下来的,山水相依,丽江是靠着玉龙雪山流下来的水滋润生长的,你那么喜欢音乐,你和润铭要写丽江、玉龙雪山的曲子,少不了碰铃,拿去吧,一定要好好珍惜。

采尔直玛拿着碰铃,碰了一下,当……碰铃发出美妙的声响。

和东巴说:直玛,我们家穷,没什么值钱的东西,可这对碰铃是祖上留下的。现在洋人都对咱们的纳西古乐感兴趣,我看二少爷是块操演纳西古乐的好材料,悟性高,又喜欢音乐。"圣山",真美的名字啊,碰铃就应该是从圣山传过来的声音。二少爷今天已经答应了顾先生要写作,咱们纳西人可是把承诺看得比生命还重要啊!

采尔直玛安慰道:阿爹放心,润铭会尽力的,我也会尽力的。

屋外传来几声青蛙的叫声,采尔直玛听到,笑了笑,摇了摇头,不断地又传来蛙声,采尔直玛只好出去了。

采尔直玛走出院子,木润声从墙边迎了出来。

采尔直玛问:都这么晚了,你来干什么?木润声笑着从身后拿出一个彩球递给采尔直玛,说:我想来看看你……今天我参加草球比赛，你没来看比赛，这是我得到的奖品，送给你。采尔直玛拒绝了：这是你的奖品，还是自己留着吧。木润声问：**难道你不喜欢**？采尔直玛连忙解释：这样漂亮的彩球我当然喜欢，可这是你的荣誉啊。木润声不好意思的说道：踢球的时候，我心里一直想着你，所以……所以应该送给你，你就收下吧。采尔直玛会意的一笑：好，那我替你保管着。

木润声问：直玛，你跟润铭在做什么事情？采尔直玛告诉木润声：我们在做一件大事，才刚刚开始，等有结果了，会第一个告诉你。木润声问：和咱们去看的那个洋人有关系吧？采尔直玛撒娇说道：人家现在要保密嘛。木润声：好，保密，需要啥就说一声，我一定尽力。采尔直玛：谢谢大少爷。木润声：别少爷少爷的，我不是什么少爷。采尔直玛：你跟润铭本来就是大少爷、二少爷嘛。

木润声回到家看见木润铭在书斋内翻看着乐章典籍，边哼曲子，边做记录。木润声走了进来：润铭，忙什么呢？木润铭抬起头来，看到润声，说：噢，哥，听说今天踢球你得了头彩，彩球呢？不会是送人了吧？

木润声笑了笑，说：这是秘密。木润铭：好吧，不告诉我算了，我现在正整理这一段，太有意思了。木润声问：整理什么，不会是在写情书吧？木润铭：本少爷现在无暇顾及私情。木润声问：那你在写啥？木润铭捂着：对不起，跟你一样，这是秘密。木润声无奈地说：今天遇到的全是秘密。

木润声说着，猛然去抓桌子上的稿纸，木润铭忙捂着，顺势用头把木润声顶开。木润声后退着，差点撞到走进来的二奶奶身上。

二奶奶沉着脸骂道：野种，没大没小的，这弓斋是胡闹的地方吗？真是的，怎么教都不像是木家的人。木润声看二奶奶进来，冷冷地说：润铭你先忙着，我回屋去了。说完转身走出去。

二奶奶说：你看看，哪还有一点规矩。木润铭说：阿妈，你别总对我哥这样，让人看了心里不舒服。二奶奶规劝道：润铭，阿妈这可全是为了你，什么哥，外来的野狗争食吃。现在你爹还活着，以后木家要是真落到了这野种的手上……

木润铭说：不会的，我就不信谁能把这么大的木府给背走。阿妈，我这儿正做事呢，您先去歇着吧。二奶奶：好，不过你得记住阿妈的话，别光顾着埋头做事，抬起头来啥都没了。二奶奶说完就出去了。木润铭把手里的笔往桌子上一丢：真是的，好不容易找到点灵感，全没了。

夜晚，躺在床上的木润声突然坐了起来。喃喃着：《纳西正音谱》……

木润声站起身打开衣柜找着，又打开小藤箱找着，自言自语道：记得好像是在这儿啊，怎么没了……

管家来到木老爷房间，慢慢打开布包。木老爷吃惊地看着：《纳西正音谱》？管家犹豫了一下说：老爷，这是润声的阿妈给他留下的。木老爷惊奇：她手里怎么会有这个呢？管家：她爷爷是个大东巴，这东西应该是从她爷爷那儿传下来的。木老爷拿起书，翻看着：没想到还真有这本书，纳西文化……收好，一定要收好。管家说：既然老爷已经认下了润声，还是老爷收着吧。木老爷正犹豫着，管家劝道：老爷说这是个宝物，当然只有老爷才收得住。木老爷吩咐道：这事只有咱们两个人知道，暂时不要说。管家说：我知道。

木老爷躺在床上，二奶奶上了床，躺在木老爷身边说：老爷，你收养的那个什么干儿子，可是越来越不像话了。木老爷安慰着：他又惹你生气啦？二奶奶赌气说道：他想干啥我管不了，可润铭好好读书，他跑到书斋去胡闹，这我就不能不管了。木老爷：一个院子里住着，我都看在眼里了。润声喜欢习武，吃得了苦，我看还是蛮不错的嘛。二奶奶：那你最好让他离润铭远点，他爱武啥武啥，误了润铭的前程我可不干。木老爷说：月娇啊，其实你想想，润铭好舞文弄墨，润声喜欢摆弄枪棍，木家这两个儿子，一文一武，一张一弛，有什么不好？二奶奶：没什么不好，就是不能耽误了润铭。说到底，我这做阿妈的，肯定得护着自己的骨肉。木老爷说：手心手背全是肉，都在我心里呢。二奶奶：手心手背都是肉不假，可到底手心手背不一样，老爷，亲疏，你得区分开。木老爷说：又来了，快睡吧。木老爷说完闭上了眼睛。二奶奶无奈地转过身去。

翌时，月光下，木润声沉着脸在院外空地上击打着木桩。管家走到旁边看着，说：润声，歇一会儿吧。木润声咬着牙继续击打着：阿爸，我不累。管家：你该叫我管家，你必须永远记住，自己是木家的大少爷，姓木。木润声：什么大少爷，我只是木家的一个义子，一个姓是改变不了一切的。管家：润声，姓木就是姓木！你已经不小了，应该懂得什么是忍辱负重。木润声：我已经完全习惯了。管家：关键是你要在木府一直生活下去。木润声两眼噙着泪水说道：我知道，要像野狗一样生活下去。

木润声说着飞起一脚把木桩踢断。

管家犹豫了一下，缓缓说道：我没别的要求，只希望你能够好好活下去，可你现在心里的仇恨太深，这是谁也不愿意看到的。木润声淡淡一笑：我不想生产仇恨，可我必须接受别人强加给我的仇恨。管家：孩子，你要是这样的话，会让所有关心你的人都心里难过的。木润声：我知道阿爸的心里会难过，可除了阿爸之外我不知道还有谁会难过。管家着急地说道：我说过多少遍了，你现在是木家的少爷，不要随便叫我阿爸。木润声反驳道：既然如此，那你为什么还要关心我，还要替我难过？像你说的，我已经不小了，从我小时候挨的第一巴掌和被骂第一声野狗开始，所有的事情就全刻在了我的心里。当然，我的记忆中有坏事，也有好事，也有爱情。管家惊奇地问道：爱情？木润声：那是我自己找到的东西，真正地属于我，谁也别想抢去，阿爸，我想娶采耳直玛。管家听到，吃了一惊，立刻制止：啊！你想娶直玛？老爷他不会同意的。

木润声说完又在另一根木桩上练了起来，并说：习武的人，信手信脚，就是不信命。

木润声停了下来，问管家：阿爸，我记得我那儿有个包，里面是书，可刚才怎么找都找不到。管家：哦……里面是府上过去的账本，我已经拿走了。你要练就练，我先回去了。

木润声练完功夫，提着衣服，从书斋门外走过，书斋里传出木老爷和二奶奶的争吵声。木润声停下了脚步，低头听着。

木老爷说：润声已经长大成人，该给他说一门亲事了。二奶奶撇嘴一笑：老爷倒是挺关心他的。木老爷说：茂昌号方家在丽江世代是名门望族，他家大小姐也到了谈婚论嫁的年纪，我看可以考虑。二奶奶：方家大小姐我见过，确实是个好姑娘，样子长得不错，性格脾气也好。木老爷问：你也觉得方家大小姐和润声般配？二奶奶：般不般配当然是老爷说了算，只是放着自己的亲生骨肉不操心，成天就想着那个野种，真要说般配，应该是方家小姐跟润铭。木老爷说：润铭是我们的儿子，润声也是我们的儿子，做父母的自然都应该为他们操心。

　　二奶奶说：难得老爷长了副菩萨心肠，可我还是要说，咱们的儿子只有一个，那就是木润铭。木老爷：月娇！我说过多少遍，对润声好一点，他会认你这个娘的。二奶奶：我有自己的儿子，凭什么要认他这个野种？木老爷生气地说：你太过分了，妇道人家应该厚道、宽容，你怎么一点慈悲心都没有。二奶奶生气地：慈悲？那得看对谁，我就是讨厌那个野种。

　　木润声正在听着，突然传来脚步声，润声忙躲到了墙脚。

　　木润铭手里拿着稿纸，哼着小调，兴冲冲地冲进书房。

　　木老爷和二奶奶沉着脸坐在桌子两边。木润铭手里拿着乐谱跑进来，说：阿爸，顾约翰先生让我和采尔直玛合作写一首赞美玉龙雪山的管弦乐曲，我已经写好了序曲，你听听，是不是有玉龙雪山的气势。木润铭说着哼了起来。木老爷不耐烦地接过曲子：润铭，你也不小了，应该把心放在学业上，木家的家业以后是要交给你们的，这作曲的东西……二奶奶：是呀，润铭，你也老大不小的了，我和你爹正在商量着给你订一门亲。四方街方家的大小姐，人品不错，又是丽江的大户人家。

木润铭一怔，态度坚决地说：爹，我不同意，现在都到民国了，婚姻应该自己做主，我的事情不要你们管。木老爷生气地说：胡说！纳西人哪有自己谈婚论嫁的，你的终身大事，我和你阿妈必须管。木润铭：方家我知道，可方家六小姐我从来没见过，你们两边一热闹倒是门当户对了，我算什么？方家大小姐又算什么？二奶奶上前：润铭，方家大小姐，阿妈见过，真的不错。你不要拒绝父母……你是木家唯一的子嗣，所以这婚姻大事得听父母的。木润铭说：不管是谁，我都不要，这事不仅要尊重别人的感情，也要尊重自己的感情。木老爷：胡说！连自己的父母都不尊重，你还会尊重谁，你这个不孝之子。二奶奶拉了一下木老爷。木老爷说：你别拉我，难道做父母的还会害你不成？木润铭回答父母：反正我现在不想结婚。要结，就让哥哥先和方家小姐结好了。哪有当哥哥的还没结婚，做弟弟的先……

二奶奶打断木润铭的话：什么？你要让那个野种来抢你的婚事，你们两父子怎么都一个鼻孔出气。木老爷生气地训斥道：你怎么能这样说润声，他也是木家的大少爷呀！二奶奶不服气地说：大少爷？他不配，我看他就是一条想来抢占木家家业的野狗。木老爷厉声呵斥：放肆！二奶奶委屈地说：我放肆？我是不理解老爷的行为。你也不像我的儿子，太让我失望了，润铭，善良会让人变得软弱，阿妈是怕你将来要吃大亏的！二奶奶气急一转身离开了书房。

管家给木老爷送茶，走到墙脚，看到木润声在偷听，轻声说：你好大的胆子，老爷谈话你也敢偷听，想翻天不成？木润声冷冷地说：他们在谈我的事情。管家连忙规劝：小声点，你这不懂事的孩子，快回自己屋去，记住，人不能忘恩负义啊！木润声狠狠地：忘仇也是负义！木润声说完走去。管家看了看手里端着的茶，又看了看关着的书房门，转身去追润声。

坐在木润声屋子的桌旁，管家抽着烟，木润声手里翻动着一支飞镖。管家放下水烟筒说：润声，我已经对你说过多少次了，你不要再跟二奶奶拗下去，人在矮檐下，咱们就低个头。木润声回答管家：这话我都不知道听过多少次了，十多年了，阿爸年年讲，月月讲，天天讲，每时每刻都在讲，我早就听烦了，人在矮檐下，不，一条野狗在矮檐下，我什么时候抬起过头？

管家说：孩子，说这话就不地道了。你自己摸着良心说，老爷是不是待你不薄，润铭是不是也把你当成亲哥哥。木润声：别再说了，他再好也不是我的亲爹，我也成不了他的亲骨肉。管家叹了口气：唉，你慢慢会明白的。木润声哀笑着：我心里什么都明白，所以我什么也不想明白了。在这个家里，我算啥？什么东西也不是。不过兔子逼急了，也会踢死狼的。二奶奶她要是知趣的话，就别再惹我，我木润声已经不是那个毫无还手之力的孩子了，忍无可忍时，野狗也会咬人的。

木润声说完挥手打出一支飞镖，一只老鼠被钉在屋脚"吱吱"叫着，木润声看也不看地走出屋去。管家无奈地拿起水烟筒：润声，你怎么心里装的都是仇恨……

第二天一早，木润声从后院走出，见木润铭站在院子里看着花草发呆，上前开玩笑地说：怎么，听说马上要做新郎官了，应该高兴才是啊。心里正烦的木润铭说：去，去，去，谁是新郎官？木润声：你要是不当新郎官，方家大小姐怎么办？木润铭气愤地说：哥，你也学会乘人之危，落井下石了。木润声：怎么？能娶到方家大小姐，还不高兴？木润铭：什么方家圆家，与我无关。木润声：哎呀，这方家可是大研镇首屈一指的大户啊。木润铭：君子成人之美，既然哥哥觉得方家大小姐不错，你完全可以和她拜堂成亲，我这个弟弟以后也算是有个嫂子了。

　　两兄弟为毫不相干的方家大小姐掐了起来，最后木润铭只好摊牌了：哥，求你了，方家的小姐我不要……我心里已经有人了，你就帮帮我这个忙。木润声警惕地问：你心里有人了？所以就把我推出去当替死鬼？木润铭说：阿爸的意思也是让你娶亲。木润声坦白说道：可你阿妈的意思是让你娶。实话告诉你，我心里也有人了。木润铭一怔，问道：啊……你喜欢谁？木润声一口回绝：你不说，我当然也不会说的。

　　正在这时，二奶奶带着丫头走来，问道：你们在争什么？木润铭告诉母亲什么也没有争，是在讨论问题。二奶奶瞥了木润声一眼，严厉地说道：润铭，你得注意自己的身份，和这个野种有什么可争的。母亲希望你抓紧自己的学业，今后管理好木府，懂了吗？

　　二奶奶离开后，木润声笑着：怎么样，我没说错吧？你是木家有身份的少爷，你的婚姻得有父母做主。木润声说完撇下木润铭转身走去。

　　木润声一身轻松地走出木府院门，刚好碰到走进木府的阿都。阿都告诉润声想约二少爷一起到玉峰寺采山茶花。木润声惊奇问：采山茶花？……阿都，你没病吧？两个大男人，采花干什么？阿都回答：大少爷，这你就不懂了，眼下是山茶盛开的季节，听前辈说，这时候挑好的山茶花送给自己心爱的姑娘，她只要接受，就是接受了你的爱情。

木润声思忖着点点头。

阿都询问道：二少爷在哪里？木润声一怔：噢，你找润铭……正在洗澡呢，他妈给他洗澡。阿都惊奇地问：啊……这么大了他妈还要给他洗澡？木润声：不明白了吧？不把衣服脱光了，怎么守着啊？阿都笑着说：我明白了，你是说二少爷被他妈给看住了。木润声想了想：这样吧，我陪你去。

玉峰寺外，木润声和阿都看到山上盛开的山茶花。木润声说：这么美的花，难怪能骗住女人的心。阿都独自去找盛开的山茶，并告诉木润声：大少爷，送花是有规矩的，一是花要新鲜，象征爱情长久；二是花的色彩要红艳，表示心心相印，永不分离。

阿都小心翼翼地把花连根摘起，并且用泥土包上。木润声问：你怎么连根都刨起来了，不会是连泥带土一起送给女孩子吧？阿都：花没土就不新鲜，我的恋人住在野鸭湖，要走那么远的路，不用泥土包好，这山茶花就凋谢了。木润声说：看不出来，你还一套一套的。你的恋人是山茶姑娘吧？阿都笑着说：保密。木润声摇摇头说：看来爱情都得保密。

木家厨房，采尔直玛和冬妈正忙得不可开交，两个男子抬着一筐鱼进了厨房。冬妈嘟囔着：哎，抬进来干什么，去去，先拿到外面收拾了再拿进来。

外面传来了青蛙的叫声。采尔直玛犹豫了一下，说：妈，我来帮你收拾鱼吧。冬妈：不用了，把手划了还不够我麻烦的，你摘菜去吧。

一个小石子甩了进来，正好落在采尔直玛的脚旁。采尔直玛看看石子，又看看外面。木润声探出头来朝采尔直玛招招手。采尔直玛指了指冬妈，摇摇头，转身又去做事。又是一个小石子甩了进来，打在了冬妈的脚上。冬妈看看石子，又朝门外看看，没见什么人，又抬头看看屋顶，说：回头跟管家说说，这厨房也该修了，老掉东西。

采尔直玛放下手中的菜：妈，我出去一下。

采尔直玛走到一个僻静处，木润声走了出来。采尔直玛问：你来干什么？我正忙着呢。木润声从身后拿出一束山茶花，殷勤地说：直玛，这是我专门去玉峰寺为你采来的。阿都说那儿的山茶送女孩子最好，我们就去了。采尔直玛把山茶推给木润声：我不要，大少爷，我得洗菜去了。采尔直玛说完转身急急走开了。

木润声看了看手中的山茶花，生气地高高举起要摔，突然手被人给抓住。哟，这么好的花给扔了，多可惜啊。冬妈抓住木润声的手说。木润声咧嘴笑了笑说：山上有的是，没什么可惜的。冬妈说：到了这儿的花，跟山上的可不一样啊！木润声调侃道：有啥不一样的，四季常开，四季常谢。冬妈说道：常开常谢是不假，可要是用来送人，就有了一份情在里面，当然就不一样了。木润声说：冬妈的话我不明白。冬妈：好啦，没什么不好意思的，大少爷的花是不是准备送给我家直玛的？木润声一怔：这……你怎么会知道？冬妈：你个毛小子，还瞒得了我这个过来人，就你们这些花花草草的事，我一清二楚。木润声有些尴尬地笑了笑低下头去。冬妈笑了笑说：如果大少爷不介意，我替你把花交给直玛，怎么样？木润声抬眼看了看，把花塞到冬妈手中转身跑了。冬妈看着手中的花笑着说道：老了，连女儿都已经接花了……

傍晚，冬妈把山茶花交到采尔直玛手中，说：这是大少爷托我送给你的。采尔直玛怔怔地看着母亲。冬妈：好好看看，这花真鲜艳啊，不知道你喜欢不喜欢？采尔直玛说：阿妈，人家现在要帮着二少爷作曲子，哪有心思想这些事情。冬妈：曲子那东西玩玩可以，你也不是小孩了，有男孩子念着你，你就得表个态，可别错过机会啊。

正在油灯下书写《东巴经书》的和东巴听到母女的谈话，随即说道：你说的是直玛跟润声？这门亲事咱们可攀不上。冬妈不解地问：为什么？和东巴反问：木家的大少爷怎么可能娶一个佣人的女儿？冬妈说：要说嫁给二少爷，我想都不敢想，可润声不过是个义子，论身份和咱们家一样，有什么不行的。和东巴解释说：义子也姓木，出了门就是木家的大少爷，跟咱们当然不一样。冬妈说：就那院子里的事，我比你们谁都清楚。你说的不错，出了门他是木家的大少爷。可进了那道门，在二奶奶的眼中，他就是个野种，根本就没把他当成木家的人。和东巴：二奶奶是二奶奶，只要木老爷对润声好，他就是木家的人，木家的大少爷。冬妈回答：是不是大少爷的我不在乎，我就知道润声从小就跟采尔直玛有缘分，直玛刚生下来的时候，润声就在我身边，是他用自己的衣服包起了直玛，你们这些大男人连个孩子都不如,要我说啊,这种男人将来才靠得住,是会疼咱们直玛的。和东巴说:妇人之见,一件衣服你就知道将来了?冬妈有些气恼:反正我喜欢润声这个孩子。

父母正在说话时,采尔直玛悄悄地走了出去,独自坐在门槛上,慢慢地打开一个小包,默默地看着那块六润声送的玉佩。

第 3 章

傍晚，木府书斋内，木润铭一边哼着，一边在纸上写着。这时，一阵美妙的树叶曲传了进来，木润铭听着笑了笑，跑出屋去。

木润铭跑到了树林旁，采尔直玛靠在一棵树上。木润铭笑着摘了一片树叶放在嘴里吹了起来。采尔直玛把一束凋谢的山茶花递给了木润铭。木润铭疑惑地问直玛：你这是？采尔直玛说：这是润声大哥送给我的。润铭问：润声？他喜欢你？采尔直玛点点头。木润铭思忖着：直玛，咱俩的事不应该再瞒着他了。采尔直玛连忙解释：可我不想伤害他，我不知道该怎么对他说。木润铭默默地说：这样下去，会对他伤害更深的。

木润声在后院练完功，拿起挂在木桩上的衣服。管家上前把一个小包递给了木润声。木润声问：这是什么？管家犹豫了一下：你自己看看吧。木润声慢慢打开小包，里面是他送给采尔直玛的玉佩，便问道：是谁交给你的？管家回答：是直玛姑娘。木润声：不……不可能，我知道她是喜欢我的。管家说：孩子，凡事不能强求。木润声捂着耳朵：我不听……我不听……我什么也不想听……木润声说着，提着衣服跑了。

木润声沿着玉泉河边发疯似地狂跑，一直跑到采尔直玛家门外的树林旁，他看到树林边木润铭和采尔直玛站在一起。采尔直玛手里拿着一对碰铃，把其中的一只放到木润铭的手中，两人拿着碰铃轻轻地碰了一下，碰铃发出了清脆的声响。木润铭把一朵山茶花插在了采尔直玛的头上，采尔直玛含羞微微一笑，轻轻靠在木润铭的怀中。

木润声慢慢地后退着，痛苦地喃喃自语：润铭……直玛喜欢润铭，为什么？……

木润声说着泪水流出，转身跑去，玉泉河水边，润声把脸埋进水里，然后猛地抬起头来自言自语道：为什么……木润铭，为什么？……

泪水在木润声的脸上流着，他掏出了玉佩看着，突然大叫着把玉佩砸在了地上，用脚狂踩。并叫嚷道：……我恨，木润声，你这条可怜的野狗……你就是一条野狗……

管家走了过来，捡起玉佩，安慰道：你不能这样，润声。木润声狂喊着：不，直玛是我的，是只属于我的。管家：可你要知道，爱是不能勉强的。木润声：我知道她爱我，小时候她就爱上我了，我要把她夺回来……对，夺回来。管家说：你不能乱来。孩子，你可别为了一点儿女私情，做出伤害木家的事情来啊。木润声质问管家：木家给了我什么？他们说得对，我就是一条野狗，不，我连野狗都不如……告诉我，我是什么……我到底是什么？

情　殇

　　管家着急地说：润声，你不能光想你自己，你要是胡来，老爷会伤心的啊……

　　木润声回答：伤心？……我的心早碎了……当你把我按在木家磕头时，我的心就已经碎了……它在流血……

　　管家看着痛不欲生的木润声，也在流泪。

　　木润声怪笑着说：骗我，所有的人都在骗我，你们为什么要联合起来骗一条可怜的野狗呢？阿爸，不要再骗我了，老爷善待我，他凭什么善待我？他有了自己的儿子木润铭，凭什么还要善待我？……见鬼去吧，你们都见鬼去吧……哈哈，放心吧，以后我会成为一条真正的野狗。

　　失恋的木润声说着，摇摇晃晃地向前走着。

　　木家饭厅，餐桌上已经摆好了菜，人也都坐在了各自的座位上。佣人上前报告：老爷，屋里和院子里都没看见大少爷。木老爷皱着眉头说道：怎么回事，吃饭也没个准点儿。二奶奶抱怨道：哼，吃饭都要人满院子到处找，再这么下去，以后怕要上山下河去找了，润铭可是饿了。木润铭忙说：妈，我不饿，再等等哥吧。

　　正在这时，木润声笑着走进。木老爷沉着脸说：你到哪儿去了，全家都在等你呢。木润声说：对不起，我来晚了一步，二娘，实在对不起，让您久等了。木老爷：以后去哪儿先打个招呼，快坐下吃饭吧。木润声：是，爹放心，这肯定是最后一次了。

　　管家忧心忡忡地看着木润声。当吃完饭走出饭厅时，管家忙跟了上去问：你今天去哪儿了？让全家都等着你。木润声看着管家笑了笑，继续向前走去。管家问道：你说话呀。木润声说：

管家大叔，你不是总想让我在木家乖乖的吗？不要再跟二娘拗着吗？我可都照你说的做了啊。

二奶奶走了上来，问道：管家，你躲在这里和大少爷嘀咕什么呢？管家欠了一下身子：二奶奶，没说什么。木润声笑了笑：二娘千万别多心，管家是怕野狗伤了人，正在训练野狗呢。二奶奶说：噢，野狗再怎么训，还是条野狗。木润声：那就更得训练了，不然真要是撒起野来，可是又脏衣服又伤人啊。管家拉了一下木润声：二奶奶别见怪，我只是让大少爷以后吃饭一定要准点，别让老爷和二奶奶等着。二奶奶说：这就好，你与你这个儿子，别不是商议着要谋夺木家财产，敲空木家墙脚的事吧？

管家一听二奶奶的话，脸都吓白了。木润声却说：二娘多心了，野狗不会挖墙脚，只会刨墙根。二奶奶冷冷一笑，说道：我倒想见识一下这墙根怎么个刨法。木润声：可以啊，现在已经有人在刨木家墙根了。管家一个劲儿地向木润声使眼色：二奶奶，别生气……大少爷，还不快回屋去。木润声说：二娘，你要是真想维护木家的体面，倒不如先管管自己的儿子，要不将来讨个门不当户不对的佣人的女儿当儿媳妇，那才会让木家丢尽脸面的，我阿爸要是为这事生气，就是自己挖自己的墙脚了。二奶奶怒火中烧，说道：你说什么？狗嘴里吐不出象牙来，木家自立门户以来，还没有出过这种事情。说完走了。

管家把木润声拉到走廊的拐角处，问：你刚才说什么门不当户不对？木润声：我说了吗？管家一怔：莫不是……告诉我是怎么回事？管家一把拉住了木润声问道：是不是二少爷看上了

情 殇

采尔直玛？木润声：我说了吗？谁看上谁，恨上谁，跟我没关系。管家问道：那什么跟你有关系？木润声回答：那当然是我看上谁，恨上谁了。木润声想了想又说：我真不想让老爷生气，像你说的，老爷待我不薄。这样吧，如果是我的这个弟弟不肯讲，不方便讲，或者不愿意讲的话，我会代他把好消息告诉给老爷的，就算是向老爷尽点孝心吧。木润声说完走了。

管家看着木润声的背影，心想，这孩子到底想干什么？

夜晚，木润铭在自己屋里一边来回走着，嘴里一边哼唱着旋律，突然房门被推开，木润声摇晃着走了进来。

木润铭说：哥，你喝酒了？木润声怪笑着：喝酒……对，我喝酒了，告诉你，是男人就得喝酒。木润铭：爹说过，不让我们喝酒的。木润声问：爹说的话多了，你都记得住吗？你那个娘说过的话更多，你都记住了吗？行了，别……别在我面前装好孩子。

木润声摇晃着走到润铭的床边，一头倒在床上，自言自语：你太聪明了……人啊，拿着刀枪来的不可怕……一点也不可怕……最可怕的是把自己隐藏起来，一个人生出了两张脸……两张脸的人，你永远也不知道他在想什么，他要干什么……哎呀，我的错误就是太小看了你……

木润铭问：哥，你到底想要说什么？

木润声喃喃着：酒……好东西啊，忘记了自己，也……也看不见别人了……不看了……

木润铭见木润声已经平静下来了，替他盖好被子，自己走出屋去。

第 3 章

木润声猛然跳起来，两眼定定地盯着关上的门，心想，还在跟我卖乖。然后起身，摔门回自己屋去。

管家房内，管家正在抽着水烟筒生闷气。木润铭推门走进，管家问：二少爷，这么晚了你还没睡？木润铭说：我哥喝了点酒，睡在我那儿了，我出来走走，见你屋里还亮着灯，就进来了。

木润铭在椅子上坐下。管家说：大少爷他平时不喝酒啊。木润铭：今天好像是喝醉了，说的话也让人听不懂。管家问：他都说了些啥？木润铭：喝醉了酒的人，有一句没一句的，我真的是听不明白。管家又问：知道大少爷为什么喝酒吗？木润铭回答：爹是不准我们喝酒的，我要是知道他喝酒，肯定不会让他喝的。老管家，我哥他是不是遇到什么事情了？管家犹豫了一下说道：二少爷，你是个好人啊，成天读书。大少爷……有些事情还是相互担待点好，真要是有点啥，兄弟之间，也应该见谅。木润铭：我跟我哥之间不会有什么事情的。管家说：对，对，你们俩从小一起长大，情分深，不会有事的。木家以后还得靠你俩，家和万事兴嘛。二少爷是个重情的人，当然大少爷也重情………木润铭：我哥他没什么事，我就放心了。那您也早点歇着吧。木润铭起身走出。

管家是上一辈木老爷收养的孤儿，也让他姓了木，一直替木家管着家，对木家忠心耿耿。看到两兄弟现在的状况，猜测是两个孩子都喜欢上了采尔直玛，他知道这是不可能的事。丽江的"木"姓，据说是明朝皇帝朱元璋赐给木氏土司的姓氏；而"和"姓就是平民百姓的姓氏。你看那个"和"字，就是一个头戴斗笠，身背背篓之人。在木府"木"姓从来就不与"和"姓通婚，管家忧心忡忡。大少爷偏偏喜欢舞枪弄棍，这习武之人性子暴，真担心他别弄点什么事情出来。管家来到了采尔直玛家想询问直玛与木家二位少爷之事。

冬妈讲了润声送直玛山茶花之事，认为润声是个义子，直玛应该配得上他。和东巴说：我看直玛是看上二少爷了，两人整天在一起玩乐器，作曲子。二少爷这孩子倒不错，怕是直玛没这个福分啊。管家交代，二位少爷的婚姻都是由老爷做主，轮不到直玛看上谁，请他们阻止直玛与两位少爷的交往。

管家走后，心直口快的冬妈问刚回到家的采尔直玛：你和木家两位少爷到底是怎么回事？采尔直玛害羞地说：阿妈……冬妈催女儿：快告诉阿妈，今天管家来问过。采尔直玛很惊讶：管家来问？可我从来也没跟大少爷好过啊。

和东巴和冬妈相互看了看。

冬妈惊讶地说：那你怎么能收下山茶花？直玛说：我没收，那花是你带回来的。冬妈说：哎哟，山茶花可不是随便送着玩的，这你是知道的啊。我还以为你们好上了呢。采尔直玛说：我们几个里面润声最大，我们都很尊敬他，我也一直把他当成大哥看待的。冬妈问道：那你真的是跟二少爷好上了？采尔直玛低下了头：我说了，那是我自己的事情。冬妈"唉哟"了一声，说：这么大的事情是你们自己能做主的吗？直玛，你怎么这么不懂事，也不想想人家二少爷是什么身份？和东巴也插嘴说：直玛，阿爸知道你心气高，可二少爷咱们真的是高攀不上的呀。采尔直玛抬起头说：我和润铭是真心相爱的，他也说了，他的心里只有我。和东巴说：这不是你们俩自己的事，他的心里有你，阿爸相信，可这事得木老爷的心里有你，二奶奶的心里有你才行啊。冬妈说：直玛，你阿爸跟我别的事情可以不管你，可这件事情不行，会害了你的。今后，你不准再去找二少爷，也别再跟着我去木府了。

木润铭拿着未完成的乐章和顾约翰在玉泉湖边漫步。顾约翰对木润铭说：木少爷，你的乐曲光有热情是不够的。木润铭回答：我是想先凭着热情找到一种感觉，然后用旋律把这种感觉表现出来。顾约翰说：你把乐曲定在了圣山——玉龙雪山上，那就必须先写出玉龙雪山的主旋律，有了主旋律，接下来才会有变奏，变奏和配器我可以帮助你。顾约翰停住脚步说：你必须记住一点，那些古乐中有很多珍贵的表现元素，所以这不是一般的创作，先得进行历史的挖掘。木润铭说：我明白了。顾约翰说：虽然你现在已经用了一些元素，但太少了，唉，要是能有那本《纳西正音谱》就好了，据说，那上面记载了很多古曲。好好干吧，我相信你们一定会成功的。

木润铭有些心不在焉地说：直玛怎么还不来，今天说好她要来的。顾约翰说：我们可以去她家看看。木润铭说：只好劳驾顾约翰先生了。顾约翰：没关系，丽江的山水很美，走一走是种享受。两个人说着一起向采尔直玛家走去。

和东巴正在院子里劈柴，看到顾约翰和木润铭走了进来。放下手中的斧头说：二少爷和顾先生来了，找我有事吗？木润铭告诉和东巴：我们是来找直玛的。顾约翰：和先生知道，我约了木先生与和小姐一起写一个乐曲，我们说好今天要见面的，可是直玛没有来。和东巴告诉二人：今天一大早，有点急事，直玛和她阿妈一起回娘家去了。木润铭脱口而出：回娘家，我怎么不知道？和东巴笑了笑说：直玛阿妈只是府上的一个佣人，怎么敢惊动二少爷。顾约翰问：和小姐要去多长的时间？和东巴回答：多长时间就说不准了，也许要去些日子才能回来吧。木润铭疑惑地说：她应该跟我说一声才是啊。和东巴说：二少爷写曲子那是您的事情，没必要非拉上直玛，音乐方面的事，你该来问我呀。

既然采尔直玛不在，木润铭和顾约翰也就告辞，走出院子。

离开和家，木润铭一直情绪不好，采尔直玛的突然消失，令他感到有些不妙，是不是和昨天母亲提到的要给自己提亲有关？木润铭急匆匆地来找管家，想从他嘴里知道点什么。管家告诉润铭：冬妈昨晚向我支了工钱，说要停一阵子的工，回娘家去了，直玛与母亲一起回去的。木润铭问：冬妈没说要多长时间才能回来？管家回答：冬妈只说是请长假，至于到底多长，我就说不清楚了，难说在外面找到了别的活干，不回来也是可能的。木润铭一怔：你是说她们不会回来了？管家说：冬妈在木府时间长，我当然是希望她能够回来的。可人往高处走，真有了更合适的活，我就说不准了。顾约翰劝木润铭：木先生还是先平静一下，这种情绪是写不出好作品的。木润铭：没有直玛的消息，我的心很乱，一点感觉都没有。

回到家的木润铭饭也没吃，躺在床上，呆呆地望着房顶。

二奶奶端着一碗粥进来，在床边坐下，说：润铭，来，喝点，你没吃晚饭，饿了吧？木润铭坐了起来，推开碗：妈，我不想吃。你让我一个人静一下好不好。木润铭说着又躺下,扭过身去,用被子蒙住了头。二奶奶把碗递给了丫头:你就守在这里,过一会儿把粥热了给二少爷喝。

木润铭猛地掀开被子叫道:我不喝,出去!你们都给我出去!

二奶奶一怔:都出去吧。

丫头随着二奶奶离开了润铭的房间。

二奶奶转过屋角进入过道时,和木润声撞在了一起。木润声赶紧说:对不起,二娘,没撞着您吧。二奶奶骂道:野狗,走路也不长眼,偷听什么?木润声回答:野狗是看地不看天的,二娘不也没长眼吗?二奶奶骂:该死的。木润声说:野狗命大,不会死,不知道二少爷是不是该到地狱里去了?二奶奶生气地说:你这条野狗竟然连主子也敢咒?二奶奶说着挥手朝木润声打去。木润声轻轻一抬二奶奶的胳膊肘,二奶奶的手打在了自己的脸上。二奶奶大叫着:好你个小野种,想翻天不成,你还敢跟我动手,我今天非打死你不可。二奶奶扑向木润声,木润声抓住二奶奶的手不放,二奶奶痛得直叫。木润声放开二奶奶狠狠地说:二娘小心点,野狗已经准备咬人了,别光盯着我,还是对你那宝贝儿子多操点心吧。他现在得的可是相思病,二娘,相思病弄不好可是会死人的啊。二奶奶:你把话给我说清楚,润铭相思谁了?木润声:野狗成天忙着找食,哪有心思知道你儿子思谁?哎呀,过去野狗还能在厨房捡点剩的吃,人一走,连这剩的也找不着了。二奶奶一下子惊住了:啊,你是说采尔直玛?木润声笑了笑:二娘,我可没说,是你说的。

木润声说完转身吹着口哨走了。

情　殇

　　木润铭起床了，又写起了曲子，二奶奶走了进来。她向屋里的佣人摆摆手：你们都退下去，我有话要跟二少爷谈。屋里的佣人都退下。二奶奶直接问：润铭，你跟采尔直玛到底是怎么回事？木润铭一怔：阿妈，你怎么想起问这事啊？二奶奶严厉地要求道：回答我的问题！木润铭：这是我自己的事情，阿妈就别问了。二奶奶气愤地说：你这叫什么话？你是我儿子，终身大事我能不问吗？跟妈说实话。木润铭犹豫了一下说：好，既然阿妈问起了这事，我就实话实说，我爱直玛，我想娶她。二奶奶猛地站起身：这么说都是真的了？木润铭：我爱直玛，她也爱我，我愿意一辈子跟她生活在一起。

　　二奶奶斩钉截铁地说：绝对不行！其中的道理你自己明白。木润铭也斩钉截铁地说：我就是要娶直玛，谁也阻挡不住！二奶奶规劝道：你爹他不会同意的，你会失去一切的！木润铭倔强地回答：有了直玛，我就有了一切，她就是我的一切。

　　二奶奶看润铭是铁了心劝不动了，但还是得稳住他，不能让木老爷知道此事，便说：润铭，这件事情不能急，得慢慢来。你爹肯定不会答应的，得看准时机才能对他说。不过你得照阿妈说的做阿妈才会帮你。木润铭：阿妈，我听您的。二奶奶说：这段时间，你千万不能提采尔直玛的事情，要像往常一样，以免你爹生疑，时机到了，阿妈会对他说的。木润铭听后，以为母亲真的会帮自己，高兴地说：谢谢阿妈！

　　晚饭时，木老爷和二奶奶刚坐到饭厅的餐桌旁，木润声笑着走进：爹好！二娘好！

　　木老爷问：润声，这些日子干什么呢？木润声回答：早晚习武,白天看看书。木老爷欣慰地点头,继续问道:噢,看什么书呢?木润声:都是爹书房里的书,《三国演义》《说岳传》《水浒传》,对了,还有《三侠五义》。木老爷笑了起来,说:这些书我年轻的时候也喜欢看,现在有空了,还想找来翻翻。木润声说:我看书里好多地方都做了标记,不知道爹是喜欢御猫展昭,还是锦毛鼠白玉堂?木老爷说:都喜欢,都喜欢,个个都是英雄豪杰啊!

佣人们开始把菜端上。

木老爷说:上点酒。

管家担心地问道:老爷您……

木老爷说:来点,来点,高兴嘛。管家向佣人点点头,佣人为木老爷倒上酒。木老爷:老了,不然真想像你们年轻人,大块吃肉,大碗喝酒啊。

父子二人正聊着,木润铭梳洗干净穿戴整齐地走进,说:阿爸,阿妈,哥,让你们久等了。木润声玩笑地说:哟,润铭这一收拾出来,像是要去相亲啊。木润铭回答:哥还成天与棍棒为伴?你都没相,我怎么敢捷足先登呢。

哈哈,木老爷笑了起来,说:我这两个儿子一文一武,阿爸会把你们的婚事考虑好的。

木润声看着木润铭笑着说:润声只想侍候在爹的左右,其他事情全凭爹去安排。

二奶奶看木润声抢了风头,笑着说:是啊,有吃有喝有脸面,叫花子梦里的东西全占了,谁不愿意,不然,可真成野狗了。木润声说:二娘,野狗有口吃的就行了,脸正,还顾不着啊。二奶奶笑着说：哼，真要是条野狗，倒好打发了，怕的是黄鼠狼进了院子，只有打死才能让人安心。

木老爷生气地一口气把酒喝下，说：行了，吃吧，你们在一起就不会说个好话。

木润声忙说：管家，一会儿让冬妈端点咸菜来，老爷好下饭。管家一怔，回答：大少爷，冬妈她今天不在。木润声说：那就让采尔直玛端，二娘说了，爹吃点咸菜可以开胃。木老爷笑着：润声想得周到，有点咸菜就可以多吃点饭。二奶奶站起身：老爷要的咸菜得我去端。木润声连忙起身：二娘，这种事情怎敢劳驾您啊。管家，听到我的话了吗？管家回答：大少爷，采尔直玛今天也不在。木润铭知道哥哥木润声可能想说什么，就说：我迟到了，还是我去端吧。

木润声笑着说：润铭，厨房不是相亲的地方，衣服弄脏了多可惜啊，采尔直玛今天不在。木润铭一听，生气地瞪着木润声：你什么意思？木老爷听二兄弟斗嘴，生气地说：快吃饭，这么好的牛干巴都堵不住你们的嘴。长大了，反而不听话了。

饭后，木润声向自己的房间走去，二奶奶跟上，对木润声说：润声，你是不是要把木家彻底搅乱了才安心？木润声回头笑着：二娘真聪明，我尾巴还没翘，您就知道我想干啥了。二奶奶说：那我告诉你，夜里睡着了流出来的是口水，不是喜酒。木润声回答说：二娘，虽然是我阿爸非要认我这个义子，可既然认了，我就是木家的大少爷，润铭也就成了我弟弟，他喜欢谁，我当然得想法子做做爹的工作，帮帮他啊。二奶奶说：木家的大少爷，太自作多情了吧，你也不烧炷香求个签，看我是不是答应。木润声仍然笑着说：我问过东巴了。二奶奶：哪个东巴？木润声悄悄地：当然是采尔直玛的阿爸和东巴。二奶奶：无聊！木润声：有聊，有聊，太有聊了。现在不是你答不答应，是人家答不答应。二奶奶强忍着气：你就不怕火真烧起来了，把自己给搭进去？木润声说：二娘不会把自己说过的话给忘了吧？二奶奶一怔：我说过什么？木润声大笑道：我是野狗，我怕谁啊？二奶奶忿忿说道：木润声，我看你越来越像个无赖。我知道你的心大，大得都疯狗吃月了，好，我今天就成全你。开价吧，我会满足你的，只要你别把润铭跟采尔直玛的事情告诉老爷。木润声问：是不是我一说出去，润铭就什么都没了？二奶奶说道：你……说吧……

这时，传来一阵脚步声，木润声跟二奶奶忙站开。木润铭走进，说：哥，我到处找你。木润声：吃完饭二娘就找到我，谈的全是正经事。润铭，你找我有事？木润铭：阿妈，我有点事要对哥说。木润声：有啥事就在这儿说吧。木润铭：是咱俩的事。哥，走吧。木润铭说完拉着木润声向院子外走去。

木润铭和木润声来到玉泉河边。木润声看着有些紧张的木润铭笑了笑说：你找我到这儿来，不会是想下河洗澡赏月吧？木润铭犹豫了一下：哥，我一直敬重你，真的很敬重你，所以有些事情我必须要向你解释清楚。木润声冷笑着说：二少爷，你觉得有必要解释吗？木润铭：你怎么想都可以，但我必须把话说清楚。哥，我并不是有意要和你抢夺直玛。我只是等待，等待直玛自己的选择，当然，我也非常喜欢直玛，所以……

木润声厉声说：住嘴！你找我来，不会是想告诉我，因为直玛选择了你，所以你就理所当然地接受了这份惊喜，然后到我这里来炫耀吧？木润铭说：不是，我找你只是想说，我确实不知道你也爱着直玛……木润声打断木润铭的话说：你真可怜，直玛怎么会喜欢上你这样一个可怜虫！木润铭：哥，我不想跟你争，咱们爱上了同一个女孩，就应该尊重她的心意。木润声：既然你承认爱她，就应该承担起一切，没必要在我这儿虚伪地说这一切都是直玛的选择。

木润铭说：如果没有她的选择，我是不敢承受这一切的。我知道你现在心里很难过。木润声大笑起来：我难过吗？那我告诉你，今后难过的是你，一定是你。木润铭：哥，我希望你不要做出伤害直玛的事情。木润声：想起来装好男人了？木润铭：不是，因为直玛跟我一样，也是非常敬重你，也许这让你对她产生了误解，可敬重不等于爱。木润声：你不会想教我什么是爱情吧？木润铭：哥，你误会了，我和直玛……我们真的很为难，怕伤害了你。木润声冷笑着：伤害……哼，在木家我得到最多的就是伤害，所以我最不怕的也是伤害。木润铭垂下头去：其实什么事情我都明白，可是，可是我真的无能为力。木润声笑了笑：不过，我还是要祝福你和直玛……

木润声推门走进自己的屋子，反手把门关上，靠着门框，泪水从眼中流出。木润声突然发现屋里的椅子上坐着一个人，忙拉开架势，问道：谁！

管家回答道：是我。木润声收起架势：你来干什么？木润声说着要点灯。管家说：不要点灯。木润声笑了笑：没做贼也心虚起来了。管家说：润声，你吃晚饭的时候，话太多了。相信老爷会把你的事都安排好的。木润声告诉管家：我最不需要的就是有谁想安排我的生活，我自己的事我自己会处理，我自己的感情我自己会寻找。我有一个条件，我要见见采尔直玛。

其实木润声就是想知道采尔直玛真实的想法。他对管家说：你们会按你们的方式解决问题，我也会按我的方式解决问题。哼，不揭开伤疤流不出脓，你们都想捂着，我只好来揭伤疤了。管家犹豫了一下说：那你得答应我，见过了直玛，这事就算彻底结束，你就死了想娶采尔直玛的心。明天吃过早饭我在后门等你。

第二天，当院门打开，看到管家和木润声时，和东巴吃惊地问：你们怎么来了？管家说：有点事。和东巴挡着门：有事带个话过来我就会过去，怎么还让您跟大少爷大老远地跑来。

管家轻声对和东巴说：润声说他有把握劝直玛放弃润铭，你也知道，木家是绝对不会答应这件事情的。和东巴：他来不会添乱吧？管家：试试吧，他们是一块长大的，难说比咱们的话管用。和东巴犹豫着：一块长大的不错，真要是扯起手来，麻烦就更大了。管家：这事硬堵肯定不行，得疏导，话说透了，理讲清了，事情想明白了，他们会知道该咋做的。和东巴：我是担心润声的性子要是上来了，比润铭更难缠。管家：说的就是这个，昨天晚上吃饭的时候已经缠上了，我是担心老爷知道了这件事，麻烦就真的大了。和东巴无奈地点点头：好吧，就照你说的做。那我叫直玛去了？

木润声在树林边烦躁地来回走着。

采尔直玛走了过来。木润声看着采尔直玛笑了笑问：你还好吧？采尔直玛回答：不好……

　　木润声想了想，再不说就没有机会了，于是向直玛吐露了真情：直玛，我是想了办法才能见到你，我挑明了吧，你知道我是爱你的……采尔直玛想阻止，木润声坚持要把话说完：木家的事情你应该知道，佣人是干活拿钱，我应该说是寄人篱下，只有润铭才是木家真正的少爷。木家是个讲规矩的地方，这种规矩容不下我，同样也容不下你。你明白我说的意思吗？采尔直玛摇摇头：润声哥，我和润铭是真心相爱，任何规矩、任何力量都不能把我们俩给分开。

　　木润声说：我相信你说的，可是这种爱只会带给你伤害，带给你亲人伤害，而且这种伤害是你想象不到的。采尔直玛：只要我们能够在一起，我什么都不怕。木润声：二娘她不会容下你的，到时候润铭会跟着你一起受伤害。采尔直玛怔怔地看着木润声。木润声又说：直玛，我不想隐瞒自己的感情，我也爱你，爱得我心都在疼，所以我不愿意看到你受到任何伤害。我从小习武，就是不想受人欺负，现在我习武，不仅是为了自己，也是为了你。请你相信我，润铭有的东西，我都会有，他给不了你的东西，我也会给你。

　　采尔直玛说：爱是一心一意的，所以我不想拿你们两兄弟做比较。木润声：我也不想比较，可从我记事起，就天天跟人家比较着，只想有一天能够用自己的手去得到一切，换一种方式去跟人家比较。采尔直玛：润声哥，你说的那些东西并不重要，我想对于润铭也不重要。木润声：我知道这也许是我最后的机会了，但我不会放弃的。为了你，我可以离开木家，润铭他能做到吗？做不到。他离不开木家，离不开他母亲。我不希望我和他母亲之间的事情，再发生在你的身上。

采尔直玛说：这是我自己的事情，就不劳润声哥费心了。木润声焦躁地说：可你们继续这样走下去是不会有结果的。采尔直玛：没有结果本身也是一种结果。你走吧，我不想为了我和润铭的事情，把你也给牵扯进去。木润声：直玛，你怎么就不明白呢？不是牵扯进去，是把我给逼进去……也许那个女人的话是对的，我就是一条野狗……采尔直玛泪水流出：润声哥，我和润铭真的不想伤害你。木润声：闭嘴！你们谁不在伤害我？说啊，除了伤害，我还得到过什么？

采尔直玛捂着脸跑去……

管家同和东巴默默地吸着水烟筒，冬妈不安地来回走着。采尔直玛流着眼泪跑回来。冬妈问：怎么啦？出什么事啦？采尔直玛哭腔：我以后谁也不会见了，特别是那个木润声……

采尔直玛说着冲进房里，把门关上了。

管家放下水烟筒跑出门去，看到木润声已远远走去……

和东巴和冬妈跑出来，叫道：大少爷……

管家却说：早晚有这一出，说透了好啊。

太阳落山，木润声独自一人在树林里练着拳，树干上留下了一道道血印，他筋疲力尽地从树林里走到了河边，趴下身子把头埋在了水里。木润声从河里抬起头来，眼睛的余光看见有人向自己跑来。

一名壮汉上前想按住木润声，木润声翻身而起，右腿横空劈扫，壮汉重重地倒在了地上。壮汉一招手，又上来几名壮汉围住了木润声。木润声冷冷一笑，把衣服丢在了地上说：来吧！今天小爷让你们知道一下野狗是怎么吃人的。

木润声说着滑步上前，左手虚晃，右拳已经重重地打在了一壮汉的脸上。身后一壮汉飞身而起踢向木润声，木润声右腿向后倒钩，壮汉横跌在了地上。迎面又一壮汉冲上，木润声顺势空翻，脚踢在了壮汉的脸上。站在旁边的壮汉，悄悄摸出飞刀向木润声打出，木润声向右躲闪，左肩中了飞刀。壮汉狞笑着，木润声右手拔出飞刀向壮汉打出，壮汉躲闪，右耳被飞刀削下。突然身后一壮汉向木润声撒出一张粗绳大网，将木润声罩住，几名壮汉冲上前用麻袋把木润声给罩了起来。

被削了耳朵的壮汉捂着流血的右耳大声叫着：打，给老子朝死里打。

几名壮汉一阵拳打脚踢，又用大木棒痛打，麻袋里的木润声不再动弹了。

山路上，一辆厢车停在路边，几名壮汉用马驮着麻袋走到了厢车边停下。马夫打开厢车门，二奶奶走下来。

壮汉说：夫人，您要的人在这儿。二奶奶淡淡一笑，转身从车上拿出了银袋。壮汉：夫人，这价得另算。二奶奶：事先说好的价，怎么能说变就变呢。壮汉：夫人只说是个乳臭未干的混小子，并没说是个练家子，搭上了几个弟兄不说，老子也赔上了一只耳朵。二奶奶：总不能你们自己功夫不硬，连江湖上的规矩都不要了吧？壮汉：江湖上的规矩是看货论价。二奶奶：我要是不加呢？壮汉阴笑了一下：好男不跟女斗，那我们就带着货走人。二奶奶：慢着！你们打算加多少？壮汉：翻个倍。二奶奶：不行，太多了。壮汉：夫人不是想留着钱给自己打棺材吧？咱们走！二奶奶：站住！二奶奶转身从车里又拿出一个银袋。壮汉笑着接过两个银袋。二奶奶：给我扔得越远越好。壮汉：这您尽管放心，夫人出了钱，我们当然要为您消灾。壮汉说着一挥手，几名壮汉牵着马向山沟里走去。几个壮汉把麻袋拉到了山崖边。领头的壮汉把手一挥，一壮汉把麻袋蹬下了山崖。

傍晚，管家来到木润声的屋子，点上灯，在屋里四下看了看，说：都两天了，会去哪儿呢？

清晨，木润铭来到饭厅时，木老爷还未到，便对母亲说：我哥也不知道上哪儿去了，两天都没见着他了。我担心哥不会出什么事吧？二奶奶说：放心吧，他跟你不一样，成天舞枪弄棍的，真有啥，也是他把别人给弄出事来。

木老爷带着管家走进饭厅。入座后木老爷问道：润声呢？这都两天没见面了，人去哪儿了？

管家欠了一下身子回答：老爷，前天下午以后，就没见过人，我也很着急。木老爷：他没说去哪儿了？管家：没有。木老爷：找过了吗？管家：附近我都找过了，没人见过他。二奶奶：也许跑到哪里去玩了，这孩子不像润铭，成天待在书房里。

饭后，管家跟着木老爷走进书房。木老爷问管家：府上的事情都是你在打理，你认为润声会去哪儿？管家：我也说不准，不过润声这几天的心情不太好。木老爷：噢，出什么事了吗？管家：噢，这倒没有。

二奶奶走进来，对木老爷说，想从府上支点钱，她妈要办

情　殇

七十大寿了，得送份礼过去。木老爷吩咐管家去办。二奶奶转向走出，木老爷叫住二奶奶问：月娇，你也不知道润声去哪里了？二奶奶说：我成天守着的是润铭，润声的事情我从来不管。再说了，他去哪儿能跟我说吗，这老爷您是应该知道的啊。木老爷对管家说：这事还是你来办吧，多派些人，他会去的地方都找找。二奶奶说：孩子大了，就由不得咱们管了。老爷放心，润声自小习武，上哪儿都不会吃亏。木老爷焦急地对管家说：木易，手上的事情先放一放，全力找人，总不至于一个大活人，说没就没了吧。管家答应：是！

　　木润铭走进母亲的卧室，问：阿妈，告诉我，到底发生了什么事？我哥他去哪儿了？二奶奶生气地站起来：我怎么知道这条野狗跑哪儿去了？真是怪事，一个小野种不见了，值得府里上上下下这样大惊小怪。木润铭说：我哥在咱们家已经生活了十多年，阿妈你为什么还是容不下他？二奶奶愤恨地说道：你说对了，我就是容不下他，永远都容不下他。你爹收养了这个野种，凭什么对他这么上心，我看他是昏了头。

　　木润铭把二奶奶扶到椅子上坐下，说：阿妈，既然我爹收养了我哥，你就顺着他好了，就当咱们是一家人，都亲热一点。二奶奶打断儿子的话：凭什么要当一家人看？真要是一家人，以后木家的财产他就有一半。木润铭说：一半就一半，木家这么大的家产，给他一半也没什么，撑不死他，也饿不死我。二奶奶说：你啊，太善良。不能成天把眼睛只盯在书本上，读书是吃饱穿暖了以后的事情，等啥都没了，书里不会真给你座黄金屋。妈想给你提个醒，咱们不害人，可总得防着人家来害你啊。木润铭委屈的答道：可我不希望看到一家人为了一点家产，闹成这个样子。二奶奶说：告诉你，这才刚刚开始。你妈我含辛茹苦，费尽心力，心都操碎了，为什么？还不就是为了这家财不能落入外人手中。

木润铭解释说：阿妈的心意我知道，可我担心这么下去，人的心会闹寒的。二奶奶笑着：放心吧，他不会来闹了……木润铭一怔：你知道他在哪儿？二奶奶生气地说：奥，我怎么会知道他在哪儿，你们都以为是我害了他？木润铭安慰母亲道：阿妈，我没别的意思，爹是个心肠软的人，我听用人们说，哥的亲娘曾在咱们家当过佣人，后来他妈死了，管家就收养了他。爹是出于同情心收养他的。二奶奶说：他大仁大义我不管，也管不了，但是不能乱了你的名分。我给他木家生了个儿子，唯一的儿子，却成了二少爷，你说妈会怎么想？木润铭劝慰道：那你就想想爹，我爹他心好，哥的母亲又在咱们家干过活，其实我跟哥相处得很好，不知道的人真以为就是亲兄弟呢。

二奶奶听了润铭的话，呆呆地想：亲兄弟……女佣人……在木家干过活，她似乎明白了木老爷为何要收木润声为义子。二奶奶怨自己太大意，这么多年怎么就没往这方面去想。

木润铭看到发呆的母亲，问：阿妈，你怎么啦？二奶奶似乎惊醒过来说：没什么，没什么……只是你跟采尔直玛的事，你一定记住，暂时不能跟你爹说，现在还不是时候，听妈的，千万别让你爹知道这事。润铭，这件事情你必须听妈的，不然咱们真的是一无所有了……

润声的失踪，让管家心情不好，也睡不着觉。管家正在吸烟，突然响起了轻轻的敲门声。管家上前开门一看是二奶奶，疑惑地问：二奶奶，这么晚了，有什么事吗？二奶奶进屋，四下看了看，把门关上。

二奶奶坐下说：也没什么事，我是顺道路过，看你还没睡就进来坐坐，没有打扰你吧？管家回答：噢，没有，没有。二奶奶走到床边，伸手往被子里摸了摸：天有点凉了，这被子不够暖和吧？管家欠了欠身子：暖和暖和，天冷的时候，还有一床毡子可以压在上面。二奶奶关切地问道：噢，如果不够或者缺啥，你可以往账房里支点钱，该添置的还是要添置点。管家：谢谢二奶奶，我，我……啥也不缺……二奶奶关心地说：你是府上的老人了，不用客气，别太亏待了自己啊。

二奶奶又问管家说：你这一辈子基本上是在木家过的吧？这人呐，不管办啥事，就是不能办傻事。老爷他心善，这是好事，可如果是因风流而行善，就未必真是善了……这个大院里，上上下下、里里外外的事情，别人不知道可以，我不知道也说得过去，不会有你不知道的事情吧？管家不明白二奶奶想说什么，只能回答：是，是……

二奶奶淡淡一笑：在我进门之前，大太太就撒手而去了，老爷的那点事情，你不会不知道吧？其实我无非是好奇，想知道这件事情是怎么发生的。管家答道：二奶奶的话，我实在是听不懂，你到底想知道什么事情？二奶奶恼怒地：老爷的那点事瞒得过别人，还瞒得过你吗？管家问：可老爷没有什么事情需要隐瞒啊？

二奶奶说：老爷在这个院子里曾经吃了不该吃的东西，这你应该知道。当然，他是老爷，偷就偷吃了吧，反正我眼不见心不烦，何况那时候我还没有过门，只是……与个女佣人，说出来也太无脸面了吧？管家：二奶奶，您要问的事，我无话可说。

二奶奶死死地盯着管家问：木润声是不是老爷的亲生儿子？

管家回答：府上的事情，二奶奶也说了，做人不能没有规矩，坏规矩的事情我从来不做，也不打听。

二奶奶说：你……你可千万别老糊涂了。

管家回答：如真是老糊涂了，我会马上离开府上的。

第 4 章

　　山崖下，一条沾满血的麻袋被树枝撕开了，浑身是血的木润声慢慢苏醒过来。一只乌鸦站在树枝上叫了几声，飞走了。木润声挣扎着把头伸了出来，使劲喘了几口气，艰难地从麻袋里爬了出来，左臂上的伤口又在出血，他瞥了一眼，想站起来，可又倒下了……

　　路上传来马帮山茶唱的一阵歌声——

> 正月放马（呜噜噜的）正月正（哟），
> 赶起马来登路（尼）程，哟哦！
> 登路（尼）程。
> 大马赶在（呜噜噜）山头（尼）上（哟），
> 小马赶来随后（尼）跟，衣哦！
> 随后（尼）跟，
> 正月放马百草发，
> 小马吃草顺山（尼）爬，哟哦！

第 4 章

　　顺山里爬
　　…………

　　山茶这几天心情很好，她刚刚在野鸭湖的家中举行了成丁礼，脱掉衣裤，穿上了裙装，证明自己是大姑娘了。她从主持成丁礼的老阿妈嘴里知道自己的身世，她是马锅头和加强和大叔跑马帮时，在玉峰寺附近的密林里捡来的被人丢弃的婴儿。当时玉峰寺正是万朵山茶花开的时候，和大叔就给自己取名山茶。还有就是前几天阿都送给自己一把山茶花，她明白这山茶花的含义，她和阿都不是兄妹，就可以成为恋人。

　　正在唱歌的山茶突然停住脚步，歌声也吞了回去，惊恐地大叫起来。阿都急忙冲了过来问：山茶，怎么了 是不是碰上蛇了？山茶：不，你看那儿……阿都顺着山茶的手指看去，草丛里伸出一只血肉模糊的手……

　　大家走进一看，是个血肉模糊的人，阿都叫道：是木家大少爷。

　　受伤的木润声被抬到了一棵树下，几个人围着，山茶给他擦洗伤口。马锅头说：快，阿都，先给他吃点咱们带的跌打药。阿都答应着跑去，拿着个小葫芦，倒出两颗药喂到木润声嘴里。马锅头又吩咐阿都：一会儿找两件旧的洗软了的衣服给他换上。

　　木润声慢慢地睁开眼睛。山茶高兴地叫道：醒了，醒了，阿都，醒了……

　　木润声问：……我……我这是在哪儿？

　　阿都说：润声大哥，你怎么给弄成这个样子 是不是上山遇

情 殇

到豹子了？

木润声断断续续说：水……水……

山茶接过阿都递上的水喂木润声。

大家都奇怪润声为什么伤成这样，但木润声坚持说自己是不小心摔伤的。马锅头说：你肩膀上的伤是刀伤，这也是摔的？我看你这伤就是让人给打的。润声，你不是有一身的功夫吗？

木润声没有回答马锅头的问题，而是请求马锅头先让他住到他们那儿，千万不能让木家的人知道他受伤了，不想让他们为自己担心。马锅头想了想同意了木润声的请求。

黄昏时分，马帮在木府门前停下，管家迎了出来。阿都对马锅头说：阿爸，你先点着货，我跟山茶去看看二少爷。山茶、阿都跑进了木府。

山茶进了院子就叫着：二少爷……二少爷……

木润铭高兴地从书房里跑出，阿都一把拉过木润铭说：润铭，你哥受伤了，被马帮救了。

山茶推推阿都说：你这嘴也太快了，刚才还保证要替润声哥保密，转过身子就啥都说出去了，真不守信用。阿都说：我是替润声哥着急嘛，不知道是怎么搞的，他伤得很重，还不让告诉你们。

木润铭着急地说：他现在在哪里？我去看看他。这几天，家里天天派人出去到处找他，他只对我阿妈说要到省城去看看。阿都说：他没跟我们提要到省城的事。他说他一个人上山，不小心摔的。我看根本就不像，肯定是被什么人打的。山茶也说：要不是碰上了我们，可能就没命了。

阿都问润铭：你哥没有什么仇人吧？他不是与你阿妈的关系一直不好。木润铭说：不知为什么，我阿妈就是不喜欢他。两个人在一起就像是贴错的门神，除了吵架就不会说话。但我不知道怎样才能化解他们之间的矛盾。阿都，你的意思是我哥受伤的事情是我阿妈干的？阿都急忙解释：我不是这个意思，你千万不要乱想。

木润铭看到阿都与山茶在一起，说：我好羡慕你们，天天可以在一起。我已经好多天没见着采尔直玛了，我很想她，可又不知道她在什么地方。山茶笑着答应润铭，帮他安排见到直玛。山茶说：心诚则灵，你的心里真要是想着直玛，她一定会来到你面前的。木润铭忧郁地：太难了，我和采尔直玛，有着难以逾越的鸿沟。

第二天一早，山茶就来看采尔直玛。人刚走进小院，就叫嚷着：直玛……直玛……

冬妈走出，山茶说：大妈，我跟着阿爸刚从昆明回来，我和阿都给你们买了点糖果和点心。冬妈谢过山茶，并把山茶让进屋里。

采尔直玛、山茶好久没见面，两个女孩子高兴地抱在一起，跳动着……采尔直玛问：和大叔还好吧？阿都怎么没来？山茶说：我阿爸和阿都又忙着装货去了。山茶说着，用手摸着胸前挂在衣服里的碰铃，采尔直玛看到碰铃一惊，心里顿时明白，是润铭让山茶来的。

山茶笑着说：直玛，三朵节快到了，记得去年三朵节，我们一起到玉峰寺玩，咱们可是一起许的愿，以后找个好男友。采尔直玛说：记得，记得，当时可是闹着玩的。山茶说：直玛，对菩萨可是不能开玩笑的，我也是认真的，许了愿就要去还。直玛，咱们一起到玉峰寺去还愿吧。采尔直玛说：那是你如愿找到阿都了。山茶说：是啊，我的成丁礼已举行了。知道我是我阿爸捡来的孩子，与阿都没有血缘，我们可以烧一个火塘，成为一家人。阿都虽然人不怎么样，可我喜欢他。采尔直玛说：祝福你，山茶，现在心有所属，可我现在……真的一点心思都没有。山茶说：找到喜欢的人，就有心思了。山茶问冬妈：大妈，我可以跟直玛一起到玉峰寺还愿去吗？

　　冬妈与和东巴交换了一下眼色，说道：山茶姑娘，想不到你对菩萨还那么心诚，我也好久没出去走走了，要不我陪你们一起去？山茶说：太好了，大妈，我们就一起去。采尔直玛无奈地点点头。

　　玉峰寺外，人流滚滚，采尔直玛、山茶和冬妈等一行人在人流中攒动。

　　冬妈笑着对山茶说：直玛这段时间心情不好，陪着她出来走走，兴许是种调理。山茶应道：对，看看人，看看花心情会好很多。我跟着阿爸走马帮，认准了一个理儿，做人得诚信，答应了的事情一定要兑现，菩萨的事情就更得兑现了。我去年来许了愿，得还愿三年，不然以后许愿就不灵了，我现在要赶紧去请香敬菩萨还愿。冬妈建议道：那我们一块儿去请，你是还愿，我可是来许愿的。

　　香摊前挤满了人，山茶和冬妈挤了进去。采尔直玛站在人群外，这时，一个披着毡子的男子上前，一下用毡子把采尔直

第 4 章

玛给搂了进去。采尔直玛惊叫,一看是阿都。阿都轻声提醒:别说话,跟我走。采尔直玛跟阿都围着毡子快步走去,山茶瞥了一眼继续跟着冬妈请香。冬妈和山茶拿着香从人群里挤了出来。冬妈四下看看发现采尔直玛不见了。冬妈着急地喊着:直玛……直玛……

山茶说:可能是她自己先进寺里去了,我们进去找吧。山茶带着冬妈向玉峰寺里走去。

阿都把采尔直玛带到了玉峰寺的侧门。木润铭从门内快步走出,采尔直玛看着走来的木润铭泪水立刻流了出来。阿都上前说:这地方人多眼杂,你们找个僻静的地方慢慢说话。

木润铭点点头,牵着采尔直玛的手向树林走去。

树林里,采尔直玛和木润铭手牵着手相互望着。木润铭说:冬妈走了,你也找不着了,我急得要命,到处打听你的下落,连顾约翰先生都觉得这中间有蹊跷。如果不是山茶和阿都帮忙,我真不知道什么时候才能见到你。

采尔直玛把那只碰铃交还给木润铭,再掏出自己那一只,两人碰了一下,发出悦耳的声响。采尔直玛羞涩地说:见到了它也就见到了你。木润铭真诚地说:它就像我的生命一样,我会永远保存好的。直玛,放心吧,我一定要让它们走到一起,永不分开。直玛,你一定要信任我,我要堂堂正正地把你迎娶进木家,咱们一起去完成《圣山——玉龙雪山》。

采尔直玛忧心忡忡地看着木润铭没有说话。木润铭说:只要我们俩不妥协,共同努力就一定能走到一起。山茶和阿都也会帮助咱们的。

情　殇

马锅头在木家后院来回走着，阿都和木润铭匆匆走进。马锅头迎上问：哎呀，你们两个小祖宗怎么去了这么久才回来？阿都说：玉峰寺一个来回，总得有点时间吧。马锅头说：你们倒是一拍屁股走人，让我来应付二奶奶，弄了我一身的汗出来。木润铭问：我妈知道我出去了吗？马锅头答：还好，编来编去，总算没有露馅儿，我也只能先把她给骗回去了。阿都吩咐道：你快去把衣服换换。木润铭点点头，边走边解纽扣向自己房间走去。推门进屋，木润铭看到母亲坐在屋里，母亲沉着脸问：你到哪儿去了？

木润铭进屋，挂好手上的衣服，答：我，我没到哪儿去，就是镇上⋯⋯

二奶奶不相信地问：镇上哪里？是不是又出去找你哥了？木润铭回答：在没有我哥的确切消息之前，我会一直找下去的。二奶奶说：好了，好了，我是怕你到处乱跑荒废了学业。

这时，外面传来了吵闹声，木润铭和二奶奶快步走出屋，向吵闹的大厅走去。几个佣人拥簇着管家，也急急忙忙地朝大厅走去。二奶奶抓住了一个佣人问：发生了什么事情？佣人答道：回二奶奶的话，小的刚买菜回来，啥也不知道。二奶奶不耐烦地说：不知道也跟着瞎起哄。

木润铭跟着二奶奶来到大厅，猛然看到转过头来的木润声，惊喜地说：哥，你回来了！

二奶奶怔怔地看着木润声：啊⋯⋯润声，你回来啦？你是去省城？还是到乡下给你娘上坟去了？

木润声笑了笑：噢⋯⋯对⋯⋯二娘说得对，清明到了，我给我娘上上坟，烧炷香，就在乡下住了几天，因为走得急，也没跟家里打个招呼，坏了规矩。对不起了，爹。

木老爷说：润声呐，你给你娘上坟我不反对，虽说我收了你为义子，但也不能忘了自己的生母，这才是做人的本分和良心。木润声答道：爹，我不会忘记的。木老爷问：你脸上的伤是怎么回事？木润声摸摸脸：伤……噢，这是不小心摔的。二奶奶说：一定是山里的路不好走，被树枝刮的吧？木润声笑着说：二娘真有眼力，山上路不好走，不留神摔了一跤，被树给划了。木润铭说：哥，听阿都说你受了重伤？伤在哪儿了？木润声：重伤？……就摔了一跤，不重，不重，一点小伤。

木老爷说：润声，你娘也不容易，生下你就离开了人世。你要好好做人，才对得起你娘啊。木润声回答：我知道，爹。木老爷说：你习武我不反对，可也得学点正事，不然我怎么放心得下。这一点润铭比你强，知道学业重要，你得向他学学。木润声说：爹的话孩儿记下了。

傍晚时分，二奶奶捧着香烛走进佛堂，插好香烛跪下。二奶奶磕了三个头，一抬头，看到木润声站在了自己面前。

二奶奶恐惧地问：你要干什么？木润声怪笑着：像二娘一样，我也来烧烧香，拜拜佛，让佛爷饶恕自己的罪过。二奶奶问道：你这话是什么意思？木润声冷笑着回答：二娘上这儿来，不就是想让佛祖饶恕自己的罪过吗？

二奶奶站起身来怒斥道：木润声，你不要太放肆了。告诉你，有我在，木家就容不得你翻天！木润声说：有罪过的人升不了天，所以二娘就想把我送到地狱里去。二奶奶说：没想到地狱的判官也不收野狗。木润声说：当然，可二娘却为我惹上了罪过，地狱就会等着二娘了。二奶奶骂：你，混蛋！

木润声说：二娘花了大把的钱，却没有能够消灾，倒是让我有了后福。二奶奶说：在木家大研镇，还由不得你。木润声说：二娘说的怎么跟我想的一样啊？既然你搭起了台子，咱们的戏就得接着往下唱，今天在老爷面前我可是已经在跟二娘搭戏了。不过以后这戏怎么个唱法，我就不知道了，二娘好自为之……

木润声说完笑了笑，走出了佛堂。二奶奶看着木润声走去的背影，手中的香掉落在地上。

木润铭站在暗处，听到这两人的对话，头垂了下去。

离开佛堂，木润声来到管家屋前，敲了敲管家的房门。木润铭悄悄走到窗前。

木润声进门后问：阿爸，你叫我来有什么事？管家说：润声，你老实告诉我，这几天你到哪儿去了？木润声笑了笑：白天在老爷面前，我不是已经说过了吗？管家说：马岗村我去找过，你根本就没回那儿。木润声说：阿爸，我去了哪儿并不重要，重要的是我又回来了。管家说：可你这几天不在，把木家都给急死了。木润声冷冷地说：是吗？这我倒是没有想到，他们怎么会为了我这样一条野狗着急？管家埋怨道：老爷为了你的事急得饭都吃不下，觉也睡不着，就怕你出点什么事。木润声说：阿爸，你怎么也跟着说起谎话来了？管家生气地：我怎么说谎了？木润声愤恨地说：你别骗我了，我在木家是个累赘，是死是活，木家老少根本就不会关心。真要是关心，就是巴不得我早点死，所以变着花样地下毒手。管家气愤地说：胡说！

润声,木家真是白养了你一场,老爷收你为义子,让你当上了大少爷,像亲生儿子一样地对待你,这些你难道还不明白吗?木润声反问:我要明白什么?义子,没儿子的时候是义子,有了儿子就真的成了犬子,不过是木家养着的一条狗而已。管家说:有些话现在不方便说,总有一天你自己会明白的。木润声说:你到底想让我明白什么?这次出去了这一趟,我什么都明白了。明白了他们是多么讨厌我,烦我,所以想尽办法要弄死我……

管家呵斥:住嘴!混蛋,你这个不孝之子。

木润声应和道:是,阿爸你骂得好。可是谁把我给逼成混蛋的?就是木家!

管家感伤地:唉,有些事也许你真的该知道了……

木润声问:什么事?

管家犹豫了一下说:算了,早晚你会懂得老爷一片苦心的。润声,别陷在仇恨之中。

木润铭站在窗外,断断续续听到母亲和大哥,大哥与管家的对话。他似乎明白,但似乎又不明白,他感到非常茫然,大哥与阿妈之间到底发生了什么?难道大哥的受伤真与母亲有关,难道真是母亲想谋害大哥?他感到恐惧,原来这个家,有许多自己不知道的秘密。另外,冬妈和采尔宣玛为什么突然不到木家干活,两边的父母似乎都在阻止他们见面。他和宣玛还能否交往下去……他不敢往下想。木润铭走出了院门,向黑夜走去。去哪里呢?谁能帮帮自己呢,木润铭来到了马帮驿站。

马帮驿站,马锅头、阿都、山茶围坐火塘边喝酒,聊天。

情　殇

　　木润铭急匆匆地走进驿站，对马锅头说：现在只有你们能帮我了，但你们明天又要走，我真不知道该怎么办。马锅头安慰他：二少爷，你是个明事理的人，只是太善良了。用我们赶马人的话说，马善被人骑啊。现在出了这些事，没有必要考虑那么多，不如静观其变。这样好了，我让山茶留下来，真有啥事，也好有个照应，你们商量着办，我和阿都也放心一点。木润铭说：和大叔，我除了感谢，真不知道该说什么了。

　　第二天一早，木润声走进餐厅，管家帮着拉好椅子，木润声坐下。二奶奶站起来盛了一碗燕窝羹递给了木润声，说：润声，来，给你，你还在养伤，多吃点补补身子。润声接过燕窝羹，客气地说：谢谢二娘。木老爷笑了，说：二娘让你吃你就吃。身上的伤没有大碍吧？木润声回答：有爹和二娘关照着，已经好多了。都是一些擦伤，关系不大。

　　饭后，管家陪着木老爷走出饭厅向后院账房走去。

　　走廊上，木润声快步赶上二奶奶，说：二娘，我有句话想对你讲。二奶奶说：润声，今天我有点事，改日再说吧。

　　木润铭走出饭厅，见木润声正跟二奶奶说话，犹豫了一下跟了上去。

　　木润声说：你听不听我都得讲清楚。这么多年在府上二娘是最关心我的一个，这种关心我是永远都不会忘记的。现在我已经长大成人了，饮水思源，日后我一定会好好照顾二娘的，不然实在是对不起二娘对我的关怀。二奶奶说：好多事情我都记不得了，就算是有些关怀，也是应该的。木润声回答道：二娘可不能拒绝我的一番好意啊。有些事情您记不得了，可我件件事情都是刻骨铭心，不报不行啊！二奶奶说：一个院子里住着，相互照应着点，没有必要挂在心上。木润声答道：您是长辈可以不挂在心上，作为晚辈也不挂在心上，是会坏规矩的。二奶奶说：今天我真的有事，要先走了……二奶奶说着，低着头急急离去。木润声看着二奶奶的背影，莫名一笑。

这一切，木润铭看在眼里，脸上一片茫然。

在山茶的安排下，木润铭和直玛又可以偷偷见面了。木润铭如约来到玉峰寺，坐在一块巨石上，两眼茫然地看着前方。山茶领着采尔直玛走来，两人也在巨石上坐下。

木润铭眼睛直直地望着前方说：我的预感告诉我，润声受伤的事情肯定和我阿妈有关。

采尔直玛问：你听到什么了吗？

木润铭摇摇头说：润声现在肯定是啥也不会说的，但我知道他已经缠上我阿妈了，而且我阿妈好象很害怕。采尔直玛问：你怎么知道的？木润声说：昨天晚上，我发现他们两人都到佛堂里，他回家的那天晚上，我本打算找他谈谈的。可我发现他去找我阿妈了，虽然他们说话的时间不长，但能感觉出我阿妈很害怕。今天吃早饭，我阿妈特意把给我爹准备的燕窝羹盛了一碗给润声，可吃完饭，润声又找到了我阿妈，说什么我不知道，但我阿妈很紧张。

采尔直玛问道：你就凭这个断定你阿妈跟润声受伤的事情有关系吗？山茶答道：我们在山谷里发现了大少爷，是我给他弄的伤口，他左肩上的伤肯定是刀伤，那绝对不是树枝划的。木润铭说道：润声回到家以后，东一句西一句的，到现在也不知

情　殇

道他离开家以后到底去了哪儿，说是上山不小心摔下去的，可怎么就摔下去了也不说，就只说不小心。他越不说，我越觉得这中间有问题。采尔直玛问：润铭，你现在担心什么？木润铭说：如果这件事情真和我妈有关系，润声是不会放过她的，只是不知道他会以什么方式去报复。

采尔直玛说：咱们都是一块长大的，能不能把润声找出来，大家坐下来好好谈谈，真是你阿妈要害他的话，咱们也好劝劝他，斗下去对谁都没好处。山茶不同意，说道：不行，真像你说的那样，润铭他妈是要置润声于死地，这结的可是死仇啊！采尔直玛问：那你说怎么办？山茶答道：大少爷他现在啥也不说，就是想躲在暗处，等待最好的时机。如果真是你阿妈在害他，他会把你一块算上，所以你也得躲在暗处。

木润铭转了个话题对采尔直玛说：对不起，直玛，约你来，老谈我们家的事。你还好吗？采尔直玛说：我很好，你不用担心，我理解你，只有把你们家的事处理好了，我们才会有未来。木润铭拉着直玛的手：直玛，你相信我，我这辈子已经认定你了。采尔直玛说：我们不会分开的。山茶提醒他们快走，说：别忘了，你们都是被人看着，偷偷离开的，该回去了。

二奶奶独自来到玉泉河边，一个用纱布包着耳朵的壮汉跑了过来。二奶奶恼怒地说：你都找了些什么人？做事这么不干净。壮汉说：他们的手是软了一点。二奶奶说：要钱的时候一点没见手软啊。钱我可是给的双份，你自己说该怎么办吧？壮汉说：请夫人明示。二奶奶说：你就是吃这碗饭的，还要我来教你吗？壮汉：明白！二奶奶：别忘了你们的行规，拿人钱财，就得替人消灾，做不到，收的可就是棺材钱了。壮汉答道：请夫人放心，他再也不会有说话的机会了。二奶奶继续说道：可得想好了，他要是还能说话，你们就再也不会有说话的机会了。壮汉问：夫人，什么时候动手？二奶奶回答：这是你们自己的事情，当然是越快越好。

站在山坡上的木润声看着这一切，他吐出嘴里的干草，莫名一笑，转身走去。

晚上的玉泉河边，包着耳朵的壮汉提着酒东摇西晃地走来，在河边蹲下往脸上泼着冷水。突然窜出几个人，棍棒相加，把壮汉打倒在水里，领头的把手一挥，几个人扬长而去。

木老爷、木润铭和管家正在紫藤树下品茶、聊天。二奶奶在院子里来回走着，不时闻闻身边的花香。

这时，木润声手里提着一只被猎杀的野生雉鸡走进院子，向着二奶奶走了过去。木润声笑着举起雉鸡，说：二娘，你看这是什么？月光下，一只血淋淋的雉鸡瞪着白眼出现在二奶奶眼前。二奶奶一声尖叫，坐在了石凳上。木润声笑着问二奶奶：二娘，你猜猜买这只死鸡花了多少钱。

听到二奶奶的叫声，木老爷、管家和木润铨走了过来。木老爷厉声问道：润声，你又在惹什么事？

木润声笑看着二奶奶。二奶奶强笑着说：没什么，是我让润声去替我买只山鸡，想给老爷补补身子，润声想尽孝心，没花钱买，就自己上山去打，平时吃着不觉得，见着这血淋淋的样子，怪吓人的。木老爷责怪道：润声，上次摔得伤还没有好利索，又上山去干什么？木润声解释道：二娘说要给爹补身子，孩儿自然要尽力了。木老爷欣慰地：好，爹就领你这份心意了。木润声问：二娘，是您自己收拾呢，还是我来帮着二娘收拾？管家说：这事还是交给我吧。管家说着接过雉鸡，递给了身边的佣人。木润铭疑惑地看着母亲惨白的脸。

太阳刚刚从东边升起，村民们提着鱼篓来到河边摸鱼。一个村民正准备下水，突然发现水中漂着一件衣服。

村民蹚水来到衣服旁，伸手去拿衣服，一拉衣服，一个壮汉的尸体从水里浮了起来。村民大惊失色，冲上岸提着鱼篓撒腿就跑，边跑边回头……

壮汉的尸体被布盖着横在院中，壮汉的妻儿跪在尸体旁对村民们哭求，壮汉一走，家里妻儿既无埋他买棺木的钱，也无妻儿吃喝生活的费用。

木老爷听到后，让管家送两袋粮食到他家给他妻儿生活，还让管家带十块大洋一起送去，以解他们的燃眉之急。二奶奶阻止，说木家又不是办善堂，再说了，东西送去，倒像我们心虚，杀了人似的。木老爷瞥了二奶奶一眼，吩咐管家：听我的，快去办理。木老爷又说：月娇，能不表示一下吗？不错，改土归流以后木家没有了官位，可在丽江，真出了什么事情，咱们木家还是得顶起来。这就是规矩。

木润铭说：也不知道是谁下这样的毒手，真是太狠了。二奶奶训斥道：你懂什么？不知什么时候木润声走到二人身后说：是啊，不知道是无毒不丈夫，还是最毒不过妇人心。不管是谁干的，干这事的人早晚会遭报应的。不是不报，是时候未到。二奶奶反问说：听润声的话，好像你知道这是谁干的？木润铭说：不管是谁，抓着了，就该千刀万剐。二奶奶对木润铭说：你少多嘴，不关你的事，快回屋读你的书去。木润声：二娘说得对，润铭，快读书去，听多了会惹上血腥味的。

木润铭看了看木润声和二奶奶，转身挤出了人群。

木润声笑着问二奶奶：二娘应该认识这个人吧？二奶奶一怔，忙看了看四周：我整天足不出户，怎么会认识这种人。木润声：也是，大矸镇就脚尖大个地方，出去一趟，就能认识一半的人。二奶奶：你不会是在说你自己吧？木润声又问：此人耳朵上的伤应该是跟我一起摔的吧？二奶奶：这你得追着去问他。木润声：死人虽然开不了口，可他昨天下午见过的人，也许真的把他送上了不归路。二奶奶盯着木润声：你！木润声笑着说：二娘足不出户，肯定不会是您，可惜啊，真是给自己挣棺材钱去了。

木润声说完，摇晃着走去。二奶奶怔怔地看着木润声的背影。

家里老出现一些怪事，木润铭烦躁地把手里的书摔在了桌子上。

正在这时，二奶奶提了个小包袱走进来，说：润铭，走，跟我到你外婆家去！木润铭问道：出什么事了？二奶奶说：你外婆要过七十大寿了，咱们过去看看。木润铭问道：我爹他知道吗？二奶奶答道：知道，你陪妈先回去一趟。木润铭问：妈，这么急着走，你是不是有什么心事？二奶奶敷衍道：你别想得太多了，就是给你外婆过寿。二奶奶说着，拉着木润铭的手就往外走。

木润声笑着走进来说：这么急急忙忙地，要到哪里去？这么慌慌张张地走，也不跟爹打个招呼。二奶奶说：不用了，寿礼管家已经备下了，我们去去就回。木润声说：过去二娘回娘家可是早半个月就要做准备了，临走也是前呼后拥，好不气派，这次怎么……那也不能破了木家的规矩啊，这样吧，我叫人护送二娘回家。二奶奶惊慌地：不，不用了……木润声坚持说：二娘这样走，我爹他不放心，做儿的也不孝，还是我派人护送吧，一定要送二娘回到娘家。木润铭说：有哥派人送妈回去，我也放心，妈，我就不去了。

二奶奶笑了笑把包袱放在了木润铭的床上，说：既然这样，我就哪儿都不去了。木润声问：二娘怎么又不走了？二奶奶冷笑着：这是我家，我想走就走，不想走，谁也别想来送我。木润声说：这就对了，其实府上最安全，也没有什么可怕的。

二奶奶剜了木润声一眼，起身走出。

木润声也起身要走，木润铭挡住问：你和我娘说了些什么？你们之间到底发生了什么事？你怎么能这样对待长辈？木润声笑了笑：玉龙山泉泉声响，金沙江水水无声，总有水清石现的那一天，到时候你就什么都明白了。

木润声说完，推开木润铭，走出门去。

木润声回到屋里，苦着脸在屋里为自己换药，揭去纱布，伤口重新渗出血来，痛得他吸了一口气，接着又把上了药的纱布按在伤口上。

这时，木老爷走了进来，说：润声，能告诉我，你这伤到底是怎么回事吗？

木润声包好伤口笑了笑说：阿爸，我回马岗村给我阿妈扫墓，想上山采点花放在墓前，结果光顾着找花，自己不小心跌下了一个高坎，润声让阿爸担心了。

木老爷说：润声呐，在府上要是有什么事，一定要告诉阿爸。不要藏着掖着。

木润声说：放心吧，阿爸，以后我自己会小心，绝对不会再发生这样的事情了。

马锅头和阿都的马帮从昆明返回，快到大研镇时，在一块大草甸歇脚。马锅头安排小锅头到林子里去弄点干柴来，准备烧火做饭。吃完饭天黑前赶回大研镇。货物被卸了下来，散落在地上，马儿轻松地吃着青草。阿都解开衣襟躺在草地上，自语：总算到家了！又可以见到山茶了。

小锅头走进树林，惊叫一声，身后被飞刀刺中，跌倒在地。阿都一跃而起，惊呼：有土匪！一队蒙面的匪徒，从树林中杀出，冲进马帮。

马锅头大声喊着：这是大研镇木老爷的货……

一蒙面匪徒一把扯下了木家的彩旗，手里的刀也向着一名冲上前的马夫劈下。马锅头一看形势不好，命令阿都：撤！人要紧。

马锅头领着阿都和剩下的马夫向树林中退去。

匪徒们拉着劫持的马匹和货物快速地离开了。

躲在树林中的马锅头对阿都说：奇怪，木老爷的彩旗从来没人会动的。

碎旗子摆在了木府大厅里。马锅头对木老爷说：老爷，这事我也想不明白，我们走这条道是非常秘密的，一般不会有人知道,但我们还是中了埋伏。他们还在彩幡上撒了尿,看来是想羞辱老爷。

木老爷脸色很难看,吸着水烟袋。

木润铭盯着脸色有些异常的木润声和二奶奶。

二奶奶说:哼,我看这伙歹人不仅是想抢木家的马帮,还对木家有着深仇大恨……

木老爷恼怒地:你个妇道人家懂什么?

马锅头又说:我的头骡也被抢走了。没了头骡带路,马帮其他的马就不知道走哪条道,不知道喝哪滩水,不知道吃哪片草,所以……老爷,这条道怕是一时半会儿不能再走了。

木润声说:和大叔,马帮还是要跑,可以走其他路嘛。木家这么一大家子人,不跑马帮做生意,这开支从哪里来?阿爸,下次我想跟和大叔一起去,看看是哪儿钻出来的大胆匪徒。

木老爷嘟囔着:想我木仁有生以来,从来没有干过任何对不起人的事,我不明白谁会对我木家有如此深仇大恨?财物损失事小,可我木家的面子和尊严丢不得。到底是怎么回事?是不是你们自己漏了风声?

马锅头分析道:按照老爷的吩咐,我们一般都无固定的路线,上路以后也都还会改变路线,只有木家和我们马帮知道,可这次……他们像是等在那儿的,太蹊跷。

木老爷说:唉,我们木家过去在丽江世代为官,现在虽不做官,也是丽江有名望的绅士。从祖爷爷开始,都是与人为善,尽心尽力为百姓做事,也从来没有得罪过江湖上的人呀!

马锅头说:这帮人的手段也太损了,我跑马帮几十年,真还没碰上这等事，拔彩幡是最煞面子之事。

木老爷吩咐道：老和，你为木家跑马帮不是一次两次，一天两天了，今天这事，你得好好去查查，一定得给我个准信。

马锅头应和道：老爷放心，我一定要查个水落石出。

木老爷点点头：好，你们都下去吧，管家，你留下来。众人退出，管家留了下来，佣人把门带上退出。

木老爷问道：你是怎么看这件事情的？

管家犹豫了一下说：各种事情都可能发生，只是这仇……老爷，照老和所说，这不像是一般的土匪。他们歇脚的地方，在黑牛的地盘之内，如果是黑牛的人，他们没有必要蒙头藏尾的，黑牛也不会跟老爷您结下这梁子。如果是别的土匪，黑牛不会容忍擅自进入他地盘的人，咱们就等消息吧。

木老爷点了点头。

马锅头骑着快马在山道上奔跑。来到一山门外，"啪啪啪"对天就是三枪。

黑水塘匪首黑牛正同几个小头目在山寨大厅喝酒，远远传来三声枪响。黑牛放下酒杯问道：是谁他妈的闯山门？带个人出去瞧瞧。小土匪头目带人出去了。不一会儿，马锅头被蒙上眼睛，在两人的挟陪下来到大厅。黑牛摆摆手，一土匪上前摘去眼罩。

黑牛一看，笑着说：哎哟，是和大哥！什么风把您给吹来了？稀客，稀客，还愣着干什么，还不赶快上酒。

马锅头说：不用！我今天不是来喝酒品茶的。黑牛问：那是需要我黑牛蹚浑水？马锅头说：大当家的，靠山吃山没错，但

情 殇

不至于连木府家的马帮也不放过吧？黑牛一怔：此话怎讲？马锅头回答：你自己明白！黑牛大笑起来：和大哥不相信我？要说你老哥没少关照我，我黑牛再黑再野，也还得讲个规矩吧。马锅头气愤地说：规矩？抢了东西不说，还把镖局的彩旗也扯了，撒尿在上面损人，这是人做的事吗？黑牛气愤地：哼，我敬着你和大哥，和大哥倒是不给我面子了。马锅头反问：在你大当家的地盘上，难道我还冤枉了你不成？黑牛反驳说：这么些年，你和大哥的道我何时挡过？马锅头说：可我的马帮走木老爷的货在大当家的地盘上给人劫了，大当家的总该给我一个说法吧。黑牛回答：此事绝非我黑牛所为，事情如果真像和大哥说的那样，我相信干这事的人不是想要木老爷的货，倒是木家可能跟谁结仇了。马锅头吃惊地问：结仇？黑牛答道：和大哥也是江湖上跑的人，应该知道干我们这一行的有这一行的行规。俗话说，兔子不吃窝边草。说起来木老爷对我们兄弟也是有恩有义的，我们绝对不会对木老爷家的货下手。身在江湖，谁的货该要，谁的货不该要，我是明明白白的，所以不会引火烧身，自找麻烦。何况，江湖上的兄弟，是谁干的都会留下番号为记。马锅头问道：我相信大当家的话。那这事是谁干的呢？什么记号也没留下，如果这事不搞清楚，我也无脸替木家跑马帮了。黑牛保证道：和大哥，此事兄弟想办法帮你搞清楚。

　　四方街上热闹非凡，小摊贩交易着各种东西。管家在街上走着，看着货摊上的货。一个外乡人摆着地摊大声叫卖，货摊上的玉佩吸引住管家的视线。管家上前拿起玉佩仔细地看着，并让货主开个价。经过一番讨价还价，管家扔下十块大洋，把货

第 4 章

带走了。

黄昏的街道,外乡人收拾好摊子,把东西放在了驴背上,正准备走,几个壮汉上前把外乡人给掳走了。

二奶奶和木润声站在后院僻静处。二奶奶问:告诉我,马帮的事是不是你干的?木润声笑看着二奶奶,没有回答。二奶奶接着说:做人做事都不要太过分。你如果再敢乱来,惹火了老爷,不会有你好日子过的。木润声说:二娘不会是贼喊捉贼,想嫁祸于人吧。二奶奶说:该干什么,不该干什么,我比你清楚。木润声说:没错,我从不怀疑二娘的手段,而且豁上命去领教过了。我也想提醒二娘,泼出去的水收不回来。既知今天,何必当初?有些事二娘是过来人,比我清楚。既有前因,必有后果,这是顺理成章的事。二娘还想知道什么?

二奶奶教训道:不要用这种得意忘形的口气跟我说话,别忘了自己的身份。

木润声反问:身份?我一进木家这道门,二娘就告诉我自己是个什么东西了。这大少爷是实还是虚不重要,我会好好地给木家干活,对得起老爷,也就对得起二娘你了。二奶奶说:你说话少带刺。木润声说:二娘连血都不怕,还会怕刺?二奶奶说:木润声,我今天是好言劝你,做人做事不能过头。木润声回答:金沙江再汹涌,虎跳峡还不是它的源头,冤有头债有主,这道理二娘应该比我清楚。

脚步声响起,二人停止了交谈。管家匆匆走过来说:二奶奶,老爷让大少爷去一趟。管家带着木润声走进自己的房间,"啪",管家把门关上了。

木润声问管家：嗳，你怎么把我带到这儿来了？不是说老爷找我。管家说：少给我摆大少爷的架子，你跟二奶奶在说什么呢？木润声笑着：真是一个好管家啊，二娘找我还能干啥，教育儿子成材呗。管家说：我不想跟你胡扯，我问你，老爷送给你的那只玉佩呢？木润声说：玉佩，应该在我书桌的抽屉里，我回去找找看。

管家掏出玉佩对木润声说：别再装了，这是什么？木润声看着管家手里的玉佩：你从哪儿弄来的？管家说：说吧，你给了谁？木润声回答：我的玉佩，怎么会到了你的手里？噢，你在我屋里拿的。管家恼怒地：胡说！这是我从四方街一个外乡汉子那里买回来的，他说这是用命换来的。告诉我，抢老爷马帮的人是不是你？

木润声大笑起来：我是木家的大少爷，怎么会去干黑道上的事坑害木家？您老就别瞎猜了，我是您看着长大的，就算别人的话我都不听，也得听您的呀。实话告诉您吧，这玉佩最早我是送给直玛了，可前些日子她又让您还给了我。为什么您应该清楚，当时一气，就丢在了河边，看着它就生气。木润声从管家手中接过玉佩，挂在脖子上说，我不会再丢了。

管家说：我暂且信你一次。想了想，又说：润声，你见过狼吗？狼，如果闻到一点血腥味，它就会开杀戒，它就要咬人的，所以一定要扼制住它的野性。江湖上成天的恩恩怨怨，家里不行啊。家里要是有了恩恩怨怨，这家可就彻底地毁了。

第 5 章

木家大厅，木老爷让管家把马锅头请来，可调查土匪之事。

马锅头回答木老爷，说此事正在调查，不过如果是流匪所为，怕是一时半会儿很难查到。木老爷让马锅头加紧调查，说：不然以后这生意就没法做了。马锅头告诉木老爷，现在省城带信来催要这批货，他们说如果三个月内再不送到，他们就不再和木府联系，在丽汇另找一家大商号来做。木家商号的信誉就会丢了，名比货重要啊。木老爷着急地问马锅头：那该怎么办？

马锅头告诉木老爷，这一次，我想选择这么一条路。马锅头看看房间里的人。木老爷：说吧，都是自家人。马锅头说：马帮可以从南山垭口走，这条道难走，太险，一般马帮都不愿走，土匪也不会打那儿的主意。木老爷：那就再增加一些人手，让润声跟你走一趟，他大了，头脑也灵光，平时也习些武功，路上可以给你帮把手。木润声说：我也想替家里分忧，打理些事。马锅头说：我的人手已经够了，让大少爷跟着，一路上风餐露宿，心里实在不落忍。木润声说：既然这样，那我还是在床前伺候着爹吧。

马锅头、阿都父子率马帮经过黑水塘、大草甸，马锅头四下看了看，吩咐：停下，埋锅做饭，吃了再继续走。马夫说：老和，还是再往前走走吧，上次就在这里……马锅头笑了笑：就这儿了，我就不信初一和十五能撞到一块……

马驮刚刚卸下，突然一声响哨，一队人马蒙着脸从树林里冲了出来，

马锅头命令大家，快跑！一挥手，急领着阿都和马夫们扔下货物跑去。

领头的蒙面人看着逃走的马锅头，命人把箱子打开，看到箱子里尽是砖石，知道中计，带人便撤。阿都提刀带着马夫们冲出。阿都冲向领头的蒙面人，蒙面人挺刀就刺，阿都忙抬刀横挡，蒙面人刀面横拍打在阿都的脸上，阿都跌倒在地。马锅头走出，蒙面人舞刀上前。马锅头手里的铜烟杆直点蒙面人的天突穴，蒙面人挥刀横挡，马锅头又点向蒙面人的天元穴，蒙面人挥刀下压，劈向马锅头，马锅头滑步让开，手中的铜烟杆上挑，撩去了蒙面人的面巾。马锅头说：木大少爷，出手够狠的，连我和大叔都不给留点情面。

阿都和马夫们惊看着被撩去面巾的木润声。马锅头问道：大少爷不在床前侍候着老爷，上这儿来劫木家的货物？木润声说：我恨木家，我恨那个坏女人……

马锅头说：木家的恩怨轮不到我一个赶马的说话，不过冤有头，债有主，不管怎么说这货是木老爷的，你就下得了手？你是木家的大少爷，我只有把你带回去，让老爷发落，算是我

对老爷的一个交代。木润声说：和大叔，我本不想为难你们的，可是你们逼着我下手，对不起了，你以为我还会让你带我去见木家的人吗？来人！此时，又出来一群蒙面人上前，把马锅头、阿都等团团围住。木润声上前扭住阿都：快说，货呢？阿都：想得美，今天就是让你上当的！

马锅头一阵大笑，黑牛带一帮弟兄从四下拥上。木润声惊恐地看看四周大批的人马。马锅头说：大少爷，你的戏该收场了。木润声忙说：别误会，和大叔，你们这是干什么？我是受我爹指使，半道上来接应你们的。黑牛说：你说错了，半道上来接应的是我，不是你。木润声指责道：你这个土匪，你们串通一气想谋取木家的财产。

黑牛骂道：你这个杂毛贼，鸭子死了嘴还硬！把人给老子带过来！外乡人被两个土匪带了过来。黑牛问道：这个人你应该认识吧？木润声：啊！你们……我不认识这个人。你们这完全是栽赃陷害。阿都说：你这一套把戏，我们早有防备。木润铭从人群后走了出来，木润声惊诧地看着木润铭。

山寨大厅里，木润声被捆在一根木桩上。黑牛说：马大哥，这样的人最不可信，干脆一枪毙了干净。马锅头说：大当家的，这可是木家的大少爷，只能送回大研镇，让木老爷自己发落。木润铭站在一旁默默无言地看着。

木润声叫道：杀了我吧，从走进木家那一天起，我就已经死了，这十多年全是白赚的。木润铭犹豫了一下：哥，你就说句软话吧，很多事情一定是你误会了。木润声呵斥道：住口！误解，你娘花钱雇人来杀我也是误解？木润铭一怔：你说什么？

木润声大笑着：问你娘去吧，她会告诉你我是怎么误解的……

　　木润铭默默转身走出了大厅。木润铭站在树林边，马锅头和阿都走上前。马锅头问道：润铭，润声做出这等事，该怎么处置？你得给个话才是啊。木润铭难过地说：我也不知道该怎么办。阿都说：润铭，他已经不把自己当成是木家的人了，一刀宰了他，省得后患无穷。木润铭阻止说：不，他是我爹的义子，是我大哥。请你们原谅他这一次吧。阿都：你怎么能这样？放他回去就是放虎归山啊。木润铭说：可我还是想给他一次机会，重新做人。马锅头说：这事咱们谁说了都不算，必须交给你爹，让老爷去处置他。木润铭说：大叔，把我哥送回去他就彻底完了。马锅头内疚地说：上次的货丢了，让我无地自容，我必须给老爷一个交代啊！

　　山寨大牢。

　　几名土匪打着灯笼走过，一个蒙面人贴着墙溜到墙角，慢慢探出头观察着。一名守卫在大牢门口来回走着，蒙面人从袖子里抽出一根短棍，趁着守卫转身，冲上猛击守卫的头部，守卫慢慢倒了下去。蒙面人从守卫身上摸出钥匙，迅速地打开了牢门。

　　蜷缩在草堆上的木润声听到声音抬起头。蒙门人让润声快走，要救他出去。木润声看了看蒙面人，不相信，以为是圈套。蒙面人告诉木润声，他如果被送回木府，那他将会被处死。木润声回答，自己早就死了。蒙面人着急地摘下面巾，木润声一怔，惊奇地问：润铭，你来干什么？木润铭说：快走！路我已经探好了，我送你出去。再不走就来不及了，你是我哥，我一定要救你出去!

木润铭拉着木润声走出牢门,带着木润声走出树林,并拿出一个钱袋递给木润声让他带着路上用。木润声犹豫了一下接了过来。

木润铭泪水流出:哥,咱们一起长大,这么多年来,我一直把你当作亲哥哥……我阿妈她有妒忌心,做了一些伤害你的事,我知道,可我真的没有办法阻止啊……今天在这里,我代我阿妈向哥赔罪了……哥这一走,不知我们什么时候才能见面,希望哥能把一切恩恩怨怨都忘掉吧。

木润声泪水也流了出来:润铭……我会说服自己,忘掉一切……

树林中马锅头、阿都和黑牛看着木润声跑去的背影。

阿都问道:阿爸,润铭就这样让那家伙走了?黑牛说:我去把他追回来,老子不能替这个杂种背黑锅。马锅头阻止:慢!润铭是一个重情义的人,他放不下这份兄弟之情。再说了,咱们谁也趟不起木家这浑水,今天就算是给二少爷一个顺水人情。

黑牛带来马队,交到马锅头手里,说:六哥,木家的货都在这儿,我黑牛不会乱规矩的,全交给你了,后面的路就放心大胆地往前走吧。木润铭呆呆地看着黑牛和马锅头和大叔,马锅头告诉润铭这是他与大当家设下的一个套,只有让润声带着人来抢货,才能捉贼拿赃,还大当家的和马帮一个清白。木润铭拱手说:谢谢大叔,谢谢大当家的,我们家的事让你们费心了,那我也回去了。

放走木润声后,木润铭一身轻松地回到家,走过正堂,惊奇地看到木润声正端着药伺候着木老爷。木润声看到木润铭进来,像什么事都没有发生一样,说:爹,是润铭回来了。

木老爷喝下药,把药碗递给木润声,问润铭:这两天你去哪儿了?也不跟家里说一声,让人操心。木润铭茫然地看着木润声:啊,我去哪儿了?木老爷大声地:我问你呢,这么大的人还不懂事,叫我怎么放心送你到省城去读书?木润声说:润铭,爹正担心你呢。上次马帮的事情让爹受了惊吓,身体还不好,你先去收拾一下,我陪爹去晒晒太阳。木润声说着,搀扶起木老爷向庭院走去。

木润铭一脸茫然地呆站在那里。

傍晚,木润铭推开木润声的房间,走了进去,问:木润声,你到底想干什么?

木润声说:润铭,我没有别的意思,我想了很多,我的事情自己应该有个交代,不辞而别,一走了之,对不起木家这十多年的养育之恩,也对不起爹的一片心意。我知道自己是个混蛋,可既然被爹收养了,就是木家的大少爷,突然一下子消失了,除了你,所有的人都会牵挂,连二娘也会追问,你放心,我会把一切都了断的,但得顺理成章。木润铭说:我不懂这么多的人情世故,也不善于算计,只知道和大叔和阿都他们一回来,肯定会向阿爹说出一切的,怎么处理你自己可要把握好了。木润声:润铭,十年前我就知道这儿不是我待的地方,所以我一定会离开这里的。也许我的话你不信,你可以去问问管家。木润铭奇怪地:问管家?木润声答道:对,我不知道我的亲生父亲是谁,也没有见过我的亲生母亲,管家是我来到这个世界认识的第一个人,他把我带到木家,在我的心里,他就是我阿爸,他知道我的想法。

木润铭疲惫地推门进屋,看到二奶奶抱着毛袱坐在自己屋里。木润铭问:阿妈,你又想回外婆家去?二奶奶说:昨天夜里,你们俩兄弟到哪里去了?虽然我不知道发生了什么事情,但我知道一定是发生了什么。

木润铭犹豫了一下告诉母亲,润声受伤的原因他都知道了,母亲不该对润声下那样的狠手,这种怨结下了,可就解不开了。让母亲以后在庄上,好好陪着爹,别的事情少管,心平气和地过日子,比什么都好。二奶奶眼睛湿润,说:润铭,你长大了,妈听你的。

第二天一早,木润声就坐在走廊的木拦上捧着本《唐宋词》,眼睛盯在书上,可脑子在想,怎样把昨晚从山茶那里偷听到的,润铭和采尔直玛今日在玉峰寺约会的消息告诉木老爷。他知道这是二奶奶最害怕透露的消息,也是木老爷最不愿意听到的消息。当然,他没想到此事带来的后果。

木润声正想着,木老爷走了过来,接过他手中的书看了看说:润声啊,习武强身是纳西人的传统,博览群书也是咱们纳西人的传统啊,书里面什么都有,知道读书就好。木润声躬身说:爹教导的是。木老爷:你读过《三国演义》,那就是本兵书。想过没有,诸葛亮辅佐刘玄德,打出了一个蜀国,这是何等的智慧啊。做人也一样,逞匹夫之勇,成不了大气候。木润声:阿爸真是把书给读透了。木老爷问:你在看谁的词?木润声:是南唐李煜的《浪淘沙》。

情　殇

　　木老爷来回踱着步，背诵着：帘外雨潺潺，春意阑珊。罗衾不耐五更寒。梦里不知身是客，一晌贪欢。独自莫凭栏，无限江山，别时容易见时难。流水落花春去也，天上人间。……润声，知道是什么意思吗？

　　木润声回答：说不好。应该是李煜亡国后写的，以当时的囚徒生活和欢乐的梦境对比，表现一种失落的心情吧。木老爷说：不错，你基本上是读懂了。这是一首凄婉的词，李后主失去了江山，被宋太祖关在南京，由王者变成了阶下囚，心里面自然是难以接受，这是一首好词。

　　当木老爷问起润铭时，木润声不失时机地把润铭与采尔直玛恋爱的事告诉了木老爷，说：阿爸，润铭喜欢采尔直玛，您就成全……木老爷打断木润声的话：混账东西，他想翻天了不成？木润声劝道：阿爸，润铭他真心喜欢直玛。木老爷愤怒地：这事轮不到你来教我，告诉我，他们现在在哪儿？

　　木润声假装不说，在木老爷的逼问下，木润声说出他们在玉峰寺约会。木老爷大怒，让木润声立即去把二奶奶叫来。

　　二奶奶进来后，木老爷问：润铭呢？你的好儿子在哪里？二奶奶说：可能在后院读书吧。木老爷：胡说！他去玉峰寺了，你知道不知道？他是去跟女佣人的女儿采尔直玛约会，你这做母亲的不会说不知道吧？还是你同意的？二奶奶一听，她最害怕让老爷知道的事，还是被捅了出来，她瞪了木润声一眼。木老爷说：你不要怪润声，你们都联起手蒙我，润声这个混蛋小子我不逼着他还不说。哼，难道关系木家子嗣的大事还要我不知道才是？二奶奶说：老爷，你别听这个野种乱说，润铭成天在家读书，根本没有跟谁约会相好。我的儿子我了解，他怎么会做出这种事情。木老爷问：润声，你是从哪里听来的？木润声：阿爸，这事孩儿不好插嘴，更不想因此生出事端，还是爹和二娘商量着办吧。

木润声说完，快步离开，向后院走去。

山茶带着采尔直玛快步走向玉峰寺与木润铭见面。路上发现有人跟踪，山茶便与采尔直玛换了衣服。山茶引开跟踪的人，发现跟踪的人是木润声，便得意地笑了笑，向后山走去。哪知中了木润声的诡计，山茶被引到无人处，便出来两个壮汉把山茶绑了，用毛巾堵住了山茶的嘴巴推进一间破屋。山茶一想不事，润铭和直玛有危险，拼命地磨着绳子，手上的血流出。山茶磨断绳子，拔去嘴上的毛巾，使劲拉断窗户上的木栏，钻了出去，逃跑了。

看守的两人交换了一个眼色，追出屋去。

焦急地等待在玉峰寺侧门的木润铭，看到采尔直玛跑来，两人紧紧地拥抱在一起。采尔直玛问道：好几天没见着你，你到哪里去了？木润铭答道：有点急事去处理了一下，现在什么都好了。润声犯了大错，劫持木家马帮，很快就会离开木家了……

木润铭话没说完，发现木润声冷笑着站在他们的面前。木润铭、采尔直玛有些尴尬地赶快分开，木润铭问：你怎么来了？

木润声说：你们不要紧张。润铭，你对我的好处我不会忘记，我来就是想帮帮你。请不要误解，我是真心的，在我离开木家的时候，我无论如何要帮你成全这桩婚事。

木润铭不相信地看着木润声，说：你……

情　殇

　　木润声说：我赶来就是想告诉你，爹已经知道你们的事情了，他大发雷霆。木润铭、采尔直玛惊讶地互相对看一眼，又不约而同盯着木润声。木润铭问：你跟我爹讲了这事？木润声说：你不要这样看着我，这事，迟早是要向家里讲明的，我只是想帮助你们，算是了结了咱们之间的旧账。爹对这事很生气，正和二娘谈着呢，既然事已至此，要我说，不如快刀斩乱麻，你去把事情跟爹说明白，我相信爹也是通情达理的。木润铭看了看采尔直玛，点点头。

　　木润声又说：其实话挑明了，事情反而容易解决，总是瞒着爹不是个办法，关键是不能伤了爹的脸面。纳西人的规矩你也知道，木和两姓之间是道坎，所以咱们得一起说服爹，他会同意的。

　　木润铭问：你怎么知道我们在这里？木润声没有回答，而是催木润铭，你快去找爹了结此事。

　　采尔直玛上前拉着木润铭的手：润铭，咱们一起去！

　　山茶向玉峰寺拼命地跑着，可到了那儿以后，已经没有了木润铭、采尔直玛的身影。她知道出事了，急忙向木府跑去，半道上遇到阿都，问：你怎么来了？阿都告诉山茶：马帮上次的货就是被润声这个混蛋劫走的。这次出门，阿爸跟黑水潭大当家的设了个套，这个混蛋果然又钻出来了，让我们拿了个正着。我当时就说宰了算了，可润铭还念着那点狗屁的兄弟情，晚上偷偷地把他给放了。阿爸放心不下，让我赶回来，听和东巴说你带着直玛出去了，我一想肯定是来玉峰寺，就赶来了。

　　山茶意识到，润铭和采尔直玛肯定出事了，说：我们快走，肯定是那个混蛋又在作怪，润铭和直玛有危险。二人朝木府跑去。

木润铭牵着采尔直玛的手走进木府大门，木润声跟在后面。二奶奶看到，想阻止已经来不及。

木老爷正襟危坐，看到二人牵着手进来，眉头紧皱，怒骂道：大庭广众之下，成何体统！

木润铭仍牵着采尔直玛的手跪下，对木老爷说：阿爸，我跟直玛已经相爱很长时间了，一直想对您说……今天我想跟您说，我想娶直玛为妻，希望阿爸能够同意。

二奶奶又恼怒又着急地说：润铭，你真傻！你怎么能上当！

木润铭说：阿妈，这是我的事，我爱直玛，我没做什么对不起家族的事情。我向阿爸说明，就是想得到阿爸的同意。我跟直玛是光明正大的，我要堂堂正正地把直玛娶回家。

二奶奶说：你怎么这么糊涂，你怎么就不懂得木家的家规。快向你爹收回你刚才说过的话，你没有做什么，一切都还来得及。

二奶奶问木润声：润声，是不是你唆使润铭办的傻事？你也太歹毒了。

木润声说道：我曾经也想帮润铭隐瞒，可在爹的一再追问下，我不能再隐瞒下去了。润铭说了，他爱直玛，他与直玛是光明正大的，我也认为这不是什么坏事，既然他们相爱了，为什么不能让他们爱下去。为什么不能照着书里写的做，愿天下有情人，终成眷属。

二奶奶说：你的算盘打得也太精了吧。你想火上添油，难道想毁了木家吗？

　　木润声答道：我知道自己是个什么东西，你说的算盘，珠子不是我能够拨得动的，我也从来没想过要去拨动。在这个家里，能拨动算盘珠子的人只有爹，二娘您都没有资格。

　　木老爷愤怒地呵斥道：都给我闭嘴，还不够丢脸吗？混账东西，木家怎么会有你们这些个不孝之子。

　　这时采尔直玛站起身来说：老爷，请容我说一句，我和润铭相爱是没有什么罪过的。我知道，我阿爹姓和，只是一个东巴，阿妈也是府上的一个佣人，不能与老爷的木家相比。可我和润铭相爱，并不是为了图什么地位、钱财，我们只想能够生活在一起。如果你们不接受我，为我而争吵，那好，我走，我不会再进这道门的！

　　采尔直玛说完，向木老爷行礼，转身走出大厅。

　　木润铭叫着：直玛……直玛……便要追出去，被管家上前阻止住。

　　刚跑到木府门口的山茶和阿都看到流着泪走出门的采尔直玛，忙迎了上去。这时，木府的大门重重地关上。

　　木润铭这时才明白木润声的用意，问：哥，你为什么要把这事告诉阿爸？木润声说：对不起，是阿爸找不到你问起，我不能再向阿爸隐瞒了……

　　木老爷一拍桌子，怒声说道：是我叫润声告诉我的，这有什么错？你木润铭隐瞒，你母亲隐瞒，润声也想隐瞒，个个都想把我蒙在鼓里，难道木府就没有我这个当家的？

　　二奶奶委屈地说：老爷……

木老爷呵斥道：住口！我一直以为，在这个家里，什么事都是清楚明白的，但我错了。木家是有地位有家规的家庭，不允许眼里无父无母。从现在起，月娇，润铭，你们俩闭门思过，不得随意外出。润声，你也得给我好好地想想今天在这儿说的那些混账话。润铭是你弟弟，你得教他如何做人。从现在起，木家的大事小事你来帮着我打理，多做点事情，就知道什么事情该做，什么事情不该做了。

二奶奶劝道：老爷，润铭才是木家真正的少爷……

木老爷吩咐道：来人！送二奶奶和二少爷回房。

佣人答道：是，老爷。

傍晚，木润声走进木家书房，问道：阿爸，您找我？木老爷放下茶杯，说道：坐吧。木润声坐下，木老爷挥手，下人退出。

木老爷缓缓问道：润声，你来木家也十多年了吧？木润声点点头：谢谢阿爸的养育之恩。您大恩大德，孩儿永远不会忘记，润声但愿尽孝膝前。木老爷继续说道：润声，别人眼中你是我收养的义子，可我一直都把你当成自己的亲生儿子看待。木润声答道：我娘死得早，我一记事就来到了木家，在我心里其实并无母亲的印象。木老爷伤心地说：你娘她很漂亮，也很贤惠……木润声说：我只是听管家大叔说，我爹他去了很远的地方做生意，一走就再没回来过，他没有管过我，也没有管过我娘。孩子哪有不想自己父母的，可在我心里……只有阿爸您……

木老爷说：润声，进了木家的门，就别说这些了，不过有一点你要记住，在我心里，你和润铭一样重，希望你跟润铭要好好相处。爹老了,木家以后就交给你们兄弟了。希望你们不会辜负我的期望。爹知道润铭是个实诚的孩子,可他就是太任性。润铭是块读书的料,但书读死了,人就呆了,难免会幼稚。下一步我想把木家生意上的事,先交给你去打理,有机会我会带你去认识一些商界的老朋友。

木润声说:我只能帮阿爸打个下手,真要把木家的生意全接过来,确实还不行。木老爷教育道:任何事情只有做了,才会做,大事情上我会盯着的。关键是你们兄弟之间要和睦,老话说得好啊:兄弟一条心,黄土变成金嘛。木润声点头答应:孩儿记住阿爸的话了。这采尔直玛与润铭,阿爸就答应……

木老爷说道:你怎么总是帮着他们说话?我的想法是让润铭先到省城去读一两年的书,远离采尔直玛,也能开开眼界。另外,让管家给和东巴送一笔钱过去,让他们离开大研镇。木润声:阿爸,这样做怕是不妥吧。木老爷:有什么不妥?成天抬头不见低头见的,润铭还会疯魔的。润声,有些事,我该告诉你了……木老爷想了想说:算了,今天话也说多了,时辰也不早了,以后再说吧。你回去吧。

木润声离开书房推门进屋,见管家黑着脸坐在椅子上。

木润声点亮灯,问:阿爸找我有事?管家生气地说:我不是你阿爸,也当不起你阿爸。木润声在对面的椅子上坐下:是为了白天的事情,还是为了晚上的事情。管家问:白天什么事情?晚上什么事情?木润声答道:白天我想帮完了润铭、直玛就离开木家,晚上老爷找我谈话,要把木家的生意交给我打理。管家问:此前的事情你想一笔勾销?木润声问道:阿爸在这儿等着我，不是想来算总账的吧？管家强硬地答道：是账就得算，欠账就得还，走遍天下也是这个理。木润声笑了笑：那阿爸现在就可以把我这条命拿去。管家问道：什么意思？木润声答道：你把我拉扯大，又把我送进了木家，这条命是你给的，你完全可以拿去，免得总把我当成你的一块心病，我也免得忍气吞声一辈子，一辈子看府旦所有人的脸色，一辈子像条野狗似地活着。

管家缓缓说道：润声，我知道你心里憋屈，可再怎么说，老爷他待你不薄，人得知恩图报啊！不能落井下石。润声，你走吧，走得越远越好。这些年，我所有的工钱都存在了府上，全给你，自己去闯天下吧。木润声说：老爷才跟我谈了让我帮他打理木家的生意，您这时候让我走，不是让我背信弃义吗？管家问道：就你在黑水塘干下的那些事，难道就不是背信弃义吗？木润声惊讶地看着管家，说道：这么说你什么都知道了？管家：这是你自己在作啊！木润声说：真要是这样的话，那咱们最后的一点情分也就此结束了。你走吧。管家走出木润声的屋子。

木润声望着管家的背影，泪水流出，说：这辈子我心里真正敬重的人只有您，可你才是木家真正的一条狗……

木润声躺在床上，月光照着他脸上晶莹的泪水。突然传来轻轻的敲门声，木润声擦去泪水，点上了油灯，上前开门。

二奶奶站在门外，问：我知道你没有睡，可以进去坐坐吗？

木润声虽然惊奇，但还是让二娘进屋去。二妌奶走进屋里在椅子上坐下，说：连茶都不能给二娘泡一杯？木润声回答，这时候喝茶，您会睡不着觉。木润声想了想又笑着说：不喝茶，二奶奶也会今夜无眠。说着给二奶奶泡了杯茶。

二奶奶对木润声说：润铭很善良，一直把你当成亲哥哥。你放过他吧。木润声反而问二娘：我所有的话都是当着您和润铭说的，哪儿说错了？二奶奶说：你说得太得体了，得体的让人不得不怀疑你到底是什么用心！不过我还是要感谢你，因为我也压根不赞成这门婚事。

木润声问道：所以你就把饼画在了月亮上，让润铭永远想着，可又够不着。润铭是你的亲生儿子，你这样做是不是太残忍了点。木润声笑了笑又说：既然如此，二娘何不让润铭娶了方家大小姐，再把采尔直玛嫁给我，您不就如意了吗？二奶奶告诉木润声：我今天来是想告诉你，绝对不会允许任何人伤害我的儿子，哪怕是拼上我这条命！好了，既然老爷已经把木家的生意交给了你，我可以让润铭去省城读书，希望你不要再出什么幺蛾子。

木润声惊奇地说：你偷听老爷和我的谈话？

二奶奶嘿嘿笑了：你一直不就是想着木家的产业吗？你如愿了。

木润声黯然答道：你错了，我没有……

二奶奶不想再听木润声说什么，起身走出屋去。

木润声关上门，靠在门上，长长地嘘了一口气。

木老爷让佣人把管家叫到书房。木老爷吩咐道：我找你商量一下，我想先把生意上的一些事情交给润声打理。管家说：老爷，这事怕是不妥啊。木老爷问道：有什么不妥？润声也大了，可以帮家里做点事了。管家说：老爷，我觉得还是润铭更合适一些，他宽厚，仁慈一些。木老爷说：打理生意上的事情，润声肯定比润铭强，让他先接手，以后带着润铭，木家照样在这大研镇，在丽江站得住脚。昨天我想了很多，润铭的事情我是很生气，可只有润声一直坚持着帮润铭说话，这说明他们的兄弟情深。我这两个儿子真要是能拧成一股绳，我木家何愁不兴啊。

管家犹豫了一下，心里在想要不要把润声在黑水塘干的事告诉老爷，但还是忍住没说。他知道事情重大，一说出口，无疑是给润声判了死刑，说：老爷，我是担心润声挑不了这个担子。木老爷问：你不看好润声？管家说道：老爷要不再考察一下吧。木老爷说：就这样定了吧。

管家只好离开书房。

管家正在清理着账本，木润声走进。木润声说：我想老爷已经跟你谈过了吧？管家点点头。木润声说：我想看看木家收支的情况和一些生意上的事情，这你比我熟悉。管家把账本递上：收支情况都在这儿了，生意上的事情也都写在上面了，大少爷一看就明白。

木润声接过账本，翻看着。

管家说：润声，我是看着你和润铭两兄弟长大的，"相煎何太急"？润铭是个纯洁、善良的孩子，老话说得好，给人一条路，自己也就留条路，把人逼得无路可走了，不是一件好事啊。

木润声抬起头：这话你应该早点告诉二娘。既有今日，何必当初，她要是早明白这个理，就不会有今天了。木润声看了看账本问：今天这一百块大洋是怎么回事？管家感叹道：唉，老爷要让和东巴一家搬走，让我送些钱过去。木润声，问道：

情　殇

一百块大洋也是老爷的意思？管家没有回答。木润声向外走去，走到门口停下：再加二百吧，老爷问起，就说是我答应的。

木润声离开管家的房间之后，来到木润铭的房间说：直玛一家要离开大研镇了。木润铭惊讶地从床上跳了起来：你说什么？木润声说：别这样看着我，是你爹定下的，我设法带你出去，送送直玛。快走！不然你们最后一面也见不到了。

木润铭不顾一切地跟着木润声快马来到采尔直玛家，木润声在门口停下，木润铭跑了进去。和东巴、冬妈、管家都在屋里。木润铭顾不了那么多，拉着直玛的手说：直玛，你不能走！采尔直玛看到木润铭，泪水流下，感动地：润铭……

和东巴分开二人，说：二少爷，你走吧，别再找麻烦了。木润铭对和东巴说：大叔，我是真的爱直玛！管家劝道：二少爷，这是老爷的决定。木润铭坚定地说道：这事跟谁都无关，天塌下来，我自己顶着。管家说：二少爷，你顶不住，直玛家也顶不住，谁带你来的？

木润声走了进来：是我带他来的。采尔直玛说：木润声，我明白了。这一切是不是你在作怪？木润声委屈地埋怨道：直玛，你怎么这样对我说话，我带润铭来送送你们，你得感谢我才对。和东巴劝道：直玛，惹不起咱们总躲得起，咱们这就搬到束河去。采尔直玛坚决地：我哪儿也不去！和东巴恼怒地一耳光打在了直玛的脸上：你是不是想让我跟你阿妈死在你面前！采尔直玛捂着脸跑进屋去。木润声劝道：润铭，我们还是先回去吧，这件事情，得从长计议。木润铭狠狠地说：不，我爱直玛，任何人都阻止不了，不行就鱼死网破。木润铭说完冲出和家。

木府书房内，木老爷不快地把茶壶放在桌子上，骂着木润声：我让他在家里闭门思过，你却领着他出去，简直是胡闹！木润声急忙说：爹的心情我理解，可是刚则易断啊！。我让润铭去送送直玛，最后见上一面，也是人之常情。木老爷说道：润声，你心里有润铭，是好事，送一百大洋给和东巴家已经不少了，你让管家送三百，也没关系，可润铭跟那个佣人女儿的婚事是绝对不行的，这事润铭不懂，你该懂啊。以后不许带润铭出门。木润声低头道：是，爹。木老爷挥挥手让木润声出去。

木老爷把二奶奶请进书房时，管家已经站在里面了。木老爷缓缓说道：找你们俩过来，还是想说说润铭的事情。二奶奶说：送他去省城读书的事？木老爷若有所思地说道：这院子里的事情，你什么都知道啊。二奶奶尴尬地答道：哦……我是自己猜的。

木老爷说：润铭既然想成家，也不是不行，但是得门当户对，你这当阿妈的应该去各家走走，有合适的就请人保个媒。二奶奶问道：老爷觉得哪些人家合适？木老爷答道：咱们世居在此地，镇上的人家都是知根知底的，几个大一点的商号都可以去走走嘛。

二奶奶来到润铭的房间，拿着姑娘们的照片不停地劝说儿子：润铭，方家小姐你不喜欢，看看这张家的吧。这张家的商号可是已经开到省城里去了，三小姐识文达礼，人品长相都是没得说的，你就看一眼吧。

木润铭忍无可忍，猛地站起身狂叫：出去！你给我出去，我一个也不要！

情　殇

　　二奶奶上前就是一个耳光，说：润铭，妈知道你心里不痛快，可这些人家，都是你爹给你挑选的，你就别再惹他生气了，挑个你认为满意的，迎娶进门，算是尽个孝心。过去的事也就过去了，否则你就什么都没有了，一切都是那个野种木润声的了。润铭你怎么就不懂呢？

　　木润铭痛苦地流下眼泪，说：妈，你这样会毁了我一辈子的啊！

　　二奶奶劝道：润铭，妈现在只想你能够赶快安定下来，别再闹了，现在接手木家的生意，比什么都重要，不然，你……

　　木润声走进说：润铭，二娘说的你应该考虑一下，阿爸现在把生意交给我打理，其实管管马帮我还行，真要想把咱们的生意做大，还得靠你啊。要不，你就挑一个，安安阿爸和二娘的心……

　　木润铭指着木润声说：你怎么不挑一个？应该是你先挑才对。

　　木润声笑了笑，说：像二娘说的，我就是一条野狗，没有这个福分啊。

　　清晨，木润铭用布包好碰铃和乐谱，还有一些银两和衣服，然后吹熄了灯，慢慢走到门前向外看了看。房外一个佣人守着。

　　马锅头轻轻地推开半掩的木府的后门，四下看了看，悄悄向院内走去。马锅头摸到木润铭房门外。佣人坐在门边，不住地点头打瞌睡。马锅头用围巾蒙住脸，掏出一块毛巾慢慢上前捂在了佣人的脸上。佣人睡死过去，马锅头轻轻地敲敲门。

　　木润铭抱着包袱走了出来，叫道：大叔！

　　马锅头四下看了看，催促道：快走！

第 5 章

木润铭跟随马锅头离开了木府。

马锅头带着木润铭悄悄走到一僻静处，打了个响哨。

阿都牵着马走出，让木润铭上马，驮着木润铭冲向镇外。阿都骑马驮着木润铭奔至镇外，冷不防一条绊绳拉起，阿都一勒马缰，马越过绊绳，向镇外飞驰而去。

木润声从墙角慢慢走出，看着远去的快马，笑了笑：润铭，一路走好！

这时，树后木润声安排的佣人跑出，敲响铜锣大叫：二少爷跑了……二少爷跑了！……

阿都与木润铭冲至镇外，山茶也骑马驮着直玛飞奔而至，树林里，几人下了马。

马锅头把一袋钱递给木润铭，交待道：润铭，大叔能做的就这些了，还是靠了老管家帮忙。以后怎么样，全靠你们自己了，照顾好直玛。

阿都着急地说：我们的行动被木家的人发现了，他们一定会追来的，你们快上马跑吧！

木润铭翻身上马，山茶把采尔直玛也扶上马。

阿都指着南边，说道：润铭，你们一直朝南走，出了丽江就安全了。我们会把他们引开的。

山茶对直玛说：路上小心点！

木润铭骑在马上，拱手说道：多谢各位，后会有期！

木润铭说完，二人打马向前奔去。

听到佣人的叫声，木老爷叫人查看，润铭果真跑了。木老爷沉着脸坐在大厅里，让佣人快把润声叫来！

听到外面吵嚷声的二奶奶和管家也匆匆走进。

木老爷冷冷地说：润声怎么还不来？木润声揉着眼睛走进：阿爸，二娘，有事吗？

木老爷恼怒地说道：那个畜牲跑了！你马上带人给我把这个畜牲追回来！他是非让我木家颜面扫地不可。

木润声说：润铭跑了？好的，阿爸，我这就去追！

木润声带着家丁马队赶到镇口，木润声着急问道：怎么回事？家丁回答：我们在这守着，守不住，二少爷被人救出驮在马上冲出镇去了。木润声赶紧吩咐：还不快追！木润声率领马队追去。

家丁指着前面骑马的一男一女说，在那里！

阿都对山茶说：这个杂种追来了，山茶，跟紧我。阿都带着山茶在山路上狂奔。

在岔路口，阿都选了左边一条路跑去。山茶大声说：阿都，路错了……

阿都大声回答：放心吧，老子今天就是要遛遛这个杂种。

家丁对木润声说：大少爷，他们往镇里跑去了。木润声一怔：往镇里跑……想给咱们玩回马枪，好，继续追！马队疾驰而去。

马锅头看到阿都引着木润声远去，从树丛中牵马走出，飞身上马，朝木润铭、采尔直玛跑去的方向追了上去。

阿都和山茶带马冲进大研古镇中，拉马停住，跳下马来。木润声带着马队赶到。

阿都笑着：噢，是大少爷，大清早的追什么呀？木润声从马上跳下：行啊，阿都，跟木家玩上了。阿都：大少爷的话我听不懂啊。木润声问道：你大清早的跑什么跑啊？阿都回答道：我跟山茶正在那边说着话，一队人马冲来，我还以为是黑水塘的土匪来了，我们能不跑吗？木润声问道：你进黑水塘就跟回家似的，会怕他们？阿都说道：大少爷一说我倒是想起来了，黑水塘您不也是想进就进，想出就出吗？木润声答道：那还不是托你阿都的福，不过大难不死，必有后福。我想劳驾二位跟我去府上一趟。阿都问：干什么？木润声说：当然是去给木老爷和二娘一个交代，不然还以为是我木润声放走了木润铭。请吧！山茶：我们凭什么要跟你走？木润声：你们做下的事，当然得请你们去当面说清楚了。

街上人越来越多，看热闹的人也越来越多，人们议论纷纷，围观的人群发出一阵骚动。管家带着家人赶来。人群吵嚷起来：管家来了，管家来了。

管家上前：大少爷，人追到了吗？木润声说：这你得问他们。

管家看了看阿都和山茶，说：老爷要的是二少爷。木润声：我知道，可他们放走了二少爷，自然得向他们要人了。管家，您处事多，这事您看要不要去报官府？管家答道：可以呀，这得问过老爷才行。木润声问：那现在只好回府了？管家不理木润声，带着家人走去。木润声把马缰绳递给家丁：你们继续去追，我先回府上去了。马队向镇外冲去。木润声看着阿都和山茶笑了笑，说了声：谢谢了！

木润声说完转身走去，阿都和山茶呆呆地看着木润声的背影,不明白木润声谢的意思。

木润铭、采尔直玛骑在马上跑到江边,人疲马倦,后面追兵马蹄声至。

木润铭吃惊说道:糟了,没路了。下马,咱们往山里跑。两人下马,钻进了江边的树林。木家的马队赶到江边,翻身下马,四下看着。家丁说道:他们的马丢在这儿,肯定是躲进林子里去了。家丁头目吩咐:搜,一定要找到。

木润铭、采尔直玛躲在林中。采尔直玛提醒道:润铭,他们要进林子了。木润铭安慰道:别怕,是府上的家丁,有我在,他们不敢把我们怎么样。

正在此时,一队人马冲了过来,前面两匹马上端坐着黑牛和马锅头。黑牛对家丁叫道:站住!是哪路泥鳅在这里吵嚷,惊了爷的好梦。木府家丁问:你们是什么人?黑牛说:妈的,连老子是谁都不知道,就他妈的敢遛江湖,掌嘴!一名土匪上前对着家丁就是两耳光,嚷道:看清楚了,这是我们黑水塘大当家的。家丁头目捂着脸,解释道:我们是木家的。黑牛说:木家在大研镇,这儿是老子的地盘,我们向来是河水不犯井水。小头目说:大当家的,我们出来是找二少爷。黑牛说:上他妈的这儿来找木家的二少爷,不会是说老子绑了木家的票吧?敢坏老子的名头,掌嘴!土匪对着家丁头目又是两耳光。家丁头目恳求道:大当家的冤枉啊,是大少爷让我们追的呀。黑牛说:噢,那个野种出息了,会指手画脚了,妈的,木老爷放着自己的儿子不要,对这个佣人的儿子如此厚爱,我看你家老爷脑子有病吧。家丁头目说:老爷当然要二少爷,所以才赶着找。和大叔，您给小的们说句话吧。马锅头对黑牛说：大当家的，这事跟他们无关，放过他们吧。黑牛说：看在和天哥的面子上，放过你们不难，可这江湖规矩不能乱。你们招呼不打就踩了老子的盘子，这买路钱总该留下吧。

小头目忙掏出一把零钱，巴结道：大当家的，小的身上只有这些，全孝敬给您了。黑牛愤怒嚷道：你他妈的打发叫花子啊，掌嘴！家丁头目恳求道：大当家的，小的在木家也是挣口饭吃，真的没有啊。黑牛强硬地说：那就把马留下，不想死口，总得给我留点活口吧。回去给你们大少爷带句话，做事不要太过分，抬头不见低头见，断了别人的活路，最后倒霉的肯定是他自己。

家丁们转身跑去。

马锅头说：行了，出来吧。无人应答。马锅头心想：糟糕，他们肯定是自己跑了，会迷路的，快找！

木润铭、采尔直玛两人互相搀扶着，高一脚低一脚地在林中逃奔。慌乱中一脚踩空，两人便沿着陡坡滚了下去……

两人晕倒在陡坡下，一阵凉风吹来，木润铭慢慢睁开眼睛，看了看旁边的采尔直玛，艰难地爬了过去。木润铭抱着采尔直玛：直玛……直玛……采尔直玛睁开眼睛看着木润铭，问道：润铭……咱们这是在哪儿？木润铭关切地问：你伤着没有……哎呀，你腿出血了……采尔直玛安慰道：我没事……你还好吧……木润铭从衣服上撕下一条布，说：别动，我给你包一下……咱们还得走……木润铭给采尔直玛包着腿。采尔直玛摸着木润铭的脸，关心地说：你的脸都擦破了。

夜晚，天上下起了雨，木润铭、采尔直玛躲在石崖下。木润铭脱下衣服披在采尔直玛的身上。采尔直玛说：不行，润铭，你穿得太少了。木润铭说：我没关系，你受了伤，不能再冻着了。两人紧紧地搂在一起。采尔直玛问：咱们就这样一直走下去，不会再分离了吧？木润铭坚定地说：相信我，我们会永远在一起的！采尔直玛靠在木润铭的身上：这样真好……谁也不会打扰我们，咱们什么也不要。

天亮了，两人互相搀扶着，艰难地向前走去。木润铭、采尔直玛艰难地走出林子，不远处隐现出一村庄。木润铭惊喜地说：村庄，直玛，咱们有救了。采尔直玛看着木润铭点点头。

突然一阵马蹄声传来，木润铭忙拉着采尔直玛躲回林中，说：直玛，那儿咱不能去，是我们木家的人。木润铭扶着采尔直玛向树林深处走去。

木润声下了马，吩咐道：你们到村里去查查，找着了就请二少爷出来。家丁头目领着家丁们向村里走去。

清晨，木润铭、采尔直玛两人跪在江边，把一双碰铃放在地上，撮土为香，向双方父母遥拜。

木润铭说：阿爸，阿妈，原谅我们吧，我们分不开，你们不同意我们在一起，我们只能痛下决心——情死，前往玉龙第三国，生我们不能结合，死我们要在一起，请你们原谅……

木润铭把手中的一朵山茶戴到了采尔直玛的头上，采尔直玛用手指代替梳子替木润铭梳梳头发。一阵缥缈轻柔的歌声，似乎从玉龙雪山峡谷传来，歌声凄冷、音调低沉、曲调哀婉。纳西族的《殉情调》在空中响起……

> 像花蕾一样的年华时节
> 你我的爱情似蜂儿酿蜜
> 人的生命不能像山岳般永恒
> 敢爱就莫错过这黄金的时辰
> 爱情却像一条无限延长的流水
> ……

马蹄声响起,木家小头目带着家丁们骑马起来。

木润铭拉着采尔直玛的手回头看着跑来的马队,说:他们来晚了,谁也挡不住咱们永远在一起。说完,两人手牵手向江中走去。

小头目和其他家丁看到江水中的两人,高声喊着:二少爷,站住,站住!……

木润铭转头看着采尔直玛,问:直玛,你害怕吗?

采尔直玛回答:不!能跟你在一起,我什么也不怕。

木润铭说道:原谅我,直玛,如果有下辈子,我一定娶你。

采尔直玛回答:润铭,如果有下辈子,我一定嫁给你。

马队越来越近……

木润铭拉着采尔直玛的手,一直向江水中走去,直到消失在江水溅起的浪花中……

小头目跳下马扑到江边哭喊着:二少爷,为什么……为什么啊……您不该跟我们下人过不去啊……

江水滔滔,汹涌的浪头打向两人,两人的手死死地拉在一起。又一个汹涌的浪头打过来,把二人的手扯开了,巨浪把两人卷向不同的方向……

采尔直玛大叫着,挣扎着:润铭……

采尔直玛看着木润铭在她的视线中越漂越远,终于被江水吞没,她也被江水卷走,渐渐失去知觉……

回到木府,木润声把一件破衣裳放在了木老爷面前的桌子上,阿爸,我们找了两天,能去的地方全去了,只在河中找到了润铭的这件衣服。

木老爷怔怔地说道:情死!?……

木润声犹豫了一下,谨慎答道:不清楚……

二奶奶冲上去抓住木老爷,激动地叫嚷:你还我的儿子……你还我的儿子……

木老爷泪水流出,怨恨说道:这个混账小子,去情死……不值啊……你把家族的脸面全丢光了……

二奶奶哭着埋怨道:都是你把他逼死的,润铭啊,你怎么就死了,你让娘怎么活呀!

二奶奶想到什么似的,突然站了起来,拿起桌上针线篮里的剪刀向木润声冲去。

木润声向旁边一让,剪刀深深地刺进了左肩,拔不出来。

二奶奶疯狂叫骂:你这个野杂种,你这个忘恩负义的白眼狼,都是你害的,我跟你拼了……

木润声盯着二奶奶,右手抓住剪子一使劲拔了出来,伤口的血涌出。

二奶奶疯狂指责道:你要杀我……你杀死了我儿子,又想来杀我……

木润声沉着脸把手里的剪子递给二奶奶，坚毅说道：二娘，再来！

二奶奶抓过剪子疯狂叫嚷：我不活了，我要让这条野狗陪着我一块去死。

二奶奶举起手里的剪子，向木润声刺去，木润声并不躲闪。

木老爷恼怒呵斥：够了！把她送回房去。

两个佣人上前架起二奶奶走出屋去。

二奶奶喊着：狼心狗肺的家伙，你是安着心想夺走木家的财产，你没良心，你忘恩负义，你不得好死啊……

木润声吩咐：扶老爷回房休息。

两个佣人上前扶着木老爷走出大厅。

管家低着头走了出去。

木润声低下头，左胸被血染红了一大片，木润声慢慢地倒在了地上……

木润声慢慢睁开眼睛，油灯下人影晃动，终于慢慢清晰，管家坐在床边，小头目站在管家身后。

木润声喃喃着：阿爸……管家厉声问道：我不是你阿爸，告诉我，润铭现在到底怎么样了？小头目连忙解释：管家大叔，我们一路找，真的没有见着二少爷。管家不相信：骗鬼去吧！木润声吩咐：过来……小头目忙凑上前去。木润声吩咐：找去……活要见人……死要见尸……快去，一定要找到！……

小头目应声答道：大少爷，我这就带人找去。小头目说着跑出屋去。

管家说：你完全能躲过，为什么要受这一剪子？木润声：阿爸，有了这一剪子……我就什么都不欠木家了……

　　管家劝道：润声，你知道吗，你现在太可怕了，你不能这样下去，你会把一切都毁了的。

　　木润声惨然一笑：阿爸，连你都不理解我，我本来就什么都没有，有一点……也被别人给毁了，还有什么值得毁的？管家说：就算是你说得有理，冤有头，债有主，你不该把账记在老爷和润铭的头上。你不可救药！

第 6 章

木润铭没有死,他被大浪卷走后,被冲到了岸边的石缝中,他疲惫极了,挣扎不出来。

艳阳高照,几名士兵持枪沿岸走过,看到木润铭,上前把他从石缝中扯了出来。筋疲力尽的木润铭躺在沙滩上,喘着粗气。一士兵问:喂,你是干什么的?木润铭答:我……找死的。几个士兵笑了起来:妈的,这年头真是啥人都有啊,就是还没遇到过找死的。另一个士兵说:别想拿话来蒙老子,一个人跑这儿来,是不是想刺探军事情报?

木润铭挣扎着站起来,摇晃着走去。士兵们火了,上前揍木润铭。木润铭哀笑着:打死我吧,我本来就是找死的,不想活了……

马蹄声响起,雷丹妮一身军装策马而至问:你们在干什么?

士兵一敬礼:报告大小姐,我们在江边抓到一个奸细。雷丹妮瞥了地上的木润铭一眼:奸细还费这力气,拉出去毙了!

雷丹妮转身要策马离开。木润铭破口大骂:混蛋,死我不怕，可得死得清白，我不是奸细……雷丹妮下马走到木润铭的面前，嘲笑道：叫花子也有骨气？木润铭看清眼前的人原来是个姑娘：对不起，我不知道你是女的。雷丹妮：可你象嘴里吐出了狗屎，已经骂了我了。木润铭说道：我没骂你，我也不会骂人，我只想证明自己的清白，不是什么奸细。雷丹妮回复道：那你也该死！木润铭问道：为什么？雷丹妮不屑说道：你用这种目光看着我，就该死，给我带回去毙了！雷丹妮说完飞身上马，扬鞭而去。

　　两个士兵上前拉起木润铭就走。士兵一笑着：嘿，反正你是找死的，小姐让你死，老天成全你，石榴裙下死，做鬼也风流。士兵们笑着推着木润铭走去。木润铭被推到了一个大土坑前，看到已经站了一排壮男，一个个耷拉着脑袋。

　　木润铭自己走到中间站好，嘴里喃喃着：直玛，等等我，我这就找你去了……我说过，咱们永远在一起……侬今葬花人笑痴，他年葬侬知是谁……

　　雷丹妮疑惑地看着，笑了笑把手一挥，领头的士兵一声"开火"，士兵们呼呼嘣嘣地开起枪来。

　　枪声响过，壮男们全都倒下，只剩下木润铭孤零零地站在那里，他怒视着雷丹妮。雷丹妮上前，冲着木润铭笑了笑，说道：你知道为什么留下你吗？木润铭冷冷地看着雷丹妮没有回答。雷丹妮说：因为我想知道你刚才在念什么？木润铭回答：《葬花吟》！雷丹妮一怔，跟着笑了起来：要死的人还有这雅兴？行，你小子有种。雷丹妮说着一拍木润铭的肩膀，木润铭双腿一软，倒下晕了过去。雷丹妮一怔：嘿，没打死，给吓死了……雷丹妮蹲下察看，发现木润铭的肩上中了一枪，伤口不住地流血。雷丹妮呵斥：还愣着干什么，还不赶快把人送去包扎。几个士兵忙上前把木润铭抬走。

雷丹妮盯着一排士兵：这是谁放的枪？众士兵的目光和手指全集中在了斜眼兵的身上：是他。雷丹妮的目光盯着斜眼兵：我就知道是你。斜眼兵连忙解释：我……我不是故意的。甲兵说：我们都是按小姐的命令朝天放的枪。那些被"枪毙"倒下的男人一个个坐了起来，相互看着笑着，之后站了起来。

雷丹妮返回驻地大房子，守门士兵向她严肃敬礼。雷丹妮傲慢地抬抬手，匆匆走过。雷丹妮走进驻地医疗室，走到床前看了看躺在床上的木润铭。刘军医正给木润铭换药，护士抬着托盘站在旁边。

雷丹妮问：他的伤怎么样？军医回答：他现在的情况还比较稳定，没有什么大碍。但他近来好像体力消耗太大，又受了过度的精神刺激，人一直处于半昏迷之中，可能需要一段时间才能康复。雷丹妮询问：其他还有什么情况吗？刘军医说：病人在昏迷中不住地叫着"直玛"这个名字，也许是他的亲人或是妻子。雷丹妮说：直玛？他的病情就交给你关照了，有什么情况随时向我报告。军医应答道：是，小姐。雷丹妮回过头说：你刚才说他体力消耗过大，让伙房给他补补。

雷霆正在看书，雷丹妮悄悄走进，慢慢走到父亲身后。雷丹妮开玩笑道：举起手来，林黛玉索命来也。雷霆放下书站起来假装投降，说：是，是。不知黛玉小姐驾到，有失远迎。雷丹妮开心地笑着：爸，今天在江边抓到了一个人，士兵们说他是奸细，我让他们把他毙了，这家伙说他就是找死的。我要杀他，他也不向我求饶，执行的时候还一个人在那儿嘴里念念有词的。我就问他在说什么，嘿，他说是《葬花吟》。雷霆惊讶地问道：有这事？你把他给杀了？雷丹妮说道：爸，哪能随便杀人呢，我本来是想试试他的胆量，结果人家面对死亡，没有反应，还念着《葬花吟》，杀了他才是成全他了呢。唉，我的心理试验彻底失败。雷霆说道：遇到狠主了。雷丹妮回答：对，面对枪口，我在他的脸上没有读出一丝恐惧。雷霆说：噢，这倒是难得啊，有这么好心理素质的人，一定是有来路的。雷丹妮分析道：表面上看像个叫花子，可我看得出来他骨子里是斯斯文文的，是一个很有教养的人。雷霆：听到你这样表扬一个人，这可是头一次啊。

雷丹妮挽着雷霆的胳膊，边说边走出书房，向军营外丛林小路散步去了。雷霆说：丹妮啊，你一个女孩子家，一天到晚待在军营里，只对这些事感兴趣，以后嫁了人怎么过日子？你该学着温柔点了，野鸭湖阿成山已经派人催促让你快些过去了。雷丹妮生气说：哼，他倒着急上火了，一个土司，土头土脑的跟个土豆似的。爸，你就舍得让你这么优秀的女儿嫁给那么遥远的一个土豆？雷霆叹了口气：这也是不得已而为之，那是滇省主席保的媒。雷丹妮说：那他怎么不把自己的女儿嫁过去？我从小跟着爹，不爱红装爱武装，才不想去那鬼地方种土豆呢！

雷霆调侃道：那可是个好地方哩，风景好得很，山清水秀，简直是人间天堂，爸爸怎么会舍得让你去种土豆呢？雷丹妮嬉笑道：几只野鸭在水里扑腾着，就成了人间天堂，那我明天让人放几只鸭子到金沙江里去,那不成了人间仙境了?雷霆劝道:丹妮,事情已经到了这一步,还是去吧。阿戎山怎么说也是野鸭湖地区的土司,山高皇帝远,他就是那一带的土皇帝。再说,你可以协助他把那个地区管理好嘛。雷丹妮不耐烦说道:好了,好了,爸爸,既然走到这一步,不管是死是活,我都豁出去了,不就是当个土皇太后吗,我保证上那儿连土皇帝一起治了。雷霆笑了:你就不能说句正经话?

雷丹妮在林子里跑来跑去,摘摘花,摘柳条,给自己编了一个花冠戴在头上。雷霆看着,眼神中透出一丝忧郁的神情。

等采尔直玛被太阳晒醒时,她感到自己还活着,下意识地往身边抓,但只抓到岸边的泥沙和杂草,她回想起木润铭被冲走的情景,挣扎着爬起来,跪在江边,痛苦哭诉道:润铭,你在哪儿,你答应过我永远在一起的……

采尔直玛默默地坐在江边,看着默默流去的江水,按已婚妇女的风俗慢慢把头发盘成发髻,又把鲜艳的腰巾围在脖子上,一脸疲惫地走进石板镇。她也没有注意身后跟着几个男人,她实在走不动了,在街角坐了下来,几个男人在她对面停了下来,交头接耳。

一妇女走过,看见采尔直玛,说:哪儿钻出来的小寡妇,把男人的魂都给勾走了。

一对老夫妇走过,上前问道:你是外面来的吧?采尔直玛木讷地点点头。老妇上前扶起采尔直玛说:你不能坐在这里,先跟我们走吧。采尔直玛摇摇头。老夫说:你坐在这儿,又是这种打扮,要出事的。老夫妇便把采尔直玛拉走了。

情　殇

　　老夫妇把采尔直玛拉进屋子，让到了火塘边。老妇递了碗粥给采尔直玛，又饿又累的采尔直玛感激地点点头，吃了起来。老夫告诉直玛，这里叫石板镇，一般来这里的大都是做生意、跑马帮的，你一个姑娘家，大老远地来到我们这里，可真不容易。老妇问：你叫什么名字？你丈夫他？……

　　采尔直玛泪水流出，哭诉：他，他刚死了……

　　老妇说：唉，你这身打扮一看就知道是个寡妇。一个人这日子太难过了，你是不是还想寻一个夫家落脚？采尔直玛告诉老夫妇，她不想嫁任何人，自己既然没死，就只想为丈夫守一辈子的寡。老夫告诉直玛，如果不打算另找男人，可千万得小心，最好赶快离开这里。石板镇有个习俗，这个地盘上的女人只要死了丈夫，任何男人都有权利和义务照顾寡妇，就是说都可以抢婚，谁有本事把寡妇抢回家中，那寡妇就是哪家的婆娘。采尔直玛惊恐地说：抢婚！？我谁也不跟。老夫说：看得出来，已经有人在打你的主意了，几个男人跟在你身后。采尔直玛请老夫妇一定救救自己。老妇说：我们无儿无女，就认你做干女儿，先在家里住下吧。采尔直玛边说谢谢，边捂着脸伤心地哭了起来。

　　从此，采尔直玛在老夫妇家住下，收拾屋子，做好饭菜，很得老夫妇喜欢。老妇高兴地说：老了老了，捡了个干女儿，真是福气啊！

　　木润声在木府门口跳下马，把缰绳向家丁一丢，走向府内。小头目和云跟了进去。

　　木润声坚定地说道：二少爷绝对不会死，我真的闻到他的气味了,你再带人四处去找找。弟兄们辛苦了,回来我会发钱的。告诉他们,二少爷肯定还活着,一定要上点心,死活我都要见人,懂吗?

和云说:大少爷放心,我这就带人再去找。木润声走进大厅,端起桌子上的凉茶狂饮。管家扶着木老爷走进。虚弱的木老爷问:润声,你回来啦?润铭找到了没有?木润声垂下头去:阿爸,我们出去把能找的地方都找了。

木老爷说:再让人去找找,见到了润铭就告诉他,我已经同意他跟直玛的婚事,叫他快快回来吧。木润声说:阿爸,您别急坏了身子,我已经派人去找了,只要润铭还活着,我一定会把他带到阿爸面前的。木老爷眼泪下来,哀怨哭诉:你们都不理解老人的心情啊,哪有爹妈不心疼自己孩子的。还不都是为了你们好。木润声说:阿爸,这件事情就交给我吧,我也一定会给您一个交代的。木老爷说:阿爸信你,木家现在到了你的手上,你得先把木家的人照顾好了啊!润声,阿爸把你弟弟交给你了。

木润声听了木老爷的话,一阵心酸,从小到大两兄弟相处都很好,润铭现在说不在就不在了。他想,为了直玛,是不是自己做得太过分了,一定要找润铭回家,有什么问题,坐下来好好谈。他便答应道:阿爸,您放心,我一定找到润铭,把润铭照顾好。并吩咐佣人扶老爷回屋歇息。

木老爷离开后,管家上前轻声说:大少爷,我有事要对你说。

木润声跟着管家走进后院,管家停下脚步,问道:大少爷这次出去的时间不短,真的就没听到一点二少爷的消息?木润声

情 殇

淡淡一笑：你们一个个看我都跟看贼似的，好像润铭是死在了我手上。管家扭头盯着木润声：你敢说跟你一点关系都没有？木润声说道：我倒真想听听，他带着采尔直玛走进金沙江情死，这到底跟我是什么关系？管家后悔地说：我当初真不该把你领到木家来。

正说着，一个家丁跑进，叫嚷着：大少爷，管家，老爷他出去了。木润声吃了一惊：你说什么？家丁说：老爷说他自己去找二少爷。木润声一耳光把家丁打倒在地：一群废物，我让老爷歇息，你们却让老爷一个人出去找二少爷。

管家独自向外走去。

木润声叫道：你要去哪儿？管家说：我找老爷去。木润声呵斥：站住！管家恼怒地说：木润声，你……木润声冷冷地回答：我阿爸还轮不到你去找。木润声说完，大步走出。管家怔怔地看着木润声的背影。

木润声带着几个家丁匆匆走出木府，在街上一边走一边四下张望着，走到岔路口，几个家丁跑了过来，说发现木老爷在河边……

木润声朝河边拼命跑去……

管家也独自匆匆走出木府，管家向镇民们打听着，镇民们一个个地摇着头。几个孩子迎面跑来，管家询问，孩子们向镇外指点着，管家匆忙地向镇外跑去。

管家跑到河边一下怔住了，木老爷一动不动地趴在水边。管家跑上前抱起了木老爷，木老爷静静地躺在管家的怀里。

管家见木老爷的手紧紧地握着，慢慢掰开，手里是一个玉佩。管家拿起王佩看着,泪水流下,哭诉道:老爷,咱死得不值,不值啊……你不该这么急着走啊……

木润声跑来,见管家抱着木老爷,一下子跪倒在地,着急问道:大叔……我阿爸他……

管家慢慢扭头看着木润声,难过地说道:老爷走了,老爷他自己走了……

木润声怔怔地看着,突然发疯似地爬到了管家面前,抢过木老爷紧紧地抱在怀里,泪水涌出:阿爸,阿爸,润铭还活着,润声真的闻到润铭的气味了,可你为什么不能给我一点时间……就一点时间,我会把润铭带到你面前……

管家说道:这是在作孽啊,好端端一个木家,被你这个孽障弄得家破人亡,为什么,你为什么要这样做?

木润声说:不,不是我,我恨,可我谁也不想害……是你害了木家,你为什么非要把我领到木家,是你把所有的人都给毁了啊……阿爸,我知道你待我好,是我毁了木家,可我真的不想这么做……

几个家丁跑来,木润声突然拔出了枪,指着管家和家丁,疯狂叫嚷着:走开,都走开!……

家丁喊道:六少爷……

木润声举起手里的枪,对天连开几枪,喊叫道:走开,都走开,别逼着我把你们都杀了……滚!

几个家丁看着管家,管家摆摆手,和几个家丁离开湖边。

木府大厅内烛光荧荧,木老爷被安放在木棺里,木润声跪在木棺前,任泪水肆意流出,并喃喃自语:阿爸,润声不孝,润声有罪啊……您不该走,您就像我的亲生父亲一样,您为什么就不给我一个尽孝的机会呢,我错了,我心里不该有那么多的仇恨,润铭没有死,我一定带润铭回家,把木家交给润铭……

管家一身重孝走了进来。

家丁对管家说:是大少爷把老爷抱回来的,现在大少爷在为老爷守灵。管家向身后一招手,一身重孝的家丁捧着孝服走进。管家把孝服递给木润声说:大少爷,为你爹穿上吧。木润声接过孝服,点了点头。管家又说:大少爷,请你出去一下,我好让人把丧帐挂起来。木润声摇了摇头,说道:不,我阿爸的事情我要自己做,谁也不能插手。管家犹豫了一下,劝道:还是让我带人做吧。木润声说:我阿爸走了,我要给他送行,不然我还算个人吗?管家:那你吃点东西行吗?木润声说:我爹是饿着肚子走的,你让我去吃饭,老爷待你不薄,你为什么要这样对他?

管家说:大少爷,你误会了……

木润声怨恨地说:是的,从我进了这个院子,所有的人都在误会,到底是谁制造出了这么多的误会……你知道,你一定知道……

木润声说着,软倒在了地上。管家催促着:快,快把大少爷扶回屋去,弄点糖水给他喝。两个家丁上前,把木润声扶出了大厅。

木润声躺在床上,管家坐在床边。

管家对木润声说:……事情就是这样,你娘临死前,把我叫去,把你交代给了我。你确实是木家的骨血,木老爷的儿子。但当时那种情况下,这事是不能说出去的,我把你收为义子,带进木家。在你五岁，老爷五十大寿时，又以收义子的方式，把你交还给了木老爷……

木润声淡淡一笑：您觉得现在说这些还有用吗？管家说：大少爷，我觉得你应该知道事情的真相了。木润声茫然地说：知道了又能怎么样？在外人的眼里，我永远都只能是木家的义子，在二奶奶眼里，我永远都只能是条野狗。我知道了是这样，不知道还是这样，什么也改变不了。管家说：可你是木家真正的血脉，现在润铭他……你就应该担起木家。木润声泪水流出：那你敢站在大研镇上告诉所有的人，我木润声是木老爷和佣人生下来的儿子吗？管家一怔：这……木润声说：你不敢，那会让木家最后的那点尊严都没有了。何况这事我爹他活着的时候为什么不说，你现在告诉我，我凭什么要信你。

管家掏出一块玉佩递给木润声：这是老爷留给你的，现在还给你……它们本来是一对的，一块在你母亲手里，一块在老爷手里，老爷死的时候手里还紧紧地握着它。管家说着泪水流出。

木润声拿着玉佩仔细地看着，翻开背面，上面清楚地刻着"木"字。

管家说：你可以不承认是他的儿子，可他却象儿子一样对你。二奶奶对你是有偏差，但老爷和二少爷对你一直很好，恩仇相抵，你也不该把事情做得这么绝，润铭是你的同胞兄弟呀！

木润声说道：你走吧，我想一个人静一下。

管家起身走出。

木润声看着玉佩，想起了小时候给木老爷讲故事时，木老爷开心的样子；想起了木老爷把小时候的自己搂在怀里的情景；

情　殇

想起了木老爷给他夹菜，慈爱的目光……

木润声满面泪水喃喃着：阿爸，润声知道你是伤心而死的……润声不孝啊……等润声明白这一切的时候，晚了。阿爸，我心里有个魔鬼，不知道该怎么办……你能帮我赶走心中的魔鬼吗？

木润声身着孝服跪在木家灵堂的牌位旁，府上的人都默默垂立，木老爷生前的友人们依次吊唁。

突然二奶奶手持剪刀冲进灵堂，疯叫道：木润声，你这个披着人皮的狼，你害死了我儿子，现在又逼死了老爷，你这个忘恩负义，没有良心，想独自霸占木家家业的恶狼，今天我非劈死你……

二奶奶喊着，举起剪刀冲向木润声，木润声一动不动地垂头跪在地上。

管家上前抱住了二奶奶，劝道：二奶奶，有啥咱们后面再说，老爷的灵堂可是惊动不得啊。

二奶奶挣扎着，说道：放开我，今天我非劈死他，替我儿润铭报仇！

二奶奶挣脱管家，几个家丁上前阻拦，朋友们纷纷跑出灵堂，一个家丁被刺伤倒在了地上。

管家从地上爬起来从后面抱住二奶奶，劝道：二奶奶，你别这样……

木润声从地上慢慢站起来，说道：放开她！

管家一怔，慢慢放开了二奶奶。二奶奶握着剪刀怒视着木润声。

木润声神色凝重地说：我是我阿爸的儿子，今天是祭奠我阿爸，这里是我阿爸的灵堂，你想杀我可以，等我送走了我阿爸，会去找你的。如果谁敢在这儿搅了我阿爸的清静，我木润声鬼来杀鬼，神来杀神，休怪我翻脸不认人！

二奶奶喊道：老爷就是被你给逼死的，你这个野狗少在这儿装孝子，我杀了你，自会向老爷去请罪。

二奶奶说着手举剪刀又冲向木润声，木润声抬手点中二奶奶肩窝，翻手夺了二奶奶手里的剪刀。木润声把剪刀递给身后的佣人，说：扶二奶奶回房休息。

管家忙向灵堂外招招手，两个佣人走进，扶走二奶奶。二奶奶一边走一边叫着：木润声，我不会放过你的，只要我还有一口气，就一定要杀了你……

木润声整理了一下孝服，慢慢又跪在地上。

二奶奶独自坐在床上哭泣，木润声推门走进。

二奶奶抓起了身边的剪刀说：你还真说话算数。木润声向身后一招手：把二娘的饭送进来。一个家丁端着托盘走进，放在了二奶奶床边的小桌上。二奶奶抓起一盘菜向木润声砸去：哼，你想毒死我，休想！木润声命令家丁：你去把饭菜给我吃了。家丁每样菜吃了一口。木润声向身后又一招手：把二娘的饭送进来。又一个家丁端着托盘走进，放在了二奶奶床边的小桌上。

二奶奶冷冷地说：我告诉你木润声，你再怎么做，也只是老爷收养的一个野种，木家的天你永远也别想顶。木润声厉声说：二娘，请你说话注意分寸，木家到了今天这种田地，都是你一手造成的，作为女人，你根本就不懂得什么是爱，不懂得组织、维护家庭，只是一味地妒忌，无休止地生产仇恨，现在你得到的一切，都是报应。

二奶奶说：你也配说报应，真正会得到报应的是你，你想霸占属于我儿子木润铭的家业，老天爷是不会放过你的，你滚，你滚！你只配拿去剁碎了喂野狗。

木润声说：这话你过去说，也许还有几分道理，现在我可以告诉你，我是我爹的儿子，我身上同样流的是木家的血，所以我同样可以名正言顺地继承木家的家业。

二奶奶鄙夷地说：真是不知道自己有几斤几两，你也想当木家的少爷？你只不过是老爷收养的野种。

木润声回答道：你说的不错，我是老爷酒后乱性生下来的野种，可毕竟也是木家的种，是老天把我送到了木家，你只能接受这一事实。

二奶奶一怔：你胡说，老爷他一生知书达理，仁义为本，绝对不会干出这些有伤风化的事情，我不允许你诬蔑他。

木润声淡然说道：你不愿意承认这一切，是因为你害怕。就是因为我的身份将决定你会失去一切，可这不是真正的原因，真正的原因是你自己的所作所为，种下的仇恨现在全部还给了你。而本来这一切是不会发生的。从我进入木家的那一天起，你就开始不断地折磨我，甚至想杀了我，好让你的儿子顺顺当当地得到木家的家业，可老天偏不让跳蚤长大，润铭自己坏了你的如意算盘，把本应该属于你们的东西，又全部交到了我的手中。

二奶奶骂道：你这个豺狼，润铭是被你给害死的，我要为他报仇！二奶奶说着举着剪刀冲上，木润声身子晃动，右手砍在二奶奶的手腕上，剪刀落地。

木润声说：你已经晚了，我不会再给你第二次机会了。好好伺候二奶奶。

木润声说完背手走出屋去。

夜晚，木润声来到灵堂，管家也跟了进来。木润声问：明天的事情都准备好了吧？管家说：照大少爷说的，都准备好了。

木润声上了一炷香，看着棺内的木老爷说：阿爸，润声明天就要送您上路了……

木润声又说：管家，替二少爷给老爷点炷香吧。

管家一怔：哦，是！

管家点了一炷香插在了香炉里。

一个丫头飞跑进来报告：大少爷，大少爷，不好了，二奶奶她投井了！

木润声一怔，慢慢扭头看着丫头问：你们是怎么伺候的？

丫头说：二奶奶说闷得慌，想在院子里走走，谁知道她就投井……

木润声吩咐：管家，麻烦你先去打理一下，我想一个人在这儿待一会。

管家向家丁们招招手，带着家丁们离去。

木润声跪在了木老爷的棺木前，泪水流了出来：阿爸，木家亡了……

第 7 章

阿成山这一趟去省城，收获颇丰，不仅被任命为野鸭湖地区的保安司令，而且省主席保的媒，他又找了个女高中生做二太太，她父亲还是个军长。阿成山带着手下人张阿六一行来到石板镇接亲。时间都过了好几天了，不见送亲的队伍，张阿六都怀疑这婚事谈定了没有。

阿成山说：这婚姻大事，决非儿戏，何况还是省主席保的媒。这事在省城的时候就约好了，农历四月十八是双方接送亲的日子，石板镇上来相会，野鸭湖畔比翼飞。

张阿六问：那怎么还不来？

阿成山说道：别着急啊，雷军长就这一个女儿，也许人家送亲的嫁妆太多，路上给耽搁了。

张阿六笑道：请大人容我说句实话，这城里的女子，又是官家小姐，这小姐怎么会看得上你呢？

阿成山答道：这又怎么啦？你也不想想，我阿成山是一方土地的土司。省主席也是冲着这保的媒。你顺我顺，你要是不仁，我照样不义。不过有一条你可千万别说漏了嘴,这雷大小姐还不知道我土司府里有一个老婆。

张阿六替阿成山担心,怕雷小姐到时候为这事翻脸。阿成山笑笑说:我自有安排,等她知道了,早就生米煮成熟饭了。

张阿六说:煮成熟饭不难,只是这熟饭可烫嘴啊。你想想,这个小姐如果一闹,你的军长岳父带着兵说来就来,亲家可就变成冤家了。这事一定得想明白,红白喜事可是一字之差啊。

阿成山拍了张阿六一下说:你就不能说点好听的。

二人来到路边酒店,店老板和伙计出来热情招待,二人喝着酒,仍是接亲的话题。

张阿六认为还是应该向雷小姐实说土司府已经有了一房太太,阿成山为其美貌所吸引,所以提出结亲。现在认识到不该隐瞒此事,希望能够得到小姐的谅解。话说在前面,是表示对此事的诚意,她人已经来了,这么远的路,回去肯定不现实,也许会跟他们一起回野鸭湖。

此时阿成山又感到为难,金花大奶奶也是惹不起的货,如为这事得罪了金花的父亲拉姆大土司,这冤家打起来会没完没了,那野鸭湖就永无宁日了。

张阿六说:可是你的新岳父雷箐军长绝对不是拉姆大土司敢得罪的,因为拉姆土司根本就不是人家的对手。阿成山笑了:可那不成了两个亲家打醋架了吗?张阿六说:反正你看热闹。阿成山说:不妥,你这主意实在是不妥。野鸭湖要是成了战场,不管谁胜,倒霉的是我,而且弄不好引火烧身,人家没打起来,合起伙来收拾我,那真成了羊肉没吃着,还惹一身的膻。张阿六说：谁叫你为色所惑，不说明真相呢？阿成山：要不等雷军长来了以后，找机会把话挑明了？张阿六答：不行，这事得先摸准了雷小姐的性子才能最后决定，如果这位小姐性子火暴，他们带来的可都是丘八。

阿成山烦躁地端起面前的酒一口喝下。

张阿六给阿成山出了个主意，就说原来大奶奶得了重病，眼看不行了，刚好当时你到省城，以为大奶奶重症难治，所以才向省主席提出了这门亲事，可是从省城回来，遇到了一位江湖神医，硬是把大奶奶给救活了，这亲也提了，人也活了，没办法只好请他们做出选择了。

阿成山在想，这主意行吗？万一人家雷小姐不愿意，我又两手空空地回去，那不成笑话了，以后我还有什么威信？

张阿六嘟哝着：迎亲本来是件喜事，现在大人却进退两难，天鹅肉不好吃啊。

被水冲到石板镇，被老夫妇收留的采尔直玛与老夫妇一起吃着饭。边吃边对老夫妇说，天天闲着也没什么事干，准备出去找个事做，好挣点钱，贴补一下家用。老夫妇担心地说：咱们的日子不宽裕，可还过得去，真要出去做事，你可得当心啊。采尔直玛答应会当心的。

阿成山和张阿六走出酒馆，采尔直玛走进酒馆。阿成山回头望了望采尔直玛。张阿六问：老爷，不会又看上了吧？阿成山：眼前这壶都还不知道该怎么烧呢，还敢想下一壶？

采尔直玛在柜台前站下问老板：你这儿要人手吗？老板上下打量了一下采尔直玛，点点头说：以前没见过，是新来的吧？

采尔直玛回答:是街东头赵大妈家的。老板问:没有老倌?采尔直玛犹豫了一下说:他死了。

老板笑了笑说:噢,家里没了男人,出来找口饭吃。其实要说呢,我这巴掌大的地方原来也不需要什么人,但这本身就是个吃饭的地,你独自一人确实也不容易……这样吧,就在我这儿干着,活也不重,就是给客人倒倒茶,上上菜。一天三顿这儿管饭,另给五个铜板,你看行吗?采尔直玛高兴地说:行,行,行,老板,我啥活都可以干。老板笑着:能干活就好,现在就给客人端菜去。

酒店里猜拳,喝酒,你来我往,煞是热闹。几个中年男人注意到采尔直玛,开始交头接耳。

阿成山单独一人又走进酒馆。老板笑着迎上:哎呀,是阿大土司,您刚走,怎么又回来了?阿成山说:怎么,怕我没有银子?

老板不好意思地答道:哪里,哪里,阿土司是请都请不到的客人,来,来,来,里面请。阿土司想要点什么?阿成山说:刚才光顾着喝酒说话了,饭也没吃,给我来碗饭,两个炒菜,一碗酥油茶。

老板高喊:直玛,一碗饭,两个热炒,外加一壶酥油茶,给阿大土司端上……

采尔直玛给阿成山端上饭菜和酥油茶。

老板说:这位是土司大人,咱们这儿的贵客,你可要招呼好。这个女人是新来的,在石板镇无依无靠的,就来我这干点活。

阿成山很留意地看了看采尔直玛,采尔直玛脸一阵红,含羞低下了头。

此时，酒馆老板娘提着东西走进，四下看了看，盯着采尔直玛问：这个女人是谁？老板赔着笑脸上前回答：这是我刚找的小工。老板娘骂道：我回娘家没几天，你就按耐不住，胆量见长了，你这个猪脑袋里想些什么，我一清二楚，找小工？怕是白天下堂，夜里上床吧。老板解释：其实，我是看她可怜，才收……老板娘又骂：放你的屁，我看你是看上她的脸了，不想生事，你就马上给我辞了！

老板无奈地走到采尔直玛面前，塞了两个铜板在她手里，说：对不起，我这不缺人手……老板娘一见，上前一把抓过铜板，眼睛怒气冲冲地看着老板：我看你是被钱撑着了。

采尔直玛垂着头转身离去，阿成山站了起来，告诉老板，饭钱我已经放桌上了，走出了酒馆。

阿成山追上采尔直玛，说：姑娘，姑娘请留步！采尔直玛停下，背对着他，没有吭声。阿成山掏出钱：老板娘做事有些过分，这点钱你先留着用吧。

采尔直玛摇摇头，离去。

采尔直玛不停地往各店铺求职，所到之处，均遭拒绝。孤独无奈，又饿又累的采尔直玛艰难地走回老夫妇家，看到二位老人，采尔直玛忍不住流下委屈的眼泪。

这时，有人在门外问：赵大妈家有人吗？老妇起身开门，问道：谁呀……你是谁呀？

张阿六问：请问这里是赵家吧，有没有个叫采尔直玛的姑娘在你家？老妇警惕的：你是……？张阿六说：我是阿成山阿

第 7 章

大土司家里的，我家土司大人认识直玛姑娘，让我送点东西来。老妇一怔，问是不是野鸭湖的阿大土司？张阿六说：是，这包东西是阿土司让我送来的。你先收下，等直玛姑娘回来交给她就行了。老妇没接。张阿六说：快接着牙，我实话跟你说吧，我们土司大人知道她是外乡人，在这找事做，也没找到，可怜她的处境，现在让我带包东西给她，这是我们大人的善心，没别的意思。老妇犹豫了一下接过：那就谢谢土司大人了。

老妇进屋把东西交给采尔直玛，说：直玛，阿大土司知道你在找事做，可怜你，所以派手下人送东西来了，真是善人，善人啊！采尔直玛接过打开包，一件衣服上面放着几个银元。老妇说：直玛，你就别出去找事做了，找也找不到，你就帮你干爹卖卖菜去得了。采尔直玛点了点头。

清晨，采尔直玛跟随老夫妇推一辆手推车准备出门卖菜。刚出门，门外守候的两帮壮汉上来要抢她，采尔直玛吓得转身就跑，两个壮汉堵在了门口。采尔直玛叫道：你们想干什么？抢人啦，抢人啦！

众壮汉笑着说：嘿嘿，抢人，抢的就是你。动手就抢人。采尔直玛挥手乱打着：放开我……放开我……

采尔直玛拼命地挣扎着，慌乱中顺手抄起墙角的一根木棒，朝着身边的壮汉们乱舞，边打边向后退。壮汉们蜂拥上前，采尔直玛发狠似地打着，两个壮汉被打倒在地。老夫妇上前阻挡，也被推翻在地。采尔直玛转身就跑，汉子们不舍狂追。采尔直玛手持木棒冲进一破庙，转身急急关上庙门。一壮汉想挤进去，被采尔直玛挥棒打出，采尔直玛在庙内把门顶上。壮汉们守在大门外,没人进得了寺,也没人离开,双方在那里僵持。采尔直玛紧张地用身子顶住门,手里握着棍子。

傍晚,老夫妇赶来。老妇叫嚷:你们别堵着门了,我们给她送点吃的,都折腾一天了。

一壮汉答道:不行,谁知道你们会耍什么鬼花样,说不定把人弄跑了,我们不是白忙活了吗?老夫问道:大兄弟,这么多人来抢,你们总不能把她撕开,一人拿一块回家吧?二壮汉说:你这老头说话怎么这么不懂规矩,看来你是没抢过婚。这抢婚,谁抢到这小寡妇,只要把她扛在肩上,其他抢婚的人就得停手,这女人就算是他的了。老夫说道:可人家不愿意,你们也就不要太勉强了。一壮汉:这你管不着,这小寡妇老子今天是抢定了。二壮汉答道:那得看这小寡妇被抢到谁的肩。

采尔直玛咬紧牙关,把门顶得更紧了。

张阿六陪着阿成山路过此地看到此情景。

阿成山问:这些人在干什么?大呼小叫的,太不像话了。张阿六告诉阿成山:他们在抢亲,就是那个叫采尔直玛的女人,你还叫我送东西给她。阿成山气愤地说:光天化日之下就抢人,简直是反了,快,你去叫王镇长来管一管。张阿六告诉阿成山,抢婚是石板镇的习俗,只要是女人死了丈夫,其他男人就可以把她抢回去当老婆,这叫男人应尽的义务,谁也管不了。你看看,抢婚的都是些光棍汉,一个个跟疯子似的。阿成山说道:要是人家女人不愿意,怎么办?这样,你去劝劝他们,让里面那个女人出来挑选他们,挑着谁算谁。唉,总得想个办法救救她呀。张阿六说:大人,你心肠好,要是在野鸭湖,只要一句话,他们全得滚蛋,可这里不是你管辖的地盘啊。走吧,别惹事,小心冲了你的喜气。

张阿六拉着阿成山走了,阿成山一步一回头,放心不下。

东方发白,壮汉们仍守在寺外。一个壮汉慢慢走近寺门,推推,看门顶住,向身后的人一挥手,几个壮汉上前搭起人梯,准备爬墙进去,壮汉刚跳进去,里面传出阵阵惨叫声。寺门一开,壮汉浑身是血,被人推了出来。壮汉连滚带爬地,捂住脑袋大叫"小寡妇好厉害",独自跑去。几个壮汉想冲进去,寺门又关上了。

阿成山从卧室里出来,显得非常疲倦,问张阿六道:寺里的情况怎么样了?那个女人被谁抢走了吗?张阿六告诉阿成山,光棍们还守在那儿,狼多肉少。阿成山说:你脑子灵,想想看,我能为她做点什么?要不我出面,花点银子打发走这帮人,应该可以吧。张阿六说:老爷,那是一群野狼,他们不要你的银子,他们要的是女人。这事大人你帮不上忙,还会招来些麻烦。这个女人与我们没有干系,还是隔岸观火为好。阿成山一瞪眼:要是我不想隔岸观火呢?赶快想个法子,救出这个女人。

采尔直玛在破庙内顶着门,抱着木棍疲惫地半靠在墙角。从怀中摸出碰铃,流着眼泪说:润铭,我生不能成你的人,死也要是你的鬼……

采尔直玛顺手摘了两片叶子,舔舔干枯的嘴唇,吹起《殉情调》来……

凄凉悲伤的《殉情调》传出庙外,守在庙外的壮汉们相互看着。几个壮汉听了听,默默地走开,说不想逼出人命来,吹

《殉情调》，说明她已经想到死了。剩下的壮汉茫然地看着破庙。

被雷丹妮救下的木润铭嘴里喃喃喊着：直玛……直玛……

终于醒了。

木润铭下床，跟跟跄跄地向院外走去，两名士兵拦住了他说，没有大小姐的命令，你是不能走出这院子的。木润铭问：什么大小姐？士兵说：我们大小姐姓雷，能劈死你的雷，我看你小子是活腻了。木润铭摇晃着头说：对，我就是来找死的，让她快来杀我啊！

雷丹妮带着二丫笑着走进来，说：想死还不容易，上吊行不，找根绳子不就得了。好不容易想赏给你一颗子弹，又遇到了个孬种，不打心净打肉了。木润铭慢慢从身上掏出了一块大洋把手伸到雷丹妮面前：够你的子弹钱了吧？本少爷从不欠人的。

雷丹妮笑了笑让二丫收下。

木润铭说：本少爷不欠你的了，现在该本少爷赏你了。你不就想看人死吗？好，本少爷成全你，反正本少爷已经死过一次了，不就是再死一次吗？本少爷用这条命赏你。木润铭说着就往柱子上撞，被士兵拦下。

雷丹妮冷笑着：嘿，口出狂言，本小姐不想让你这个本少爷死，你还能死吗？把他给我关起来，拴牢一点，我倒想看他如何去死。你们都给我听着，如果他有个三长两短，你们就去黄泉路上为他提灯笼。

雷丹妮转身带着二丫走开。

雷丹妮回到屋里把军衣一脱，说道：有意思，第一次碰上这么有意思的人，想找死，还要还我子弹钱，说话东一句西一句的，我救了他，他倒要用命来赏我。

　　二丫说道：小姐，我看他这人倒很特别。他自称木少爷，说话也根本不像一个山里的人，相貌也还可以，看起来倒真像是个富家的阔少爷，难说就是个落难的公子呢。雷丹妮说道：那本小姐保个媒，把你嫁给他如何？二丫笑了笑：以往抓来那么多壮丁，大小姐可从来没有这样的兴致啊。雷丹妮说：嘿，你这话说到我头上来了。二丫回答：本来就是嘛，这个人一点不俗，还有股子狠劲，与大小姐倒是蛮般配的，所以才有心思与他周旋。雷丹妮笑骂：你好大胆，是不是想脑袋搬家啊，敢对我这个堂堂的土皇后说这样的话，难道想让我在送亲的半路上攻嫁不成？

　　雷霆来到拘留室，守卫的士兵敬礼。雷霆看了看木润铭，命令：给他松绑。木润铭瞥了雷霆一眼，抖动着被绑后的手脚。

　　雷霆对木润铭说：你坐下吧。你是哪里来的？叫什么名字？木润铭低头不语。副官呵斥：听见没有，军长问你话呢。木润铭抬头茫然地看着窗外。副官：嘿，上这儿来充愣，老子……

　　雷霆抬手制止了副官的话。

　　木润铭平静地看着雷霆淡淡一笑，说：我说也是杀，不说也是杀，伸头缩头都是死，有什么好说的。雷霆说：这么大的气，听说还是我的士兵在江边把你救起来的。木润铭说：对，是他们把我从江边石缝中救出来的，雷霆说：我是个军人，喜欢直来直去，从你的相貌言行举止中，可以看出你不是个一般人，能在枪弹威吓之下巍然不倒，我很敬重你，所以来和你谈谈话。木润铭说：谢谢！雷霆说：你是个聪明人，应该明白我话的意思。我本想留你在军中做些事，但从不强人所难，既然你不愿意，我也不能强求，我这就让人送你出营。木润铭说：请军长原谅，我是一个该死的人，跳入江中的那一刻，我的心就已经死了。雷霆说道：一个男人，应该扛起一切。我不知道你的经历，但这不应该是你逃脱生命的借口，人一生中，都会有不幸和挫折，因此就看淡一切，那你将无法立足于这个世上。木润铭垂下头去：我知道军长戎马一生，历经丰富，能够这样对我一个无名之辈，令我感激不尽。如今我已走投无路，愿留在军中效命。雷霆教导说：你还是再好好想想吧，只有事情想明白了，才知道自己该干啥。雷霆说着，带着副官走出。

雷丹妮正在擦枪，二丫推门冲进屋。告诉雷丹妮那个落难的少爷被军长收在军中了。雷丹妮说：什么，抓壮丁抓到我手里来了。二丫附和道：人家这叫投笔从戎。

外面，一阵喧闹。雷丹妮和二丫出去看热闹。一群士兵正在院子里"角力"，看谁能搬得动摆在草丛中的一块大石头，胜者得五块大洋。士兵们摩拳擦掌，上前显示实力，结果无一人能够撼动石头。

这时正好木润铭送文件走过，雷丹妮戏弄道：哎，少爷兵，扛枪吃粮，光靠嘴不行，是不是老鼠爬秤盘，给弟兄们也露上一手。木润铭说：对不起，小姐，我搬不动。雷丹妮说：我就知道，看你鸡手鸭脚的，充其量也只能当个斟茶倒水的勤务兵。木润铭答道：小姐说对了，我只会斟茶倒水。木润铭说完走去。二丫询问道：大小姐，怎么样，有点少爷的做派吧？

不一会儿，木润铭提了根大木棍走来，瞥了雷丹妮一眼，上前把木棍插进石头底部，然后在大木棒下垫上一块石头，在木棍的一头稍稍用力一压，大石头便隆隆地滚动了。士兵们看傻了眼，都拍起手来，二丫也跟着拍手。木润铭得意地看了雷丹妮一眼，提着木棍转身要走。

雷丹妮呵斥：站住，你……你这叫偷奸耍滑。二丫附和道：小姐说得对，这石头得用手搬才算数。木润铭说：我是用的手啊。小姐想带兵打仗，应该读过点兵书吧？雷丹妮反问：你想考我？木润铭解释：不是。是想教你。好好想想，诸葛亮跟张飞有什么区别？雷丹妮疑惑地看着木润铭。木润铭笑了笑：张飞有一身的蛮力，诸葛亮却坐镇帐中，张飞最多算是手段，可诸葛亮才是目的，所以世人都说是诸葛亮帮着刘备打下了蜀国，没有人说是张飞帮着刘备打下的蜀国，道理就在这儿。又指着那几个士兵：像他们这样的，不过是山中的一只野兔，张飞肯定能一把抱起这块石头，那也最多是山里的一头野猪？

雷丹妮被木润铭说得恼怒不已：你……

木润铭笑着说：小姐千万别生气，你自己看看，这儿有千军万马，可军长只有一个，知道为什么吗？雷丹妮说：他是我爸。木润铭：怎么还不明白啊？三个臭皮匠，还是臭皮匠，永远也顶不了诸葛亮。

木润铭说完，笑了笑走去，士兵们都呆呆地看着雷丹妮。

人群后的雷霆笑着点点头，转身走去。

雷丹妮说：气死我了，这块石头我非收拾叫了他不可。二丫笑着：卤水点豆腐，一物降一物啊。雷丹妮嬉笑说：嘿，你说谁是豆腐啊？二丫：小姐能把石头收拾叫了，当然石头就成豆腐了。雷丹妮：你说他到底是啥来头？二丫：小妞都不知道，我咋知道，不过能把张飞说成是一头野猪，肯定不会是臭皮匠。

傍晚，木润铭坐在河边，望着水中的倒影，倒影中出现采尔直玛俏丽的脸庞。想起两人牵着手，向江水中走去……

木润铭泪水流出。雷丹妮悄悄走到木润铭身后，看清木润铭在流泪，小心上前。

雷丹妮笑着说：流眼泪了，一个小张飞还会哭，不会是为了女人吧？木润铭一惊问：你什么时候过来的？雷丹妮说：下面的人报告我说河里涨水了，我当然得赶过来看看，这不刮风不下雨的，河里怎么会涨水呢？没关系，你只管哭，使劲哭，哭他个河水倒流。只是看不出来，叫你搬石头没劲，哭你倒有劲了。

木润铭一把擦去泪水，站了起来。

雷丹妮笑着：原来钢筋铁骨的男子汉，也有软弱的时候。告诉我，是什么人惹得你这么伤心？对了，一定是林黛玉，可林黛玉人家喜欢的是宝哥哥，不该是你傻哥哥啊？木润铭生气地说：你真是一个小人，窥人隐私，太卑鄙，你给我滚开！雷丹妮也生气地说道：你敢这样骂我？那天我真该一枪把你给毙了。木润铭：别以为自己是军长的千金，手里有只烧火筒就可以横行霸道，告诉你，我木润铭不买你的账。雷丹妮大笑起来：木润铭……你终于说出了自己的名字。还有什么不可告人的秘密，趁现在四下无人，可不可以尽情地说出来。木润铭狠狠地瞪了雷丹妮一眼走去。雷丹妮不服气地说道：嘿，脾气还真大，真还有点大少爷的派头……

雷霆正在处理着公文，雷丹妮走进问：爸，这么晚了，你叫我来干什么？雷霆停下手中的工作说：丹妮，刚刚接到省主席来电，要我马上返回省城，有公务执行，所以……

雷丹妮说道：啊！你不送我了，这荒郊野外的，你真想让我自己去种土豆啊？雷霆说：你的事情我肯定会安排好的，让张副官和木润铭带着队伍送你到野鸭湖去。雷丹妮问道：什么？让木润铭送我，那不行，我不去野鸭湖了。雷霆说：别任性了，人家阿成山上路已经半个多月了，赶到石板镇来接你，怎么能说不去就不去呢？雷丹妮：有张副官带着人就行了，我不要那个姓木的去。雷霆问：为什么？

木润铭说：军座，我不过是个勤务兵，无法胜任带兵之事，还是留在你身边好了。雷霆答道：这是军务，能随便挑三拣四吗？丹妮，木润铭是丽江人，那里的情况比较熟悉。从这去石板镇再到野鸭湖，情况复杂，高山峡谷，野兽出没，还有出没不定的土匪流寇，这么长的路程，我怎么放心得下，你怎么就不理解爸爸的心情呢？雷丹妮说：爸爸，有张副官陪着就行了，要不，我就不要人送，我自己会去的。雷霆说：别再争了，这事必须按我说的做。

雷丹妮气冲冲地回到房里，拔出枪，对着屋里的东西一阵乱打。

二丫吓得捂住耳朵，问：小姐，是不是那个姓木的又得罪你了？雷丹妮厉声呵斥道：你别来惹我心烦，想脑袋不搬家，就老老实实地站在那儿，别多嘴多舌。雷丹妮说着又要打，可枪已经没有子弹了，雷丹妮恼怒地把枪扔在床上。二丫连忙解释：我没有别的意思，只有那个姓木的才能把雷大小姐气成这样子。雷丹妮问道：我生气了吗？二丫，我爸让这小子给我送嫁。二丫笑着：其实人家莫明其妙地就挨了你一枪，你怎么还是跟他过不去啊？

张阿六扛着一捆花布料走进，说：大人，这是按你的吩咐给大奶奶买的，你看看行不？阿成山答非所问：阿六，庙里的那个小女人情况怎么样了？张阿六：那帮人还围在那里。阿成山着急地：还围着，已经几天没吃东西了，弄不好会饿死的，得想办法救她才是。

破庙外，壮汉们果然仍在守着，破庙大门仍紧紧关闭着，但门口却摆满了食物。壮汉一喊着：哎，伸手拿点东西进去吃，别饿着了。破庙里没有任何动静。

一个魁梧的汉子脸上蒙着黑布，翻窗进屋，把一大包东西放在了桌子上。老夫妇惊恐地从床上坐起来，老夫问：你是谁？汉子说：我是谁不重要，今天我来是想让你们帮我个忙。老妇说：我们素不相识，我们老两口能帮壮士做什么？蒙面人说：我也不想为难二位，只要二位照着我说的做，自然能够帮上我的忙，事成之后有重谢。

老夫妇来到破庙门前。老妇拍着寺庙的门说：直玛……直玛，开开门吧，他们都走了。老夫说：直玛，你听到了没有，我是你干爹啊，我和你干妈给你送了点吃的来，快开下门。庙内没有反应。老夫妇回头望汉子，汉子用手指了指门外石阶，老夫妇马上把一碗热乎乎的饭菜取出放在了门外。老妇说：直玛，饿坏了吧，你伸手出来拿一下，干妈把饭给你放在这儿了，千万别饿坏了身子啊。庙门慢慢打开了一条缝，采尔直玛慢慢从寺内伸出一只手，蒙面人手提木棍突然冲上前推开了门，冲进庙内，一把抓走了采尔直玛扛在了肩上，冲出庙来。

众壮汉一拥而上，和汉子争夺采尔直玛。汉子一声大喝：都给老子闪开，人是我的。蒙面人说着，手中的木棍横扫，冲在前面的几个壮汉被打倒在地。

蒙面人说：谁他妈的再敢挡道，老子就生劈了他。壮汉们恐惧地看着蒙面人扛着采尔直玛走远。

蒙面人一脚踹开门，喘着粗气把采尔直玛扛进屋，丢下手中的木棍，把门关好，把采尔直玛轻轻地放下，采尔直玛昏倒在床上。

蒙面人点着了灶中的柴，把一桶水倒入锅中。汉子端着铜盆，走到床前用热水轻轻地擦着采尔直玛的脸，又替采尔直玛盖好被子。蒙面人起身走到门旁听了听外面的动静，转身提起木棍，坐在了柴草中，一把扯下了脸上的黑布。

阳光照进屋里，采尔直玛慢慢醒了过来，那汉子上前扶起直玛，给直玛喝水。采尔直玛喝了几口，便喘过气来。汉子说：你饿的时间太长，先喝点水，一会儿再吃饭。采尔直玛一抬头，看到的是一张只有一只眼睛的，丑陋无比的脸，不由惊叫着推开汉子，缩在床角，紧张地问：你是谁？滚开，别靠近我！汉子说：别怕，我不会害你的。采尔直玛叫道：啊！你别靠近我，你是人还是鬼！来人啊，救命呀！汉子说：直玛，安静点，你安静点好不好。采尔直玛抓起床上的枕头扔向那汉子，跳下床往外跑，汉子伸手抓住了采尔直玛。

汉子名叫和生，原来做点小生意，有一次赶着走货，进山走夜路，结果半道碰上了熊，被熊抓伤半边脸。这副模样，一直也没娶上个媳妇，谁见谁怕。从那以后，这周围的人都不叫他

情　殇

名字了，只叫他和独眼。

和独眼说：按规矩，你已经是我的人了。采尔直玛叫道：让我走，你让我走……和独眼说：你不能走，你这样出去的话，还会有人要抢你，把你撕碎的。采尔直玛使劲挣了几下，和独眼的手死死抓住了采尔直玛。采尔直玛惊恐地：啊，你要干什么……身子一软，倒了下去。和独眼忙抱住采尔直玛放到床上，叫唤着：直玛……直玛……哎，你醒醒，你醒醒啊！和独眼小心地摸了一下采尔直玛的头，哎呀，头很烫，他想只有求助老夫妇了。

和独眼一头冲进老夫妇家说：大爹，大妈，直玛，她，她……她病了，烧得厉害。得赶快请巫医，不然就来不及了。

老夫妇请来的巫医坐在床前给采尔直玛把脉，说：病人心浮气燥，定是受了惊吓才会如此。她心弱体虚，受不得惊吓。

老妇说：和生，不要说直玛，谁见到你这副鬼模样也会吓一跳的。和独眼说：大妈，我根本就没吓过她，我和生光棍一身，但做事光明磊落，绝不会干出这种缺德的事来。老夫着急地说：你们不要争了，先救人要紧。

巫医赶快从药箱子里拿出一个小瓶，取出一种绿色的粉末用一根竹管对着采尔直玛的鼻子吹了进去，说：病人身体太弱，又刚受过刺激，稍有不慎，肚子里孩子难以保得住，怕是连大人也命悬一线啊。

和独眼听了巫医的话，惊奇地问：啊……先生，孩子？她有孩子？都得保，大人孩子都得保，求求你了。巫医说：现在关键是她不能再受惊吓，否则就是神仙下凡也治不好的。本人只是一介巫医，治得了病，救不了命啊。和独眼说：先生放心，我会好好伺候的，一定不会让她再受惊吓。

巫医说：我这里留下两味药，煎后让她尽快服下，我再为她做个驱邪仪式，她过两天就会好起来的。

采尔直玛慢慢醒来，昏暗的灯光在晃动，她突然感到有人紧抓住自己的手，采尔直玛大叫一声坐起身，看见老妇坐在床边。

老妇说：直玛，你在发烧，快躺下。采尔直玛猛地抽回手：为什么，干妈，你们为什么要骗我？老妇说：直玛，你在破庙里不吃不喝，几天了，干妈怕出人命，才答应和生救你。干妈这辈子没做过恶事，你就信干妈一次。采尔直玛说：我不……我不会嫁给他的，死也不会。老妇说：和生也知道，他只想救你，不是抢你。他对我们说，抢婚都抢到这个分上了，庙里的女人不被抢走也会被困死，所以他请我们帮个忙，把你给救出来。

和独眼端着一碗稀饭从外面回来，用一个布罩罩住了自己的脸，只露出了一只没瞎的眼。采尔直玛盯着和独眼，猛然敲破床边盛稀饭的饭碗，抓起碎片就要往肚子里吞。和独眼一步上前抓住了采尔直玛的手，抢去了手中的碎碗片。

和独眼说：直玛，你不能死，你就算是不为你自己，也得为肚子里的孩子想想吧。

采尔直玛疑惑地问：你说什么？

和独眼说：刚才巫医把过脉，说你已经有身孕了。

采尔直玛一怔：什么……我有身孕了……

老夫妇点了点头，采尔直玛泪水流出……

第二天，和独眼一觉醒来，发现自己身上盖了一床厚厚的被子。他鼻子一动,发现有股饭香从屋内传来,和独眼正抽动鼻子证实着。

采尔直玛自屋里探出身子,说:你醒了,饭已经做好了,快起来吃吧。和独眼犹豫了一下:好,我这就进来。采尔直玛在桌子上摆好碗筷,和独眼带着面纱进来吃饭。采尔直玛说:吃饭还戴着这东西干什么,把它取了吧,这样方便些,谢谢你救了我和我的孩子。和独眼说:不,我不能吓着你,更不能吓着你肚子里的孩子……我听老人们说,女人在怀着孩子的时候,一定不能见到怪的东西,看见什么,以后生出来的孩子就会像什么,还是戴着吧。我想,你如果生个男孩一定很英俊。采尔直玛问:为什么?和独眼说:我猜孩子他阿爸一定长得很英俊,他会像他的阿爸一样。采尔直玛问:如果是女孩子呢?和独眼说:你等一会儿。

和独眼放下碗,急忙跑出屋外端了一盆水进来,放在采尔直玛面前,然后向采尔直玛开心一笑,说:你照照,是女孩一定像你,会很漂亮。

采尔直玛看着水中倒影,泪水流下,喃喃地:润铭,咱们有孩子了……

老夫妇对来送菜给他们的和独眼说:和生,我那干女儿直玛表示过,她觉得你人好,如果你真心愿意收留她肚子里的孩子,她可以考虑嫁给你,与你点一个火塘。

和独眼怔怔地看着老妇。老妇问:我的话你听到了吗?和独眼答:啊,啊……大妈,你看我哪天正式娶她?老妇嬉笑:看你急的,你先带直玛到镇上买点穿的用的,看她喜欢什么由她挑。和独眼说：好，好，好，我一定听大妈的话。老妇：快回去吧，别让直玛等你。和独眼说：是，是，大妈，大爹，那我就走了。和独眼一出门，情不自禁地哼起了小调——

人生到了四十五，
衣裳烂了无人补，
有终一日讨两个，
一个穿针一个补。
依哎哟——

采尔直玛在和独眼的陪同下来到江边。

采尔直玛手里握着那只碰铃跪在江边说：润铭，你告诉我，我是死还是活？你走了，留下了我跟咱们的孩子，我该怎么办？告诉我，我该怎么办？

采尔直玛泪水流下……

和独眼走到采尔直玛身后说：我知道你现在心里很难受，你在想他。你说的话金沙江水会带给他的，他一定能够听得到，听到了，他就不会忘了你的。

采尔直玛慢慢站起身来，茫然地看着流去的江水。

和独眼说：你现在要好好珍惜身子，保护好肚子里的孩子。先把孩子生下来，往后，你愿意留下来也行，愿意走，我一定不会强留你。只要人能活着，一切都会好起来的。

采尔直玛扭头望着这个模样丑陋、粗鲁壮实，心地善良的纳西汉子，擦去脸上的泪水，往回走去，和独眼跟在她身后。

第 8 章

雷丹妮明日就要走上嫁给阿成山到野鸭湖的路了。

作为父亲的雷霆一再交代木润铭说：润铭，明天就要出发了，这次我把女儿交给你，你一定要安全地把她送到石板镇，阿成山会来石板镇接亲。木润铭说：军长，军中无戏言，既然军长信任我，我就一定会尽力去完成任务的。雷霆点点头：疑人不用，用人不疑，我相信你，还有什么困难吗？木润铭：没……没有。雷霆：回答很勉强。别吞吞吐吐的，这不是一个军人的风格。木润铭：军长，这条路不好走，我唯一的要求，就是要小姐听我的指挥，不能使性子。雷霆：这个嘛，我会交代她的。不过我这个女儿性格太犟，你多担待她点。木润铭：是。军长放心，路上我一定会照顾好小姐的。雷霆：拜托了！

雷霆来到雷丹妮的房间。

雷丹妮正望着一箱嫁妆发呆，问父亲可不可以把那个姓木的勤务兵从送嫁队伍中撤下。

雷霆问：为什么？雷丹妮：我不喜欢他，神气活现，愣头愣脑,傻里巴叽的 你不在身边,难说他会不会给我找麻烦。雷霆:丹妮,他是爸爸为你特意安排的,凭我对他的观察,这个木润铭肯定是一个很有背景的纳西人,跟我的这几天,其实他很忠厚善良。你这次离开家,就要加入到纳西人中和他们一起共同生活,如果有一个较可信的纳西人相随左右,爸爸多少能够放心一点。

雷丹妮低下头去。

雷霆说:爸爸知道对不起你,你妈她走得早,从小你就跟着爸爸到处走,现在从大局着眼,为了这个地区的安定,把你嫁得那么远。雷丹妮说:爸,野鸭湖不算远,女儿跟着爸爸在军中长大,不会受人欺负的,如果我跟这个土皇帝不好处,我立马把他休了,骑着马就回来。雷霆:别跟爸爸开这样的玩笑。往后的路就得靠你自己走了,如果和阿成山处不下去,也不能一个人说走就走,带个信儿给爸爸,必须要等我来接你,听到了吗?雷丹妮安慰道:爸,你放心吧,我不会委屈自己的。

初升的红日中,士兵把装嫁妆的木箱托在马上。

雷丹妮身着一身漂亮的裙装,有些神色暗淡地坐在车上。

木润铭走到雷霆面前报告:军长,我们这就上路了。

雷霆说:好,一路平安!

木润铭敬礼和二丫等翻身上马。

雷霆走到车前,对雷丹妮说:丹妮,爸爸那边安顿好了,就过去看你。

雷丹妮眼睛湿润,说:爸,你放心,女儿不会有事的。

雷霆说着摆摆手,张副官一挥手,车队向前走去,雷霆忍不住，泪水流出……

雷霆目送着车马，远远传来木润铭纳西语的劝嫁歌，曲调中带着悲婉、感伤的情调——

> 把人家的女儿当自己的姑娘，
> 把自己的姑娘当别人家的女儿，
> 这是世世代代的传统，
> 这是祖祖辈辈的规矩。
> 你像三月的乳蜂要他窝，
> 阿妈也是心疼的。
> 不要悲伤，
> 不要忧愁，
> 妈妈生就给你一双黑眼睛，
> 要学会看别人的脸孔；
> 妈妈给你生就一双小手，
> 要学会做十样活路。

崇山峻岭，烈日当空。走了几日后的雷丹妮换上一身戎装骑在马上，随马队前行。

雷丹妮问木润铭：这山怎么一座连一座啊？咱们就这样一直翻山越岭吗？木润铭回答：是的，小姐，走这样的道，要学会保存体力，保存体力的最好办法，就是少说话。张副官也累得气喘吁吁：木润铭，你不会是哪儿难走往哪儿领吧？木润铭说：你可以自己看，这道路都是马帮走出来的，已经千百年了，都走出马蹄坑了。张副官不说话了。

烈日中天,道路狭窄,雷丹妮和木润铭、二丫等凡是骑马的都只有下马徒步而行。士兵们,挑着扛着嫁妆,一步一步艰难行进。雷丹妮看着一道沟坎,不敢过,木润铭上前伸出手,雷丹妮犹豫了一下,把手递给木润铭,木润铭扶着雷丹妮下了沟,又拉雷丹妮上了坎。

后面的二丫叫道:木润铭,你就不管我了?木润铭无奈地笑了笑,跳下坎又去牵二丫。二丫艰难地下到沟里说:这是人走的道吗?木润铭回答:人不正走着吗?二丫说:其实你挺可爱的,就是这嘴不饶人。

过了这段艰难的山路是一片树林和草甸。

木润铭提议:小姐,天气太热,咱们是不是休息一会儿,就在这儿埋灶做饭。

雷丹妮点点头,木润铭扶她坐到树荫下面。

士兵们也忙找阴凉处,就地坐下。

二丫:哎哟,我这腿怎么弯不下去了。木润铭说:走路太长,累的,坐下自己揉一下,过会儿就会好的。木润铭扶着二丫坐到雷丹妮旁边。刚坐下的雷丹妮叫着:哎哟……给我弄点水,我都快渴死了。木润铭赶紧把水壶递了过去。雷丹妮气喘吁吁地说:这结婚比唐僧取经还难,早知道,八辈子我也不结婚。木润铭说:这辈子已经定了,后七辈子记着点就行了。

雷丹妮听了木润铭的玩笑笑了起来。

炊事兵把饭做好。木润铭招呼这一行人吃饭,并把一件皮衣递给雷丹妮。雷丹妮瞥了一眼木润铭,抱怨道:你想捂死我啊？木润铭笑了笑：小姐，这儿山高，走着不觉得，一坐下来凉得很，等你感到冷的时候，已经感冒了。雷丹妮犹豫了一下，穿上衣服。木润铭把一碗饭递给雷丹妮，雷丹妮看了看，放在身边。木润铭说：赶快趁热吃吧。雷丹妮问：菜呢？木润铭说：小姐，这山上到哪儿找菜去，将就点吃，翻过山就是石板镇，到了那儿小姐想吃啥都有。

雷丹妮端起碗吃了几口：这饭怎么没煮熟，夹生的。炊事兵说：小姐，这里山太高，气压不够，只能做成这个样子。雷丹妮扔下碗不吃了。二丫劝道：小姐，在这山里，不能讲究，只能将就，饿着肚子，可是翻不过这雪山的。雷丹妮：我头痛，什么也不想吃，让我安静一会儿好不好！

雷丹妮走到一棵大树后面靠着，泪水流出。

木润铭端着一碗饭走到她面前。

雷丹妮一抹脸上的泪水，问：你想看我的笑话？木润铭：不，路难走，只能大家同心协力一起走下去。雷丹妮委屈地说：这是什么鬼地方啊……泪水又流了出来。木润铭说：翻过了雪山，再往前的路就会好走一些。雷丹妮抱怨：滚开！谁也别来劝我，我心烦，我头痛。

雷丹妮说着，独自往前走去。

木润铭说道：小姐，在高原行走要调整好自己的情绪，保持好体力啊……

雷丹妮拔出手枪，转身指着木润铭、二丫和张副官说：谁也不要跟着我，谁再跟着我，我就打死他。

几个人在原地站下。

木润铭说：小姐，我知道你心里不舒服，可咱们现在必须走下去……

雷丹妮头也不回地向前走。突然从草丛中窜出一只野兔，雷丹妮被吓了一跳，摔倒在地，她抬头看着野兔，举起了手里的枪。

木润铭大声喊着：小姐，不能开枪！

雷丹妮回头看了木润铭一眼，举枪朝天胡乱开了几枪，枪声在山谷中回响，瞬时间，地动山摇，雷丹妮不知发生了什么事，惊恐地四下看着。

山间积雪被枪声所震动，铺天盖地地倾泻下来……

木润铭大叫一声：快跑！冲上前去拉着雷丹妮，避开滚下来的石块，士兵们发出阵阵惨叫声。木润铭紧紧抱住雷丹妮，用自己的身体护着她，积雪滚来，把两个人卷走……

木润铭抱着雷丹妮滚进了一个山洞，洞外石块雪团呼啸而过……

木润铭紧紧地把雷丹妮抱在怀中，雷丹妮头上流着血，晕了过去……

雷丹妮慢慢醒了过来，掰开木润铭的手坐起来，见四周一片漆黑，惊叫起来。

木润铭没有动。雷丹妮拍着木润铭的脸，焦急地说：哎，你醒醒……你怎么睡着了啊？

木润铭慢慢睁开眼睛，吃力地说：小姐……小姐别怕，我……我在这儿……

洞外传来阵阵狼嚎声。

雷丹妮紧张地说：是什么东西在叫……狼，一定是狼……

木润铭艰难地坐起身，安慰说：小姐，有我在这儿，别怕。

雷丹妮轻声哭泣着。

木润铭擦着了一根火柴，照亮了两个人的脸。

雷丹妮问：你受伤了？

木润铭安慰道：被石头擦了一下，没关系。

雷丹妮摸着全身，说：哎呀，我的腿也受伤了。

木润铭说：那是你自己被野兔吓得摔了一跤。

火柴熄灭了，雷丹妮紧张得又要叫。

木润铭提醒：别叫，声音传出去，狼会来的。

雷丹妮说：我害怕。

响起几声撕破衣服的声音，接着木润铭又划亮了一根火柴，烧着自己的衣袖，让洞里有一些亮光，以安慰雷小姐。

木润铭说：小姐，咱们在山洞里其实是最安全的，我现在担心的是二丫、张副官和那些士兵们。雷丹妮着急地问：他们会怎么样？木润铭说：我怕他们会被埋在雪下。

雷丹妮哭了起来，说：我们总不能老待在这里吧？都怪我，我不该使性子，我不该开枪，我……我想去找他们。木润铭说：现在只能待在这里，等天亮太阳出来了，天气转暖，再想法子出去找他们。雷丹妮问木润铭：润铭，我们能出去吗？木润铭说：放心，我不会忘记对军长的承诺，我一定要带你出去，走到石板镇。

晨光通过石头的缝隙照进山洞，雷丹妮慢慢睁开眼睛，醒了过来，突然发现自己睡在木润铭的怀中，大叫起来，把熟睡的木润铭也惊醒了。

雷丹妮站起身,说:木润铭,你太无耻了,危难之中,竟然敢浑水摸鱼。

木润铭坐起来说:小姐,我怎么浑水摸鱼了,是你睡在了我的身上,真要说浑水摸鱼,也是你才对啊。

雷丹妮问:照你这么说,还是我占了你的便宜?

木润铭答:那当然,你把我当了一夜被褥和枕头,我怕影响你,动也不敢动。别吵了,小姐,咱们现在还处在生死的边缘,得快点找到逃生的出路才是。

雷丹妮问:那你说怎么办?

木润铭答:当然是先要找到出去的洞口,才有活命的希望。

一丝凉风吹过洞里,木润铭指着前边说:我们顺着有风的地方走,一定会走出山洞。

木润铭艰难地领着雷丹妮走到山洞口,雷丹妮兴奋地要冲出去。

木润铭连忙伸出双手捂住雷丹妮的眼睛。自己也连忙闭上眼睛。

雷丹妮叫着:大胆,你敢摸我的脸!

木润铭说:小姐误会了。

雷丹妮问:那你干嘛捂着我的眼睛?快放开我。

木润铭答:必须这样,要不眼睛会瞎的。

雷丹妮不信:胡说,我在洞里憋了那么长的时间,好不容易看到光明了,眼睛倒会瞎了……

木润铭说道:这是我们纳西人长辈传下来的经验。刚从暗

情　殇

处出来的人，面对阳光照耀下的皑皑白雪，一定要先闭起双眼，让眼睛慢慢适应强光，不然眼睛真的会瞎的。

雷丹妮问：真的？我的眼睛是感觉不舒服。

木润铭说：小姐，如果感到眼睛不舒服，就再闭一会儿。

两人闭了一会儿眼，雷丹妮慢慢地睁开眼说：真像你说的，好多了。

木润铭也慢慢睁开眼睛，四下看了看：小姐，先得找着咱们的人。

雷丹妮点点头，说：对，一定要找到他们。

夕阳染红了玉龙雪山，木润声和雷丹妮在雪地上艰难地走着。

木润铭喊着：张副官……张副官……

雷丹妮也跟着喊：二丫……二丫你在哪里……

木润铭犹豫了一下，告诉雷丹妮：小姐，雪崩会把一切都埋了的，看来我们很难找到他们了。

雷丹妮难过地跪在地上哭了起来，并说：这事都怪我，要是听你的劝告，不打枪，就不会招来这么大的灾难了，这么多人都没有了，我真该死。木润铭：小姐，现在不是后悔的时候，咱们一定要挺过这一关，不然就得冻死和饿死在这山里。雷丹妮：那我该怎么办？木润铭：玉龙雪山我比小姐了解，希望小姐一定要跟着我，听我的。

木润铭在山间拼命地奔跑，追赶着一只野兔，挥手掷出手中的木棍，野兔钻入草丛。

雷丹妮跑来开心地笑着说：你以为这是打自家的鸡呀，兔子可是比你要聪明。木润铭说：我承认大小姐比兔子聪明，那就抓一只给我看看。雷丹妮：我还以为你什么都行呢，好，你看我的，不就弄只兔子，用得着把气都给跑断吗？

雷丹妮说着掏出手枪往里面装子弹，说：我这人使枪比使筷子还顺手，保证比你扔棍子打兔子强，今天算你小子有福，让你好好开开眼，保证一枪过去两只眼。

看到雷丹妮拿着枪，木润铭大声阻止，喊道：不能开枪！现在成了这个样子，坏就坏在你开枪上了，伤疤还没好，就把疼给忘了。

雷丹妮想起因自己开枪现在都还生死不明的二丫和那些官兵，低下头说：对不起。

木润铭说：我从小是看着玉龙雪山长大的，听老一辈人说过，玉龙雪山上的玉龙神爷爷喜欢安睡，最讨厌别人骚扰他的美梦。玉龙神爷爷稍受骚扰就会大发脾气，用雪崩来惩戒骚扰他美梦的人。更别说在他的领地上胡乱开枪，那简直就是找死。雷丹妮说道：我才不信呢，我告诉你，别用那一套哄小孩的话来吓人。木润铭，说道：真的，别说开枪，就连大声说话也会触怒玉龙神爷爷。

雷丹妮突然尖声叫了起来，叫声刚落，只觉远处轰隆一阵响声，周围也跟着震动起来，树上和周围的积雪竟然都散落了下来。

木润铭一耳光打在雷丹妮的脸上，说：你找死！

雷丹妮捂着脸叫道：你打我……

木润声厉声骂道：你混蛋，送你的几十号人都哪儿去了，你还嫌闹得不够吗？雷丹妮扑上去撕打着木润铭，喊道：我跟你

情　殇

拼了，你竟然敢打我……扭打中木润铭从雷丹妮的枪套里抽出了手枪。雷丹妮突然想起了掏枪，说：我今天非让你脑袋搬家不可。手摸到枪套上，空的，枪不在了，一抬头，木润铭手里的枪正对着她。

雷丹妮吃惊地问：你想干什么？木润铭说：你要是再敢胡闹，我就让你的脑袋搬家。雷丹妮冷冷地说：你想杀我？木润铭狠狠地说：那么多的人都已经被你给杀了，你还嫌不够吗？雷丹妮跪在地上哭了起来。

木润铭平息了一下情绪，把枪递给雷丹妮说：我知道你心里不痛快，可既然答应了你父亲，我们就只能走下去，直到把你送到为止。雷丹妮委屈地说：我想回家……木润铭说：上了这条道，你的家就只能是野鸭湖了，等我们走了，你必须一个人活下去，在那儿，没人会接受你的任性。

雷丹妮垂下头去。

木润铭生了一堆火，扶雷丹妮坐在火堆旁。雷丹妮不停地揉着双手，身体在不断地颤抖。

木润铭捧着野果走回，在火堆边坐下烤暖了，拨开递给雷丹妮。木润铭说：这叫山葫芦，你吃一个，很香的。雷丹妮咬了一口，立即吐了出来：太涩了。木润铭：一定要吃一点，不然身体会没有热量，会受不了的。木润铭说着，塞了一个山葫芦在嘴里，艰难地吞了下去：看到没有，就像我这样。

雷丹妮点点头，闭着眼睛塞了一个在嘴里，跟着就呕吐起来，木润铭忙上前为雷丹妮拍着背。雷丹妮慢慢抬起头来，脸上挂着泪水。木润铭难过地说：小姐，不吃东西真的不行。这样，你每次只啃一点，直接咽下去，不然明天你会走不动的。雷丹妮一边流泪，一边一点一点地啃着山葫芦，身子也抖得更厉害了。木润铭问：冷吗？雷丹妮点点头。木润铭：转过身去烤烤背，会暖和一些的。雷丹妮转过身去：你穿那么一点，不冷吗？木润铭：说不冷那是假话，可一定得扛住。雷丹妮又开始抖了起来。木润铭问：你怎么啦？雷丹妮说：太冷了，一边烤热了，一边就更冷。

木润铭犹豫了一下，把雷丹妮搂在怀里，想用自己身体的热量温暖她，并问：好一点了吗？雷丹妮一言不发，两眼流下了泪水……

木润铭安慰道：别怕，一切都会过去的。雷丹妮说：可我真的害怕……从来也没有这样害怕过。木润铭说：丹妮，要不我给你唱个纳西族的歌吧。

雷丹妮无力地点了点头，木润铭小声地唱了起来——

> 月亮出来亮汪汪，
> 别离了生养我的地方，
> 路过多少山丫口都忘记了，
> 唯独忘不了家乡的月亮，
> 你思念家乡，我也思念家乡
> …………

火堆渐渐熄灭，阳光照在沉睡的雷丹妮脸上，她仍紧抱着双臂依偎在木润铭的怀中。

木润铭醒来,轻轻拍了拍怀中的雷丹妮,说:小姐,太阳都已经起来了,咱们是不是……雷丹妮没有反应,木润铭又拍拍她,探了一下她的鼻息。木润铭紧张地:小姐,你怎么啦……哎,你醒醒,你醒醒……雷丹妮软在木润铭的怀中,没有任何反应。

木润铭喊着:这里有人吗……

远处传来雪山的回声:这里有人吗——

木润铭一想不行,得赶快送小姐下山,忙踩熄火种,背起雷丹妮就走,嘴里嘟哝着:小姐,你一定要坚持住,我这就背着你找人去……

木润铭背着雷丹妮,一步一步地走下山麓,脚步艰难,呼吸也困难,但仍一步一步蹒跚而行。跌倒了,爬起来,咬着牙关把雷丹妮重新背上,继续向前走着……

溪水边,木润铭捧着水喂进雷丹妮干裂的嘴中,然后背起雷丹妮蹚过溪水。

木润铭背着雷丹妮艰难地走着,嘴里说着:小姐……坚持住,咱们已经到石板镇了,一定要挺住……

雷丹妮仍昏迷着在木润铭的背上,木润铭摇摇晃晃地一步步向镇里走去……

到了石板镇,木润铭背着雷丹妮,艰难地走在街道上,镇上的人们好奇地望着这对陌生的不速之客。

木润铭背着雷丹妮走到了阿成山的住所前,土司家下人喝斥道:走开点,这里是阿大土司住的地方。木润铭嘴里喃喃着:大土司……小姐,咱们……咱们到了……木润铭说着,倒了下去。

张阿六从门里走出,看到躺在地上的一男一女,问:怎么回事？这是哪里来的人，不会都死了吧？

下人说：我看还没死，人晕过去了，会不会是半道上被土匪抢了？

张阿六蹲下身打量着这两人，突然叫起来：哎呀，这男的穿的是军服……女的……会不会是雷大小姐？

下人说：雷大小姐，不会吧？不是说有送嫁的队伍，可他们……

张阿六说：少废话，快，去把土司大人请出来认认。

下人转身跑进院内。

张阿六向院子里的下人挥手：快过来，救人要紧，先把人抬进来。

几个下人把木润铭和雷丹妮抬进了院子。

下人冲进院子。阿成山听说一男一女晕倒在自己门口，跟着下人赶快跑了出来，嘴上说着，不可能啊，说好的有送亲的队伍，怎么会自己跑来了？

来到院子，张阿六指着二人说：老爷，这两个人在门口晕倒了，我见这男的身上穿的像军装，想着可能是雷大小姐，就抬进来了。这女的里面也穿的是军装，所以应该是……

阿成山上前蹲下看着躺在椅子上的雷丹妮：天啊，怎么搞成这样了？阿六，快去找医生！

木润铭慢慢睁开眼睛。下人大叫：老爷，这男人醒过来了。

阿成山忙问：你是谁？这是怎么回事？

木润铭说：快……快救雷小姐……

木润铭说着又昏了过去。

第 9 章

　　采尔直玛拿起一个背篓要背，和独眼笑着接过来背在自己背上，说：还是我来背吧。

　　和独眼锁上门，陪着采尔直玛往镇上走去。好奇的小孩们尾随在后面叫嚷着：和独眼，和独眼，新媳妇，新媳妇……

　　和独眼高兴地做怪样子吓唬小孩子，小孩子笑闹着跑开了。

　　街道上人来人往，吆喝声此起彼伏。卖凉米线了，卖鸡豆粉啰，卖丽江粑粑，应有尽有。和独眼陪着采尔直玛走来说：直玛，吃一碗鸡豆粉吧。采尔直玛摇摇头。看到程海绿藻粑粑，采尔直玛停了一下。和独眼说：吃一个吧。采尔直玛点点头。卖粑粑的摊贩：来，刚出锅的，肉也新鲜，一个铜板买三个，将就钱，就来三个吧。和独眼递过去一个铜板，接过饼，递给采尔直玛，直玛边走边吃。

　　两人来到一卖布的小摊前。

　　和独眼问：直玛，你看这块布料好看不？采尔直玛看了看点了点头。

老板忙招揽生意，说：这妹子适合穿这布料，颜色艳，穿在身上也喜气。和独眼问：喜欢吗？采尔直玛没有说话。和独眼说：喜欢咱们就买下。老板多少钱？老板说：五个铜板一尺。老板打量了一下采尔直玛：这妹子穿得五尺。和独眼说：好，就扯五尺吧。

马铃摇响，一支马帮向着石板镇走来。木润声骑在马上，若有所思地望着石板镇。手下和云凑到马旁边说：大少爷，石板镇到了。木润声说：要想把生意真的做到省城去，得先把周边的生意给做好。

和云说：大少爷的意思是……

木润声说：借着走货，到这儿来看看，合适的话，放上几个人立个商号。这年头生意场上，个个如狼，咱们就不能像羊啊。这石板镇虽然不大，可卡在商道的嗓子眼上，做好了真能淘出金子来，我得让木家兴旺发达，对木家，对我爹有个交代。和云：大少爷这样一说，我就明白了。木润声：好，让马帮先在镇外歇息一下，你带上几个人到镇上去看一下。这是一块生地，先摸摸虚实，心里有了数，才好做事情嘛。和云：小的明白了。

和云带着几个家丁急驰而来，一匹马撞倒货摊，并向采尔直玛、和独眼冲来。和独眼一把将采尔直玛拉开，喊道：当心！采尔直玛被拉开，和独眼却被马撞倒，绿藻粑粑甩出老远。

采尔直玛扑向和独眼，把和独眼扶起，马队一冲而过，和云似有感觉，回过头来，看着跪在地上的采尔直玛背影，愣了一下，正要勒马细看，却被撞倒的镇民和摊主围了上去。

摊主一：你们是哪里来的野杂种，这么蛮横。

情　殇

摊贩二：你把我的摊子都撞翻了，得赔我。

百姓们：打这几个杂种，看他们再敢到石板镇来耍横。

一个鸡蛋打在了和云的脸上，立即各种蔬菜瓜果扔向了马队，和云一边招架着，一边带着家丁们策马跑了。

和独眼受伤，采尔直玛扶着他慢慢站起来，并扶着和独眼向家走去。

和云满身污垢地站在木润声面前。

木润声恼怒地说：还专门告诉你，到了镇上不可张扬，可你们还是胡来。和云：大少爷，镇上人太多，马受了惊，所以就……木润声：胡扯，这些马都是一匹匹挑出来的，什么时候受过惊，是你们惊动了人家吧？和云：小的以后一定注意。木润声：这事你自己先记下，回去了咱们再慢慢算账，镇上的情况怎么样？

和云告诉木润声镇上都是一些小生意，可过往的马帮不少，野鸭湖的阿大土司也在镇上，听说是来迎亲的。

木润声感到奇怪，不明白怎么跑到这里迎亲。

和云说：好像是什么军长的千金……对，那军长说是姓雷……木润声说：雷霆？和云说：好像是。木润声骂道：不是听说，就是好像，一点正事也办不成，知道他住哪儿吗？

木润声思忖着，阿大土司在这儿，咱们倒是该去拜访一下啊……

和云又说：在镇上小的还见到一个人，像是二少爷喜欢的那个小女子。

木润声一惊：采尔直玛？她不是情死了吗？怎么会在这儿？

这是真的?

和云说:小的只是看到背影,觉得像。

木润声说:行了,行了,我们先去拜访阿大土司,其他的事情后面再说。

郎中正给躺在床上昏迷不醒的雷丹妮检查,随后站了起来。

阿成山着急地问:怎么样?

郎中说:现在看来这位女子情况还算好,没有什么,只是劳累惊吓过度,体力消耗太大,幸好到得及时,休息两三天便也无事了。

阿成山指着昏迷中的木润铭说:医生,这个人呢,他的情况怎么样?

郎中说:这个男子问题大一些,我看他脸无血色,脉搏不清,眼底混浊,几乎是耗尽了全部的体力,身体过于亏虚,需要慢慢休养。

郎中拿出一包药,说:土司大人,此药温补,一定要按时给他二人服用,有助于补充体能和营养。有什么情况土司大人可及时找我。没什么事我就先回去了。

阿成山点点头,吩咐道:阿六,给医生诊金,代我送送。

张阿六陪着郎中走出。

阿成山对手下说:你们还不快去收拾两间房子,把大小姐他们安排住下。

这时,一下人从大门外走进报告:老爷,外面来了木家的人。阿成山问:哪里的木家人?下人回答:就是丽江大研镇木府的。阿成山眉头一皱:木老爷……这木老爷大老远跑这儿来干什么？下人说：小的不知道。照模样看，是个二十多岁的青年人。阿成山一怔：什么，青年人？先招呼到大堂。

木润声坐在堂屋内的椅子上，和云站在身后。阿成山在张阿六的陪同下走进，阿成山在主座上落座，打量着木润声。

木润声拱手道：路过此地，听说阿大土司身逢喜事，特意来道贺。阿成山说：谢过，谢过，听下人说，木家当家主事的来这里求见，不知是哪一位？木润声说：木润声现在木府暂时主事。阿成山一怔：不知木仁木老爷近况如何？木润声垂下头去说：家父已经过世……所以府上的一些俗务，现在由我打理。

阿成山难过地说：噢，几年没去大研镇了，没想到木老爷竟然走了……

木润声说：家父一生操劳过度，走的也很突然。润声虽然才疏学浅，为了木家自当竭尽全力，还望阿大土司日后能够多照应。阿成山说：过去到了丽江，免不了打扰木老爷，应该，应该啊。对了，你一说我倒是想起来了，木老爷应该有两个儿子吧？木润声回答：是的。阿成山：好像他五十大寿的时候收养了一个，后来听说又亲生了一个。不知你是木老爷家的哪一个儿子？

木润声说：阿土司真是好记性，这么多年的往事还记得这么清楚，润声是前一个。阿成山说：噢，是木老爷收养的那个义子吧？我见过你，你那时还小。木润声淡淡一笑：正是润声，润声感恩家父从来没有亲疏之分。

阿成山说：开明，真是开明啊。木老爷在丽江府城德高望重，方圆百里万人敬仰，在这等子嗣家业的事上都如此开明公正，足见木老爷的为人之品，实乃我辈之典范。阿成山又感慨道：时间过得真快啊！润声，你现在既已接手木家事务，可得像他老人家那样，以宽厚为本，忠义为上，好好治理木家家业，珍重老爷的一世英名。

木润声说：谢谢土司大人提醒。润声自接手厈上之业以来，兢兢业业，不敢稍事懈怠，只望借家父之荫，使木家威望蒸蒸日上。至于像土司大人这样的远交挚友，润声受家父之托，牢记旧友之交，共谋发展。

阿成山点点头，说：老爷不分亲疏，少爷也确有其才，江湖之中，义气为上，方成大家风度。

木润声说：此次土司大人迎亲到了石板镇，润声闻讯前来贺喜，备有薄礼一份，还望土司大人笑纳。来人，向土司大人呈礼。

和云一挥手，两名家丁抬着礼箱走进。阿成山向身后一招手，张阿六上前打开箱子看了看，回到阿成山身后轻声耳语。

阿成山起身对木润声拱手：大少爷实在是礼重了，叫我怎么敢受用。

木润声拱手：区区薄礼，略表寸心，不足挂齿，还望大人笑纳。

阿成山说：大少爷真是义气之人，让大少爷如此破费，实在不好意思。阿六，备酒，我要与木家少爷好好喝上两杯。

木润声拱手道：土司大人不必客气，润声今日还有其他重要事情待去处理，改日润声定到土司大人的领地拜访，甘愿领杯罚酒。

阿成山说：也好，到时我一定用上等的猪膘肉招待大少爷。

木润声起身抱拳告辞说：如果土司大人不介意，润声有一事相询。阿成山说：大少爷有什么事尽管说。木润声犹豫了一下问：阿大土司在石板镇多日，可听说过石板镇上有一位叫采尔直玛的姑娘？阿成山一怔：采尔直玛？不知这采尔直玛是大少爷的什么人？木润声：哦，她和润声是远亲，此前听说她搬到这里了，但还不知是哪家，土司大人如果方便，能否帮助润声打听一下。阿成山：大少爷，我此次只是借道石板镇迎亲，并不认识镇上的人，很难帮上大少爷的忙。不过可以让下人们替大少爷问问，如有下落，立即告知。

张阿六送木润声走出。

木润声问：阿六，我想打听的这个采尔直玛，你应该知道吧？张阿六：采尔直玛……噢……这名字我好像在哪儿听说过。木润声说：她确实是我的一个远亲，我们是一起长大的，听说搬到这里来了，我很想看看她。木润声微微一笑，掏出一把大洋塞到了张阿六的手里：那就麻烦你帮我打听一下，放心，我木润声是不会亏待朋友的。张阿六躬身：大少爷要我做的事，我一定会尽心去做的。

傍晚，木润声坐在窗前，默默看着天空发呆。

和云进来说：大少爷，这镇上真有一个叫采尔直玛的。她就住在一个叫和独眼的男人家里。木润声惊奇地问：和独眼？和云说：千真万确，镇上的人都知道，是个小寡妇。木润声眉头一皱：小寡妇？……

采尔直玛替和独眼包扎着伤口，说这儿来往过路的马帮多，以后自己小心点。

屋外传来敲门声,采尔直玛忙去开门。采尔直玛领着老夫妇走进。

老夫说:听说和生今天受了伤,我们过来看看。采尔直玛端着两碗水上前:干爹,干妈,你们喝点水。老夫说:这帮家伙蛮横成这样,简直就跟土匪一样。听镇上的人说,是丽江府城大研镇木家的人。采尔直玛一怔:木家的?老妇:听说是个什么大少爷。老夫:木老爷知书达礼,怎么会养出这么个混账儿子。采尔直玛心神不安地退到一旁,茫然地看着院外。

采尔直玛蹲在河边替和独眼洗着染了血迹的衣服,望着流去的河水,想起木润铭牵着自己的手走入江水,木润铭被掀起的浪头卷走……

和独眼的衣服顺着河水流走,老夫妇走来,老夫上前捞起了衣服。

老妇问:直玛,你没事吧?衣服都被河水给冲跑了。

采尔直玛从老夫手里接过衣服。

采尔直玛说:干妈,要不你把这些衣服先帮我带回去,我上山去帮和生采点草药,也许会晚一点回家。老妇叮嘱:你可别走远了。

采尔直玛用砍刀砍下了一段硬树枝,在树根上砍削成了一根木签,放到了怀中。采尔直玛轻手轻脚地走进屋内,看看睡着了的和独眼,上前轻轻摸了他头上的伤口,又替他盖好被子,把煎好的药倒在碗里放在桌子上盖好,转身走出门去。

采尔直玛走到客栈,犹豫了一会儿,还是走上了台阶,问:

老板,这里有没有住着一个从大研镇来的,叫木润声?老板问:木家大少爷,你要找他干什么?采尔直玛说:我想见见他。老板凑近采尔直玛:姑娘,这事可不好办,木家大少爷留下话了,不让人见他,也不准通报,没什么急事,你还是赶快走吧。采尔直玛:就说是他家里的人要见他,他就会见的。

和云走出来,看到采尔直玛一怔,说:直玛姑娘,真是你?你找大少爷?来吧。

和云领着采尔直玛向客栈院里走去,轻轻推开门领着采尔直玛走进,木润声沉睡在床上。

和云说:大少爷睡着了,你等一下。

和云退出。

采尔直玛看着熟睡的木润声,轻轻抽出怀中的木签,一步步走近床前,慢慢地举起了手中的木签。此时,她眼前出现了小润声背着小直玛,周围小伙伴们喊着"背新娘"向坝子上爬去的情景。采尔直玛痛苦地闭上眼睛,手中的木签掉在了地上。

采尔直玛转过身去,咬咬牙向门外走去。

木润声坐起身来,问道:直玛,就这样走了?你为什么不杀我?

采尔直玛摇摇头说:算了,让过去所有的一切全部了结吧。

木润声捡起地上的木签看了看,说:一句话就想了结了,你不觉得太轻率了吗?采尔直玛慢慢转过身盯着木润声:二十多年的兄弟情你都不顾,还说我轻率。木润声:直玛,有些事情慢慢你会了解的,现在解释反而显得太多余。告诉我,润铭他在什么地方?采尔直玛狠狠地:死了,被江水冲走了!采尔直玛说着泪水流出。

木润声难过地说：我真的没有想到事情会是这样的，我也后悔当初把你和润铭的事情告诉我爹，当时派出家丁，只是想找回你跟润铭……

采尔直玛说：木润声，你可以杀我，可润铭是你弟弟啊！

木润声分辩道：我没有想杀他。

采尔直玛说：你心虚了。你抢马帮的事情润铭知道，可他念着你是他的哥哥，什么都不说，你知道他的心里有多难过吗？他无法面对家里，也无法面对你，因为他所敬重的哥哥竟然是个贼，一个家贼……

木润声举着木签怒吼道：别说了！你不懂，你什么也不懂，因为你的身份，木家根本不会同意你跟润铭的事情，所以你委屈，你以为自己的一片真情受到了伤害，还想用这个东西来杀我，可你们想过我木润声的身份吗？想过这么多年我在木家是怎么过来的吗？想过我多少次也想杀人吗？

采尔直玛怔怔地看着木润声。

木润声一把拉开衣服，露出了左肩上的伤疤，说：你想杀我，木家的人也想杀我，行，那就来吧！我木润声不是那么容易就会被人给杀死的。采尔直玛：你总有一天会被人杀死。木润声痛苦地：我知道你恨我，你把所有的账都记在了我头上，所以恨我恨到了骨子里，想把我杀了以解心头之恨。你杀吧，为什么你手软了？我告诉你，木家的恩恩怨怨，不是你采尔直玛能够理清楚的，其实我也一样……爱恨总是相伴，爱有多深，恨就有多深……

采尔直玛说：你想解脱自己？木润声，你太自作多情了，你我之间不会有爱，只剩下了恨……木润声问：那你为什么不下手？采尔直玛：我是看在润铭的份上，你是他哥。木润声：咱们从小一起长大，真的就一点情分也没有吗？采尔直玛：是你把润铭逼上死路。我今天来，就是想对润铭有个交代。我没杀你，是因为你的血太肮脏，那会玷污我的双手。可你一定会遭到报应。木润声冷冷地说：我连死都不在乎，还会遭到什么报应？直玛，其实是你把润铭拉进了金沙江，你已经知道了木家不同意，还要走下去。你们情死，润铭死了，你却活了下来。采尔直玛：没有想到你会这样看我，我跟润铭是真心相爱的，是的，我活下来了，我活着，有些原因……

木润声说：真心相爱？木家绝对不会为了一个佣人的女儿和一个少爷，去牺牲自己的脸面的。他们只会以为你在算计木家，想着木家的家业，想着当了木家太太以后的荣华富贵，想得到你没有的一切……

采尔直玛打断木润声的话：够了！你以小人之心度君子之腹。你说的那些东西，我采尔直玛根本就不稀罕。

木润声说：直玛，你既然带走了润铭，就得给润铭一个交代。你现在嫁给一个丑陋的独眼过日子，木家同样不会答应的。回木家来吧，对你，我不想隐瞒自己的感情，就像对你说过的一样，为了你，我可以什么都不要，也可以不顾一切，这就是我的性格。采尔直玛看着木润声：你又想害人？木润声说：直玛，你根本就没有力量跟木家作对。采尔直玛：那我现在就告诉你，我就要嫁给和独眼，守着他过一辈子。木润声：直玛，这件事情你还是要三思而行，你害了润铭，同样也会害了他的，把事情做绝，对谁都没有好处。我想你应该明白我话的意思。采尔直玛：你在恐吓我？我采尔直玛这辈子走定了自己的独木桥，倒是你自己好自为之吧。

采尔直玛恨恨地看了木润声一眼，走出屋去。

木润声若有所思地看着采尔直玛走去的背影。

和云走进，轻声地说：大少爷，那边的事情已经了结了。木润声说：把耳朵给我竖起来，眼睛也瞪大了，我不相信润铭会死，总觉得他还活着。和云：二少爷要是真的活着？……木润声：活着就一定要找到人，别的事情少打听。和云：小的明白了。

采尔直玛推门进屋，怔怔地看着屋里……

和独眼倒在地上，口吐白沫，一只眼睛大大地睁着。屋内乱七八糟，那只药碗已被打碎，碎片和药汁撒满一地。采尔直玛急忙上前抱起躺在地上的和独眼，大声喊着：和生，和生，你怎么啦……你醒醒啊……

和独眼毫无反应，采尔直玛放下和独眼夺门而出。

采尔直玛一头撞进老夫妇家，老夫妇家中更乱，地上满是各种碎片，老夫妇也不知所踪。

采尔直玛惊恐地四下看着，喊着：干妈，干妈……干爹，干爹！

无人应答，采尔直玛慌乱地跑出门去。

采尔直玛气喘着跑进家门，张阿六带了镇民和一帮壮男站在院里。

采尔直玛问：你们是什么人，来干什么？张阿六：什么人？

来干什么？你不会是明知故问吧？

采尔直玛说：我不知道……

张阿六骂道：歹毒的妇人，你一个人流落到此，是和生救了你，你不思报恩，光天化日之下竟把你的救命恩人给活活毒死。

采尔直玛说：你血口喷人！

张阿六四下看了看：如果此事是我张阿六的一面之词，你可以这样说。遗憾的是这里人证物证俱在，你想赖也赖不掉啊。恩将仇报，实在是可恶，绑起来！

一个镇民说：这个妖妇一来，就把我们石板镇扰得个不得安宁。杀了她，给和生抵命！

采尔直玛挣扎着：放开我，和生不是我杀的！

采尔直玛被五花大绑捆了起来，推到镇中一开阔处，马上围了一群围观的人。

张阿六高声对围观者说：老老实实地说出来，你是怎么害死和生和独眼的？

采尔直玛大声地叫道：我冤枉，我没有杀人！

张阿六说：和独眼对你那么好，救了你的命，又收留了你，就因为你嫌他是个独眼，配不上你，便在给他吃的药里下了黑草乌，这还叫人干的事吗？

采尔直玛分辩道：和生不是我杀的，我今天就没在家，怎么会杀和生呢？

阿成山带着几个家奴走出客栈，看到此景，问：怎么闹成这样？

一家奴上前说：老爷，听说这个女人杀人了。阿成山：杀人？家奴：是的，说是在药里下了毒，把人给毒死了。

阿成山挤进人群，看到张阿六，问：怎么回事？张阿六说：大人，你来干什么？阿成山怒道：我来看看野鸭淖的人怎么把手伸到了石板镇。张阿六尴尬地：大人，这个小寡妇把和独眼给毒死了，镇上的人很气愤，要烧死这个歹妇。

阿成山说：石板镇有石板镇的规矩，轮不到你张阿六在这儿指手画脚！张阿六：大人说的是。不过如果让她活着，不知还要害死多少人。大人，这事您还是不要过问的好。阿成山铁着脸：可你已经过问上了。张阿六道：小的只是凑个热闹。阿成山说：阿六，热闹要是过了头，就会引火烧身的，给我滚回去！

围观的人群议论纷纷，镇民一：我就不信这么一个漂亮的小女人会害死和独眼。

镇民女：你还替她说话，和独眼的尸体还停放在屋里呢，他俩住在一起，不是她是谁？

镇民二问：柴已经架好了，是不是开烧？

张阿六看了看阿成山：是不是再问问她，她是怎样毒死和独眼的。

镇民二：烧！还问那么多，不是她是谁。

镇民一：真的要把这么漂亮的女人烧了，怪可怜的。

镇民女：呸！不要脸的臭男人，留着这些花脸骚婆娘勾你们的魂啊？烧，就是要把这些妖精婆烧了。

采尔直玛被架上柴堆：不是我毒死和生，我冤枉啊……

镇民女：不要再拖了，快烧了这个坏女人！

镇民们喊着：烧了她！烧了她！

这时，木润声挤进人群，说：各位静一下，这个被你们捆起来的女人，原本是我木家的人。这里我想证实一下，此前她确实到客栈找过我，而且我们说了许久的话，是关于家里的一些事情，所以和生被毒死一事，肯定不是她所为。

镇民二：和生不能白死，你得给我们一个交代，你说不是她，那又是谁？

木润声说：我只想说和生死的时候她在我那里，她不可能有分身术去杀和生。我把她带回木府，免得……

采尔直玛打断木润声的话，说：木润声，我不是你们木家的什么人，我不会跟你回去的，烧吧，要死我就死在这里。

镇民二：不是木家的，那就不能带回去了。

木润声说：若此事真和木家有干系，木家定会给大家一个说法，要是没有干系，木家的脸面也不是谁想丢就能丢的。

镇民二：我们凭什么信你？

木润声说：有人可以证明。过来，老板，你告诉大家，今天采尔直玛到店里找我说过话。

客栈老板尴尬地：是是，今天是她到客栈找过木大少爷。

众人议论：原来是木家逃出来的啊……

张阿六说：既然这样，这种事情还是交给木家，由木家自己处置的好。

镇民二不同意：一个外乡人来我们这里，做出毒杀亲夫之事，就应该被火烧死。

镇民女：管她什么木家人，烧了再说，反正和独眼就是她毒死的。

镇民们起哄：烧！烧！

阿成山阻止，说道：阿六，用火烧也太残忍了吧？张阿六：我也没想到会是这样。阿成山说：你是个聪明人，聪明人的心气要是歪了，是会惹大祸的。张阿六：大人，此事真的和我无关啊。阿成山：你不会是想把我当成傻子吧？张阿六，石板镇也许我说了话不管用，可是到了野鸭湖，再聪明的人也别想在我的眼里揉沙子。张阿六：小的不敢。阿成山：你已经胆大包天了，还有什么不敢的。

木润声掏出一把大洋，对围观者说：事情得一件件解决，和生死了，应该先入土为安，这丧葬钱我木润声出了。至于这个女人，既然我能证明人不是她杀的，同样不能滥杀无辜，人，我带走。

一个鸡蛋砸在了木润声的脸上。镇民们喊着：也想包庇木家的人，和生就是被这毒妇害死的。和云掏出枪：我看你们是找死！木润声冷冷地说：收起枪。和云没动。木润声怒喝：我让你把枪收起来！和云无奈地把枪收起来。

木润声对围观者说：你们要是真想烧，那好，本少爷陪着，用我这条命，为木家讨个清白。

张阿六阻止道：大少爷，您这是……

木润声说：这里虽然不是大研镇四方街，可木家的名头不能含糊。

木润声沉着脸上前跳上了柴架：点火吧！

被激怒的镇民准备点火。

和云着急地叫道：大少爷……

情 殇

　　采尔直玛盯着木润声说：木润声，我不会领你情的。木润声淡淡一笑：黄泉路上搭个伴，不需要领情。采尔直玛：到了阴间我也不会放过你。木润声：谢谢，那咱们就可以一直走下去了。木润声叫道：手别抖，点火吧。一镇民拿着火把走过来，狠狠地说：那就慢慢地烤吧……

　　突然人群后面响起两声枪响，镇民们都惊住了。

　　雷丹妮铁青着脸，提着枪带着阿成山的家丁怒气冲冲推开人群走了进来。

　　躺在阿成山客栈，睡得朦胧中的木润铭被枪声惊醒，迷迷糊糊地问：哪里打枪？佣人回答：小的不知道。木润铭一下坐了起来：发生了什么事，小姐在哪里？佣人：小的真的不知道……木润铭：是不是丹妮又碰上什么麻烦事了。佣人：有土司大人在，不会有什么麻烦事的。木润铭：噢……佣人说：长官，你还是安心休息吧。木润铭虚弱地点点头，又闭上了眼睛。

　　阿成山迎上前问道：丹妮，你出来干什么，身体还没恢复，这里乱得很，还是回去休息吧。雷丹妮发怒道：这儿的男人全死光了，轮着我这女人出来管闲事了。阿成山着急地：这里不是野鸭湖。雷丹妮说：出了事情在哪儿也得有人管，不然就无法无天了。雷丹妮走到人群中，举着枪说：我平生最讨厌别人欺负女人，特别是欺负手无寸铁又被人捆绑的女人。

　　雷丹妮看了看柴堆上的木润声，问：你是干什么的，不会又弄个奸夫出来了吧？

　　阿成山忙上前说：这位是丽江木家的大少爷。

　　雷丹妮说：好啊，这石板镇总算是还有半个男人。

木润声说：小姐也是个女中豪杰啊！

雷丹妮说：谢谢夸奖。真成了豪杰也是被你们这些男人给逼出来的。

镇民二：这位小姐，这个恶妇毒杀亲夫，必须以命抵命，古往今来，天经地义。

雷丹妮扭头盯着镇民二：杀人就得偿命，告诉我，你是哪只眼睛看到她毒杀亲夫的？

镇民女插话：不用看，看看她长得那张脸就能断定这事准是她干的。

雷丹妮猛地转身用枪顶住了张阿六的脑袋：我也可以断定说你杀人成不成？

张阿六吓得：太太，小姐，千万别开枪……我们外乡人还是不要在这惹祸的好，他们的事情由他们自己处置好了。

雷丹妮说：野鸭湖出来的人，都有点水土不服啊！

张阿六说：我是看到和独眼死得可怜，才替他出头伸张。

雷丹妮说：是吗，那是我委屈你了？我也是觉得这个女人可怜，想为她出头伸张，你认为行不行啊？

张阿六瞥了一眼木润声：行，行，小姐你说了算，你说了算。

老夫妇相互搀扶着，头破血流，跌跌撞撞地跪着喘着气走进人群。

老妇哭着说：直玛，直玛，你受罪了……大家听我说，这事跟直玛无关，真的一点关系都没有。今天我们去和生家，不想看到一黑衣人从和生家蹿出，我好奇怪，进去一看，和生已经被人给毒死了。我连忙追了出来，不想刚出门，就被人给打晕了，醒来时躺在河边，差点没被淹死。

木润声从柴堆上跳了下来，说：我也不想难为各位，既然这位大妈已经说出毒死和生是另有其人，这个女人我可以领走了吧？

采尔直玛拒绝道：木润声，我不会跟你走的。

雷丹妮笑了笑：阿成山，你一个有头有脸的大男人，野鸭湖的土皇帝，在这种人命关天的时候，还不敢吭个气？

阿成山笑着说：太太，丹妮……

雷丹妮说：这姑娘杀人的证据都没有，就凭着一帮人学牛叫，你就忍下了？一个有血性、有正义的男人不会是这样的，你可不要让我失望啊！

阿成山大声说：太太说的是，我阿成山也不是脓包。各位，今天这事，证据不足，我们不能稀里糊涂地办事，要杀要烧，也得证据充足，大家才能心服口服，被害之人在天之灵也才能得以安慰，我们不能草菅人命。

木润声拱手道：土司大人英明。

阿成山大声说：现在我宣布，为这个不幸的女人松绑，带回我的住所安抚疗伤。

雷丹妮问木润声：让她去我那里，木家大少爷不会不放心吧？

木润声看了看采尔直玛说：她要去哪儿，本身就是她自己的事情，现在跟上了小姐，我完全放心，润声告辞了。

木润声看了一眼和云，转身走去，家丁们跟上。

雷丹妮带着采尔直玛走进客房，说：你就先住这吧，放心，这是我的房间。采尔直玛：小姐你……雷丹妮：你不用管我，只管安心在这里休息,在我雷丹妮的阵地范围内,没有人敢过来欺负你的。采尔直玛:谢谢雷小姐。雷丹妮:不用谢,谁让咱们一笔写不出俩女字来呢。雷丹妮笑着走出屋去。

采尔直玛疲惫地躺在床上,闭上了眼睛……

雷丹妮走出客房,木润铭也走出客房,两人在过道上碰上。

雷丹妮笑着迎上说:木少爷,你不好好地休息,出来干什么?你还很虚弱,快回去躺着。木润铭说:都躺一天了,小姐,刚才我听到枪响,是不是你又在行侠仗义了?雷丹妮:真聪明。路见不平,拔枪相助,这是我雷丹妮的座右铭。木润铭:那小姐一定成为石板镇的大侠了。雷丹妮:就这石板镇,能挡我雷丹妮道的人要么还没生出来,要么还在做着梦。木润铭:是呀,玉龙雪山上的雪都奈何不了你。雷丹妮:看不出来,睡了一觉,舌头顺了。木润铭:不敢,只是军令在身,想提醒一下小姐不要胡来,凡事都得有理、有利、有节,因为咱们在这里毕竟是无依无靠。雷丹妮拿出枪,笑着说:是吗?可我谁也不靠,就靠它。木润铭笑着点了点头:对不起,我忘了小姐是在军营里长大的。

镇外树林里,木润声约张阿六在那里见面。

张阿六说:我完全是按木少爷您说的去做的,最后落得这结果,算是把脸都丢尽了。木润声恼怒地:我让你给那个独眼一点颜色看看,结果你把人命都弄出来了,我让你要人命了吗?张阿六:大少爷,是你说的要找回木家的脸面。木润声:我说要脸没说要命。张阿六辩解道:是您说事情要办得干净点,不要让人家拿住了把柄。木润声:你把人命都给弄出来了,还说不给人家把柄？张阿六：这事做的是过了点。木润声：不是过了点，是太过了，该给和生偿命的应该是你。

木润声掏出一把大洋递给张阿六，说：厚葬和生！唉，人算不如天算啊……事情到了这一步，只好另作盘算了，慢慢再说吧。张阿六看了看手上的钱：我一定照大少爷的意思办，大少爷，这事要说是帮你的忙，我张阿六已经尽力了，再往下走，就实在是赌不起了，我现在想的是怎样回到土司府去？

张阿六回到客栈，提着简单的行李躬身走进阿成山的房间。

张阿六说：大人，我……阿成山疑惑地：阿六，你这是要干什么？张阿六犹豫了一下说：我本想办件善事，伸张正义，结果却好心差点办成坏事，几乎冤枉了好人，我有罪。阿成山：这件事情已经过去，就算了吧。何况当时百姓们也都很激动，难免会影响一个人的判断力。张阿六：大人说的是，当时我真的没有想别的。阿成山：你阿六不是个糊涂人，为什么会做下这等糊涂事呢？张阿六：大人，这事现在想来实在是欠考虑。我也知道你有意收留采尔直玛，既然大人的好事已成，所以，我还是走了的好，免得日后，里外都尴尬。阿成山说：好了，好了，话说清楚就行了。我没有责怪你的意思，好在人被救了下来。至于留下她，是丹妮的意思，她路见不平，有意阻挡，我当然得助她一臂之力。以后的事情，你也就没有必要多虑了。张阿六：那我还是跟着土司大人回野鸭湖。

正说着，雷丹妮从房外走进。

张阿六说：土司大人，您有事，我先告退了。张阿六躬身退出。

雷丹妮瞥了一眼走出的张阿六，问：他是什么人？阿成山：哦，他是府上的管家，来说点事。雷丹妮撇嘴一笑：你的管家？你手下怎么会出这种人？阿成山：你的意思是？雷丹妮：我没意思，哼，那天就数他跳得最欢，扯着个喉咙杀这个烧那个的。阿成山笑了笑：这也不是他的主意，他当时也是想保护那个女子。雷丹妮：我是实在看不下去了才出的手，怎么就一点也没看出他的保护行动在哪里呢？阿成山：这也许是各人处理事情的方式不同。雷丹妮：哎呀，倒是我自作多情浪费了两颗子弹，真不该上去开那两枪，让你这立野鸭糊的土皇帝也能在关键时刻给本小姐露上一手。

一旁的丫鬟偷笑着。

阿成山沉下脸来，骂道：大胆！

丫鬟听后吓得急忙走出了屋。

雷丹妮说：我初来乍到，跟你身边的人无冤无仇，不过这个人面目可憎，心术不正，这样的人留在身边实在是不妥。

阿成山为雷丹妮端上一碗茶，说：夫人先喝点水。这件事情确实多亏了夫人及时赶到，不然就难以收拾了。

雷丹妮说：那天你最后能够站出来，所以我能够原谅你。阿成山：真的吗？雷丹妮：能够站出来，至少还能算是个男人。阿成山笑了笑：应该的，虽然此地不归我管，但到底也是一个土司，遇上了事情，一句话也不说，过不去啊。雷丹妮：人现在是救下来了，下一步你打算怎么办？阿成山：救人救到底，还请夫人明示。雷丹妮：我想先听听你的意见。阿成山犹豫了一下：人咱们是救下了，可说到下一步怎么处理，我总不能老把她带在身边吧？雷丹妮：为什么不能？阿成山：你看，我要是把她带在身边，虽然不会有人敢来伤害她，但是她未必同意。再说了，把这样一个女人带在身边。家人也未必同意。雷丹妮：家人……哪个家人不同意？阿成山笑了笑：你能高兴我把她带在身边吗？雷丹妮：这是做善事，我可没说不同意。阿成山：人要做事只能做可为之事，带在身边显然是不可为之事。为了这点小事，让家人发生争执，实在是不值啊。我不想惹事，所以还是不要把她带在身边为好。还是让她自己找生路去吧。

雷丹妮说：这怎么行，她一离开这儿肯定要出事的。阿成山：这件事情确实还没有了结，凶手也还没抓到，可咱们能做的都已经做了，再插手此事，真有些说不过去了。雷丹妮：可咱们总不能救人一条命就两天吧？阿成山：夫人以为咱们还能为她做点什么？雷丹妮：我们为什么不能带着她回野鸭湖去呢？阿成山：不是不带，是没法带，真带回野鸭湖才是说不过去呢。雷丹妮：你一个土皇帝，连这点事情都办不了？阿成山：不是办不了，是没法办，土司家带人进去也是要讲规矩的。雷丹妮：什么规矩？阿成山犹豫了一下：外乡人只能娶进家门，不能带进家门。

雷丹妮似乎明白了阿成山的心思，笑了笑说：唉，这就是你土皇帝立下的规矩？那要不你就娶她为妾，这不就名正言顺了吗？阿成山一怔：一起娶俩？雷丹妮：你还嫌多？阿成山：不行，这样做太欠妥了。雷丹妮：我说妥当就妥当，这事就这么定了，救人要紧。阿成山：夫人真的不介意？雷丹妮：那得看你是不是让我介意，不过话要说在前面，我真要是介意了，对

第9章

你可不是一件好事啊。阿成山：算了，咱们还是好自为之吧。雷丹妮：嘿，你这个人非逼着我介意是不是？阿成山：不是，夫人你一会儿介意，一会儿不介意的，这事还是放放再说吧。雷丹妮：这事都已经火上房了，怎么放？阿成山：夫人真要是这么想，那你自己对她说去。雷丹妮：什么，让我帮你向小妾提亲？阿成山：我这全是被夫人逼的嘛。雷丹妮笑了：看来不能小瞧你这吃土豆长大的脑袋，本小姐就成全你一次。

佣人把采尔直玛带进客房，阿成山放下茶碗摆摆手，佣人退下。

采尔直玛欠了一下身子：直玛见过土司大人和夫人，谢谢大人和夫人的救命之恩。雷丹妮说：直玛小姐，这边坐吧。采尔直玛：夫人，叫我直玛就行了。雷丹妮笑了笑：直玛，坐吧。采尔直玛说：土司大人，娶亲的事情我已经想过了……阿成山忙说：哦，这件事情是夫人提出来的，没有别的意思，也是怕你在石板镇再出事。采尔直玛：直玛知道大人和夫人的一片好意。雷丹妮：这石板镇竟然对你这样一个无辜的女子下如此毒手，让人实在是看不下去。阿成山：是啊，丹妮是因为看不下去才出手相救的。不过你放心好了，野鸭湖不象石板镇，野鸭湖以女人为尊，绝对不会做出这等伤害女人之事。

采尔直玛说：和生死得太冤了。阿成山打断：过去了的事情咱们就不要再说了，到了野鸭湖你会开始一种新生活的。在我们那里，不是男人挑女人，而是女人挑男人，当然土司府例外。雷丹妮：既然是好东西，土司府为什么不能照着做？阿成山尴尬地笑笑：土司嘛，特殊对待。

情 殇

　　采尔直玛说：土司大人和夫人救我一命，现在又要收留我，直玛真是感恩不尽。不过……虽然土司大人见爱，但直玛只是一个佣人的女儿，怕是承受不起……

　　阿成山说：要是为了此事，你完全不必过虑，我们野鸭湖臣民没有这个规矩，我们认的是人，有情感便成恋人，没有情感便分手。

　　雷丹妮感慨：啊，还有这等文明的地方。直玛，就放心地走吧。阿成山：那这事就这样定下了，你回去好好休息吧。

　　傍晚，雷丹妮和木润铭站在客栈的小花园里。

　　木润铭说：小姐，我把你送到这里，交给了土司大人，军长交代下的任务也算是完成了，我打算明天启程赶回去。

　　雷丹妮说：润铭，谢谢你送嫁……这一路要是没有你，也许我真的就留在玉龙雪山了，我们还会见面吗？木润铭回答：军人以服从命令为天职，我不过是完成了军长交给我的任务。

　　雷丹妮说：咱们相识的时间不长，我这人又任性，有些事情难免会过火了些，你不会恨我吧？木润铭笑了笑：怎么说也是你救了我，为什么要恨你？雷丹妮忧郁地：我不希望你走了以后就忘了我。木润铭：咱们一块死里逃生，我会记住小姐的。雷丹妮：润铭，除了尽职，完成任务之外，你还有没有点其他的什么？木润铭：我不明白小姐说的其他是指什么？雷丹妮说：天一亮你就要走了，咱们马上就要分手，各奔东西，咱们也会因此而越走越远。想到要离开你，我真的感到一种孤独，一种失落，还有一种从未有过的恐慌。也许这就是书里所说的永别……润铭，告诉我，你心里现在有没有感到一丝的难舍难分？木润铭垂下头去：小姐，你想得太多了，把你送到这里，是我的任务，回去后我的任务就是当好军长的勤务兵，不敢作其他非分之想。雷丹妮：你真的没有一点舍不得我的感觉？木润铭抬头看着夜空：没有。雷丹妮盯着木润铭：你说谎，这不是你的真话。木润铭垂下头去：小姐，我说的都是真话。雷丹妮眼睛湿润：你不愿说出你心里的真话，就是因为你也舍不得我。木润铭：小姐……雷丹妮：木润铭，你不用解释，我也不想听你的解释……刚才你没马上回答我的话，你犹豫了，因为你在说假话。但我雷丹妮从不说假话，你让我看不起你……

雷丹妮说完，转身走去。

木润铭看着雷丹妮的背影，思忖着，向客栈外走去。

木润铭来到河边，看着月光下的河水。

木润铭掏出碰铃轻轻与礁石碰了一下，自言自语道：直玛，你一定能听到这清脆的铃声，它替我在呼唤尔，你一定要等着我……

此时的采尔直玛也跪在河的另一边，双手捧着碰铃，脸上挂着泪花。

采尔直玛自语道：润铭，你一定要原谅我，为了咱们的孩子，我不得不这样做，我得活下来……等着我，等咱们的孩子生下来了，我就买玉龙第三国找你……

木润铭走进客栈，看了看雷丹妮的房间，回到自己的客房，关上门。

采尔直玛拖着疲惫的身子走进客栈，回屋把门关上。

第 10 章

木润声躺在椅子上闭目凝思。

和云走进来说道：大少爷，阿土司明天就要上路了。木润声说：知道了。和云：他带采尔直玛回野鸭湖。木润声睁开眼睛慢慢站起身：一会儿你再给张阿六送些钱过去，让他照顾着点采尔直玛。和云：小的明白。木润声：我有一种奇怪的感觉，就在这石板镇，我又闻到了二少爷的气味。和云说：大少爷，石板镇不大，里里外外就这么一点人，如果二少爷真在这儿，弟兄们不会漏眼的。和云躬身退出。

客栈外摆下了长长的马匹、轿子。

木润铭从客栈出来，看到雷丹妮走出，迎了上去，雷丹妮不理他，与他擦肩而过，一跃上了马。

木润铭犹豫了一下，垂下头，默默离去。

阿成山带着采尔直玛走出客栈，家奴忙上前扶着二人上了轿子，家奴放下轿帘。

雷丹妮扭头看着木润铭的背影，泪水流下，心想，木润铭，我不会放过你的……

雷丹妮说着，手中的皮鞭抽下，马撒蹄狂奔。

木润声和和云骑马站在山坡上，看着山下古道上阿成山的队伍缓缓走过……

木润声问：从这里到野鸭湖他们要走多长时间？和云说：这种走法，比马帮还慢，小的说不清楚。木润声：是啊，人世间说不清楚的东西太多太多了。咱们回大研镇吧。

木润声说着一带马缰，冲下山去，和云忙跟了上去。

木润铭背着行囊沿着街道低头走着，后面扬起一阵尘土，镇民们纷纷走避。一个镇民见木润铭有危险，一伸手把木润铭拉到路边，马队从木润铭的身边飞驶而过，木润铭不经意地抬头看了看，冲在前面的竟然是木润声。木润铭怔了一下，冲了出去，突然身后一只有力的大手伸出，一把捂住木润铭的嘴巴，硬生生地把木润铭从路中拉了回来。

木润铭拼命地挣扎着，那只大手搂着木润铭的脖子，一直把木润铭拖到了街角。木润铭火起，用力扯开大手，愤怒地回头一看，一下子呆住了。马锅头站在木润铭面前，身后站着阿都和二丫。

木润铭惊喜地说：二丫，你还活着，你们怎么会走到一块的？马锅头：跟我走，这里不是说话的地方。

四人一起匆匆离开，来到一个小酒店。

马锅头说：润铭，说什么都没用，人活着就好，留得青山在，不怕没柴烧。木润铭说：可直玛不能就这样白白死了。马锅头：我们当时也以为你死了，你既然能活着，直玛未必就真的死了,凡事都要沉得住气才是。木润铭轻轻点点头。马锅头:你看,照二丫说的,你就又死过一次了,可你现在不就站在这儿吗?

木润铭看了看二丫,说:我当时拉着雷小姐滚进了山洞,算是躲过了那场灾难。第二天从山洞里出来,到处找你们,可啥也没找到。当时真的以为一起来的人全完了。二丫:那天的事情我也记不清楚了,只记得小姐的枪响了以后,整个天好像都塌下来了,吓得我抱着脑袋拼命跑,可还是跑不过身后的雪,被掀到了山谷里,后来就啥都不知道了。和大叔的马帮路过,救了我,算是捡回了一条命。阿都:我们发现二丫时,感到她还有口气,就赶快抢救。她慢慢苏醒过来,告诉我们有个叫木润铭的一起送亲,我们觉得像你,阿爸就带着马帮绕到石板镇来了。

马锅头说:我们也不知道你和雷小姐是不是能躲过那场灾难。刚刚踏进镇子,便看到了木润声,正想回避一下,看到你要与他拼命,当时什么也没来得及细想,连忙把你拉开,唉,润铭,啥事都得慢慢来,急不得啊。

二丫问道:木少爷,小姐怎么样了?木润铭说:小姐她没事,今天一早已经跟着阿土司到野鸭湖去了。

二丫听到小姐没事,放心地点点头。

木润铭问:大叔,你知道木润声来石板镇干什么吗?马锅头:我们也是刚到,算是撞上了,还不知道。马锅头:润铭,你一定要活着。我们已经够悲伤了,可不能总是悲伤下去啊,如果你死了,木家怎么办?阿都:润铭,你要是死了,你阿爸阿妈都不会瞑目的……

马锅头瞪了阿都一眼，阿都忙止住了话。

木润铭忙问：大叔，我父母怎么啦？发生了什么事？

马锅头叹了口气：唉，木家，完了。

阿都把木家最近发生的事都告诉木润铭。

木润铭脸色铁青，抬起酒杯喝了下去说：这仇我记下了！

马锅头说：润铭，你现在必须要冷静，现在还不到时候。

木润铭不管马锅头的劝说，站起身向前就走：我找木润声一笔一笔清算！

阿都冲上去抱着木润铭，木润铭奋力一甩，把阿都摔倒在地上，马锅头忍不住上去一拳，把木润铭打晕过去。

火堆旁，木润铭慢慢醒来，马锅头、阿都和二丫坐在他身边。

二丫叫着：少爷醒了，少爷醒了……

马锅头把身边的酒葫芦递过去：山里冷，喝点酒能暖暖身子。

木润铭抓起酒葫芦喝了一大口，说：我现在只想做一件事。我阿爸和阿妈都死在了木润声的手里，此仇不报，我誓不为人！

马锅头说：润铭，提把刀去拼个你死我活，不应该是你所为，再说你父母的死因我们也不太清楚，等搞清楚再说。木润铭：大叔，我知道自己势单力薄，希望你们能够帮我一把。阿都：如果我们不帮你，还这么远的跑来找你干什么？放心吧，我们都会帮你。马锅头瞪了阿都一眼：你根本就不是木润声的对手。木润铭：大叔，我现在真的一分钟都不能等了，我想报仇，我得对我父母有个交代。

马锅头说道：润铭，我知道你现在心里恨、心里愁，这种杀气会让你失去理智的。老爷走了,木润声已经名正言顺地接管了木家的一切。在外人眼里,老爷是因为你才死的,是你木润铭不孝不忠,不顾家族的脸面,不顾父母的养育之恩,与采尔直玛情死,才导致了木家的家破人亡。

木润铭怔怔地看着马锅头。

马锅头说:唉,也许你不相信,你现在要回大研镇去报仇,所有的人都会去帮着木润声,不会帮你。再说了,你母亲如何对待木润声,大研镇的人也都知道的。木润铭说:我会让人们认清木润声是个恶徒。马锅头问:你有证据证明他是恶徒吗?

二丫说:木少爷,照我看,你还是先回雷军长那里去,你能把大小姐安全送到,雷军长肯定会信任你的,有了雷军长这棵大树,至少他们不能把你怎么样,等时机成熟了,再去报仇雪恨。马锅头说:二丫这个主意很好,你先回雷军长那儿去。阿都说:君子报仇,十年不晚。木润铭无奈地点点头,问:二丫,那你是不是跟我一起回去呢?二丫说:我不回去了,我是个陪嫁丫头,只能跟着小姐,我得马上赶到野鸭湖。阿都说:我们也要到野鸭湖,正好把她给送过去。放心,有我们在,二丫不会有事。

第二天,这一行人就要分手,各自东西,马驮子都已经上了马背。

阿都走到木润铭身边说:二少爷,你一个人走,一定要多加小心啊。木润铭安慰道:放心吧,阿都。

木润铭对二丫说:你到了野鸭湖,一定要告诉小姐,远在边地,请她多多保重,我会为她祝福的!

二丫点了点头。

木润铭从阿都手里接过了马缰绳。翻身上马,打马而去。

马锅头看着木润铭消失在山里,对阿都说:咱们也上路吧。

回到大研古镇的木润声,来到了墓地。从和云的手里接过香烛点燃,分别插在了木老爷和二奶奶的墓碑前。

木润声在木老爷的墓碑前跪下,说:阿爸,润声又让您失望了,我没有找到润铭。不过这次我见到采尔直玛了。她活着,润铭一定也还活着,润声会把润铭带到您面前的。阿爸,都是我的自私和狭隘才导致润铭和直玛情死……阿爸,我也尝到恶果,偌大一个木家,只留下孤独的我,我只配接受孤独,我将用我的余生赎罪,阿爸,你还相信我吗?

之后,木润声在庭院里疯狂地打着沙袋,沙袋上留下了一个个血印。

和云带着阿木扎走过来,说:大少爷,您歇会,手都出血了,阿木扎来了。

木润声说:阿木扎,以后你就留在庄上帮忙吧。

木润声从和云的手里抓过衣服,朝屋里走去。阿木扎看了看和云,忙跟了上去。

阿木扎原是阿成山大土司的手下,在石板镇认识木润声、和云后,不想回野鸭湖,而是投靠了木润声。木润户需要他,也就把他留了下来。

木润声端起茶碗喝了一口:有什么话就说吧。

阿木扎说:我知道大少爷这段时间心情不好,所以不敢打扰,可大少爷的事情就是小的的事,只有大少爷好了,小的才会好。木润声说：你要是这样说话，就已经在打扰我了。阿木扎说：小的就直说了。小的想给大少爷提个醒，采尔直玛虽然去了野鸭湖，真能拦大少爷路的是他新娶的太太雷丹妮。这太太的父亲雷霆，身为军长，重兵在握，有权有势，如果大少爷能和他搭上关系……

木润声打断阿木扎的话：自古兵匪一家，我又不想占山为王，何必与这位军长去搭关系。

阿木扎说：小的今天来，是想说说二少爷的事情。

木润声一怔，跳了起来，说道：二少爷，他还活着？他在哪里？

阿木扎点点头，说：二少爷现在是雷军长的一个部下，不久前曾替军长把女儿送嫁到石板镇，路过玉龙雪山时碰上雪崩大难不死，好歹熬到了石板镇，是小的出门看到把他给救了下来。

木润声命令：快说！

阿木扎说：与他们一起送嫁的几十号人都在雪崩中死了，我一个表亲阿鲁侥幸活了下来，我跟他交谈时，他总埋怨一个叫什么"铭"的纳西小子带错了路，我当时就觉得奇怪，这个"铭"不知是否和二少爷有点关系。

木润声思忖着，难怪我在石板镇闻到了他的气息……走！带我去见见这个人。

柴房的门被推开，阿木扎领着木润声走进。

阿木扎忙介绍：阿鲁，这位就是木家当家的大少爷。

阿鲁说：啊！阿鲁见过木当家的。

木润声把手一摆，和云带着阿木扎退出。

第10章

木润声问：听说你是在雷军长的手下吃饷？阿鲁：混口卖命的饭，也算是找条活路。木润声催促阿鲁说说送亲之事。阿鲁说：我们是临时被军长抽出来为大小姐送嫁的，一共有五六十号人吧。走了七八天后，进入了玉龙雪上，在过一个山谷时，不知道谁乱放枪，山上的雪全塌了，一下子把我们都给埋了……木润声说：这事我知道，告诉我领队的是谁？阿鲁回答：领队的是张副官，可他不识路，所以还带了一个丽江本地人，叫什么"铭"的，帮张副官召集一下部队，带带路。一直在雷小姐身边，好像什么都是他说了算。木润声急问：他是哪里人？长得什么样？阿鲁说：什么样？木当家的，您别生气，我看你俩倒是长得差不多，有模有样的。木润声自语：雷小姐活着，那他也一定还活着。阿鲁说：木当家的，我那是死里逃生。我的这条命是保住了，可其他人怎么样，我就不知道了。

木润声掏出一个钱袋递给阿鲁，说道：谢谢你提供的信息，你也是死里逃生，这点钱留着用吧。

阿鲁看到钱，眼睛发亮，接过钱袋子，不停地点头谢木润声。

木润声说：假如今后你再见到那个"铭"，就对他说，他哥挂记他，让他回家。

阿鲁问：让谁回家？

木润声呵斥：别废话！照我说的做。

阿鲁忙回答：是，是。

雷霆正低头处理公务。木润铭走进：报告！木润铭前来复命。

雷霆抬头一惊，高兴地说：啊……木润铭，你回来了，坐，快坐。勤务兵，看茶。雷霆忙问：怎么样，丹妮她好吗？见到阿成山了吗？路上还顺利吧？张副官怎么没有跟你一块回来？

木润铭怕把路上所遇说出来，雷军长担心，想了想说：报告军长，小姐很好，我们到达石板镇时，阿成山土司已在那里等候好几天了，大小姐休息了几天，身体上觉得没有什么，便和阿土司一起返回野鸭湖去了。我便赶回来复命。

雷霆开心地笑着，说道：这就好，这就好，算起来，如果顺利的话，他们也该到野鸭湖了吧？木润铭点了点头。雷霆又问：嗳，我怎么听说，不久前有一队人马在过玉龙雪山时遭遇了雪崩，从时间上看，应该跟你们差不多，我一听说这事，心就揪起来了，你们没事吧？木润铭还是没说雷小姐开枪导致雪崩的实话。他不自然地笑了笑：哦，没……没什么，没什么影响……我这不就坐在这儿吗。雷霆问：那其他人呢，怎么没有回来？木润铭迟疑了一下，还是没说实情：哦……全是山路，太辛苦，有些……有些兵熬不住，就半路开号了。见到阿土司以后，为了安全起见，还有一部分人，我让他们护送大小姐到野鸭湖，然后再回来。

木润铭的善良，为他今后埋下了祸根。

雷霆说：润铭，你想得很周到，这我就更放心了。今天中午就在我这儿吃饭。木润铭推辞：不了，军长，我还是回去吧。雷霆说道：这是命令。副官，让厨子多做几个菜，我要招待客人。雷霆对木润铭说：回来了，还是就留在军部我的身边。木润铭迟疑地说：军长，这……雷霆说：我当了一辈子的兵，就喜欢个痛快。

木润铭离开军部，来到驻地附近一家小商铺买日用品，走出时,阿鲁跑上前敬礼:长官,你还记得我吗?木润铭疑惑地问:你是?阿鲁说:哎呀,长官不记得我啦?我是阿鲁,跟着长官一起为小姐送嫁的士兵。木润铭惊喜地说:阿鲁?你还活着,噢噢,对对,你是怎么回来的?其他兄弟呢?阿鲁回答:跟长官一样,都是死里逃生,能活到今天,算是捡了一条命。不过长官还能留在军部,得到军长的信任,那些弟兄们可就死得太冤了。

木润铭沉下脸来问道:你这话是什么意思?阿鲁说:没什么意思。弟兄们谁也没有走过那条道,只能跟着你,结果当然长官您比我清楚,几十号人全留在了山里,长官,是不是该问问自己是什么意思才对呀?木润铭淡淡一笑,说:实话告诉你,我没别的意思,只是不想让军长担心他远在千里之外女儿的安危,因为那种灾难是谁也想不到的,能过去就让它过去吧。

木润铭突然意识到阿鲁找他是有所求,问:你想干什么?阿鲁说:没什么,命捡回来了,就不想再回军营了,想在队伍边上做点小买卖,有口饭吃就行了。木润铭问是不是需要帮忙?阿鲁说:给人一条活路,自己就多一条活路,长官以后能照应阿鲁,阿鲁这嘴自然也就封住了。

木润铭问:你想威胁我?别以为拿住了我的什么把柄。阿鲁笑着摇摇头,说道:哎呀,都说识时务者为俊杰,看来这说的不是长官您啊。长官您是误会了,我不过想借部人的条件,弄点活命钱,谁叫咱俩都是那种死不了的冤鬼呢。木润铭说:只是为了弄点活命钱,我会尽量照顾你的。阿鲁笑着:谢谢长官!

阿成山一行人在回野鸭湖的路上走了两天,来到一家客栈吃饭。阿成山带着雷丹妮、采尔直玛几个人围坐在饭桌旁,张阿六带着几个家奴在旁边伺候着。

采尔直玛刚吃了一口,开始恶心呕吐。雷丹妮忙放下碗筷帮采尔直玛捶着背,问:怎么了,是不是哪儿不舒服啊?阿成山说:如果觉得这菜不合胃口,我让厨房再重新做几个菜上来。采尔直玛阻止阿成山,说着,又想呕吐,连忙捂着嘴跑出了饭厅。

雷丹妮指着那一桌子菜说:我说你们这是做的什么菜?别说吃,连我看着都想吐。张阿六躬身,说:夫人,想着一路劳顿,所以都是开胃的,香菇炒辣椒、青椒洋芋丝、火腿炒辣椒,还有店里仅剩的半只鸡,我也让厨房做了个辣子鸡,还有一碟小米辣……

雷丹妮打断张阿六的话,怒道:白天晒了一天的太阳,个个火气都重,你还整出这辣椒宴,不会是想辣死我们吧?张阿六忙说:小的忘了夫人是城里人,吃不惯带辣味的。雷丹妮冷笑着:你笑话我?那好,今天我就成全你,先帮你开开胃,把这盘小米辣给我吃下去。张阿六一怔,说:夫人……雷丹妮:吃啊!张阿六看着一盘小米辣:这……雷丹妮说:怎么,是不够呢,还是开不了胃啊?把它给我吃下去。

张阿六犹豫了一下,慢慢端起了那盘小米辣……

雷丹妮掏出枪来取出了一颗子弹看着,感叹:有意思,这子弹怎么也长得跟个辣椒似的。张阿六一狠心,把一盘小米辣塞进了嘴里,艰难地吃着,开始剧烈地咳嗽,泪水也被辣了出来。雷丹妮笑了笑说:阿六啊,一盘小米辣不至于这样激动吧。

看来是我错怪了阿六的一番好意啊,来人!一家奴上前:夫人。雷丹妮说:去厨房再给阿六要一盘小米辣,告诉店家单开,我去付账。张阿六答:夫人,使不得啊,阿六的耳朵都被辣响了。

阿成山看戏一样,偷笑着。

雷丹妮说:哦,看来你这山里人也同样吃不惯辣味嘛!那就麻烦阿六重新换一桌,这一桌的饭钱,会从你的工钱里面扣除的。

雷丹妮说完,起身离开饭桌。

阿成山问:阿六,这菜是谁点的?张阿六垂下头去,说:是小的点的。阿成山恼怒地把筷子往桌子上一扔,骂道:胡闹!带你来是想着你脑子灵,可你都干了些什么事?这位二奶奶可是玩着枪长大的,你把她给惹火了,一枪崩了你,我还只能跟着赔笑脸,你自己好好想想吧。马上重新弄一桌出来,记住,二奶奶已经说了,子弹跟小米辣长得可是没啥区别。

阿成山说完,起身走出。

张阿六跑到墙角蹲下,开始呕吐起来。

回到房间的采尔直玛还在不断地呕吐。雷丹妮推门走进,给采尔直玛倒了杯水,采尔直玛喝了两口说:谢谢夫人。雷丹妮笑了笑:举手之劳,用不着谢。说吧,你到底怎么啦?采尔直玛眼睛湿润:我……雷丹妮:说出来我才好帮你,是不是肚子里已经怀上孩子了?

采尔直玛垂下头去。

雷丹妮说:石板镇那天要烧你的时候,你不是挺能叫的嘛,今天怎么变哑巴了?采尔直玛犹豫了一下,点点头,说:夫人,是怀上了，你说我该怎么办？雷丹妮问：在石板镇的时候你知不知道自己怀上了？采尔直玛喃喃着答道：知道。雷丹妮埋怨道：天呐，人家是背着孩子出嫁，你倒好，怀着孩子出嫁，还是嫁给个土皇帝，讨小妾讨了个奶妈来。

采尔直玛泪水流出，说：夫人都看到了，我真的是被逼得走投无路啊。雷丹妮说：你呀，石板镇一起住了那么多天，你至少得给我吹个风吧。现在好了，娶大活人还弄了个小的出来，面子上挂不住啊。采尔直玛说：要不你们走，把我一个人留在这儿。雷丹妮说：那怎么行，外面那些男人一个个像叫春的猫似的，你一个人走不出这几步去，就得被撕碎了。采尔直玛内疚地说道：可这样下去，以后会给夫人添麻烦的。雷丹妮安慰着直玛：别着急，咱们慢慢想想办法，我雷丹妮这辈子唯一不怕的就是麻烦。采尔直玛小声嘟囔着：我怕土司大人知道了……

门外传来佣人的招呼声：夫人，土司大人来了。阿成山带着张阿六走了进来。雷丹妮问：你来干什么？阿成山说：哦，我来看看直玛是不是好些了。雷丹妮答道：她这是不习惯坐轿子，头有些晕，别的没啥。阿成山问：不会是着了风寒，身体不舒服吧？采尔直玛紧张地说道：没，没什么，就是有些晕，那菜也……雷丹妮说：人本来就不舒服，又弄出一桌惹人上火的菜，不恶心才怪呢。

张阿六说：小的已经让店里重新弄了一桌清淡的，请二位夫人过去用饭。雷丹妮说：早就被你给气饱了，谁还吃得下。阿成山说：丹妮，这是一穷乡小镇，能这样已经不错了，你就将就点。雷丹妮说：我吃不下这样的饭菜，直玛也吃不下，要是再这样，我就带着直玛一起回去，咱们各走各的。

阿成山说：别，别，怎么能各走各的呢？再坚持两天，只要到了野鸭湖，你想吃啥都有。雷丹妮淡淡一笑，问道：你以为这是哄孩子呢？女人比不上你们男人，天生一副好下水，吃你们的去吧，走一天也累了，我们要休息了。

雷丹妮说着把阿成山和张阿六推出门去，门"咣"的一下关上了。

阿成山看着关上的房门，无奈地走去。张阿六快步跟上，说：老爷，我看这事有些古怪……据我观察，三奶奶似乎不妥。阿成山扭头瞪着张阿六，说：我看你才古怪。张阿六你给我听着，她们真要是走了，我会用你的人皮去补我的靴子。张阿六说：老爷，我是感觉三奶奶……阿成山怒骂道：闭上你的臭嘴，你还嫌事情闹得不够大，是不是？

采尔直玛和雷丹妮坐在油灯下。

采尔直玛对雷丹妮说：逃出来以后，就没有打算再回去，夜里太冷，他一直抱着我，就……就有了……那是我们唯一的一次。可是他们家里的人还在追，我们不得不逃走，到了金沙江边，无路可走了，就想到了情死……

雷丹妮惊讶地问：情死？

采尔直玛点点头，泪水流出叙述道：我们是手拉着手走进江水的，他对我说，如果有下辈子，他一定还要娶我……大水把我们冲散了，浪把他打到了水里，我却活了下来，我为什么要活着啊……采尔直玛继续说：到了石板镇，我被一群抢婚的汉子围在破庙里,和生来救了我,虽然他样子丑,但他为人忠厚,我住在他家里,他一直精心地守护着我,也是这时候我知道自己怀上孩子了。为了肚子里的这个孩子,我得活下去,这是他留给我的……

雷丹妮问:所以你想过要嫁给那个一只眼的男人?

采尔直玛点点头,说:和生答应会善待这个孩子的,他从来也没有碰过我,偏偏又发生了那件事,和生被人害死了……夫人你救了我,也救了我肚子里的孩子,我真的很感激。可石板镇真的是待不下去了,为了他的骨血,我只有答应土司大人的要求,希望今后能有个安全的住所,把这个孩子顺顺当当地生下来……

雷丹妮叹了口气,说:唉,没想到你这么不容易,你能把你的事情告诉给我,我一定会替你保守秘密,帮助你把孩子平平安安地生下来,不让他遭受任何伤害。

"谢谢夫人!"采尔直玛想行大礼谢雷丹妮,被雷丹妮阻止。

雷丹妮说:不要谢我,要谢就谢命吧。咱们能够相识,也算是缘分,既然有了这缘分,我当然得护着你。再说了,野鸭湖是啥样我都不知道,到了那儿少不了烦心事,啥都得靠咱们自己。采尔直玛点头答应:直玛听夫人的。雷丹妮说:唉,我跟你不一样,外人眼里也许我更像是一个男人,可说到底还是个女人命。你能跟自己喜欢的男人,对,情死,那是一种真情啊。我呢,人家一句话,我就成了土皇帝的老婆,为啥我都不知道,想情死都不成啊。

采尔直玛劝慰道:夫人千万别这样想,我看得出来,土司大人是真心喜欢你的。

雷丹妮说道：这种事情你不懂啊，不过我跟你不一样，你认命，我不认命，高兴了一起待着，不高兴了，我就抬脚走人，谁要是敢挡道，我认他，枪不认他。没办法，我娘死得早，从小在军营里长大，一天到晚跟那些兵痞子打打杀杀的。现在想来，也不是什么坏事，至少还能保护好自己。

雷丹妮离开采尔直玛的房间，来到阿成山的住处，问：阿成山，我问你，咱们还得走多久，你到底有没有家？

张阿六躬身谨慎地建议：夫人，可不敢这么跟土司大人说话啊。

雷丹妮瞪了张阿六一眼，骂道：他是我的丈夫，这儿还轮不到你说话吧。

阿成山放下烟筒笑着说：看夫人说的，怎么没家，咱们的家就在野鸭湖啊。雷丹妮问：野鸭湖？咱们这一路过了野牛岭，趟了饮马河，天天不停地走，你的野鸭湖在哪儿？阿成山说：快了，就快到了。出来一趟也不容易，又带着两位夫人，一路又去拜见各地的土司把头，这不回家就慢了点。

雷丹妮说：我先把话放在这儿，如果再过三五天还见不到什么野鸭湖，我就带着直玛一起回我父亲那里去，你自己回野鸭湖走婚去吧。阿成山问：丹妮，有什么话咱们可以好好说，你要是走了，那我到石板镇来干什么？雷丹妮说：谁知道你到石板镇干什么。你整天骗我说快了，快了，快了是多久，咋走到今天也没见到你家的影子。哼，我回去告诉我爸爸，就说野鸭湖是个没影的地，至于你是哪儿的土司，只有鬼才知道。阿成山说：丹妮，你别激动……

雷丹妮打断阿成山的话，说道：陪着你走了这么长时间，我已经尽力了，简直就是一场骗婚，也不想想，惹火了我带兵来，就能踏平你野鸭湖，你信不？阿成山笑着说：丹妮，就算是气话，也不能这样说啊。土司可不是想假冒就能假冒了的，走得慢，也是想带着你们游玩一下山水，开开心嘛。雷丹妮坚定地说道：就这穷山恶水的，我早玩够了，现在就剩下了个心烦，不想嫁了。还有直玛，她到现在也没有说准嫁不嫁给你。出嫁是件喜庆的事，跟着你完全是活受罪，三天之内再不到家，我就走人，你自己看着办吧。

雷丹妮说完气冲冲地走出。

阿成山追着喊：丹妮，丹妮，你别发火呀……唉……

阿成山转而把火发到张阿六身上，埋怨道：全是被你给闹的，你看这事怎么办？张阿六答道：我也不知道该怎么办。按常理，这儿到野鸭湖，还要走个把星期，夫人非要三天赶到，除非是坐外国那种会飞的"鸡"，可也是听说过，没见过啊。阿成山气恼地：这哪是讨老婆，分明是找妈呀。张阿六：您以为捡了个大便宜，哪不知找了个紧箍咒，套得牢牢的。要不三十六计，走为上。阿成山：还要怎么走？

张阿六说：我是说趁着现在还来得及，没到野鸭湖，咱们赶快向雷军长退货。阿成山问：退什么货？张阿六：了断这桩婚事，免得日后后患无穷啊。阿成山怒骂：胡闹，我大老远地赶到石板镇来接亲，人没接回去，还退货赔款，这是念的哪门子经啊。张阿六：人家要走就让她走，不就是顺了她的心愿。阿成山问：噢，顺了她的心愿？那是伤了我的元气！好你个张阿六，你这个败家子，尽给我出馊主意，你他妈的滚！滚！你怎么不退你老婆的货，老子叫你退，老子回去了就叫你退……

张阿六吓得跑出屋，阿成山也追了出去，张阿六跑到客栈院子里，阿成山追上就打。

张阿六抱着头恳求：大人，别打了，哎哟，哎哟，我是为大人好，不听就算了，哎哟，哎哟……

阿成山怒骂道：我今天就是要打死你，你敢让我退老婆……我连洞房都还没进，你就教着我退……我今天打死你，让你老婆去给你守寡，打……非打死你不可……

采尔直玛从屋里走了出来，见阿成山怒气冲天地追打张阿六，走到阿成山面前，劝道：大人，你消消气，消消气。阿成山：不行，气死人了，这个坏种，吃着我的，喝着我的，用着我的，最后教着老子卖田，我非打死他不可。采尔直玛劝道：算了，大人，不要和他一般计较，咱不卖田，留着自家种不就完了。阿成山：是啊，自家的田都还没来得及种，他就教着我卖，安的什么心？张阿六，你给我听着，我自己的田，受多大的窝囊气也不会卖的，回去我就把你的田收回来，让你一辈子都没田种。

采尔直玛把阿成山拉进了自己住的房间，把一杯茶端到阿成山手上，安慰：大人，消消气，喝杯茶吧。阿成山一口气喝完一杯茶：真是气死我了。采尔直玛说：走路的时间长了，心情都会不好，大人回到家，什么都会好的。

家奴躬身走进，说：老爷，店家新做了一桌，请您过去用饭。

阿成山说：全是让那个混蛋给闹的，连饭都还没吃呢。你去告诉他们，把饭菜全送到这屋来。

家奴躬身说：知道了，大人。家奴退出。

阿成山问：直玛，丹妮晚上也没有吃饭，你是不是把她也叫过来一起吃？采尔直玛答道：是，大人先坐着，我这就去请夫人。

采尔直玛走出屋去。

阿成山狠狠地嘟囔着：张阿六，到了野鸭湖，看我怎么收拾你……

一桌菜摆放在了采尔直玛的屋里，采尔直玛陪着雷丹妮走进。雷丹妮说：不想吃，我已经睡下了，还被直玛给拉起来。阿成山劝着：走了一天，哪能一点东西都不吃就睡啊。采尔直玛劝道：都已经做好了，还是吃点吧。阿成山说：对，对，对，这菜全是重新做的，夫人，你看还可以吧？

雷丹妮看了看桌子上的菜，缓缓说道：既然弄出来了，就吃点，哎，酒呢？阿成山说：酒？对，无酒不成席嘛。来呀！家奴走进：老爷。阿成山说：把酒拿来，对了，要我自己带的。

家奴退出。

三个人一杯一杯地喝着，心情也好了起来。雷丹妮又为阿成山、采尔直玛斟酒。采尔直玛说：夫人，我真的不能再喝了。雷丹妮说：直玛，酒虽然不是好东西，可喝点能解疲劳，一觉下去就能到天亮。阿成山劝着：喝点没关系。雷丹妮说：我这可是看在直玛的面子上来的，自己再罚一杯。阿成山笑着：今晚你都罚我好几杯了……雷丹妮说：弄了一桌他自己都吃不下去的东西，当然该罚你这当主子的了。阿成山说：自家的狗没看好咬了人，该罚，该罚。阿成山端起酒杯喝下。

雷丹妮端起酒杯说：直玛，其实人一辈子都不容易，可以后跟上了大土司，好好过日子，至少不会有人再敢欺负你了，敬他一杯吧。

采尔直玛犹豫地看着面前的酒杯，说：夫人，今天是我第一次喝酒，真的不会喝。雷丹妮说：刚才我让成山喝的是罚酒，你该给他一杯敬酒嘛。采尔直玛慢慢端起酒杯，说道：直玛以后跟上了大人，还望大人能够多多照应。阿成山开心地笑着说：到了野鸭湖，咱们就是一家人了，说这话就见外了。丹妮罚了我半天，你这儿是敬酒，好啊，到家所有的人都会敬着你们的。

两人把酒喝下，雷丹妮又给二人把酒斟上。

雷丹妮说：我这人倒是从小野惯了，就是不服管，但也容不得有人在我面前胡来，所以那天在石板镇，看着那些人拿着直玛瞎折腾，真的是动气了。当时要是换个地方，我非放躺下几个，对了，包括那个张阿六，叫嚷嚷的，后来你是站出来救直玛，不然的话，我肯定带上直玛就走了。来，就为你能站出来，敬你一杯。

阿成山高兴地说：哎哟，夫人能高兴，真是太好了，这次我得喝个双杯，算是一敬一罚吧。雷丹妮把酒喝下，阿成山喝下了一杯，采尔直玛为他斟满，又喝下。采尔直玛说：大人，夫人，光喝酒了，吃点菜吧。雷丹妮笑着：直玛，喝了点酒，这心情也好些了。阿成山说：放心吧，以后的菜我会亲自点的，想吃什么就告诉我，一定让你们吃好。雷丹妮问：以后是多长？我可是走烦了。阿成山说：就快到了。来，我敬两位夫人一杯，算是赔罪。采尔直玛推辞道：大人，我真的不能再喝了。雷丹妮说：直玛，他这是自找的罚酒，一定得喝。我们这可是两个人，我跟直玛喝了，你得喝两杯。阿成山说：好，好，好，两杯，算是一个个的敬。

三个人又把酒喝下。

雷丹妮对阿成山说：看不出来，你倒是挺能喝的。阿成山笑着说：高兴嘛，这里又没有外人，喝醉了也没关系，不然夫人又看不起我了。雷丹妮说：我父亲说过，杯中见人品，一个人如果喝酒实诚，肯定错不了。阿成山：那夫人觉得我这人如何啊？雷丹妮：今天还可以，想起石板镇，就只能是马马虎虎了。阿成山：石板镇不是野鸭湖，各管一方嘛，到了野鸭湖，我阿成山绝对不会含糊的。雷丹妮笑了笑：但愿如此。直玛，咱们这一路走着，这野鸭湖像在天边似的，总也没个尽头，到了那儿，也许真的就是一辈子了，唉，说实话，说好了，是咱们的新家，说不好，异乡人在天涯，同病相怜……

阿成山插嘴说：不会的，那儿就是你们的家。雷丹妮埋怨：我跟直玛说话，没你的事。采尔直玛答：以后我会听夫人的。雷丹妮说：你想错了，我是说住在一起，相互担待着点。这杯算是我敬你的。采尔直玛请求道：夫人……直玛真的不能再喝了。雷丹妮笑了笑，自己把酒喝下。采尔直玛犹豫了一下，也端起酒杯喝下。

采尔直玛和阿成山都喝得趴在了桌子上。

雷丹妮喝了一点汤放下筷子：来人！

家奴走进说：夫人。

雷丹妮说：伺候老爷安寝。

家奴上前搀扶阿成山。

雷丹妮说：老爷喝多了，今晚就睡在这儿了。

家奴一怔，犹豫着：夫人……

雷丹妮怒问：听不明白我的话吗？

家奴躬身说：哦，明白了。

雷丹妮瞥了一眼趴在桌子上的采尔直玛和阿成山，笑了笑，走出。

雷丹妮穿着睡衣靠在床上，莫名一笑，说道：女人自带三分酒，还真应验了。雷丹妮吹熄了灯，躺下。

采尔直玛慢慢醒来，感到一阵恶心，下床跑到屋角呕吐着。慢慢站起身，感到一阵晕眩，定了一下神，走到床边，突然看到阿成山赤裸裸地睡在被窝里。采尔直玛一下怔住了，泪水慢慢流下，猛地抱着头大声叫着：啊……

阿成山被采尔直玛的尖叫声惊醒，猛地坐起，发现自己身子光光的，忙用被子包着。阿成山问：这……直玛，这……这是怎么回事？

采尔直玛惊叫着：大人……我？……你？……

阿成山说：一定是昨晚喝多了……

采尔直玛痛苦地说着：你……你把我彻底毁了……彻底毁了啊……

阿成山笑了笑：喝多了，干了啥都不知道，真的不知道，不过早晚……

采尔直玛说：我不愿意……

阿成山一怔，问道：你怎么了？

清晨，雷丹妮在院子里看着鲜花，不时偷眼看着采尔直玛住的屋子。

张阿六走出，问：哟，夫人今天怎么起的这么早？

雷丹妮说道：你难道会不知道？昨晚被你弄的啥也没吃，天不亮就被饿醒了。再说了，天天这样磨，走到野鸭湖，你都可以当爷爷了。张阿六说：回夫人话，老爷说了，从今天起会抓紧时间赶路的。雷丹妮打趣说道：我现在关心的是什么时候吃得上饭。张阿六说：米线都已经准备好了，一烫就可以吃。雷丹妮说：好，你去叫一下直玛姑娘，我跟她一块吃去。张阿六躬身说道：请夫人稍候。张阿六走到采尔直玛屋门外，轻轻敲了敲门，请示道：夫人，该用早点了。

阿成山打开屋门，张阿六一下怔住了。

阿成山不快地抱怨道：大清早地叫什么啊，夫人还……

阿成山看见张阿六身后的雷丹妮，一下子怔住了。

采尔直玛坐在床上低声哭泣着，雷丹妮走进，阿成山一脸尴尬地站在一边。

雷丹妮四下看了看，说道：土司大人，要说我雷丹妮不是个心里容不下事情的人，可凡事总该有个规矩，有个先来后到吧？阿成山：丹妮，你听我说……雷丹妮：你少在这儿丹妮丹妮的，生米都被你给煮糊了，你还说什么啊？阿成山不好意思地说：昨晚的事情你知道，一高兴就喝多了……雷丹妮厉声地说：所以就酒后乱性，是不是啊？阿成山说：我真的啥都不知道。雷丹妮责怪道：行啊你，这被窝都还是热乎的，就翻脸不认账了。

雷丹妮说着拔出了腰上的枪，说道：我雷丹妮这辈子啥都吃，就是不吃骗。阿成山一脸委屈的解释道：我喝醉了，醒来就……雷丹妮说：采尔直玛，我看你可怜搭救了你，你也口口声声地说要报答我的救命之恩，哼，你就这样报答我？十足一个恩将仇报。采尔直玛满脸泪水地说：夫人，我……我……雷丹妮说：行了，我受不起，现在你才是夫人呢。

雷丹妮说完，走出屋去。

阿成山看了看采尔直玛，自责地说：唉，这事都怪我……

阿成山把采尔直玛扶上了马车。

雷丹妮走到马旁摸了一下，问道：这马昨天是谁管的？一家奴上前，说道：夫人，是小的管的。雷丹妮问道：你管的？跟从土里扒出来似的，怎么骑？家奴说：夫人，昨天一到，小的就刷洗过了，然后才喂的料。雷丹妮问：这么说是我在冤枉你了？野鸭湖里出来的人，不会都是些骗子吧？阿成山上前说：多嘴！家奴：小的该死。家奴退下。

阿成山说：别跟他们一般见识，骑在马上过于劳顿，还是坐车吧，既干净，想睡还可以睡一下。

雷丹妮怀疑地问：你不会是见谁都想睡吧？阿成山不好意思地说：你这是说哪儿去了。昨晚是我不对，以后再不喝酒了。雷丹妮说：才知道啊，我今天早上就改喝醋了。行了，伺候你那位夫人去吧，马骑不成，我走路总行吧？阿成山说：这怎么行，你坐车，我骑马跟着，有啥事尽管说。快扶夫人上车。

张阿六和一个家奴忙上前扶雷丹妮。

情　殇

　　雷丹妮打开张阿六的手，怒骂道：少跟我动手动脚的，小心我毙了你。

　　张阿六和家奴退到一边，看着阿成山。

　　雷丹妮瞥了阿成山一眼，自己上了马车。

　　阿成山上了马，吩咐道：阿六，上路吧。

第 11 章

采尔直玛坐在马车里低声哭泣着。

雷丹妮擦好枪,装上子弹,把枪插好,不耐烦地说:行了,行了,别得了好处还卖乖。采尔直玛扭过头去说 夫人,你为什么要这样做?雷丹妮撇嘴一笑:嘿,这话应该我说才对啊。采尔直玛说:我一直敬着你,可你,昨晚用酒把我给灌醉了,然后……我真是不想活了。雷丹妮说:不错,我是把你给灌醉了,可外面马背上那位也被我给灌醉了,难道你还不明白吗?行了,以后孩子生下来,总得有个爹吧,你肚子里揣着个进门,谁是孩子的爹啊?采尔直玛说:你这是……雷丹妮说:就昨晚我灌给阿成山的那些酒,壮牛都得醉趴下,他还能干什么事,自己好好想想吧。采尔直玛轻轻点点头,说:好像是没那事……雷丹妮得意地说:是根本就没那事,真要说有事,就是你肚子里的孩子是他阿成山的了,这爹他当定了。

采尔直玛感激地说道:夫人,直玛给你跪下。说着就要跪下去。雷丹妮笑着扶起直玛,安慰道:行了,行了,用不着,谁叫咱们有姐妹缘呢。放心吧,就外面这些吃土豆长大的,我说啥,就得是啥。采尔直玛握着雷丹妮的手说:夫人,以后我听你的。雷丹妮掏出手绢为采尔直玛擦去脸上的泪水说:放心,有我在,一定不会让你受委屈的。

一行人终于到了野鸭湖。

来到土司府,雷丹妮才知道阿成山已娶了大太太金花。

采尔直玛坐在椅子上紧张地看着雷丹妮,雷丹妮满脸怒气地在屋子里来回走着。雷丹妮猛地拔出腰间的枪,说:这个阿成山,敢骗我,我先毙了他。采尔直玛起身冲上,夺过雷丹妮手里的枪:夫人,千万别动气啊,有啥咱们可以好好说。雷丹妮:说什么,就他阿成山,如果不是省主席保媒,我凭什么要嫁给他?嘿,他倒是蹬鼻子上脸了,我一个大姑娘,上这来给他当小,他以为他是谁呀?采尔直玛说:先看看再说,只要他真心对你好就行了。雷丹妮:这事能看吗,我雷丹妮好好的一个待字闺中,一个大姑娘成了小媳妇,以后让我找谁去?哼,家里已经有了一个,还让省主席保媒,就这一点能是真心吗?采尔直玛:一路上他都让着你,我看他是真心的。雷丹妮:他那是做贼心虚。真该死,那些兵全留在玉龙雪山了,不然今天我非扫平了这个土司府不可。

阿成山满脸堆笑地走进说道:到了这儿就好了,有什么不周全的地方尽管说。雷丹妮怒视着阿成山。阿成山慢慢收起脸上的笑容,紧张地:丹妮,你这是……

雷丹妮抓起桌子上的茶杯向阿成山砸去,阿成山忙躲开,茶杯砸在墙上,粉碎。

第11章

雷丹妮怒骂：你还敢来，我要杀了你！雷丹妮说着向采尔直玛抢枪，采尔直玛绕着桌子躲。

阿成山问：丹妮，有话咱们好好说，这又是怎么了？雷丹妮骂道：你屋子里养了个黄脸婆，还要带着我跟直玛回来，你还想说什么？阿成山说：别人眼里我是个土司，可进了这土司府就身不由己了……雷丹妮说：哼，当了个管野鸭的破土司，就真以为自己是个土皇帝了，不想惹事的话，马上派人把我跟直玛送回去，要是我父亲来了，你这儿可就只能是一地鸭毛了。

阿成山说：丹妮，算我求你了，明天就是大喜的日子，你总得让我对客人们有个交代啊。雷丹妮说：阿成山，我让你有了交代，谁又给我交代？谁又给我父亲交代？我父亲堂堂一个指挥着千军万马的将军，把女儿嫁给你这个土鳖当众，你让他的脸面往哪儿放？采尔直玛劝道：夫人，咱们已经来了，就算是帮帮大人吧。阿成山赞同道：直玛说得对，丹妮，你就帮帮我吧。雷丹妮冷笑道：笑话，拜堂成亲，我帮了你，我就不是大姑娘了，这忙是能帮的吗？

阿成山突然一把抢过采尔直玛手里的枪，指着自己的太阳穴说道：丹妮，这事你如果不答应，我就死在你面前。采尔直玛吓得拦住，恳求道：大人，使不得啊！雷丹妮大笑起来说：直玛，别拦他，他真敢死在这儿，我雷丹妮给他修坟。阿成山犹豫了一下，枪从手里掉在地上，泪水流出说道：丹妮，你做事也太绝了。雷丹妮问：好，我给你指条明路。阿成山答：请说。雷丹妮说：今晚就把那个黄脸婆给我休了，明天直玛和我就跟你拜堂成亲，保证让你风光个够。阿成山说：她的父亲是拉姆

221

大土司,你让我今晚休了她,明天这儿就真的成了一地野鸭毛了。雷丹妮冷冷一笑说:那是你自己事。

阿成山说:丹妮,说句心里话,我心里真的喜欢的是你,对,还有直玛,我保证从明天,不,从今晚开始,绝不再跟她亲热。雷丹妮说:就你,那保证跟个狗屁没啥区别。阿成山说:如果我说话不算话,你一枪把我给毙了。阿成山说着,捡起地上的枪送到雷丹妮的手里。雷丹妮看了看枪,抬起手用枪顶在阿成山的头上:这可是你自己说的,我雷丹妮打死一个人,绝对不会比踩死一只蚂蚁费事。阿成山说:我相信,我绝对相信。雷丹妮说:滚吧!阿成山:谢谢,丹妮,真的谢谢了。

阿成山擦着汗跑出屋去。

采尔直玛帮着雷丹妮换上了裙装,赞美道:夫人,你穿什么衣服都上身,真漂亮。雷丹妮看着镜子里的自己:可我还是想穿军服。采尔直玛说:不一样,夫人穿上了军服,有精神,可穿上了这身衣服,就是漂亮。雷丹妮无奈地笑了笑:漂亮是给男人看的,有啥用?采尔直玛说:别生气了,土司大人被你吓得连话都不会说了。雷丹妮说:他那是自找,不是有你在,我真的自己骑匹马就走了。你想想,大老远地跑了来,到了这儿才知道,做小老婆,被个吃土豆长大的家伙给算计了,窝囊。采尔直玛说:放心吧,今天一过,什么都重新开始了。

土司府外,鞭炮震得轰天响。张阿六带着家奴们迎接着宾客,一个个宾客踩着家奴们的背从马上下来。宾客们送来了盐、茶和猪膘肉作贺礼。张阿六躬身把宾客们迎进府内。

土司府大厅,阿成山披红挂绿,与雷丹妮、采尔直玛按着俗礼拜堂。

大奶奶金花端坐当中。采尔直玛缓步走到金花面前跪下说：采尔直玛给大奶奶请安了。

金花点点头说：嗯，起来吧。

阿成山眉头皱了一下，偷眼看着雷丹妮。

雷丹妮走到金花面前伸出手，招呼说：你好！

金花一怔，忙伸出手，雷丹妮跟她握了一下。

金花惊讶答道：嗯，噢，你好！

雷丹妮笑了笑，回到自己的座位。

主婚人高唱：二位新人向大奶奶敬茶！

采尔直玛接过佣人递上的茶走到金花面前恭敬地说：采尔直玛为大奶奶敬茶。

金花淡淡一笑，接过茶放在了身边的桌子上。

佣人端着托盘走到雷丹妮面前，雷丹妮看了看托盘上的茶碗，用眼睛示意了一下金花。佣人犹豫了一下，端着托盘走到金花面前，阿成山忙端下茶碗放在桌子上。金花不快地看了阿成山一眼。

一家奴跑进禀报：老爷。

阿成山不快地盯着家奴。

家奴说：门夕有个叫二丫的，要见二奶奶。

阿成山怒喝：胡闹，赶出去！

雷丹妮一惊，二丫，说：慢着！这是我带来的人。

雷丹妮站起身，走出大厅。宾客们怔怔地看着雷丹妮的背影，阿成山尴尬地笑着。

土司府大门外，阿都和二丫被两个扛枪的家奴挡在门外。

二丫高声叫嚷：你们让我进去，我必须立即见到夫人。家奴答道：老爷说了，没有请柬的，都不能进去。阿都说：我们是一路追着来的，就让她进去吧。家奴：老爷说了话了，小的不敢。雷丹妮走出高声说道：我这没说过话的，是不是说话就不管用啊？家奴躬身说道：是，二奶奶。二丫见到雷丹妮走过来，激动地叫着：小姐……小姐……

雷丹妮惊喜地走近二丫，拉着她的手，惊喜地说：二丫，你还活着！二丫应和道：活着，活着，小姐，是阿都大哥送我来的。雷丹妮说：一起进去吧。家奴犹豫道：二奶奶，老爷说过……

雷丹妮一把抓过家奴手里的枪，熟练地推上子弹，抬枪就打，一只鸡中弹，鸡毛飞起。家奴呆呆地看着。雷丹妮把枪塞到家奴手里，吩咐道：记住，以后府上我这二奶奶说的话，跟老爷是一样的。

张阿六从大门里跑出，叫唤道：二奶奶，你快进去吧，拜堂仪式还没完，你怎么就跑了。

雷丹妮说：阿六，我的娘家人来了，该不该出来迎迎。张阿六看了看二丫和阿都，问道：他们是二奶奶的娘家人？雷丹妮说：野鸭湖的人不会都跟你一样，狗眼看人低吧？张阿六连忙说：小的不敢。土司大人请二奶奶赶快进去，您再不进去，土司大人会惩罚小的。雷丹妮说：哦，这我倒想看看土司大人会怎么惩罚你，他如果不会，我还愿意教教他，省得那些不长眼的东西一点规矩都没有。张阿六恳求道：求求你了，二奶奶，体谅体谅小的们。

二丫劝道：小姐，拜堂是大事，还是赶快进去吧。

雷丹妮命令：阿六你可看清楚了，我的娘家人是讲规矩的。

雷丹妮说着带二丫走进，阿都要随进，被张阿六指示家奴挡在了门外。

雷丹妮生气地说：张阿六，你要真想找死，我就成全你。张阿六躬身：是，我听二奶奶的。雷丹妮对两名家奴：把张阿六立即给我打出门去。张阿六问：二奶奶？雷丹妮呵斥：还愣在那儿干什么？两个家奴把张阿六赶出了土司府。

二丫、阿都跟着雷丹妮走进了土司府。

阿都轻声地说道：二丫，小姐真厉害。二丫得意地：那当然。雷丹妮说：都给我挺起来，你们现在就是我雷丹妮的娘家人，谁也不敢动你们。对了，吃过饭了吗？

二丫告诉雷丹妮，阿都陪着她一路赶来，从昨天就一直饿着。

雷丹妮叫家奴领他们去吃饭，并吩咐道：我的娘家人要单独一桌。

月光映照在湖面上，湖边点起了巨大的火堆，阿成山牵着身着纳西服装的雷丹妮从主宾席上站起。

阿成山说：今天雷丹妮小姐进入土司府，是我阿成山大喜的日子，许多朋友专程赶来，在此我深表谢意，为今天这个美好的日子，今晚我特意举行一个阿嚏。雷丹妮轻声比：不是阿嚏，是Party，Party。阿成山笑着：Party，对，Party，不是阿嚏是Party。

人们开心地笑着。

情　殇

　　阿成山说：管他什么阿嘎还是 Party，其实就是为了高兴。野鸭湖人人能歌善舞，一天不唱歌，我们心里闷得慌，两天不跳舞，我们脚痒痒。为答谢各位来宾，开仓放酒，招待参加今晚锅庄的各位来宾。还是那句话：酒要喝，舞要跳，再不欢乐，更待何时。我们要把月亮跳下去，跳得东方出太阳。

　　众人齐声说道：我们一定要把太阳跳出来！

　　阿成山高声说道：好，那就尽情欢乐，尽情享受吧！

　　酒尽情地流进大碗，汉子们开怀畅饮。

　　一盘盘肉端上了主宾席，宾客们高兴地吃着。

　　阿成山、雷丹妮、采尔直玛开心地笑着。

　　张阿六带着一队青年男女走进，笛子声中，青年男女排成长龙翩翩起舞。

　　几个青年男女走到主宾席前躬身施礼，阿成山一手拉着雷丹妮，一手拉着采尔直玛加入到了锅庄的队伍。

　　篝火映着雷丹妮、采尔直玛开心的笑脸。

　　金花脸色阴沉，起身走开，张阿六赶紧跟了出去。

　　湖边成了欢乐的海洋，宾客们纷纷参与到锅庄的行列中去。

　　音乐起，民歌——

　　　　领唱：阿－哩－哩——

　　　　众人：阿－哩－哩——

　　　　领唱：我们一起来跳舞，

　　　　众人：我们一起来跳舞，

　　　　领唱：我们一起来唱歌，

众人：我们一起来唱歌，

领唱：从月亮出山就开唱，

众人：从月亮出山就开唱，

领唱：从星星出来就起跳，

众人：从星星出来就起跳，

领唱：要像知了声声唱不停，

众人：要像知了声声唱不停，

领唱：要像马鹿欢乐地跳不停。

众人：要像马鹿欢乐地跳不停。

第二天一早，阿成山抽着水烟，金花生气地坐在椅子上。

金花说：那个采尔直玛还算是知道点规矩，娃雷的简直就一点规矩都不懂，大喜的日子就开枪杀生，以后这日子还怎么过？阿成山低着头抽烟说：人家是城里的洋小姐，相互将就着点吧。金花骂阿成山说道：怎么将就，你这个不要脸的死东西，连主子的身份也不顾了，一手拉着一个去跳什么锅庄，跟那些下人混在一起，我看着都恶心。阿成山解释道：人家省城还男的和女的搂在一起跳舞呢。金花强调说：这里是野鸭湖。阿成山反驳道：野鸭湖也不能让人家瞧不起呀。金花可：谁瞧不起了？瞧不起就趁早走人。我阿爸不搞这些，也没见谁瞧不起他。阿成山安抚道：行了，别说气话了，这位大小姐的脾气一上来，可是啥都不管的，昨天她是杀了只鸡，没杀人就谢天谢地了。金花不服气地说：你少拿杀人来吓唬我，你听着。在这儿我是大奶奶，明天我要好好教训教训她。

情　殇

　　阿成山放下水烟筒，正色地说道：我可告诉你，千万别惹她。你以后想活得安稳自在的话，就忍着点，别像以前那样，要吵就吵，要闹就闹。她可是揣着枪过来的，从小在军营里长大，顺着她的意还好，哪儿要是扭着点，她才不管天王老子是谁，阿六就差点被她给毙了。

　　金花怔怔地看着阿成山。

　　阿成山说：我这真不是吓唬你，石板镇的人够野，她提着枪啪啪就是两下，一个个全变得规规矩矩的，为啥，就因为她不是吓唬人，是真敢打呀。金花说：哼，一个女人家使枪，打也是瞎打。阿成山说：瞎打？昨天的事情你可是亲眼看到的，一枪过去，一只鸡就剩下了一堆毛。她跟你们不一样，是玩着枪长大的。金花说：弄了这样一个女人回来，我看你是酒喝多了。阿成山说：这事是省主席保的媒，答应下来，还不是为了找个靠山。金花说：那以后你自己也得当心点，别叫她像打野猪一样把你给打了。阿成山笑着说：那倒不会，顺着她点就行了。既然你觉得采尔直玛懂规矩，以后不妨多跟她亲近点。金花：什么亲近点？一下子领回来两个，我还没来得及跟你算账呢。阿成山说：都是一家人，分得太清对谁都没好处。金花问道：那你告诉我，一下子三个女人在这府上转，以后怎么办？阿成山答道：以后……反正一不离二，二不离三，大家在一起，凑合着过呗。

　　雷丹妮重新穿上了军服。

　　二丫看了看，笑着说：小姐天生就没有做新娘的命啊。

　　雷丹妮拔出手枪看了看，又重新插回枪套，骂道：说什么呢，小心我撕烂了你的嘴。

二丫嘴硬说道：本来就是嘛，那裙子穿着多好看，干嘛非要换下来。雷丹妮呵斥：你个丫头懂什么。那个黄脸婆瞪着双母猪眼，我看着就心烦，换这身衣服就是想镇镇她，凭什么我来了就是个小老婆。二丫问：这也值得你生气啊？雷丹妮：嘿，你今天这话里有话啊。二丫：我哪敢啊，你都说她瞪着母猪眼了，还生气就是不值嘛。

雷丹妮说：好了，这次算让他们给折腾够了，整整一夜，真把太阳给跳出来了。说说你的事吧。二丫说：有什么好说的，木少爷他救了你，剩下的，我只知道我活下来了，其他的全都……二丫眼睛湿润，说不下去了。雷丹妮问：全完了？二丫点点头。雷丹妮垂下头去说：唉，这事怪我，当时一使气开了几枪，没想到这雪山会这样，罪过啊……二丫一怔问：那枪真是小姐打的？雷丹妮：我也没想到几枪会把山上的雪给打下来。

二丫惊讶地说：哎呀，怎么会是你打的？我昏了两三天，醒来啥都没了，人和马全都没了，当时我还以为小姐……真是太可怕了。雷丹妮问：你怎么想到来这里的？二丫说：阿都的马帮救了我，我也不知道情况怎么样，他们说到石板镇，我就只有跟着他们走呗。结果到了石板镇遇到了木少爷，才知道小姐好好的，已经上路了，阿都他阿爸就说绕一下把我送过来。

雷丹妮问：你碰到木润铭了？二丫说：不是遇到他，我都不知道该往哪儿去了。对了，小姐，木润铭真是个少爷。雷丹妮一怔：你咋知道的？二丫：阿都是他们木家的马帮，他是丽江大研镇木家的二少爷。雷丹妮淡淡一笑：我说嘛，这家伙说点话咬文嚼字的，办起事来也拿捏有度，不像是个种田打猎吃土豆的。

阿成山笑着走进问道：怎么衣服又换回去了？雷丹妮打趣说：谁知道你这土司府里有没有山猫野熊的，总得防着点吧？阿成山说：天呐，就你这身往那儿一站，就算是有山猫，也被你给吓成老鼠了。雷丹妮调侃道：怎么，闹腾了一夜，你还没累趴下啊？阿成山说：人一高兴，就不会觉着累了。再说了，你才到，我总得抬抬你吧。下面都已经传开了，二奶奶玩枪跟个木棍似的，端起来就打，几十步开外一只鸡就剩下一地鸡毛。雷丹妮：那是你手下的那些人没眼色，自找的。阿成山说：所以得让他们有点眼色才行嘛。

阿成山走后，雷丹妮领着二丫走进采尔直玛房间，说：直玛，快来认识一下，这是二丫。一直跟着我，这次在玉龙雪山走散了，她又一个人赶了来。采尔直玛：看得出来，你们之间的感情很深。二丫施礼：二丫拜过三奶奶。雷丹妮笑着说：二丫是一个非常认真的姑娘，直玛，以后你有什么事，就使唤她好了，她会给你办好的。采尔直玛说：总是让你挂念着。雷丹妮说：住在一个院子里，都是一家人了，还分什么你呀我呀的，看你身子一天比一天重，有什么多使唤二丫。采尔直玛说：好的。雷丹妮说：纳西男人我看个个长得都高大威武，小宝贝的父亲长得一定很英俊吧？采尔直玛点点头：嗯，他很英俊，以后这孩子生下来了，一定会像他的。雷丹妮笑着说：那我们就等着英俊的小男孩出生了。哎，直玛，孩子他爸爸叫什么名字？采尔直玛感伤地说：他叫……

这时,一丫头走进说:二奶奶,三奶奶,老爷请二位奶奶马上到客厅去。

雷丹妮不耐烦地说:知道了,你去告诉老爷,就说我们换换衣服马上就到。

丫头躬身退出。

又进来一个丫头说:二奶奶,老爷请你快一点过去。

雷丹妮烦躁地说:催什么催,告诉他,我们会来。

丫头犹豫了一下,说:老爷说了,让我带着你们过去。

雷丹妮生气地说:什么,你是来押解我们的?

采尔直玛说:别生气了,我们还是快过去吧,别让老爷等急了。

采尔直玛说着拉着雷丹妮的手,一起向门外走去。

客厅里,阿成山叫人购得一堆的皮毛。见雷丹妮和采尔直玛进来,笑着说:快,快,你们随便挑,野鸭湖冬天冷得很,不穿点皮毛会冻死的。

雷丹妮说:着急上火的,我还以为房子着火了。直玛,既然是老阿的一片诚心,咱们就好好地挑几件。

木润铭来到军部雷霆办公室,整理了一下军容:报告!雷霆:进来!

雷霆对木润铭说:上次你送我女儿到石板镇,任务完成得非常出色。现在又有一件急事情,我想也只有你能够完成。木润铭身子一挺:请军长吩咐。

雷霆说:是这样,现在需要把一批物资送到驻守虎跳峡的部队,那里路途遥远,又处于高海拔地区,不太好走。特别是那一带匪患猖獗。想来想去，只有你是最好的人选。木润铭：军长放心，我一定尽全力完成任务。雷霆：很好，你准备一下，明天就上路吧。

清晨，货物都已经上了马背，木润铭带着士兵们准备出发。

雷霆亲自来送，再三交代：任务重大，路上小心，尽量不要在野外宿营。

木润铭敬礼：是！

夜晚的木府，十分安静，阿木扎来到和云的房间内，告诉和云，他有一个发财的机会。他已了解清楚了，这次雷霆军部要运的货是军饷，真正白花花的现大洋，负责押运的是木润铭，木府的二少爷。和云一怔，问：二少爷真的还活着？这事不能瞒着大少爷啊。阿木扎：这我还能不知道吗。你想想，要是二少爷回来了，他两兄弟能和好，咱们还能待下去吗？要是吵翻了，咱们可里外不是人啊。和云：你的意思是……阿木扎说：咱们先得弄清楚大少爷为什么找二少爷，要是想斩草除根，咱们可以继续跟着大少爷。要是大少爷想还情，咱们可就死无葬身之地啊。

和云说：你这样一说，我还真搞不清楚大少爷到底是怎么想的。阿木扎：问题就在这儿，他跟二奶奶结下了梁子，二奶奶是二少爷的亲妈，杀母之仇。和云说：二奶奶是自己跳的井，不是大少爷杀的。阿木扎：没错，可二少爷照样会把这账记在大少爷头上，他们两兄弟之间闹，管咱们什么事？到时候木家的财产真要是回到二少爷的手里，咱们还是他妈的两手空空。

清晨，和云背着一个竹篓打开后门走出，阿木扎牵扯着马迎

第11章

上。和云说：府上的短枪全在这儿了，还有几颗手榴弹。阿木扎：够了，对付十几个兵应该没问题。和云：小心行事。阿木扎：放心吧，一完事就把枪送回来，保证人不知鬼不觉，你就等着数钱吧。

阿木扎背着竹篓上了马，打马而去。和云把门轻轻地关上了。

森林茂密，言道险峻。木润铭和士兵们牵扯着马走来。木润铭四下看着，抬起手来，马队停下。

一个士兵问：长官，怎么不走了？木润铭说：这里是土匪经常出没的地方，大家一定要小心。士兵们从马背上取下枪，推子弹上膛。几只受惊的鸟突然从林中飞了起来。木润铭看了看：咱们人不多，宁愿绕点道，一定要确保安全。士兵一：长官，这儿的路你熟，我们跟着你。士兵们牵着马退了回去。

阿木扎从大树后面探出头来看了看，一皱眉头，隐到树后，消失在密林中。和云和一群蒙面壮汉等候在树林内，阿木扎喘着气跑来告诉和云：妈的，木润铭这小子已经上套又突然改道走了。和云：既然他已改道，咱们还是回去吧。阿木扎：我就不信这儿的道他会比咱们还熟，从箐沟穿过去，照样挡在他们的前面。和云：你的意思还是要捞这一票？阿木扎：妈的，开弓没有回头箭，这次是他妈的军饷，老子要定了。弟兄们，走！蒙面壮汉们跟着阿木扎跑去，和云犹豫了一下，也跟了上去。

木润铭带着士兵们牵扯着马在山道上快步走着。木润铭指挥士兵们：保持好距离，迅速通过。士兵们打着马加快前进的速度，木润铭拔出手枪，四下看着。突然从山崖上飞下几颗手榴弹，在马队中爆炸，几名士兵倒下。随着一阵喊杀声，一群蒙面壮汉从山崖上冲下。

木润铭带着剩下的几个士兵拼命抵抗着，几个冲在前面的蒙面壮汉中弹倒下。木润铭大声喊着：护好马，不能让他们靠上来。戴着面巾的阿木扎挥枪朝木润铭打去。和云上前阻挡：你他妈的疯了，那是二少爷。阿木扎：老子打的就是他，要想保住咱们自己的饭碗，就必须彻底断了大少爷的退路。

木润铭和几个士兵守在一块巨石后，向冲上来的蒙面壮汉们打着。

士兵问道：长官，知不知道他们是哪伙土匪？木润铭：黑水塘大当家的我打过交道，按理不会对咱们下手的。

木润铭从巨石后慢慢站起，喊道：哎，让你们大当家的出来说话……

木润铭话没说完，阿木扎把剩下的一颗手榴弹投了出去，手榴弹在巨石后爆炸，木润铭慢慢倒下……押运的东西也被蒙面人抢走。

不知过了多久，木润铭慢慢睁开眼睛，醒了过来。

黑牛忙凑上前问：二少爷，你醒了？木润铭说：大当家的……你……你为什么要这样做？黑牛一怔：二少爷，你不会以为是我黑牛做了这一票吧？木润铭：这是你的地盘……不是你，又……又是谁？黑牛：我也是听到了动静才带着弟兄们赶过去的，结果到了那儿，除了十几个穿军装的死人，别的啥都没了，后来在石头后面找到了你，摸摸还有气，就赶快把你给背回来了。木润铭：江湖上的事情你比我清楚，你……你以为这事是谁做……做的……这可是军用物资呀。黑牛摇摇头：这我就说不清楚了，这群贼明显嫁祸于我。木润铭：这是军饷，我不会放过他们的。黑牛：唉，二少爷，要不你先歇着，让我好好想想这事，我立即派几个弟兄出去打探一下，尽量给你一个说法吧。木润铭轻轻点点头。

午后，当黑牛再推门走进时。木润铭从床上坐起问：事情打探出点眉目了吗？

黑牛摆摆手，两个土匪退出。

黑牛说：派出去的人都回来了，一点蛛丝马迹都没有，这活干的他妈漂亮，不知道的还以为是老子捞了这一票。木润铭：雁过留声，真的什么都觉察不出来？黑牛：正在查，二少爷，一点证据都没有，会不会是木润声？木润铭说：不至于吧，这次可是军饷，真要是他，那是他自己找死。

军部办公室，雷霆烦躁地来回走着，木润铭头上缠着绷带向雷霆报告被抢的事情。

木润铭说：我已经感到情况不对，所以想带着马队快速通过，可几颗手榴弹从崖子上飞了下来，当时就有几个弟兄倒下了。我把剩下的人搜集在一起，拼命地抵抗着，但是他们人太多，后来又一颗手榴弹爆炸，我就倒下了。雷霆停下脚步：照你说的，他们是有所准备的了？木润铭回答：应该是有所准备。

突然，屋外传来一阵说话声，随后副官走到了雷霆面前。副官说：报告军长，内奸已经捉到了。雷霆大声说：带上来！

两个士兵押着阿鲁走进。

哪知阿鲁快步上前跪在了木润铭的面前，哭道：木长官，我上有老，下有小，一家人全靠着我啊，拦劫军饷的事……您还是招了吧。木润铭一怔问阿鲁：你说什么？阿鲁说：木长官，你可不能不认账呀。阿鲁说着从兜里掏出三块大洋捧给雷霆：军长，这全是他的主意，这大洋就是他给的。木润铭恼怒地：你胡说八道！

阿鲁说：军长，上次你委派木长官护送大小姐，在路上他就和大小姐吵了起来，雷大小姐哭得很伤心，他想非礼大小姐，大小姐誓死不从，他就开枪挟持大小姐，结果发生了雪崩。一起去的弟兄就我一个人活着回来了，他不敢向军长讲明事实，还要我替他隐瞒。这次劫军饷，也是木润铭逼着我们干的，结果去的弟兄全死了，军长，我说的全是真话，你可得为我做主啊。

雷霆沉着脸问：木润铭，这是怎么回事？

木润铭对阿鲁大叫：你为什么要血口喷人！

阿鲁说：我怎么血口喷人了？木润铭，两次了，跟着你的弟兄们全都成了冤魂，就我一个人死里逃生，你说这是为什么？军长，我要是有半句假话，你就在这儿毙了我。

木润铭垂下头去，说：军长，我跟着你也有些日子了，现在我什么也不想说，也说不明白，全凭您来决断。日后见到了雷小姐，她定会还给我一个清白。

雷霆愤怒地说：这是我好不容易从上面讨来的军饷，谁要是动这钱，天理难容。来人！把他先关起来，听候处置。

副官一挥手，两名士兵把木润铭押了出去。

禁闭室，木润铭呆呆地坐在墙角，手里玩弄着碰铃，在思索：这件事是谁干的呢？是谁在阿鲁的幕后？

第11章

勤务兵打开门悄悄走进。

木润铭吃惊地问：谁？勤务兵说：润铭，是我。勤务兵告诉木润铭，同事一场，是来救他的，此事雷军长非常生气，明早就要枪毙他。木润铭摇摇头说：用不着救我，我木润铭一人做事一人当，可这不是我做的事，我也不能这样就认下，我必须弄清事实真相。军长必须给我一个说法。勤务兵说：润铭，你太书生气了，军长能给你的就是一颗子弹。木润铭：我不能这样不明不白地跑掉。看木润铭坚持不走，勤务兵无奈地摇摇头：你呀，真是不走阳关道，非要走独木桥。说着，突然手一抖，袖子里伸出一把短刀，照着木润铭就刺。

木润铭就地一滚，顺势一脚踢出，正中扑上来的勤务兵的肚子上，勤务兵捂着肚子蹲下，木润铭不知后面还有什么阴谋，只得冲出了禁闭室，正好门口有匹马，他飞身上马，向驻地外冲去。

勤务兵捂着肚子跑出，大叫：木润铭跑了，快追！……

士兵们从营房里跑出，胡乱地开着枪。

几名士兵冲进马棚，骑上马向驻地外追去。

窗外响着枪声，雷霆问走进来的副官：外面出了什么事？

副官说：木润铭逃跑了。

雷霆：一定要把人给我追回来！

木润铭沿着山道不顾一切地骑马奔跑，士兵们尾随其后，不停地开枪。前面出现一个岔路，又冲出几个蒙面人，两路人马列队向木润铭开枪。木润铭伏在马背上沿着另一条路跑去。蒙面壮汉打马快追。士兵们骑马追来，突然绊马绳拉起，士兵们纷纷从马背上跌下。

木润铭死命狂奔,身后蒙面壮汉们紧追不舍,木润铭跑到一山腰处,马一失蹄,连人带马落下崖去。蒙面壮汉们在山崖边停下,和云拉下面巾看了看:二少爷,对不住了。走!

和云带着壮汉们调转马头而去。

勤务兵来到杂物房,打开门悄悄溜进。

阿鲁起身迎上去说:大兄弟,怎么样,我听着外面怪热闹的,那小子一定上当了吧?勤务兵:放心吧,那小子自己赶坟场去了。阿鲁:漂亮!这是你的赏钱。一分不少,钱呐,真是个好东西,我阿鲁就喜欢……

勤务兵没等阿鲁把话说完,手里的短刀已经插进了阿鲁的胸膛,阿鲁瞪着眼睛慢慢倒下……勤务兵说:你那份自己到阎王爷那儿去讨吧。

勤务兵拔出刀在阿鲁的身上擦了擦,返身关上了房门。

傍晚,勤务兵急匆匆地来到树林边,四下张望着。

阿木扎从树林里慢慢走出。

勤务兵迎上去说:表哥,一切顺利,都是照你说的做的。阿木扎:放心,钱我已派人送到你家里去了。阿木扎说着,突然右手一挥,刀从勤务兵的脖子上划过。勤务兵:……表哥你?……

勤务兵瞪大眼睛慢慢倒下。

阿木扎一撇嘴,自语道:表弟,别怪表哥心狠。

阿木扎收起刀,背着手走进了树林。

第 12 章

睡到半夜的采尔直玛惊叫着从床上坐起……

二丫听到，披衣跑到床边：三奶奶，怎么了？采尔直玛气喘着说：做了一个噩梦……哎哟，肚子痛……二丫：三奶奶，你挺着点，我这就叫人去。

二丫说着跑出门去。

雷丹妮、阿成山都匆匆赶来。阿成山问：直玛啊，你是不是病了？雷丹妮：废话，人的脸色都变了，还愣在这儿干什么？阿成山：对，请郎中！

阿成山焦急地来回走着。

金花也不紧不慢地来到采尔直玛房间的客厅，说：哼，吃五谷杂粮，谁还没个头疼脑热的。阿成山：人家已经生病了，你还在这儿说风凉话。金花：我生病的时候你这样急过吗？

二人正吵着，一个丫头笑着从里屋跑了出来报告：老爷，大奶奶，郎中说三奶奶有喜了。阿成山笑着：啊！什么，再说一遍！丫头又说：郎中说三奶奶有喜了。阿成山开心地笑着：好啊，直玛的肚子还真争气，我也有儿子了。金花一撇嘴：哼，值得大惊小怪的？讨了个进门，还揣了一个来，是够喜的啊。阿成山不快地：你胡说，我可就这么一个儿子。金花：你咋知道就是个儿子了？阿成山：不服气你给我生一个，每天晚上瞎折腾，劳民伤财……金花：阿成山，你说谁呢？阿成山：不说了，我得进去看看了。

阿成山说着走进里屋去。

金花恼怒地说：回屋去！丫头跟着金花怒气冲冲地走了。

阿成山高兴地留下守着采尔直玛，二丫与雷丹妮也回屋去了。

一进门，二丫就说：你那位土皇帝一听三奶奶有喜，嘴都笑成了八瓣，小姐，你怎么也不吃醋呢？雷丹妮：嘿，孩子在她肚子里，我吃的什么醋啊？二丫：你是二奶奶，说啥也该你在前面，你还按兵不动，她倒先怀上了？雷丹妮：不碍你的事，你少多嘴。二丫：怎么不碍我的事？你上面那个憋了那么些年，也没憋出一个屁来，要是咱们能先怀上，以后就是这野鸭湖的小皇帝，奴才不也跟着风光吗？雷丹妮：真要是着急，你来怀怎么样？二丫：你跟三奶奶不吃醋，就算我多管闲事。哼，看着我就生气，好像三奶奶怀的是他爹妈似的。雷丹妮：你这是说谁呢？怎么说他现在也是我的丈夫，我可以按兵不动，可轮不到你在这儿指手画脚。二丫一脸神秘地说：大小姐，不是我指手画脚，你也不算算日子，才进门几天就有孩子了，田里苞谷也还没有发芽呢。雷丹妮笑着：行啊，别人没发芽，你就发芽了，没见你碰过男人，咋就知道男女之事呢？二丫：没吃过猪肉，总还见过猪跑嘛。

雷丹妮得意地告诉二丫，别瞎猜了，这都是自己精心安排的，就是要让土皇帝认下这个账，不然直玛怎么过得了这一关。孩子生下来，总得有个着落吧。二丫吃惊地说：敢情是二位奶奶合起伙来蒙土皇帝啊？雷丹妮笑笑：这也是没有办法的事，直玛把难处全告诉我了，我知道了总得帮帮她。不过你今后说话做事可要当心点，别捅破了这层纸，那可就要闯大祸了。二丫：小姐，三奶奶肚子里的孩子不会就是石板镇那个和独眼的种吧？雷丹妮：你打听这干嘛？二丫：嘿，龙生龙，凤生凤，老鼠的儿子会打洞，别生下来是个小独眼，这纸可就是她自己捅破的了。雷丹妮：两人还没有谈婚论嫁，和独眼就被人给害死了。二丫：那孩子是谁的？雷丹妮思忖着：她自己说孩子是她那个已经"情死"的情人的。雷丹妮说：二丫，你跟阿都相处过，阿都又与木润铭相识，阿都应该知道木润铭有没有心上人吧，你想想办法，能不能跟阿都见上一面，问问。二丫答应着。

从山崖上摔下来的木润铭在朦胧中醒来，发现自己挂在一棵大树上，轻轻动了一下，树枝断落，木润铭摔在了山崖下。

几个土匪巡山走过，看到了昏倒在山崖下的木润铭，套上头套，把木润铭拖向山上。木润铭被摘去了头套，慢慢地睁开了眼睛。

黑牛吃惊地说：二少爷，怎么又是你啊？木润铭苦笑着：润铭又给大当家的添麻烦了。黑牛：还愣着干什么，快给二少爷看座。两个土匪把木润铭扶到椅子上坐下。木润铭对黑牛讲述着发生的事情，觉得前两天那事，整个就是一个圈套。

黑牛笑了起来，说道：二少爷啊，闯荡江湖，说到底就是他妈的设套解套。木润铭：你说的我能懂，问题是这套已经设到军队，设到军长身边去了。黑牛：军长也是人，军队照样在江湖上抢，不过我们是小抢，他们是大抢，等我们他妈的抢够了，他们又来抢我们，要不怎么说兵匪一家呢。算了，今天我也算是又救了你一命，实在没地方去，干脆留在我这儿，怎么也能混口饭吃。

木润铭说：谢谢大当家的，你这儿我肯定不会留的，我现在必须把前面的这件事情查清楚。黑牛：凭我在江湖上漂了近二十年的经验，能做下这套的绝非常人，至少也是他妈的狗胆包了天的人。木润铭：是谁的胆子这么大，抢军饷，这可是死罪啊。

小土匪摆下酒菜，黑牛摆摆手让他们出去，并说：没有听到我的招呼，谁也不许进来。

土匪躬身退出。

黑牛给木润铭倒上酒，说：边喝边说话，也算是当哥哥的为你压压惊。

木润铭端起面前的酒碗，说：大当家的，润铭不善饮酒，可总是给大当家的添麻烦，这碗酒就算是润铭向大当家的谢罪了。黑牛开心大笑：好，二少爷也是个爽快人，黑牛没有文化，喜欢跟文化人打交道，喝了这碗酒，黑牛就认下你这位老弟了。

两人碰了一下碗，把酒喝下。

木润铭说：军饷被抢的事情，大当家曾经怀疑是木润声做下的，我想了一下，觉得也有道理。本想回去以后，向军长说明这件事情，进行查实，再追回。可没想到我们军营里面出了内奸,还是军长身边的勤务兵,这事情就复杂了,因为木润声的手再长,也伸不到军营里啊。

黑牛说:老弟啊,没有查清事情真相之前,千万不要下结论。奇怪,就凭你说的勤务兵,真敢把套下到军长那儿去?当然了,这些兵都是这一带村民入伍的,瓜瓜藤藤的,不知道在哪儿就扯上了,这手真要想伸,不是件难事。那咱们能不能反过来想,这套是给你下的,是谁这么恨你,下了套子要治你于死地,既然已经知道了那个勤务兵。木润铭:还有一个叫阿鲁的。黑牛:好,两个了,咱们先喝酒,没工夫去瞎猜,我让手下的弟兄把这两个家伙弄了来,一问不就全清楚了。木润铭:顺藤摸瓜?黑牛:既然有了藤,为啥不顺手摸一把?

木润铭又端起桌子上的酒碗,一气喝下,人也趴在了桌子上。

黑牛说了句,过去是见酒就跑,现在是非要喝倒,便出门去了。当他返回时,木润铭还趴在桌上睡着。

黑牛摇醒木润铭说:你听我说,我派出去的人都回来了。木润铭:你派的什么人?黑牛:摸瓜的人,听好了,这件事情非常蹊跷,你说的那个阿鲁和勤务兵,都已经被人给做了。这下木润铭酒醒了,问:做了,谁……谁做的?黑牛:要是知道,就好办了,那个阿鲁是被人在贮藏室里给做了,勤务兵是在林子里被人给做了,你琢磨出点味道没有?木润铭:请大当家的明言。黑牛:都是杀人灭口。木润铭:杀人灭口?黑牛点点头:应该是勤务兵先做了阿鲁,然后他自己又被别人给做了,所以这套是外面的人做下的。所以,我想,不会是别的,十之八九是为了钱,这世道,谁都是见钱眼开。

情 殇

　　傍晚,木润声在院子里来回走着,管家上前问道:大少爷,您找我?木润声点点头:我已经打探清楚了,润铭人还活着。管家一怔:你是说二少爷人还活着?他在哪里?木润声:他现在在军队里。管家:二少爷当兵吃粮去了?木润声:阿木扎说雷军长开始挺器重二少爷的,送雷家小姐出嫁就是交给他的,玉龙雪山的雪崩,二少爷大难不死,回去以后,军长又让他负责押运军饷,结果二少爷他把军饷给丢了。管家:军饷丢了?军饷丢了可是要掉脑袋的啊!木润声:阿木扎说找不回军饷,雷军长会枪毙二少爷的。管家:这年头,土匪比牛身上的毛还多,上哪儿找去?丢了多少军饷?木润声:肯定少不了。管家怔住了:天啊!

　　木润声说:这段时间我心里乱,你把府上的盘清理一下,看看还有多少。管家:大少爷是想……。

　　木润声说:能捞当然得先把人给捞出来,后面的事情再说。军饷不会是小数目,先送一万大洋过去,算是摸摸情况吧。管家:好,我这就给大少爷备钱去。木润声:不,这一万块大洋你送过去。他能活着是造化。我让阿木扎带几个人送你,道他熟,不会出事的。管家:大少爷放心,我一定把钱送到。木润声交代老管家,注意保密。

　　几个家丁牵着马站在大门外,木润声陪着管家和阿木扎走出。

　　木润声交代阿木扎,这是雷军长的货,具体是什么货他没有跟阿木扎讲。第一,照顾好老管家,路上要出了什么事,拿你是问;第二,军营的东西按时送到,丢了要你的人头;第三,送到了赶快回来,老管家会算赏钱给你。

第12章

交代完毕，管家、阿木扎几个人上了马，向着镇外打马而去。

顺利到达营地，阿木扎与几个家丁在外面候着，卫兵把管家带进雷军长办公室。

管家把几个马褡子放在了桌子上。

雷霆问：这是什么？

管家说：雷长官，这是一万块大洋。

雷霆一怔：你这是干什么？管家说：不敢瞒着雷长官，我是木润铭家里的管家。木润铭是我家二少爷，听说他把队伍上的军饷丢了，家里担心，让先送一万块大洋过来，如果不够，家里再凑。

雷霆看了看马褡子说：看不出木润铭真还是位阔少爷啊。管家说：说不上阔，只是不敢拖累队伍。

雷霆把手一挥，副官提走马褡子。

管家问：雷长官，这钱能堵上窟窿吗？雷霆：钱是一个方面，丢了肯定得补上，关键是我得查清此事，到底是谁干的，是不是木润铭干的。若是木润铭通匪，关系到我军的名声。管家吃惊地：通匪？雷长官一定是搞错了，润铭是我看着长大的，从小人就老实本分，知书达礼，绝对不会像雷长官说的通匪。雷霆：开始我也不信，可是人证面前，我不得不信啊。管家：雷长官能不能让我见见他，也许老朽能够帮着雷长官问出个究竟。雷霆：你见不着他了。管家：什么？雷霆：他畏罪潜逃，掉下崖子，摔死了。管家怔住了：二少爷他摔死了？

管家走后，雷霆正在办公室，副官走了进来报告：军长，驻扎虎跳峡的五团一营二连连长赵连成求见。

雷霆说：赵连成，他来干什么？请他进来吧。

副官打开门，赵连成跟在后面走进。

赵连成敬礼：报告军长！

雷霆说：坐吧，勤务兵，给赵连长倒茶。

赵连成说：报告军长，团长知道我跟过军长，所以派我过来……雷霆：一家人，有啥话就直说。赵连成：是！我们一直没有接到军部的粮饷，最近那段路又不太安全，所以团长就派我过来亲自押运。雷霆：是呀，前阵子你们来过公函要粮饷，我已派人送去，但路上被抢出了事，目前还在查实，所以就把这件事情耽搁下来了，你来了正好，由你亲自押送回去。

副官又进来报告：报告军长，有一位马锅头说要来探望木润铭。

雷霆说：这木润铭还真是个人物啊，管家来过，又来个马锅头，把他带上来吧。赵连成：军长，这……马锅头，你也见？雷霆说：见，这个木润铭就是我派去给你们押运军饷的，军饷被抢出了事以后，他就逃了，我就是要看看这葫芦里到底装的是什么药。

马锅头进来，与军长寒暄之后，讲述了石板镇的情况：……我们在石板镇碰上木润铭的时候，当时雷小姐已经跟随阿成山一同去了野鸭湖，我们只是听他讲述了送雷小姐在玉龙雪山遇险的情况。

雷霆思忖着：这么说我没有看错人，是阿鲁陷害木润铭，来人！副官走入：去把阿鲁给我找来。副官回答：军长，阿鲁前几天就被人杀死了。雷霆说：知道了，下去吧。雷军长对马锅头说：显然有内奸，看来是一个圈套，我错怪了润铭。不过有件事情我觉得蹊跷，出了这件事后，润铭的家里来过人……

马锅头问：什么人？

雷霆说：管家。他送来了一万块大洋，说是帮着润铭堵上丢失军饷的窟窿。一个管家送钱来救主，这种心情我能够理解。可一万块大洋不是个小数目啊，你以为一个管家能够挪出这一万块大洋吗？

马锅头说：我跟老管家交往几十年了，在没有见到他之前，我无法回答雷长官的话。雷霆：问题是这送来的大洋正好就是我丢的数，这个数连润铭自己也不知道，这是不是也太巧合了？

马锅头说：是有些巧合，也许这种巧合能帮助我们找到幕后真凶。可是既然已经抢了，又原数送回，有些不合情理啊。雷霆：是啊。老和啊，你是这一带有名望的马锅头，有件事情想麻烦你一下。马锅头：雷长官请说。雷霆：我想请你的马帮给我走一趟军需到虎跳峡。马锅头犹豫了一下：多谢雷长官信得过我。尽管这条道上匪患无穷，但我闯荡多年，江湖上的朋友多多少少都会给我一分薄面，我会尽全力把东西送到的。雷霆：谢谢了。赵连长会带着他的人为马帮担任警戒任务。马锅头：要是能这样，就太好了。

雷霆又说：另外我还有个私事相托，我的女儿丹妮嫁过去以后，我一直也没有时间去看她。如果方便的话，你回家路过野鸭湖时，我想拜托你替我探望一下女儿，看看她的境况怎样，父母对孩子总是牵肠挂肚的啊。

马锅头让雷军长放心，一定会去看望雷小姐。

管家回到家，急忙向木润声报告此行的情况。

听了管家的报告，木润声一只手把茶杯捏碎，猛地站起说：先是江水淹死，现在又是掉下山崖摔死，我不信，我绝对不信润铭已经死了。管家：大少爷，这事是雷长官亲口所言。木润声：告诉我，润铭是通哪儿的匪？管家犹豫了一下：不清楚，他们是在黑水塘附近出的事。木润声冷冷一笑：我就知道又是那个黑鬼……

听到小土匪报告一队马帮正向黑水塘走来的消息，黑牛一阵兴奋，带着土匪们在路边树林里埋伏起来，两个时辰过去，一个土匪跑来报告：大当家的，肥羊过来了。黑牛撇嘴一笑，拔出枪来：小的们，准备接客，谁也不许他妈的闪了，丢了黑水塘的名号。土匪们纷纷推子弹上膛。

马锅头牵着马走在马帮的前面，赵连成提着手枪跟在马锅头的身边。走至黑水塘附近，马锅头说：赵连长，这一段路带刺，让弟兄们眼睛亮着点。

赵连成把手向身后一挥，士兵们迅速散开，成警戒队形。

黑牛看着过来的马帮，说：妈的，马锅头怎么跟当兵的裹缠到一块去了？

土匪说：大当家的，人家军队警戒，人马已经散开，不好下手了。

黑牛狠狠地下令：告诉弟兄们，撤！

黑牛骂骂咧咧地走回大厅，一个趔趄差点没摔倒。

黑牛骂道：妈的，今天是谁在看家，灯也不点，我看是活腻了。两个土匪举着火把跑进。黑牛看着地上已经醉得不成人形的木润铭：不是让你们把酒看好了吗，怎么又让他醉成这个样子了？一土匪从里面跑出：大当家的，你们一走，二少爷就一个人哭，后来要酒，谁知道就醉成这样了。

黑牛问：喝了多少？土匪喃喃着：一罐。黑牛：一罐？牛都能醉倒五头了。先把他拖出去，真他妈的丧气，没一件事是顺心的。把他甩到后山去，让他妈的野狗来啃。

两个土匪拖着木润铭走出。

木润铭酒醒之后，找到黑牛说：如果大当家的不嫌弃我，我就留在你身边讨口饭吃吧。黑牛说：想好了？愿意留就留下吧。这个社会也只有逼良为娼，一个书生也只有落草为寇，上天真是不长眼睛啊。俗话说，好有好报，恶有恶报，我怎么就看这个世上，对好人就不给好报呢。我是亲眼看着你把木润声给放走的，这小子却以怨报德。木润铭：我跟他的事情，早晚会有个了断的。大当家的，练功夫要多长的日子？黑牛笑了起来：不知道二少爷是想学打人，还是想学挨打呢？木润铭沉下脸来：要活下去，就都得学。

雷丹妮、二丫在野鸭湖畔散步，碰上了手牵着手也在野鸭湖畔散步的阿都和山茶。

阿都介绍山茶见过雷丹妮和二丫后，四个人一起走着。

二丫讲起了送嫁路上的生死考验。因提到木润铭，山茶惊喜地问：你认识木润铭？二丫说：对，他被大水冲到岸上是我们小姐救的他。山茶嘟哝地：可惜采尔直玛死了……多好的一对。

二丫听到问：采尔直玛？你说的是不是土司家三太太……

雷丹妮打断二丫的话说：山茶，我知道采尔直玛的故事，还知道你们是好朋友。我告诉你，采尔直玛还活着。山茶惊喜地：采尔直玛，她还活着？二丫抢着告诉山茶采尔直玛不仅活着，还做了土司三太太。山茶大惊，问二丫说的都是不是真话。二丫：谁会骗你。

山茶自语道：完了，完了，木润铭还在那儿守着碰铃发呆，以为直玛死了。是不是直玛也以为润铭已经死了，名正言顺地成了阿大土司三奶奶，这个直玛，怎么能这样，就嫁人了呢？

雷丹妮说：不是那么简单地嫁人，情况非常复杂，一时半会儿也说不清楚。

山茶告诉雷丹妮：二奶奶，你是不知道，他俩当初多不容易啊。雷丹妮：可现在事情已经成这样了，谁也不要把这事情说出去，先搁一搁，等我了解了直玛的想法以后再说。山茶：二奶奶，我们可不可以见见直玛？雷丹妮：这事可不好办。二丫：土司府里的规矩多着呢，别说是外人，就是家人都难接近三奶奶。因为三奶奶怀上孩子了，土司大人天天陪着，把她当成宝贝似的。

山茶一怔，问：孩子？直玛怀孩子啦？雷丹妮：直玛是怀有孩子了，但不是土司的孩子。山茶问：木润铭的？雷丹妮点点头。山茶说：不可能，绝对不可能，二奶奶，这孩子绝对不会是直玛和润铭的。他们被看得很严，到玉峰寺约会还得我去安排，根本没有机会在一起。雷丹妮说：是直玛亲口告诉我的。阿都：天啊，真要是这样，孩子的事情一旦露出风去，直玛可就麻烦大了。雷丹妮：所以从现在起，我们谁都不要再提孩子的事情，就当直玛真的是怀上土司的孩子，这样直玛母子才能平安。这可是一个天大的秘密,谁也不许走漏半点风声,否则,我的枪不认人。

雷丹妮手起枪落,"叭叭"打了两只鸭子,并吩咐家奴:拿到厨房去收拾出来,晚上我请朋友们吃。

这时,一阵马蹄声响起,远处,马锅头骑着一匹高头大马奔驰而来。

山茶高兴地站起来:阿都,阿都,阿爸回来了,阿爸回来了。

马锅头跑到跟前跳下马,阿都把马牵到一边吃草。

马锅头看着雷丹妮说:这位应该就是雷小姐了吧?雷丹妮:你怎么知道?马锅头笑着:将门出虎女,一看就知道。雷丹妮笑了笑:坐下说话吧。

大家坐下,阿都给马锅头递上酒壶,马锅头接过来,喝了不少,抹了一下嘴:渴坏了。又说:我这次为雷长官押运军需到虎跳峡,雷长官托我回野鸭湖时来看看雷小姐,他非常思念你。

马锅头说着拿起身旁的一包东西交给了雷丹妮。

马锅头说:这是雷长官让我交给你的。雷丹妮接过东西,有些激动,问:谢谢和大叔,我父亲他还好吗?马锅头:还好,看得出来他很想你,怕你在这里生活不习惯,很想来看看你啊。雷丹妮:我也很想他,我从小就跟着爸爸,一下子离开了,真感觉好像靠着的墙塌了似的。马锅头笑了笑:都一样,做父母的都一样。走马帮是件累人的活,真把山茶和阿都放下休息,我也想得很。

山茶说:我们也很想阿爸。阿都:阿爸,你进军营见没见到润铭?马锅头喝了一口酒:唉,一言难尽,润铭遭人陷害,现在不知所踪，雷长官对这事也很内疚。

雷丹妮一怔，问：润铭他怎么了？

马锅头说：润铭送雷小姐到了石板镇，回去以后得到了雷长官的器重，又让润铭押送一批军饷到虎跳峡，结果半路上军饷被抢，带去的人也都死了。润铭带着一身伤回到军营，有个送小姐的活下来的家伙说润铭非礼小姐，开枪导致雪崩，这次又伙同土匪劫了这批军饷，雷长官非常生气，自然要查实此事，就把润铭给关了起来。结果晚上有人要暗害润铭，他只好逃跑了，去追的人又中了人家的埋伏，润铭也从此失去了踪迹。

雷丹妮埋怨说：我爸也不动脑子想想，润铭怎么会做这种事情呢？马锅头：雷长官也知道这件事情处置不妥，可现在都晚了。阿都：唉，什么倒霉事都让润铭碰上了。

山茶告诉马锅头：阿爸，采尔直玛她还活着。马锅头既吃惊又高兴：直玛还活着，她在哪里？山茶说：就在野鸭湖，她现在是野鸭湖阿大土司的三太太。马锅头：咋那么巧，也在野鸭湖。直玛她嫁人了？唉，润铭还一心想着直玛。山茶说：不仅嫁人，还怀上了孩子，不过，这个孩子是润铭的。马锅头惊奇地：润铭的，要是润铭知道直玛怀上了自己的孩子，还不知道要发生什么事。雷丹妮：其实直玛也一心想着润铭，可她得保住这个孩子啊。润铭现在生死不明，这事一定不要让直玛知道，这时候最重要的是保住孩子。

几个人点了点头。

几天后，雷丹妮提着一支猎枪，漫不经心地走在野鸭湖旁。湖里有两只鸭子在戏水，雷丹妮举枪瞄准。二丫上前阻止并告诉雷丹妮那是家鸭，说：看小姐的神情是不是看到直玛三奶奶受到土司老爷的宠爱，有些吃醋了？雷丹妮笑了起来：躲我还来不及呢，吃什么醋啊？二丫：我看这几天大奶奶倒是一脸的不高兴。雷丹妮：阿大土司宠着三奶奶，她会高兴？二丫说：我看大小姐也挺失落，不然怎么一个人到湖上来打鸭子。

雷丹妮笑着说：二丫呀二丫，如果你当上了这个奶奶，不知道要吃什么醋才解渴。告诉你吧，我才不稀罕和别人去为这个土皇帝争宠呢。二丫：那你还大老远地嫁过来？雷丹妮说：我这个人就爱独往独来，不是为了这里的风景，我才不会答应我爸嫁到这里呢。早就听说这野鸭湖风光秀美，刚好省主席提出了这事，作为政治交易我爸答应了。我才不管他政治不政治，交易不交易，我只想借机会来这里看一看，等玩够了，住腻了，小姐我骑上马一溜烟就跑回省城去了。二丫：小姐，来了就走不了了。你走了那军长怎么办？他怎么向省主席交代。过几个月后，你要是怀了个孩子，还怎么走？雷丹妮：想的好，我送给他了一个采尔直玛，自然是要保护好我自己，不会让他沾上的。二丫我告诉你，我晚上睡觉就搂着这支枪，他见我这个样子，连床边都不敢坐，来我屋时也就是蹲一夜墙角，我能不让他沾身子，总不能不让他站岗吧。

二丫大笑起来，说：难怪老爷不想站岗，只有把三奶奶捧上了天，进了三奶奶的屋就不想走。雷丹妮说：那就让他守着呗。二丫眨了眨眼睛说：我一个丫头还是想不明白你说的是什么意思。但我知道，一个正儿八经娶回的官家小姐，敌不过半道上顺手牵羊领回来的小寡妇，太亏了。雷丹妮：其实啊，直玛心里也根本没有这个阿成山,她要是喜欢他,就不会整天对着那只碰铃发呆了。好啊,现在她是认定那个拿碰铃的人已经死了,等她知道了真相,这孩子已经成小土司了。

二丫说:我明白了。雷丹妮:你明白什么了?二丫:你保护自己,是因为你对那个木润铭也动了心……

雷丹妮伸手打了二丫一下,说:你这个丫头,不想要脑袋了,胡说八道,我怎么会对那块木头动心,我这是成人之美。你看着吧,等有机会向三奶奶问一问,如果她对木润铭还有情有意,那我就向父亲提出把木润铭还给她,让他们那对碰铃撞个响出来。

二丫说:好,大小姐你这想法就对路了。雷丹妮:又怎么啦?二丫:你这一枪双响打得可真妙啊。雷丹妮疑惑地:什么一枪双响,我打谁了?二丫说:这不,采尔直玛与木润铭团聚的日子,也就是大小姐重登皇后宝座之时,这交易合算。雷丹妮笑:你这坏丫头,敢算计我。

二人在湖边嬉闹着。

第 13 章

采尔直玛正在院子里晒着太阳,雷丹妮和二丫走进。雷丹妮问:直玛,贴身膏药上哪儿去了,怎么不陪着你了?采尔直玛:啊,谁?雷丹妮笑了:哎呀,咱们的那位土皇帝啊。采尔直玛笑了笑:你一天给他起个名,让谁都搞不明白。他说有个什么重要的应酬急着走了,想带着你去,可你又不在。雷丹妮:难道是想带着我种土豆去?

采尔直玛看了看旁边的丫头说:这话别让丫头们听见,他挺要面子的。雷丹妮:放心吧,他本事不大,气量大,不在乎几句玩笑。采尔直玛:我让厨房里给你们做了一些绿豆汤,出去跑了一圈,一定口干,喝一点吧。雷丹妮:二丫,要不你带她们一起去喝吧,我陪着三奶奶四处走走。

二丫笑了笑,带着丫头走出。

雷丹妮挽着采尔直玛在院子里慢慢地走着。

雷丹妮问:大老奶呢?采尔直玛:大老奶……哦,在后屋佛堂念经呢。雷丹妮笑着说:都是那个臭丫头二丫,我们俩都给套进去了，我是二老奶，你也成了三老奶。采尔直玛笑着：你呀，以后还不知要编排出多少绰号。我已经几天没有出来走动了，觉得外面啥都新鲜。

雷丹妮说：好好怀你的孩子吧，反正一个院子住着，我会常来陪你的。采尔直玛：丹妮，我想给孩子取一个好听的名字。雷丹妮：不过阿成山是大家族，可能得按大族谱规则给孩子取名字吧。

采尔直玛说：我想给孩子起个小名，只是亲密的人叫。不管是女孩还是男孩，都叫铭铭，你说好不好？雷丹妮笑了笑：叫铭铭不错，真的不错……不过嘛，我觉得你和他都喜欢音乐，叫小音音是不是更好听。采尔直玛高兴地：小音音，好，叫起来甜甜的，就叫小音音。直玛拍拍肚子，音音，记住了，这可是二姨给你取的名字。

名字取好的当天晚上，小音音就想出来了，痛得采尔直玛满头大汗，喃喃道：……音音，你想要妈妈的命啊……

接生婆惊慌地说：三奶奶，使劲……使劲啊……还差一个多月，怎么就……

雷丹妮上前说道：她命都快没了，你让她怎么使劲？滚！张阿六，还不赶快去找大夫！

等候在外面的张阿六带着两个家奴跑下。

阿成山走进问：直玛怎么样了？

听到里面的叫声，阿成山也叫道：直玛，你一定要挺住，把咱们的儿子生下来啊……

雷丹妮说：去去去，你进来干什么？一大老爷们，凑什么热闹，走，走，走……

阿成山说：我想帮帮她。雷丹妮：你帮他？怎么帮？孩子在她肚子里，不会是你来帮她生吧？还不快走！

阿成山无奈地退出屋子。

金花带着巫医进屋，金花大声说：快！快！巫医来了。

巫医上前看了看采尔直玛说：哎呀，孽子可恶，横卧腹中，而且还差一个多月，这养七不养八……

雷丹妮呵斥道：再乱说，小心你的脑袋，还不快快救人！

巫医一怔：哦，夫人这种情况，我只有尽力了。

雷丹妮突然拔出手枪顶在巫医的头上说：你给我听清楚了，能救就好，大人孩子我全要，成了府上送你两架猪膘肉，要是不成，黄泉路上也是你去开道。

金花说：二奶奶……

雷丹妮瞥了金花一眼，催巫医：快点！

巫医点着头说：好，这就救人！巫医说着，从随身带的小药箱里取出一些绿色的粉末，又取出一根竹管，对着直玛的鼻子吹了进去……

过了一会儿，巫医说：二奶奶，你看，大人的血已经止住了……

雷丹妮说：她现在是生孩子，我要孩子赶快出来。

阿成山在院子里焦急地来回走着。

张阿六安慰道：老爷，您别急，巫医已经进去了。阿成山：废话，能不急吗，敢情那孩子不是你怀着，空肚子说话不腰疼。张阿六：可这事光急不行啊，得她自己生不是。阿成山：好你个张阿六，我就知道一到关键时候你就使坏，就说不中听的话。张阿六：老爷冤枉啊，您天天守着三奶奶，连喝口水都是亲自倒，亲自递，还要亲自喂，小的们根本靠不上去啊。阿成山：今天三奶奶把我儿子顺顺当当地生下来就算了，要是有个啥，张阿六，我不会放过你。张阿六无奈地祈祷：三奶奶，三奶奶，你可一定要把孩子给生下来啊……

屋里传出一声清脆的哭啼声……

采尔直玛一头大汗，虚弱地喘着气。

巫医手里捧着婴儿，交给了丫鬟们。

雷丹妮高兴地抓着采尔直玛的手说：直玛，生出来了，生出来了……

采尔直玛泪水流出，喃喃道：小音音……你要是不出来，妈妈就陪着你一起去了……

金花手里数着佛珠，嘴里轻声念叨着……

雷丹妮接过丫鬟抱着的婴儿放在采尔直玛身边，说：直玛你看，多漂亮的孩子啊……

金花转身走出。

采尔直玛两行清泪挂在脸颊……

木润声在屋子里来回走着。

管家说：大少爷，这生意要是再放下去，两边的线可就全断了啊。木润声停下脚步，跟管家讲了自己的打算，自己过去有很多事做得过分，木家才有今天的局面，自己想重整旗鼓，还润铭一个兴旺的木家。自己想拉一支马帮，这样才不会受制于人。管家不同意，告诉木润声，木家出了那么多事后，再也输不起，砸不起。马帮是几辈子人趟出来的道啊，自己拉马帮，道上的人不认，那可是会连人带货一齐砸啊！而木润声坚持，砸不出一条马帮道，这生意就做不大，一定要赌一把，并吩咐阿木扎去清理府上的驮马。管家只好同意试试看。

傍晚，木润声来到祠堂，跪在木老爷的遗像前，看着老爷的遗容，泪水顺着脸颊流下，说：阿爸，润声无能，把好好一个木家给败了，现在我要开始重振木家……

管家走进，说仓库的货物已经整理出来，让润声到仓库去看看。木润声走进仓库，四下打量着。

管家说：大少爷，昨天我清理了一天，药材已经分类清理好了，茶叶也都打好包了，这些东西都是有市场的，很容易就能和上家重新接上线。木润声说：麻烦您这两天再出去走走，抓一下货源。这生意一旦做起来，货源是绝对一点问题都出不得的。管家点点头：放心，大少爷，所有的老关系都还在，有老爷的面子，货源应该没有问题。管家指着库里的货说：这些货今天就可以打包，明天就可以上路，只是马帮的事情……木润声笑了笑：放心吧，马帮的事情我自有安排。

第二天一早，木箱都已经上了马背，阿木扎带着家丁们仔细地检查着马匹的情况。

木润声走了出来，阿木扎迎上前，喊了声：大少爷。

木润声把一个信封递给阿木扎，说：把这个带在身上，到了昆明再打开，里面是这批货物的下家。

阿木扎疑惑地接过信封，问：大少爷，这是……木润声：都是为了安全起见，这次是咱们第一次自己走货，路上一定要小心点,如果成了,这一块活计以后就交给你打理了。阿木扎说:谢谢大少爷的信任。木润声挥挥:上路吧!阿木扎翻身上马,一挥手:弟兄们,上路啦——

马帮向镇外走去,木润声茫然地看着远去的马帮。

阿木扎举着木家镖旗,马帮沿着山路向前走着。

阿木扎喊道:走快点,过了黑水塘,前面上了大道就好走了。家丁:黑水塘是土匪黑牛的窝子,咱们不会在这儿出事吧?阿木扎阻止道:别净说些晦气话,怕土匪就赶快走,过去就没事了。

木润铭站在树林里冷冷地看着慢慢走过来的木家马帮。

这是黑水塘大当家的第一次让木润铭单独出门收货。一个小土匪上前凑到木润铭耳边说:这是木家大少爷自己拉的马帮。木润铭冷笑着说:我知道了。一土匪小头目说:二当家的,他们走近了,该是宰肥羊的时候了。木润铭上马慢慢拉起面巾,土匪们纷纷上马。阿木扎带着马帮慢慢走到树林前的小路。木润铭抬起手一挥,土匪们呼啸着冲出树林。

阿木扎看着冲出来的土匪大叫着:这是大研镇木家的货……

一个土匪骑马上前,一鞭子抽在了阿木扎的脸上。阿木扎从地上爬起来,木润铭蒙面骑马赶到,挥鞭再次把阿木扎抽倒在地,阿木扎吓得趴在地上不敢动,其余的人也不敢动。木润铭一挥手,土匪们牵着木家马帮的马,向树林里走去。

木润铭带马走到树林边,扯下面巾回头向阿木扎冷笑着,阿木扎怔怔地看着:二少爷……

木润铭带土匪们呼啸着冲进山寨,黑牛已经和几个手下在寨中迎候了。

木润铭从马上跳下,一拱手:大当家的,东西全在这儿了。黑牛开心地笑着:小的们,打开箱子看看二当家的给咱们带了些什么东西回来。

土匪们把一个个箱子从马背上抬下,打开,所有在场的人一下子全惊住了,箱子里都是些石头和草。

黑牛看着一个个打开的箱子,恼怒地:二当家的,这是怎么回事?木润铭不知所措的:我不知道……黑牛:妈的,出去绕了一圈,就弄了几匹马回来……二当家的,这箱子里的草不是想拿来喂马的吧?木润铭:噢,我明白了,木润声这是在探路。黑牛:东西全摆在这儿了。二当家的,弟兄们跟着咱,就是要有口饭吃,你不会是想让弟兄们端着金碗跟咱们讨饭吃吧?走!

黑牛生气地带着几个土匪转身走去。

夜晚,木润铭和黑牛坐在山坡的石头上聊着。

润铭说:我虽然一个人漂泊在外,可家里发生的所有事情我都知道,现在的木家已经是个空架子了。黑牛:瘦死的骆驼比马大,我看未必。

木润铭说:我家的货从来都是由和大叔走,现在和大叔已不再帮木家走货了。要在大研镇找支马帮,并不是一件难事,现在木润声竟然让家丁走货,看得出来,他已经在算计着每一个铜板了。黑牛:你的意思是他还会让家丁继续走?

木润铭说:没有人比我更了解他了,前面试探了咱们一把,可他不会咽下这口气的。黑牛:你是木家的,到时候你不会手软吧?木润铭的脸沉下来:大当家的知道,我木润铭今天所有的一切都是拜木润声所赐。来而无往非礼也,这一切我会原封不动地还给他。黑牛笑着:有二当家的这句话,我就放心了。

木润声在庭院的树下用草逗弄着一只画眉鸟,轻轻打开鸟笼,画眉叫着从笼中飞出。木润声目送着飞远的画眉。

管家领着阿木扎快步走进。

阿木扎进门就叫着:大少爷……马……马帮被劫了!木润声冷冷地看着阿木扎:在什么地方?阿木扎:黑水塘。管家急得埋怨:大少爷,我就说马帮不是咱们能做的事,这下子把所有的货都给搭上去了。木润声说:管家,您别着急。管家:能不着急吗?货送不到,钱就回不来,咱们用什么去收货啊?木润声:阿木扎,把我给你的信封打开看看。阿木扎忙从身上掏出信封打开,取出一页信纸,上面写着:原路返回。管家疑惑地:大少爷,这是……木润声:马丢了,不过货还在,我也知道这一把咱们是输不起的。

管家说:大少爷,既然东西还在,我这就去找一支马帮运货。木润声说:不用了,这次我要亲自去会会黑水塘大当家的。阿木扎犹豫了一下说:大少爷,领头的人我看清了。木润声问:谁?阿木扎说:领头的是……是二少爷。管家一怔:什么,你说是二少爷带人抢了咱们木家的马帮?阿木扎:老管家,我看清了,绝对不会错。木润声淡淡一笑:好啊,我就知道二少爷他没死,一定还活着。活着就好,知道了二少爷的下落,这几匹马丢的值,歇着去吧。

木润声说着转身走出屋去。

木润声来到木老爷的遗像前,说:阿爸,润声今天想告诉您，润铭他还活着，只是润声现在还无法把他给带回来……

管家走进说：大少爷，你真的打算自己亲自带着马帮走？木润声说：老管家，到了这一步，我已经别无选择。管家：可这太危险了。木润声：润铭，别人不了解他，可我知道，他是下不了这手的。管家犹豫了一下：大少爷，发生了这么多事情，什么都是有可能的啊。木润声：真要是那样，我木润声认了。他要是实在不念兄弟情，我也就没有什么江湖义了，他真能杀了我，木家的一切就都还给他，要是他杀不了我，以后的事情只能是走一步，看一步了。

管家说：这事大少爷还要慎思啊，说句不该说的话，老爷如果在天有灵，绝对不会希望看到你们兄弟二人刀枪相向的。木润声笑了笑：放心吧，真要是那样，也只会是有刀无枪的，管家，再辛苦您一下，带人把所有的货都打包，我明天出发。

管家无奈地点点头，转身走出。

夜深了，木润声还在院子里来回踱着步。

管家走过来说：大少爷，还没睡？按你的吩咐，货都打好包了。木润声：好啊，这次我可能出去的时间会长一些，府上就交给你了。管家：大少爷，如果真是润铭……是不是大少爷留在府上，我去跟着走一趟……木润声：不行，路上过于劳顿，您的年纪这么大了，会吃不消的。再说了，如果真是润铭，我们两兄弟之间的事情，还是让我们自己了结吧。管家：大少爷，骨肉相伤，这可是老爷最不愿意看到的。

木润声说：相伤？不会的。这院子本来就不该是我待的地方，现在是老天把它暂时交给了我，我呢，不过是替人守守罢了。我本身就一无所有，现在更是一贫如洗，所以也就不怕再失去什么。

管家说：大少爷不能这样想，老爷可是把木家交到你的手上了。

木润声说：这一房家业，润铭想要，就让他拿去。当然，现在我还是要尽力先把木家的生意打理好，以后能完璧归赵吧。

管家说：唉，你们两兄弟都是我看着长大的，现在真是一个也看不明白了。

木润声说：那您就好好休息，看不明白的慢慢都会想明白的。

管家说：大少爷也早点歇着吧。

油灯下木润声把擦好了的驳壳枪部件熟练地组装好，拿起弹夹看了看，把弹夹里的子弹一粒粒地取出，并排放在桌子上，二十粒子弹在油灯下隐隐闪光。

木润声莫名一笑，拿起一粒子弹压入弹夹，说：润铭，明天的机会我留给你，放过了这个机会，你就不会再有了……

木润声慢慢站起身，把枪插在了腰里，走出屋去。

清晨，家丁们早早就把货物放在了马背上，管家陪着木润声走出。

木润声走上前看了看马背上的货物说：阿木扎，给我留下十个人，你们两个带着其他的弟兄跟在后面，一旦出现情况，对那些土匪绝不手下留情。

阿木扎说：大少爷，还是让阿木扎走在前面吧。管家：大少爷，你在前面探路，太危险了。木润声笑了笑：我知道该怎么办，照我说的做吧。木润声说着拔出了腰间的驳壳枪：这东西

第 13 章

到了我的手里,还没开过荤,也许今天是用得着它的时候了。

阿木扎欲言又止:大少爷……

木润声说:行了,别弄得跟个女人似的,告诉弟兄们,该上路了。

阿木扎指着家丁们说:你们几个跟紧了大少爷,其他的弟兄跟着我。你们几个记住了,要人不要货,大少爷要是少了根毫毛,我不会放过你们的。几个家丁相互看了看,点点头。阿木扎看着木润声,木润声点点头,阿木扎把手一挥:上路了!

木润声走到管家面前说:管家,回吧,我可是把这个家交给你了。管家:大少爷……木润声:放心吧,我想啥事都不会出的,顺利的话,马帮到了大理我就回来。木润声说完笑了笑,跟着马帮走去。

管家走进书房,一下子怔住了,桌子上整齐地摆放着一排子弹。管家上前,眼睛湿润:天啊,这到底是为了什么,两兄弟之间相互残杀,为什么啊……

木润声沉着脸走在马帮的前面,身后的家丁们牵着马。一家丁上前说道:大少爷,小心点,前两天我们就是在这儿被抢的。木润声说:我知道。都别怕,跟在我身后就行了。家丁:你一个人走在前面太危险了。木润声淡淡一笑:牵好你的马跟着就行了。

家丁犹豫了一下,退了回去。

马帮后面,阿木扎、和云带着一队人马悄悄地跟着。

阿木扎说:弟兄们,快到地头了,准备好。家丁们纷纷把枪端在了手里,子弹也推上了膛。

和云凑上前,问:阿木扎,你见识过,这帮土匪大概有多少？阿木扎把手里的枪打开机头：屁话，我咋知道他们到底有多少。大少爷这次可是把命都给押上去了，一会儿真要是打起来，谁他妈的要是敢怂，别怪我阿木扎翻脸不认人。弟兄们，别他妈的挤在一块，散开点，跟上去。

家丁们散开，跟着阿木扎快步向前走去。

树林里，木润铭趴在草丛里，向树林外的山道上望着，身边趴着一群土匪。黑牛凑上前来，说：妈的，这小子亲自来了。

木润铭看着渐渐走近的马帮，没有说话。

黑牛打开枪头说：放心吧，看在你们俩兄弟一场，老子这次一定给他个痛快的。木润铭压下黑牛拿枪的手：慢着，再等一下。黑牛：这头臭野猪他妈的自投罗网，便宜不了他。土匪：大当家的，这次的货不会再有假吧？黑牛：哼，自己都溜出来了，不会有假，告诉弟兄们，听到了号子，都给我瞄准了打，老子这次要来个通吃。土匪向树林外看着：大当家的，那家伙一个人走在前面是啥意思？黑牛：坐了木家的掌门人，跑到老子的地盘上耍威风来了。土匪：大当家的放心，一会儿我把这小子当麂子打了。黑牛：先别急，等他们到了跟前，顶着他们的脑门打，除了人，其他的东西全给老子留下。土匪：大当家的放心吧，绝对错不了。

木润铭沉着脸，盯着树林外。

木润声大步走在前面。

阿木扎带了几个家丁冲了上来，警惕地看着树林，说：弟兄们，眼睛放亮了，有动静立即给我打。

木润声停下脚步，问：你上来干什么？阿木扎：大少爷，到地儿了。木润声：这条道我走过，退回去！阿木扎：大少爷……木润声怒喝：退回去！阿木扎无奈地挥挥手，带着家丁退了下去。家丁们也感受到了树林里有威胁，把枪口对准了树林。

木润声走在前面，突然放开嗓子唱起了小调——

喂——阿妹哟，
你要是那个月亮啊，
我就变个星星跟着你。
你要是只白鹤啊，
我就变朵云彩围着你。
你要是个蚕蛹啊，
我就变个茧壳包着你。
你要是棵青松啊，
我变根藤子缠着你——
…………

黑牛骂道：妈的，奔丧还唱上了。弟兄们，等老子一枪把他打哑了，就给我狠狠地打！

木润铭说：慢！情况有变，今天不能动手。黑牛一怔：什么？你要把这条到了嘴边的大野猪给放走？木润铭轻轻点点头：放他过去。黑牛：你这可是放虎归山啊！我知道了，你心虚了？胆怯了？你他妈的手软了？

木润铭沉着脸，两眼死死地盯着树林外。

黑牛说：你不会这时候还念什么手足之情吧？好，好，你真是大仁大义,他不过是你的一个义兄,他都不念你是兄弟,霸占了木家家业,把你弄得如丧家之犬……

木润铭喝斥道:住嘴!

黑牛说:我就不明白了,他都对你那样了,你还对他手下留情,没见过你这熊样儿的。妈的,你干不干?你不干,我干!弟兄们……

木润铭猛地翻身,一把短刀架在了黑牛的脖子上说:你才是找死呢!今天你要是敢乱干,老子就先抹了你。黑牛淡淡一笑:好,你有种,你会玩,老子今天就成全你。木润铭:对不起,大当家的,一会儿我会给你个说法的。

木府的家丁们小心地走出了林中山路,眼前是一片开阔地带。家丁说:大少爷,咱们过了黑水塘。木润声茫然地回头看着走过的树林,说:润铭,我知道,你就在树林里。阿木扎跑上前来:大少爷,弟兄们都上来了。和云带着家丁们也跑了上来。木润声淡淡一笑:过来了就好,把中间那匹马上的两个箱子放下来。阿木扎疑惑地:大少爷……

木润声说:人家抬了手,咱们总得给人家留下点买路钱吧。阿木扎点点头,带着两个家丁过去卸箱子。

马帮走出黑水塘,来到溪水边,马驮子都已经卸了下来,马匹四下吃着青草,和云带着家丁们开始埋锅做饭。

木润声坐在溪边发呆,阿木扎凑上前来。阿木扎说:大少爷,上次我们真的就是在那条道上遭劫的。

木润声说:我知道弟兄们都不容易,家里都等着你们拿钱回去养家糊口,那咱们现在就必须把生意重新做起来。要把生意做好做大，搭上命，也要把这条道给趟出来，明白我的意思吗？阿木扎：只要是大少爷用得着的地方，阿木扎绝对不会含糊。木润声：好，我还是把马帮交给你，从这儿出去应该不会出事了，到了昆明，把货送到昌隆商号。其他弟兄跟我从这儿回去，我得回去抓抓货源了。阿木扎：大少爷放心走吧，货一送到，我立即带着马帮返回。木润声：好了，让弟兄们开两罐子酒，算是我木润声为你们饯行了。阿木扎笑着站起身：好嘞，有大少爷的壮行酒，阿木扎一定货到钱回。

木润声把马帮交给阿木扎后，回到大研镇，走进书房，疲惫地坐在椅子上。

管家听到木润声回来，走了进来，点亮了桌子上的灯，说：大少爷这么快就回来了？木润声回答：噢……马帮过了黑水塘，前面很快就会到大理，从那儿上了官道，不会再出事了。管家犹豫了一下问：见着润铭了？木润声摇摇头：没有，知道他活着，就行了。他要是真站出来，我也不知道能对他说些啥。管家：这次能过黑水塘，说明他心里还是念着兄弟情啊。木润声茫然地：是吗？我倒是想着跟他死一块儿了。管家一怔：大少爷，千万不能胡思乱想啊。木润声：我也不知道该怎么办，所以过了黑水塘就把东西给他留下了。管家：什么东西？木润声淡淡一笑：整整两箱炸药。管家怔怔地：两箱炸药？木润声靠在椅子上闭上了眼睛：足够了……

几个土匪抬着两个木箱走进。

土匪说：大当家的，这是木家留下的，重的很。黑牛：买路钱，跟老子玩起规矩来了，打开看看。土匪：对，快打开给大当家的看看。两个土匪小心翼翼地打开了箱子,所有的人都惊呆了。

黑牛怔怔地看着,说:妈的,全是炸药。土匪:天啊,这要是炸了,这山都会被削去一半。土匪:大当家的,今天好险,他是有备而来,支了个招儿,跟咱们拼命来了。多亏二当家的及时阻拦,不然,咱弟兄们全完了。

黑牛向木润铭拱手道:老弟,今天全仗你压住了大哥的手,不然,咱弟兄到了就是一个响,真他妈的不值啊。木润铭忧郁地:真要是狠起来,咱们谁也比不上他。黑牛凑上前去:二当家的,你说说,你是怎么凭你这双金星火眼,看破他这鬼花样的?

木润铭说:木润声是个聪明人,他肯定知道我们就躲在树林里,而且枪口是瞄准他的。此前他给咱们设了个套,是想探探路,这次亲自上阵,显然是押上了所有的赌注。今天咱们如果贸然出手,木家的力量我知道,只会两败俱伤。只是我没想到他会带着两箱炸药来拼命。

黑牛说:妈的,咱们还真不能小看这小子啊。木润铭:只是有一点我还是没想通。黑牛:说说看。木润铭:他一个人走在前面,分明是在找死,这是为了什么?黑牛笑了起来:这个我比你明白。赌!他在赌你木润铭是不是敢对他打出那一枪。

木润铭喃喃道:他算准了我不会对他开枪。黑牛:你说的对,他是用命来赌,比老子狠。木润铭:弟兄们今天都累了,大当家的是不是犒劳一下大伙。黑牛笑着:捡了一条命回来,喝点酒是应该的。

土匪们叫喊着冲进大厅,木润铭笑了笑,也走了进去。

第 14 章

院子里，雷丹妮正带着小音音学习走路。小音音走了两步跌倒，趴在地上哭着。

雷丹妮抱起了小音音说：不哭，不哭，摔一跤算什么。咱们的小音音是一个男子汉，要像你阿爸……噢，得有个土司样，不许哭，噢，噢，不要哭，哼，这个吃土豆长大的，没生的时候天天守着，生下来就不管我们的小音音了，整天地不着家，以后小音音当土司，让他来伺候你……

采尔直玛忙上前接过哭泣中的孩子，哄着：来来，小音音，妈妈抱，妈妈抱。

雷丹妮直埋怨阿成山，说：孩子没出生时天天守着，孩子会走路了，也不来伺候着小土司。采尔直玛说：他忙他的，他不在，大家反而清静。雷丹妮说：那可不行，别的事情可以享清福，孩子的事情绝对不行，哪能白捡个爹来当。采尔直玛阻止：丹妮……雷丹妮笑了：你看我这嘴，说起来就没个遮拦，也是，有我们带着就行了，小音音以后不认老阿这个爹。

正说笑着阿成山和张阿六走进。

阿成山说：谁说我不带小音音了，我这不是赶着回来了吗？张阿六也说：老爷公务繁忙，可这心里挂着家里，一办完事就赶着回来了。阿成山笑着：其实这孩子现在只认我。小音音叽里咕噜地叫唤了一阵。阿成山开心地：怎么样，我就说这孩子只认我嘛。嘿，他在用纳西话叫我阿爸呢。雷丹妮：你倒是听懂了，其他人谁听明白了吗？阿成山：要不怎么说不一样呢！来，儿子，好好地再叫一声。

小音音又叫唤了一阵。

阿成山大笑着说：叫了叫了，这下子你们该听清楚了吧？阿成山接着说：丹妮，说点正事，今年丽江七月骡马交易会规模盛大，热闹得很呐，带你们去看看？

雷丹妮说：有这等好事？阿成山：我已经叫人准备着参加的物品了。雷丹妮：太好了，我们一起去，到丽江热闹热闹。采尔直玛犹豫着：这……孩子太小了，还是你们去吧……二丫问：老爷，我去不去？阿成山：嘿，你得照顾二位奶奶，当然要去。

张阿六说：三位奶奶一块去，还有大奶奶。雷丹妮：她也要去？阿成山：大奶奶喜欢一个人清静，不爱动，她就不去了吧，在家定时烧烧香，数数佛珠，再喂喂鸟，这里也少不了她，就这么定了。张阿六：还是老爷想得周到。

张阿六、阿成山离开后，采尔直玛告诉雷丹妮，自己真的不想回大研镇。真的不想再回到那个让人心碎的地方去。

雷丹妮劝直玛，说：孩子都会走路了，那些事还放在心里？那位阿大土司可是说了这次只带着咱们俩，他是想带着宝贝儿子一起去,这时候你突然说不去了,一个傻瓜也会生疑的。采尔直玛犹豫了一下:好吧,我去。什么事情你总是替我想得这么周到。

土司府佛堂里,金花正敲着木鱼念经。

张阿六站在金花身边说:大奶奶,参加丽江七月骡马会的东西都已经备下了,交易的货物老爷也已经有了安排,只是这去的人嘛,有了些变化。

金花手里的玉锤停了一下,又继续敲了起来。

张阿六说:老爷说,大奶奶你喜欢一个人清静,又要念佛,所以这次就不去了,土司大人带着二奶奶、三奶奶和孩子去,说是什么学学城里人,度蜜月。金花问:度蜜月?什么度蜜月。张阿六说:我也不知道是啥意思,想想大概和坐月子差不多吧。金花:孩子都已经满地爬了,还坐月子,还要跑到丽江去坐月子,简直不像话。张阿六:是,是,哪有牵着孩子坐月子的。

金花沉着脸闭目念着经,手中的玉锤使劲地敲着,阿成山走了进来。

张阿六躬身说:大人,你来了。

金花的玉锤敲得更响了,玉锤在手中断成了两截。金花睁开眼睛叫道:阿六,给我重新拿根好的来。

阿成山拿了一根送到金花手中。

金花瞥了阿成山一眼说:我是叫阿六给我拿。阿成山笑了笑:念佛的人,心要静,这样毛急火燎的,神佛都被你给吓跑了。金花说:哼,心静,我心静得了吗?阿成山:都快四十的人了,也该静静才是,这样对你的身体有好处。金花站起身,把玉锤往贡桌上一甩：阿成山，我问你，丽江每年一度的七月骡马会去还是不去？阿成山：去呀，当然要去，我这不正在做准备吗？金花：阿成山，从石板镇回来我就发现你长见识了，你少跟我推磨玩。阿成山看了看张阿六：怎么好好地念着经，突然发上火了。金花：发火，那也是你点的火。阿成山：我又怎么惹着你了？金花：那好，我问你，今年的七月骡马会，你打算带着府上的哪些人去？阿成山：这件事啊？还不像往年一样，能动的都去走走、看看，生意要做，朋友也要见。噢，你说对生意上的事情不感兴趣，来回走得又累，所以这次你就不去了。

金花说：什么？阿成山，是不是在你的眼里我这个府上的大奶奶已经不能动了？阿成山：走着累可是你自己说出来的啊？金花：阿成山，你别以为我不知道，从那两只骚狐狸进了门，你就嫌我老了，横看竖看的不顺眼。你爱拈花惹草是你的事，带着女人去度什么月子，我也不反对，说到底，你不要脸我要脸，谁要是敢撕我的脸，我会让这府上从此不得安宁。阿成山：这话越说越没边了，我这不是过来听听你的意思嘛。

阿成山沉下脸来对着张阿六说：阿六，我可是警告过你的。张阿六：老爷，大奶奶的消息真不是我通风报信的。金花：阿六，不用怕，就他那点小算盘，我比知道自己的手上有几颗佛珠都清楚。阿成山：张阿六，嘴皮子玩到土司府来了。张阿六：小的不敢，小的不敢。阿成山：你的胆都包了天了，还有什么不敢的？你滚吧，这次去丽江跟你没关系了。金花：阿六别怕，他不带你去，我带！阿成山：行，带谁都行，不过丑话我说在前面，谁带的人，谁开花销。金花：你少拿钱来吓唬人。阿成山：你就带吧。

阿成山说完，转身走出了佛堂。

丫头走进说：大奶奶，晚饭已经准备好了。

金花说：我不想去，端到我屋里去。

丽江木府内，木润声和管家正在对着账。阿木扎进来，把几张银票放在了桌子上。擦擦头上的汗，开心地笑着说：大少爷，货一送到地头，第二天店家就把银票全部送到了马店，还说咱们货的成色好，以后有多少要多少。大少爷，下一趟什么时候走？

木润声问：管家，我想听听你的意见。

管家犹豫了一下说：大少爷，这次的钱虽然都回来了，可马帮的事情我还是觉得……

木润声说：我知道你担心的是黑水塘……可这货要是出不去，过手钱就回不来啊……

阿木扎说：大少爷上次带着弟兄们一齐走，看得出来，黑水塘的那帮家伙心里是怕着咱们木家的。管家：光脚不怕穿鞋的，他们会怕木家？木润声：那老管家以为他们会怕什么？管家：都是些亡命之徒，还能怕什么？木润声：不，他们怕人多。人一多，他们就不敢下手了。管家：总不能把所有的马帮都集中在一块走吧？木润声：放心吧，到时候我自有主张。木润声又问阿木扎：今年骡马大会的东西准备得怎么样了？

阿木扎说：按大少爷的吩咐，都准备好了，虫草、天麻、香菇、木耳，都是上等的好货。从昆明进来的货，电池、热水瓶、香皂、牙膏、香粉所有物品也都备齐了，另外还有30匹上等的丽江矮脚马，大少爷，这次肯定要赚一大笔钱。木润声：咱们木家是做大生意的，昆明进来的货一律不卖。阿木扎一怔：大少爷，这些东西可只有咱们最多啊？木润声：我知道，因为多，也好卖，所以我才不卖。管家笑了笑：大少爷的意思是，换！木润声笑着点点头：对，只要货的成色好，咱们就用昆明进来的货去换，来个动货不动钱，两边全拴着。阿木扎笑着：大少爷想事就是周全，我还想着赶快抢两个地儿，把东西全摆出去呢。

木润声从桌子上拿起一叠帖子递给阿木扎说：外面就是赶个热闹。今年的骡马大会，我要把生意做到府上来，你带上几个弟兄，给我好好地守在镇口，凡是各地来的大商户，全给我请到府上来。管家：大少爷是想来个通吃？木润声：早几年可以夸下这个海口，今年底气不足，算是拉拉关系吧。管家：大少爷能这样做，已经是生意场上的大手笔了。木润声：现在说这话还为时过早，争取能够真正缓过气来吧。对了，管家，客房都准备好了吗？管家：大少爷放心，头两天就已经收拾出来了。

木润声说：骡马大会一完，各地客商都要上路，收的货也要雇马帮，咱们就跟着他们一起走一趟，我倒想试试黑水塘有多大的胃口。管家：如果是这样，前前后后会有二三十支马帮一同上路，黑水塘断是不敢动手。木润声：如果这次咱们货抓得好，我还想跑一趟西藏，阿木扎，你跟弟兄们要提前做好准备。

骡马大会如期而至，各地的商家们都来到大研镇。木府里，摆上了一桌丰盛的酒席。

木润声端起酒杯说：各位前辈都是家父的好友，此前由于家中变故，润声又年轻无知，疏于跟各位前辈的联络，这里润声

第 14 章

以酒代罚,向各位前辈赔罪。

木润声说完,将杯中酒一饮而尽,家人上前斟满。

木润声说:各位前辈到了丽江,尽可将府上作为自己的家,虽然府上条件有限,但吃住绝对方便,在此希望各位前辈能给润声一个薄面。

客商一:贤侄此话就言过了,我等提前赶来,就是想找到个落脚之地,没想到才一进镇,就被贤侄"劫持"到此,只好悉听尊便了。

众人笑了起来。

木润声说:各位前辈先喝酒吃饭,生意上的事情咱们饭后慢慢说。到了丽江,润声自当尽地主之谊,自然不会让各位前辈空手而回的。润声担心的是,各位前辈兜里是否装有足够的银票。

客商们笑了起来。

客商一:贤侄放心,只要你的货成色好,咱们一手交钱,一手提货,不过在我们离开之前,货要暂寄府上,这存货的银子,我等可是打死也是不给的。

木润声笑着说:要是那样,可就折煞死润声了。各位前辈来趟丽江也不容易,润声会派家人领着各位四下看看。至于各位前辈想要什么,尽可开出清单交给润声,润声一定代各位前辈把货办好,略进晚辈之意。至于价钱,各位前辈都是行家,开出价来,润声决不还价。

客商二:贤侄真是个痛快人,咱们是不是该借花献佛,敬贤侄一杯啊。

众人端杯敬木润声，一桌的酒杯碰在了一起。

饭后，木润声、管家陪着客商们在仓库里看货，都夸木家的货成色好，价格公道，都订了货。客商们开玩笑地说：既然木大少爷生意做得痛快，咱们也来个痛快的，把兜里的银票交给他吧。

木润声把管家拉到身前，说：老管家在府上已经几十年了，有劳各位前辈跟管家交接即可。客商二：交了好啊，都说无官一身轻，在这儿无银同样一身轻啊。

众人笑了起来。

客商们走后，木润声疲惫地靠在躺椅上，管家走进。

木润声闭着眼睛问：银票都收进来了？管家说：都收进来了。可我担心货缺口太大。木润声说：货的事情您不要担心，骡马大会还没有开始，咱们现在是用他们的钱来做咱们的生意，何况咱们压的那些从昆明进的货，还没有出手呢。只是咱们的手里既有货，又有钱，这生意要是还做不好，就实在是没有道理了。现在问题的关键是货的成色，一定要上等。这次如果成了，以后咱们的货只要到了昆明，就不愁脱手了。管家：骡马大会还没开始，咱们手上压的货就已经清仓了，大少爷这一手确实高明。木润声：人心都是肉长的，我这也是沾了家父的光。管家，这几天本地的客商会陆续赶到大研镇，您老盯着点，只要是货色好，统统吃进，因为实际的缺口可能比您想象的还要大啊……

傍晚，木府账房，木润声和管家正在对账。

管家说：要说我在府上也算是帮着老爷打理了一辈子的生

意,可从来没有做得这么大。木润声:要翻身,咱们就必须这样做。现在距离骡马大会还有几天,这大头肯定还在后面呢。管家:阿木扎昨天领来腾冲和保山的十个客商,看了咱们的货,也说生意就直接跟咱们做了。木润声:你答应下了?管家:昨晚大少爷应酬多,不敢打扰,说是今天给他们回话。

木润声问:他们手上有什么货?管家:全是从缅甸和越南弄过来的洋货,有洋布、香水、点火的打火机……哎呀,东西多,我也说不明白,反正都是些稀罕物。木润声:好啊,你这就去找他们,立即交易,把中甸的那批货先给他们,完了告诉他们,晚上我在府上宴请他们。管家:好,我这就去。木润声:给厨房打个招呼,这段时间的饭菜一定要好。我要把骡马大会的大生意,全做到咱们府上来。阿木扎,走,陪我出去转转。

大研古镇外的空地上,几匹马悠闲地啃着草,一排马驮子放在一起,马帮小锅头正在烧火做饭。

木润声带着阿木扎和几个家丁走上前去。

木润声打着招呼:做饭吃啊。马帮头回答:嗯,客栈我们住不起,只能在这儿等骡马大会了。

当木润声知道这只马队是从永胜过来,走了九天的路才到这里,说:辛苦了,我能看看你们的货吗?马帮头打开麻布口袋,里面的香菇、木耳,成色都不错。木润声说:你们这饭就别做了,我让人带你们把货送过去,那儿有饭给你们吃。阿木扎接着说:货送到木府去,到了那儿会跟你们把账结清的。

马帮头高兴地说:哎呀,能跟木家攀上,我们真是有福啊。不过先生,我们是先过来的,后面还有二十多匹马要过来,货的成色您放心，能一下要了吗？木润声点点头：只要成色好，就是两百匹马的货，我们也会全部收下。马帮头吩咐手下：快，赶快收拾一下，咱们把货给先生送到木府去。

傍晚，管家在书房找到木润声说：大少爷，这几天到大研镇的货，成色好一点的基本上都被咱们给收过来了，可缺口还是差得很大。木润声：别急，这两天我也一直在镇上转，真正的大货主还没有到，咱们手上压的那些洋货不是都还没有出去吗？管家：看来大少爷都已经盘算好了。

木润声说：这话倒是不敢说，只是现在已经走到这一步，开弓没有回头箭，这一把成了，大赚，不成，不过是以后咱们得把货给人家送过去，费些周折罢了。管家笑了笑：这么说只是早晚的事，赚是赚定了。木润声：厨房那边现在人手太紧，再去找两个好厨子，大生意不是在外面做的，是在饭桌上谈成的。

阿木扎匆匆走进来报告：大少爷，野鸭湖的阿大土司离大研镇还有三里路。木润声：老管家，咱们的大货主到了，得去迎迎啊。管家犹豫了一下：大少爷……要安排在府上住吗？木润声：他已经派人定下了客栈，应该不会，但咱们得准备下。管家：好，我这就去安排。木润声：阿木扎，咱们走。

黑牛、木润铭跟几个土匪小头领正在黑水塘议事大厅议事。

黑牛说：二当家的，骡马大会过几天就要开始了，每年这个时候，都是咱们山寨杀猪宰羊的好日子。今年你有什么想法没有？木润铭笑了笑：打秋风的事情，只能说撞上了是福，撞不上也不是灾。黑牛：你的意思是咱们就在这儿坐等？木润铭：赶骡马大会的，都是去做生意的，带的货肯定少不了。黑水塘又当道,是过往丽江的必经之地,这买路钱肯定少不了。黑牛:咱们就不能到丽江去转转?木润铭思忖着:此事万万不可,收买路钱是名正言顺,去丽江,大当家的如果只是想看看,赶赶街倒也无妨,可是如果想上那儿去杀猪宰羊,那儿的枪不会比咱们山寨的少,会吃大亏的。

一个土匪喘着粗气跑入报告:大当家的……报告大当家的,山下传来消息,肥羊正向咱们这儿来了。土匪接着报告说:有一支大马帮大概两天后要从黑水塘经过。黑牛:噢,消息可靠吗?土匪:绝对可靠。他们已经到达左所了。光是驮货的马,就超过了百匹。黑牛:妈的,说着说着肉就送到嘴边来了,知道驮的什么吗?土匪:具体货物不清楚,看样子是去赶骡马大会的。黑牛笑了笑:二当家的,货来了,怎么个吃法,可就全看你的了。木润铭:我一定尽力。

黑牛把长刀交给了木润铭说:好,这次行动弟兄们都要听二当家的,以刀为号,不得违背,有敢违抗命令者、杀!我自己也一样,一切听二当家的。众土匪拱手:愿听二当家的调遣!木润铭:既然大当家的和各位弟兄信得过我,润铭一定还各位一只漂亮的肥羊。

阿成山家和大马帮在山路上行走,山间山花烂漫,香气阵阵。

雷丹妮骑在马上说:这里的风景真好。阿成山得意地:过了前面的岔口,还有比这更美的,那草甸、野花,跟画里似的。阿成山问坐在车里的采尔直玛,你怎么样,累不累?采尔直玛:哦,不累。

雷丹妮自语道:一望三千里,遍地是黄金,彩蝶迎风起,无处不飞花……

　　阿成山笑着说：触景生情，诗也出来了。雷丹妮抽出腰间的手枪：不喜欢诗，那就是喜欢枪了？阿成山赶紧阻止：丹妮，你可千万别开枪啊。雷丹妮：不会是枪一响，把山给震塌了吧？阿成山：这里是土匪的地界，枪一响会招来土匪的。雷丹妮：好啊，我正等着他们呢。

　　密林中，黑牛、木润铭带领土匪们严阵以待。

　　一个土匪提着枪跑来报告：大当家的，过来了，大马帮过来了。不算人骑的，光驮货的马不会少于一百匹。黑牛兴奋地：二当家的，弟兄们全听你的了。木润铭抽出长刀：弟兄们，别急，一定要等他们全到咱们跟前了再下手不迟。

　　远远的，阿成山的大队人马沿着山道慢慢走来……

　　木润铭的手紧紧地握着长刀，突然看到走在前面的阿成山和雷丹妮。木润铭一怔：大小姐……

　　黑牛凑上前来说：妈的，全送进咱们的嘴里了。木润铭把刀狠狠地插在地上：撤，马上离开这里。黑牛怔怔地看着木润铭：你说什么？木润铭把刀拔出：撤！我说撤，难道你听不懂吗？黑牛：撤……到嘴的肉不吃了？

　　木润铭转身走去。

　　黑牛看看木润铭的背影，又扭头看看从眼前走过的浩浩荡荡的马队，说道：妈的，老子吃错药把刀交给他了。

　　山寨内，黑牛怒气冲冲地走进来冲着木润铭叫道：这样的好事弟兄们可是已经等了几年了，你一声撤，让我们以后吃什么？今天你必须在这儿给我和弟兄们一个交代。木润铭：这是野鸭湖阿大土司的马帮。黑牛怪笑着：阿大土司？弟兄们，你们有谁听说过阿大土司吗？众土匪：没有！黑牛：听到了吧，这儿就没人认识阿大土司。知道为什么吗？这儿是黑水塘，不是他妈的野鸭湖。木润铭：你们可以不认识阿大土司，可你们总应该知道雷霆雷军长吧，他的女儿现在就是阿大土司的夫人。

黑牛：军长的女儿又没给我做压寨夫人，管我什么事？哦——我想起来了，你在雷军长的手下干过，丢了军饷还差点把小命给搭上，没想到你木润铭好了伤疤就忘了疼，还念着那份情啊。木润铭：大当家的知道，那是有人做下圈套。黑牛：呸，过去干这行的都要交他妈的投名状，为啥？就是不能手软。什么七大姑八大姨三亲六戚的，弟兄们的嘴里得有饭吃，手里得有钱花，你懂吗？

木润铭说：大当家的话没错，可进了江湖，义气为上，我木润铭总不能冲着自己的救命恩人下手吧？黑牛：救命恩人？这儿站着的才是你的救命恩人，不然你会走投无路，跟条丧家之犬似的上这儿来当土匪？我的木家二少爷！木润铭：大当家的，木润铭定会滴水之恩，涌泉相报……

黑牛说：你别他妈的的尽拣好听话说。到了这儿，是弟兄们在养着你，你的涌泉之报又在哪里？别忘了，在这里只有一个理，就是老子们要有饭吃。木润铭恼怒地说道：你吃不吃饭关我什么事。黑牛：嘿——你小子今天说话的口气倒拽冲，不会是在那个军长手下当差时，上了那个小姐的床！木润铭怒道：请你说话干净点。黑牛：干净？我以为你已经脱胎换骨了，没想到骨子里还是那个怂样。想听干净的就别走这条道。妈的，老子这里不开慈善堂舍粥棚，你懂了吗？木润铭：用不着你来教训我。黑牛大笑：哈哈，才给了你小子一天的权力，你就想翻天？告诉你，老子干这行就是个"抢"字，就算是天王老子来了，我也他妈一样地抢！

木润铭说：没错，你是抢，你的老婆你也抢，为什么不再给自己抢个妈去。黑牛：妈的，你这小子骂起人来比老子还臭……说着一个茶杯砸了过去，木润铭忙闪开。木润铭也随手抓起一把椅子要向黑牛砸来，几名土匪忙上前拦下。土匪甲：二当家的，别发火，有话慢慢说。土匪乙：就是，何必动气，说得好好的，怎么突然说翻就翻了。黑牛：老子错看了人，对他掏心挖肺的，这个混蛋拿着老子的事情完全不当回事，我非揍扁他不可。黑牛被人拦着，但还不舍气，还往前冲。木润铭冷冷一笑：大当家的，你别这么蛮横，你说的话，有朝一日我可能真会认真考虑的。黑牛：考虑你个球，我抢定了，现在我可以告诉你，我妈我也抢，你妈我更抢！

大研镇口，阿成山领着大队人马来到。

木润声带着阿木扎等迎上前去：听说阿大土司来了，润声在此已经恭候多时了。

阿成山从马上下来，说：怎敢有劳木家大少爷，实在不好意思。木润声：润声已经特意为阿大土司在府上备下了一厢院落，土司大人和家眷可以在那里安住。阿成山：难为木家大少爷如此费神。雷丹妮骑在马上说：不是已经让人安排妥了吗，怎么又要到别人家去住？

阿成山说：是这样，以前我来大研镇，木家老爷都是让我住在他家。我跟木家老爷有结拜之谊，现在虽然人走了，但跟木家大少爷也是一见如故。雷丹妮：要住你自己去住，我可不想去。我不喜欢住在别人家里，不自在。阿成山：人家安排的是单独的院落，比客栈里住着还方便。雷丹妮：这你自己可得想明白了，直玛也很不喜欢这个木润声。再说了，你跟他辈分又不一样，住在他那里，整天你拜过来我拜过去的，我们也沾了你的光，被人给叫老了。阿成山：你说得也有道理，我考虑考虑。只是他这么热情，不好推辞啊。

雷丹妮说：你不好推辞，我来替你说。这位木先生，我们这次来主要是办事，来的人也多，你家我们就不住了，多谢了。木润声笑着：我是担心雷大小姐住在外面多有不便。雷丹妮：我们已经定下了镇上最好的客栈，就不劳木大少爷费心了。阿成山：木家大少爷，二奶奶第一次到大研镇来，想自己走走看看，我们确实已经定下了客栈，就不打扰贵府了。木润声：阿大土司请便，润声不过是想尽点地主之谊。阿成山：感谢大少爷的一片好意。木润声又说：晚饭已经备下了，请土司大人一定给润声这个薄面，要带着家眷过来坐坐。阿成山：好，我一定准时到。雷丹妮：前面的带路，到客栈去！阿成山一拱手，带着一行人进镇而去。

木润声垂头站在一边，采尔直玛的轿子擦身而过，采尔直玛隔着纱帘看着木润声，怨中含悲。金花掀起轿帘，看着走动的马队，问道：这是要去哪里？丫头：说是到客栈去。金花：不是一向都住在木府吗？

阿成山的一行人马浩浩荡荡来到大研镇的客栈。

走进客房，金花一拉被子，一只死老鼠。吓得惊叫，张阿六跑进。

丫头躲在金花身后叫着：大奶奶……大老鼠……

张阿六看到一只死老鼠，说：噢，是只老鼠。大奶奶别怕，已经死了，我把它扔出去。

金花恼怒地抓住身后的丫头边打边骂：你这个死丫头，这种时候你把主子推到前面，安的什么心，你想吓死我不成？丫鬟被打得抱头求饶：大奶奶，我不是有意的，我从小就害怕老鼠。金花：你怕，我就不怕，是吗？丫头求饶：大奶奶，下次不敢了，下次再也不敢了。金花：下次？早知道住这种破店，就不该来，还不如在家待着养心的好。

阿成山听见叫嚷走了进来。

张阿六赶快报告，刚才大奶奶的被子里发现了一只死老鼠。阿成山眉头一皱，问道：有这事？这客栈是怎么搞的。金花：都是你搞的鬼。阿成山：怎么是我搞的鬼？我是听着你这边吵过来看看，连死老鼠的面我都没见，怎么搞鬼了？

金花说：我问你，往年我们过来赶会都是住在木家，为什么今年不去了？阿成山：木家老爷去世了，就不好再去打扰人家，再说了，住哪儿还不一样。金花：什么一样？被子里都有死老鼠了，你来搂着它睡觉。阿成山看了看丫头和张阿六：在你被窝里就该你去搂着。

金花叫嚷道：好你个阿成山，你想折磨死我啊。阿成山：让你在家待着，你偏要来，这可怨不得谁。金花：好，你一边搂着一个小婆娘，就想把我给甩了，是不是？张阿六：大奶奶，您消消气,老爷也不知道这店会这样差,这已经是这儿最好的客栈了。金花:一个土司住这种破店,也不知道这脸面往哪儿放。阿成山恼怒地:住这儿怎么了?人家两位新太太都不觉得怎么样,就你嫌这嫌那的,不愿住,你就自己先回去!金花:什么?你想撵我走,这倒是叫花子赶起庙主来了,好,我走,我回娘家去!金花说着拿东西就要走。张阿六:大奶奶,大奶奶,有话咱们好好说,你别动这么大的肝火嘛。

金花说:阿成山,你现在翅膀硬了,想赶我了,你忘了当年你求我爹把我嫁给你的时候了,你个没良心的,你个花花心的……张阿六劝道:消消气,消消气……阿成山低着头出了房门。金花对张阿六说:你来陪我好了。张阿六:大奶奶,这可使不得,要了阿六的命也不敢啊。金花:我是让你守在屋外,有什么不敢的。张阿六怔住:啊!

采尔直玛在房中心神不定地来回走着,二丫递茶,采尔直玛失手,杯子掉在地上打碎。

雷丹妮过来,问道:怎么回事,烫到了没有?采尔直玛:哦,不怪二丫,是我失了手。二奶奶,我左眼右眼都跳,总觉得有什么事情要发生似的。雷丹妮笑着:直玛,你别疑神疑鬼的,有我在,谁也不敢拿你怎么样。

阿成山走了进来说:丹妮、直玛,这儿的条件不太好,还住得惯吧?雷丹妮:有什么惯不惯的,反正早晚得走。阿成山:直玛是不是不喜欢这里?采尔直玛:不,喜欢。阿成山犹豫了一下:如果觉得这里不好,咱们就换个地方住。雷丹妮:说实话,这里也太差了,如果能换个地方当然可以考虑。

情 殇

阿成山知道直玛是大研镇的人，问她附近有没有更好一点的地方可以住。采尔直玛建议，离这儿出去不远的地方有个玉峰寺，是个歇脚的好地方，那里人去得少，又背靠玉龙雪山，走动起来也方便，大奶奶还可以在那里烧烧香，拜拜佛。

阿成山一听点头答应，决定住玉峰寺，并吩咐张阿六去安排。

傍晚，阿成山带着金花，二丫抱着小音音跟在身后来到木府，赴约参加木府的晚宴。

木润声站在木府门口拱手相迎：阿土司和大奶奶准时而至，润声感激不尽啊！木润声看到小音音问：这孩子是……

阿成山得意地说：哦，这是三太太为我生的，抱过来给木家大少爷看看。

木润声不自然地笑了笑，说：阿大土司家中添丁，可喜可贺。木润声说着取出一块玉佩挂在了小音音的脖子上：算是给孩子送个吉利吧。土司大人，大奶奶，里面请！

众人入席。

木润声、阿成山坐定后，木润声举起酒杯说：我为各位介绍一下，相互之间也好亲近。这位是野鸭湖的阿大土司，家父的生前好友。

几位客商拱手：久仰，久仰！

木润声介绍道：这位是昆明隆盛源商号的孙老板，这位是保山鸿运商号的张老板，这位是腾冲腾达商号的赵老板，这位是临安宏升商号的夏老板……

阿成山和几个客商相互拱手致意。

木润声见二丫抱着小音音站在阿成山的身后，笑了笑说：你也坐下吧。二丫一怔：这不行，我还是站着吧。木润声：你可以站着，咱们的小主人可不能也跟你站着啊。阿成山笑了笑：既然大少爷已经发了话，你就坐下吧。二丫看着木润声不自然地笑了笑，抱着小音音坐下。客商一：阿大土司有所不知，木府现在可是大研镇上最大，也是最好的一家客栈了，我们都打扰大少爷住在府上。

金花不快地看了阿成山一眼。

阿成山尴尬地笑了笑说：历来如此，过去赶会，我都是住在木家的。客商二问：阿大土司为何不过来跟我们住在一起，这次骡马大会的大生意可是都在这个院子里做成的。阿成山：是吗？我一定向大少爷当面讨教。木润声：今天是特意为阿大土司接风洗尘的，咱们还是边吃边说话。

饭后，木润声陪着阿成山等人走进堂屋，用人为客人们一一上茶，连二丫的面前也放上了一杯。

金花说：木家的规矩我是领教过的，让人佩服。木润声：大奶奶言过了，你们来了是贵客，润声一点不敢大意。

木润声说着向屋外一招手，一佣人拿着水烟筒和托盘走进，托盘里放着刀烟和一个精美的打火机。木润声说：家父说过，土司大人喜好这一口，这上好的刀烟来自江川，土司大人试试，看味道如何。

阿成山拿起打火机看着。

木润声笑着说：这是洋人的物件，点火用的。

木润声说着，为阿成山示范如何用打火机。

阿成山爱不释手把打火机拿在手里看着，说：哎呀，这东西一定很贵吧？木润声：大人喜欢就拿去，拿在手里也是个玩件。阿成山装好烟丝，用打火机点上吸了一口：嗯，是上等烟丝。

木润声一招手，几个佣人端着托盘走进，托盘上摆放着花布、香水等物，其中一个托盘里摆放着一把精制的小手枪。

木润声说：大人来一趟丽江不容易，一点小意思不成敬意，还望大人和大奶奶笑纳。这支勃朗宁手枪是一位朋友送给我的，可我觉得只有大人您才合用，就送给大人了。阿成山拿起枪看着：好枪，带在身上也方便。

一个托盘送到大奶奶面前。

木润声说：这点东西是润声孝敬给大奶奶的。金花开心地笑着：大少爷这样，真是让人不好意思啊。木润声指指：这两份是送给二太太和三……只好请大人代为转交了。阿成山：我一定交给她们。

最后一个托盘送到了二丫面前，木润声说：这块花布够你拿去做两件衣服了。二丫紧张地：大少爷，使不得，真的使不得啊。木润声：我知道你是伺候二太太和三……啊，都不容易，拿去吧。这两听美国奶粉是给咱们的小土司爷的，省城里有钱人的孩子才能吃到这东西。

阿成山说：大少爷真是太客气了。木润声问：咱们的小土司爷多大了？阿成山：哦，刚满一岁。

木润声说：土司大人真是好福气。本来已经为土司大人备下了一个院子，可土司大人……也好，反正这段时间大人都在丽江，润声会前去造访的，阿木扎。

阿木扎走进：大少爷。

木润声说：天晚了，你带上几个人送土司大人回客栈。金花说：客栈的条件实在是太差了，我们已经改住玉峰寺了。阿成山尴尬地笑了笑：那儿好，离大研镇也近，又清静。木润声：大人既然已经安排下了，润声不好勉强，不过现在过去玉峰寺，天黑路不好走，能否在这儿住一晚上，明天我再派人送大人过去。

　　二丫说：不行，孩子在这儿，三太太会不放心的。金花：天这么黑，怎么走？阿成山：这事怪我安排不周，那就打扰大少爷了。木润声：府上什么事都方便。阿木扎，送大奶奶和小主人到客房歇息，我在这儿跟大人再说会儿话。

　　阿木扎答道：是，大少爷。

第 15 章

木润声、管家和阿成山坐在客厅里说着话。

阿成山说：这么多年参加骡马大会，这次是带货最多的一次。木润声说：看来大人这次是想把生意也做大啊。阿成山笑了笑：以前来都是木家老爷去帮我谈，然后我拿钱交货，真要说做生意，我真是一点都不在行。木润声：不知道大人这次都带了些什么货过来？阿成山：哎呀，白天你也看到了，一百多匹马的马帮，什么货都有，连猪膘肉都弄了整二十。生意上的事情，不知道大少爷能不能帮帮我的忙。

木润声说：现在道不好走，大人又一下子弄了这么多的货过来……不知道大人想要点什么？

阿成山回答：来赶会，当然是卖货也买货，至于说想要点什么，大少爷刚才拿出来的那些东西我都想要。

木润声说：大人，我的意思是有些货可以交换，剩下的货咱们再找下家，这样生意可能会好做些。阿成山笑了起来，说：这样好，反正驮来的得卖出去，回去的时候得驮我想要的东西，算是一进一出吧。

　　二人正说着话，二丫笑着跑进来，说道：谢谢大少爷。那个铁桶装的洋粉用水一调，小少爷太爱吃了，吃了三碗还要。木润声笑道：爱吃就好，只是那三碗要是换成米线，够你吃三十天的。二丫惊奇地：那么贵？木润声：当然，那可是贵人吃的东西，不贵行吗？阿成山说：大少爷，那东西是……木润声回答：奶粉。阿成山说：对，奶粉，用猪膘肉多少能换一桶？木润声为难地：这……大人，这洋货真的太贵了，不好换啊。阿成山说：嘿，把东西全折成钱，不就好算了。木润声犹豫了一下说：得两头猪吧。

　　阿成山一下子大笑起来，说：不贵，不贵。我儿子吃得起。你是不知道，在家为他吃饭的事，累死人了。只要我儿子喜欢吃，十头猪也不贵。大少爷，我可是好不容易才有了一个儿子啊。二丫惊叫道：天呐，照这样算，小少爷几天就吃一头猪下去了。

　　木润声说：大人，您看这样好不好，你把你这次的货物清单交给我府上的老管家。阿成山说：这事好办，我带在身上呢。我和家人住到玉峰寺去了，货和马帮都在镇上马店。木润声说：大人想要的东西也开个清单出来，能交换的就让老管家帮你交换了，剩下的货，不能让大人再驮回去，老管家会先收下，给大人银票。阿成山笑道：能这样就太好了，这顿饭吃的值，生意上的事情全解决了。

　　阿成山跟着管家走出，和云走进，向木润声耳语，木润声听完，跟着和云匆匆走出。

木润声和张阿六站在木府后门外阴影处。木润声问：你怎么找到这儿来了？张阿六说：大奶奶现在随时都在使唤着我，一步也走不开，今天他们到大少爷府上吃饭，我才有机会溜出来。

木润声问：那个孩子是怎么回事？张阿六：这……

木润声说：想明白了，我不会捕风捉影问你这件事情的。

张阿六说：是……从石板镇回野鸭湖的路上，老爷确实在三太太的屋里住过一晚上……

木润声狠狠地说：真他妈的该死……

张阿六说：只是这事有些蹊跷，从孩子出生的时间看……

木润声打断张阿六的话：别说了。

张阿六说：三太太生孩子的时候，差点把命都给丢了，好在我叫巫医来得及时，二太太用枪顶着巫医的脑袋，才把三太太和孩子给救了，完了我带人去打扫屋子的时候，看到地上好多血。

木润声垂下头去，说：知道了。说着从兜里掏出一张银票递给张阿六：这是一百块大洋，如果以后让我知道三太太在你们那儿受了委屈，我饶不了你。

张阿六说：大少爷放心，三太太因为有了孩子，在府上受宠有加，老爷成天围着她转，大奶奶都生气了。

木润声痛苦地闭上眼睛，挥挥手说：好了，你走吧。

张阿六收起银票说：那我走了。

木润声沉着脸来到后院，练起拳脚，拳打在木桩上，留下了道道血痕。

管家走来，叫道：大少爷……

木润声收起拳。

管家说：土司大人对洋货感兴趣，他带来的那些货补上了咱们的缺口，换了些洋布、奶粉、打火机、香水、香肠、香皂、手电筒和电池回去。木润声问：不是送给他一个打火机了吗？管家说：腾冲过来的打火机各式各样，他每样都要了两个，两驮茶换三个打火机，一匹洋布换四驮香菇，带来的猪膘肉，也全换成奶粉了。木润声骂道：也是他妈的一个败家子。管家说：他让我打听一下，看还有什么洋货，有的话帮他留着，他带有银票来。

木润声问管家：那孩子你看到了吧？管家轻轻点点头。木润声说：孩子才满一岁。管家一怔：大少爷……木润声狠狠地：您是过来人，应该知道这孩子是谁的。管家：孩子……土司大人的？木润声：对，是土司大人的。您是看着润铭长大的，不会真的以为这孩子长得也像土司大人吧？

木润声说着，抓起木桩上的衣服独自走去，留下管家呆呆地站在院子中间。

床上摆放着各种阿成山换回去的物品。

阿成山开心地笑着说：看看吧，这些东西可都是为你们换回来的，喜欢啥就自己挑。采尔直玛拿起奶粉看着说：两头猪换一桶这个，木润声也太狠了。二丫说：三奶奶，小音音喜欢吃，昨晚吃了，今天早上一醒了就要。一勺下去，得换几碗米线，也就是小音音有福气。

阿成山说：我的儿子，想吃点东西还不容易。猪膘肉咱有的是，这东西咱可没有。雷丹妮说：有什么了不起，孩子爱吃，就换呗。雷丹妮翻了翻满床的东西，拿起枪看了看，说：这些花里胡哨的东西谁爱要谁要，只有这把枪还入得了我的眼。阿成山说：这个不是换的，是木家大少爷送给我的。雷丹妮放下枪说：行，那我就啥也不要了。

阿成山说：我带来了那么多东西，就换了这一点，要不拿两匹布去做衣服。雷丹妮摇摇头：我啥也不要。

阿成山犹豫了一下，把枪递给雷丹妮，说：好，你拿去吧，可你得再挑两样东西。雷丹妮接过枪笑了笑：好吧，那我就再拿点香皂和香肠。

张阿六轻声地说：大奶奶，您也挑点啊。金花说：哼，我才没那么犯贱呢。金花说完，转身走出屋去。阿成山看着雷丹妮、采尔直玛，尴尬地笑了笑，说：别管她，你们自己挑。

采尔直玛抱着小音音回屋去了，二丫抱着奶粉和布与雷丹妮走了进来。

采尔直玛问小音音：昨天晚上你不回来，想妈妈了吧，妈妈可是想了你一夜都没睡着。

二丫说：三奶奶，昨天到木府，我觉得大少爷这人不错，对人特别好。采尔直玛说：你那是不了解他。二丫：那院子里住了好多商号的老板，个个都夸他。采尔直玛：哼，等骡马大会完了，他们才会知道，钱全到了木润声的口袋里。雷丹妮笑着问：你是咋知道的？采尔直玛回答：咱们带来了那么多货，就换这点东西，这生意做得真是狠到家了。雷丹妮说：我不这样看，别的不说，光这支枪，市面上少说也得几百块大洋，咱们带的那些山货才值几个钱啊。

采尔直玛突然看到小音音脖子上挂的玉佩,一怔,问:二丫,这玉佩是哪儿来的?二丫回答:是木家大少爷给小音音的见面礼。

采尔直玛慢慢取下玉佩,递给二丫说:二丫,你马上把这玉佩送回去。二丫说:三奶奶……

采尔直玛喊着:送回去!雷丹妮看了一眼二丫。二丫上前说:好,我这就送回去。二丫接过玉佩走出屋去。雷丹妮问:直玛,你这是怎么了?采尔直玛泪水流出:没什么……雷丹妮问:那玉佩……采尔直玛答道:那玉佩是一对,是老爷送给他和他弟弟的。

二丫来到木府,把玉佩轻轻地放在了桌子上,说:大少爷,对不起,三奶奶说这东西太贵重,不能收,让我送回来。木润声拿起玉佩看着说:你们三太太的心事太重了,你回去告诉她,没有这个必要。二丫说:是,我一定把大少爷的话带到。大少爷,那我就走了。木润声犹豫了一下,说:好吧,那孩子很可爱,一定要带好他。二丫说:会的,我们都很喜欢他。木润声挥挥手:你走吧。二丫欠了一下身子,走出木府。

润声慢慢打开手掌,看着玉佩……

二丫回来后,对采尔直玛说:大少爷说三奶奶的心事太重。雷丹妮说:这个木润声,好像什么事情都知道似的。采尔直玛说:我们是一起长大的,现在想想,像是从来也不认识他似的。他说我的心事太重,那他是心计太重。二丫说:我倒是觉得木家大少爷自己好象心事挺重的,把东西还给他,发了半天呆。雷丹妮说:男人的事情少去想,自己累了半天,到头还是个不明白。直玛，让二丫抱着小音音，你领着我去玉峰寺转转。采尔直玛笑着点点头。

管家来到书房，对木润声说：大少爷，前面的账都已经对出来了。木润声笑了笑：这一把无本的买卖，不会少于二十万吧？管家也笑了：大少爷心里都明白，这个数已经出头了。木润声说：别忘了，转了这么一圈，咱们的手里还落下了一堆货，出了手，那也是钱啊。管家说：我在想，大少爷这次把生意做到了府上，以后每年的骡马大会，咱这儿都会变成个生意场，那可真是有的赚了。木润声说：其实丽江说到底，就是驿道上的一个大驿站，把这个理儿想明白了，这生意自然就好做了。不过事情至此为止，对外就说是接待一下老爷的生前好友，不然别的商号会眼红的。

阿木扎走进，问：大少爷，过两天就要开始赶会了，各家都在抢着地儿，咱们真的不摆了？木润声看了看管家说：您说呢？管家笑了笑：大少爷的意思还是摆？木润声说：我不想别人把咱们看大了。管家说：那就摆。木润声吩咐道：阿木扎，在镇口和四方街上各占一块地，收拾出来，准备摆货。货从老管家这儿出，两个地方你去打理，尽量热闹点。交易方式嘛，两种都行。阿木扎笑了笑说：明白了，我这就找地儿去。

管家对木润声说：哦，还有一件事，腾冲的赵老板看上了咱们手上的那三十匹矮脚马，大少爷，您看这事……

木润声思忖着，说：这种矮脚马适合在高黎贡山上跑。这样吧，你去跟他谈谈，就说咱们想跟他长期合作，这三十匹马我们可以直接给他送到腾冲去，但马不能放空，顺便把货也带过去，到了那儿再结账。

管家说：大少爷是想……

木润声说：只走昆明，黑水塘始终是我的一块心病，这条路要是能走通，咱们就等于真的长了两条腿，不怕人家捏死咱们了。

管家抱起账本向外走，一家丁走来。

家丁说：老管家，门口来了个人，让小的把这个交给你。家丁说着把一块碎布交给了管家，管家揣进兜里走出。

管家走后，木润声问家丁：你交给老管家的是什么？家丁回答：一块碎布。木润声疑惑地：碎布？家丁说：就……那种尖角形吧。木润声轻轻点点头，交代家丁说：从现在起，你什么事情都别管了，就给我盯着点老管家。

家丁说：是，大少爷。

一个土匪快马冲进黑水塘山寨。

土匪和黑牛走到一个僻静处。黑牛问：怎么样，让你打探的事情清楚了吗？土匪回答：大当家的，从咱们这儿过去的确实是野鸭湖的大土司，他们没有住镇上，住到玉峰寺去了。黑牛兴奋地说：妈的，这可真是老天有眼啊。土匪说：他带去赶会的货已经全部脱手了。黑牛说：太好了，全是他妈的现大洋，省得咱们折腾了。他手下有多少人？土匪回答：就二十多个家奴，大当家的亲自出山，弟兄们两下子就全收拾了。

黑牛指示说：好，你马上下山给我继续盯着，明晚我带着弟兄们下山，咱们就在玉峰寺汇合，这次一定要开张吃三年。土匪：好，我这就走。黑牛：记住，这事对谁都不能说，特别是不能让二当家的知道。土匪：知道了，这事绝对不会露出半点风的。

松树明子在燃烧，照亮了整个大厅。

黑牛、木润铭和几个土匪围坐在大厅中间的石桌旁，其他土匪就地围成圈，喝酒吃肉。

黑牛端着酒碗站起身，说：弟兄们，咱们干的是刀尖上舔血的营生，过了今天，谁也他妈的不知道能不能看到明天的太阳。老子手上端的说是酒，就是酒，说不是酒，那就是咱们自己的血，没他妈什么仁不仁，道不道的。所以咱们吃的喝的，不亏心。来，觉得是这个理儿的，就把碗里的酒喝下去。

土匪们吆喝着，把酒喝下。木润铭犹豫了一下，端起面前的碗。黑牛问：怎么，二当家的上了道又觉得后悔了？木润铭回答：大当家的误会了。木润铭说着，把酒喝下。黑牛吩咐道：来，把酒满上！

一个土匪提着罐子斟酒，黑牛递了个眼色，一头目端着酒碗站起。小头目说：二当家的，你是个读书人，别跟我们这些粗人一般见识。你上了山，大当家的说你是二当家的，我们就认你是二当家的，这就是江湖上的义，小的敬二当家的一碗。

小头目说着，把酒喝下，向众人亮碗。

木润铭犹豫地看着面前的酒。

黑牛说：二当家的，弟兄们相处，可是以酒认人。木润铭轻轻点点头，端起酒喝下，亮碗。黑牛大笑，说：好！像个二当家的样子！众头目中一人说：今天在这把话搁下，在这山寨里，除了大当家的，就是二当家的，我们一齐敬二当家的一碗。

众头目说着，把酒喝下，亮碗。

黑牛说：让你做二当家的，一直想摆个汤子，今天就算是了。木润铭说：小弟实在是不胜酒力啊。黑牛说：这我可得说你了，江湖讲究个两肋插刀，就是用命去换义。木润铭端着酒慢慢站起身，说：好，有大当家的这句话和弟兄们这份情，这酒我喝了。

　　木润铭把酒喝下，亮碗，摇晃着倒了下去。

　　黑牛把手一挥，一小头目上前，黑牛说：你带着十个弟兄在家伺候好二当家的。小头目回答道：大当家的放心，明天天亮，他也不会醒的。黑牛说：好，弟兄们抓紧时间再吃几块肉，然后就下山，真的好酒好肉，咱们还是留着明天吃吧。

　　众人大笑。

　　黑水塘寨门，黑牛骑在马上，土匪们牵着马看着黑牛。

　　黑牛说：弟兄们，这骡马大会就要开始了，大研镇那儿现在可是堆满了钱等着我们去拿。

　　土匪们"噢——噢——"地叫着。

　　黑牛说：山下的弟兄已经盯上肥羊了，这票要是捞成了，够咱们吃用上个一年半载的。这羊咱们杀不杀？

　　土匪们大叫着："杀——杀——杀——"

　　黑牛叫道：好，上马！明天晚上这个时候，咱们就一醉方休。出发！

　　黑牛和土匪们拉上面巾，带马冲出寨门。

　　驿站里住满了人，人声嘈杂。

　　管家走了进来，阿都迎上去，领着管家向驿站内走去。家丁也穿着便服，头戴毡帽，跟了进去。

阿都领着管家穿过两重杂院，马锅头和山茶从一个角落站了起来，阿都和管家走了过去。

家丁在旁边的几个马夫中坐下，围着火塘吃着烧土豆。

管家和马锅头、阿都、山茶围坐在自己的火塘边，马锅头递了一碗茶给管家。

管家问：这段时间你们上哪儿去了？马锅头答道：主要是给雷军长送军需用品。阿都说：木润声那个杂种现在得意了吧？听说赚了不少钱。管家点了点头，说：唉，老爷和二奶奶死了，他消沉了一段时间，那心里好像真的是难过。对了，二少爷和采尔直玛的下落你们知道吗？

马锅头笑了笑，说：离开了大研镇，这边的事情……

管家又说：他俩都还活着，还有了一个孩子。

马锅头说：老哥你什么都知道？我们担心这事要让木润声知道了，又不知道他会做出什么事情来。

管家说：我想不明白的就是这个，他什么都知道，而且润铭和直玛活着的事也是他告诉我的。山茶着急地说：阿爸，这事得赶快告诉直玛，小心木润声下黑手。马锅头问管家：润铭，他现在在哪儿？管家犹豫了一下说：黑水塘。阿都说：黑水塘……那儿可是土匪的地盘啊？马锅头不相信地说：不会弄错了吧？他不是说……管家说：他带人劫过木家的货，不会错。马锅头说：看这事弄的，先是木润声装神弄鬼地抢木家的货，现在又是润铭抢木家的货，这哥俩到底是怎么回事啊？

管家说：咱们都小看了润声，这孩子是我一手带大的，小时候受了太多的委屈，所以有些事情不能全怪他。倒是他现在的态度，让人真是一点也吃不透，什么都知道，却能静下心来做生意，而且生意做得非常好……

阿都不相信地说：哼，就他木润声也会做生意？管家说：你们一定想不到，骡马大会还没开始，他就已经有二十万现大洋的进项了，最后完了，我估摸着，不会少于五十万。马锅头吃惊地问：真有那么多？管家说：我在府上管着账，不会有错的，他是不动声色地在府上就把生意给做了，老爷活着的时候，也从来没做得这么大，真是个人物。是，润声做生意很有才能。我出来的时间不能太长，府里还有很多事。老和，我想单独跟你谈点事。

管家和马锅头走进屋子。

夜晚，黑牛乘着月色带着土匪们悄悄向玉峰寺包围上来。阿成山的家奴们拼命守着玉峰寺后面的小院。

张阿六发现后，惊慌失措地跑进来报告：老爷，土匪，外面全是土匪……

金花跑出屋来，说：人家木家大少爷把院子都腾出来了，非要住到这荒郊野庙里来，你是诚心要……

阿成山呵斥道：闭嘴！都什么时候了，还在这儿唠叨。

雷丹妮一身军服，提着两把枪走出，说：让你的人守住院门，没事的全到屋里去，想进来也要让他们两脚淌着血。雷丹妮说着，抬手一枪，一个爬上墙的土匪中弹跌下，二丫跑过去，熟练地拾起枪，解下土匪身上的子弹袋跑回到雷丹妮的身边。

一颗手榴弹在院子里爆炸，金花和丫头们吓得大叫。

雷丹妮叫道：还傻愣在这儿干什么，快到屋里去！阿成山忙拉着金花跑回屋里。采尔直玛紧张地走了出来,问:二奶奶,外面的人不会是木润声吧?雷丹妮说:进屋看好孩子,管他姓木还是姓铁,露头我就打。二丫手里的枪也响了,一个土匪中弹倒下。雷丹妮说:二丫,送三奶奶回屋,你的任务就是一定要保护好三奶奶和孩子。采尔直玛说:我那儿不用管,让二丫在这儿帮帮你。

雷丹妮大声叫道:快进去!

二丫拉着采尔直玛进屋。

黑牛挥舞着手枪,恼怒地喊着:妈的,几个破娃子守着,都冲不进去,还杀个肥羊啊?土匪说:大当家的,这墙挡着,很难冲进去啊。黑牛说:让弟兄们顺着墙往里面翻,只要进去了,老子非把里面的杂种全他妈的杀光。土匪们沿墙排开,搭起人梯同时往墙上爬。院子里枪声响起,几个露头的土匪先后中弹跌下。黑牛说:妈的,先给老子往里面喂手榴弹,把他们闷死在里面。

一排手榴弹飞进院子爆炸。几个家奴受伤被扶进了屋里,采尔直玛和二丫忙着为他们包扎伤口。

金花闭着眼睛数佛珠,阿成山不停地向外张望着。阿成山抓起二丫的枪,说:阿六,你个大男人躲在屋里干什么,出去给我打去。张阿六惊吓地说:老爷,小的……阿成山恼怒道:你这个胆小鬼,不敢出去我就在这儿毙了你。阿成山说着把枪往张阿六手里一塞,一脚把张阿六踹出屋去。

雷丹妮手持双枪,靠在柱子后面,一枪一枪地打着。雷丹妮说:都别怕,守死这院子,他们是打不进来的。家奴们守着各自的位置，墙头上露出土匪的脑袋，立即枪响。

家丁正在跟木润声讲跟踪管家，看见他与马锅头见面之事，突然远处传来了枪声。木润声一怔，问道：什么地方枪响？

家丁仔细听了听，回答道：听方向好像是玉峰寺。

又是几声枪响。

木润声说：是玉峰寺。走！看看去。

家丁们已经背着枪，牵好马等候在了大门外。木润声带着阿木扎、和云走出。管家匆匆走来，说：大少爷！木润声：玉峰寺打起来了，肯定是冲着阿大土司去的，我带人过去看看，府上就交给你了。管家说：不会是土匪下山了吧？

木润声说：上马！

家丁们上马，木润声上了家丁牵过来的马，打马而去。

木润声打马冲在最前面，阿木扎紧随其后，和云带着家丁们紧紧地跟着。木润声说：阿木扎，你带两个人先去摸摸情况，注意别惊动了他们。

阿木扎答应：是！阿木扎带着两个家丁向前冲去。激烈的枪声传来。

和云带马上前说：大少爷，听动静人少不了，咱们可是只有二十多个人啊。

木润声说：也就几十号人，可是他们在明处，咱们在暗处，快走！跟上。

马队疾驰而过。

围攻玉峰寺的土匪打了一阵攻不进去，没占到什么便宜。一土匪对黑牛说：大当家的，咱们已经搭上十几个弟兄了。黑牛说：夜长梦多，不能再跟他们在这耗了。你去找十颗手榴弹给我捆一块，把这破门给老子炸开。

土匪接到命令转身跑去。

张阿六躲在柱子后，闭着眼睛向外打着枪。雷丹妮上前一把把枪拿下，说：你这是打谁呢？张阿六惊慌地说：二奶奶，小的这辈子就没有见过这阵势，真的害怕。

雷丹妮生气地说：平时你不是阴的，就是损的，没见你怕谁啊。这时候拉出来，连个丫头都不如，府上养你这号人就是为了白吃饭和嚼舌头。

张阿六忙说：没有，没有，小的不敢。雷丹妮说：外面来的全是土匪，给我朝着土匪打。雷丹妮说着把枪丢给了张阿六，又说：清点一下，看看咱们还有多少人。家奴回答：回二奶奶的话，还有八个。雷丹妮说：好，知道了，找两个人把屋里的桌子板凳能搬动的，全搬出来，把门给我堵好，想从墙上进来，就把他们给我当成野鸭子打。

两个家奴跑进屋里向外搬东西。雷丹妮把手枪压满子弹插好，抓起一支步枪推上子弹。

玉峰寺外，两个土匪端枪望着风。阿木扎从树后探出头来看了看，向两个家丁做了一个夹击的手势，三个人隐去。

两个土匪来回走动着，一个土匪掏出烟递给另一个土匪，两人点火，阿木扎和一个家丁从身后扑上，两个土匪还没有来得及叫出声，匕首已经从他们的脖子上划过。另一个家丁上前拾起土匪的枪，机警地四下看着，阿木扎拔出短枪，带着一个家丁向寺里摸去。

第 15 章

木润声带着家丁们跑到寺前,警戒的家丁迎上前。木润声问:情况怎么样?

家丁回答道:大少爷,阿木扎进去摸情况去了,外面的两个已经被我们给做了。阿木扎带着家丁跑出说:大少爷,寺里的僧人全被捆在了偏殿,有两个家伙看着。里面打阿大土司的有几十号人。

木润声问:几十号是多少?阿木扎回答:四五十个吧。木润声交代道:先把僧人们给救了,然后朝里面打。记着,一定要狠,千万别伤着阿大土司家里人。众人:知道了。木润声用枪朝寺里挥了挥,阿木扎领着木润声和家丁们朝寺里摸去。

玉峰寺偏殿里,僧人们被绳子捆成了一串坐在地上,老和尚闭着眼睛嘴中念念有词。两个土匪端着枪看守着僧人。

突然大门被从外面蹬开,木润声边走边说:妈的,后院风紧,大当家说人手不够。两个土匪背光看不清木润声,刚上前,木润声拳脚并出,两个土匪同时倒地。木润声一挥手,说:绑了。阿木扎和家丁冲进,把两个土匪捆绑起来。和云也带着几个家丁跑进为僧人们解开了绳索。

被绑的土匪说:识相的赶快放开我们,黑水塘的梁子可不是谁都结得起的。木润声一脚踢出,土匪跌倒在地。木润声说:告诉你,老子早就跟你们那个黑乎乎的家伙结上梁子了。

老和尚上前说:感谢搭救,请问施主是……话没说完,外面传来巨大的爆炸声。

木润声拔出二十响,说:不好,弟兄们,跟我朝里面狠狠地打。

木润声说着，带领家丁们冲出了偏殿，僧人们也操起木棍跟了出去。

大门被炸开，桌子板凳横七竖八地挡在门口，土匪们向院里冲着。雷丹妮带着剩下的几个家奴向冲进的土匪射击着。阿成山提着枪从屋里冲出，说：哼，真以为这里不是野鸭湖，敢欺负到我土司爷的头上来了。阿成山喊着，抬枪向门口的土匪射击。雷丹妮一边打着一边喊：躲好，别伤着自己。二丫也冲了出来，一把夺过张阿六手里的枪，对着冲进来的土匪就打，一个土匪中弹倒下。阿成山看着张阿六，骂道：没用的东西。

黑牛挥舞着手里的枪喊着：全是他妈的酒囊饭袋，让人家把咱们当成肥羊给宰了。土匪们吆喝着向院子里冲去。

此时，木润声已带着家丁们冲到后院。

阿木扎说：大少爷，他们全堵在门口。木润声沉着脸向身后的家丁们一挥手：打！木润声和家丁们同时开火，冲到院门口的土匪们一排排地倒下。木润声提着枪向前走去，用枪点着一个个活着的土匪。雷丹妮惊喜地说：有人来营救咱们了，你们保护好老爷。雷丹妮拔出腰间的手枪，向院外冲去。

一个土匪跑到黑牛跟前说：大当家的，不知道从哪儿钻出了一伙人，敢蹚咱们黑水塘的浑水。黑牛说：妈的，全是一帮废物，打了半天，连这么个破院子都打不下来。土匪说：弟兄们全完了，大当家的，留得青山在，不愁没柴烧。黑牛说：哼，那家伙好像是个领头的。黑牛说着，朝走到院子门口的木润声一枪打去，木润声左臂受伤。阿木扎跑上前：大少爷……木润声说：被蚊子叮了一口似的，没事。你赶快带着弟兄们四下查看一下,千万别把活着的鱼给漏了。

老和尚上前,说:施主,这儿的情况我们熟悉.我们给你们领路。

雷丹妮提着枪走出,看到木润声一怔:木家大少爷……

木润声问:土司大人和家眷们没事吧?雷丹妮说:多亏木家大少爷来得及时,我们带来的家奴差不多……阿成山走出:哎呀,感谢木家大少爷前来营救,不然的话,我们就全完了。雷丹妮发现木润声手臂在流血,问:木家大少爷受伤了?木润声说:不碍事。又对阿成山说:土司大人,玉峰寺在镇外,很难保证安全,天亮以后,还是搬到镇上去住吧。我会给土司大人在镇上单找一房院落,一定清静。

阿成山拱手说:谢过大少爷了。

木润声命令阿木扎:你带着弟兄们把这儿收拾一下,然后在这儿守着,天亮以后帮着土司大人搬到镇上。润声先告辞了。雷丹妮说:哎,把伤口包一下再走吧。木润声笑了笑说:这点伤不碍事。木润声说着向阿成山一拱手,转身走去。

家奴们忙着收拾屋子,阿成山把家里人聚在了一起。

阿成山问:丹妮,咱们的人清点过了没有?

雷丹妮回答:就带了二十二个人来,还用得着清点。最后跟着我的只有五个.受伤的八个,剩下的全报销了。阿成山问:这群土匪是哪儿的?雷丹妮说:他们的脸上又没有写字,我咋知道是哪儿的。

盆子里全是血水,地上丢着沾血的纱布。木润声闭眼靠在椅子上,阿木扎请来的郎中替他包扎着伤口。

管家匆匆走进，着急地问：大少爷伤得重吗？阿木扎回答：还好，没伤着骨头，流了好多血。木润声慢慢睁开眼睛，说：管家，有件事情又要劳累您了。管家说：大少爷尽管吩咐。木润声说：立马在镇上找一处最好的院落租下，阿土司大人一家天一亮就搬过来。管家说：大少爷，府上还有一处偏院空着。木润声说：让他们住在府上不方便，去吧，租金高一点也无所谓。管家点点头说：明白了。管家问：今晚打玉峰寺的是什么人？木润声：天黑也看不清楚，肯定是一伙流寇想趁骡马大会捞一票。阿木扎：对，流寇，流寇。管家点点头。

土司府的家丁们抱着东西走进大研镇一个小院落。

管家迎了出来，对阿成山说：土司大人，这房院落是大少爷昨晚让我们临时定下的，不知道是否可大人的意。金花从屋内走出，说：不错，不错，被褥都是里外三新，我很喜欢。阿成山说：这个院子大小合适，确实不错。管家说：大人和大奶奶喜欢就好。雷丹妮带着二丫走出，看到管家问道：大少爷的伤情如何？管家回答：大少爷中的是枪伤，虽然没有伤筋动骨，可流了不少的血。金花说：要不我们去看看吧。管家说：大少爷不想打扰土司大人。阿成山说：那怎么行，大少爷是为我们受的伤。来人，备上极品虫草，我们去看看大少爷。

雷丹妮四下看了看，问管家：这个院子不会也是木家的吧？管家说：二奶奶问这话是什么意思？雷丹妮说：没有别的意思，如果是大少爷专门为我们租下的，这租金我们自己出，不能再给大少爷添麻烦了。阿成山说：丹妮的话有理，昨晚的事情已经感激不尽了，这租金一定得我们自己出。管家说：这事我不能做主，得回去问过大少爷。雷丹妮说：我们住，理当由我们自己掏钱，用不着去问大少爷了。

管家出来，看到在院子里正在给小音音喂着奶粉的采尔直玛。采尔直玛看见管家站起来，眼睛湿润了，叫了一声：大叔……

管家问：你还好吧？采尔直玛点点头，眼泪流了出来。管家看着小音音说：这孩子长得真好。采尔直玛说：再难，我也会把这孩子给带大的。管家说：唉，跟上了土司大人，就好好过吧。采尔直玛没有回答，直流眼泪。管家语重心长地说：听大叔的话，好好带着孩子过日子吧。采尔直玛擦擦眼泪问：我阿爸阿妈还好吗？

管家点点头，说：他们都很好。采尔直玛说：我能见见他们吗？管家说：可能不方便。采尔直玛说：就见一面，哪怕是看他们一眼也行啊。管家犹豫了一下说：好吧，我尽量安排。采尔直玛低声哭泣着说：谢谢大叔！

骡马会异常热闹，摆小吃，买小百货，生猪交易，农具交易应有尽有。

丫头为金花打着洋伞，金花一边走，一边嗑着瓜子，张阿六为金花在前开着道。

金花说：阿六，现在咱们出来，我可是要说说尔了。张阿六说：大奶奶有话请讲，阿六听着呢。金花说：人活着，不能跟条狗似的贱，这次玉峰寺的事情，你可实在是不怎么地啊。张阿六尴尬地笑了笑，说：大奶奶，您在屋里不知道，外面那可真是子弹横飞，还一个个手榴弹就在院子里面炸 阿六平时就是在府上伺候大奶奶,哪儿见过这种阵势啊。金花说:可你说到底也是个男人啊。你看人家二奶奶、二丫,还是女人,端起枪照样打,还一枪一个,你就不能为我长长脸?张阿六答道:大奶奶说的是,阿六以后注意点,一定为大奶奶长脸。

金花掏出手绢擦着汗。

张阿六说:大奶奶,天气挺热的,是不是来一碗凉卷粉。金花说:这种地方的东西能吃吗?张阿六说:大奶奶,赶会就是要走到哪儿,吃到哪儿,什么都尝点,完了满嘴鲜。金花笑道:你的舌头倒是比你的手好使,那就来一碗。张阿六走到摊位前:喂,给我家太太来一碗。摊主:好嘞,凉卷粉一碗。金花说:阿六,出来了,别光我一个人吃,给每人都要一碗吧。张阿六说:大奶奶,下人怎么能跟主子一起吃呢。金花说:今天是赶会,图个高兴,都坐下一起吃吧。几个人在小桌前坐下。

木润声左手用吊带吊着,在院子里来回走着。

管家走进,说道:大少爷,你怎么起来了?木润声说:这种皮肉之伤,没什么大不了的,几天就好了。管家说:还是静养几天才是。木润声问道:骡马大会开始了,外面的情况怎么样?管家回答:正如大少爷所说,外面不过是些小生意。木润声说:阿木扎摆的那两个摊位,我想应该热闹吧?管家笑着说:不是洋货,就是昆明过来的新玩意,能不热闹吗?木润声说:这就好。按咱们事先说好的,差不多的时候就把货打包,骡马大会一完,立即走货,马帮的事情你也操点心。管家犹豫了一下说:大少爷放心,这些事情我会打理好的。

第 16 章

黑水塘寨厅，木润铭睁开眼睛，感到头疼，又闭上了眼睛。土匪端了碗茶递上，说：二当家的，昨晚你喝多了，喝碗热茶。

木润铭慢慢坐起，把茶喝下，问道：大当家的呢？土匪回答：昨晚山寨打牙祭，一高兴都喝多了，还睡着没起来呢。木润铭笑了笑说：是啊，都喝多了，我好像啥都还没吃，就喝倒了。土匪说：二当家的，时间还早，你再睡会吧。木润铭点点头，又睡了下去。

黑牛一脸怒气地走进大厅，接过手下递上的一碗茶一气喝干，把空碗狠狠地砸在地上，骂道：妈的，老子这辈子还没栽过这么大的跟头，羊肉没吃着，惹了一身的膻，白白搭上了五十个弟兄。土匪说：大当家的消消气，这事咱们得从长计议。黑牛说：狗屁从长计议，那五十个弟兄闭得上眼吗？马上派人下山，给我查查是谁他妈的不长眼，把浑水趟到咱们头上来了。土匪头目说：是！我这就带两个弟兄下山，一定把这件事情查个清楚。黑牛问：二当家的不知道这事吧？土匪回答：还睡着呢。黑牛说：这就好，都给我把嘴封好了，这事千万不能让他知道，老子丢不起这脸。

隔了几日，手下人进来，向吸着水烟筒的黑牛说着打探的情况：大当家交待下的事情都已经打探清楚了，那天去玉峰寺趟浑水的是木家的大少爷木润声。黑牛骂道：妈的，老子这里敬着他的弟弟，都抬成二当家的了，他来跟老子作对。手下又说：去玉峰寺的弟兄们，好多都是死在了土司爷二太太的手里。黑牛说：哼，没有木润声搅这趟浑水，我会把那个二太太送上二当家的床。手下说：阿土司他们现在已经搬到镇上去住了，听说也是木润声帮忙安置的。黑牛说：这家伙做事向来不地道，我帮着和大哥收拾了他一次，他就跟我作上对了。好，以后老子专门劫他们木家的马帮。

手下还说：大当家的，小的还打听到了一件奇事。黑牛一怔，问：什么奇事？手下说：阿土司爷的三太太，就是二当家的相好。黑牛惊奇地问：此事当真？手下回答：不会有假，土司爷的三太太叫采尔直玛，当初就是她跟着二当家一起走进金沙江情死的。

黑牛笑了起来，说：哈哈，一起情死，结果他妈的谁都活得好好的。好啊，这事我现在明白了，当初他们两兄弟争的个你死我活的，就是为了这个女人。木润声趟这浑水，不是为了他妈的土司爷，是为了这个女人。好啊，都活着，这戏就得继续演下去。

木润铭习武回来，推门走进，见地上摆放着一张折叠好的纸条，捡起打开看着，上面写着：二少爷，采尔直玛尚在人间，迫不得已,而为人妻,赶会来至大研镇,望你二人能够重晤。知名不具。

木润铭看到纸条,激动不已,采尔直玛还活着!他转身冲出门去。跑到马棚,牵出一匹马。一土匪上前问:二当家的……话没说完,木润铭怒喝:滚开!一鞭打过,土匪吓得忙站到一边,木润铭翻身上马,向山寨外冲去!

黑牛站在山坡上看着,说:很好,木润声搅了老子的局,木润铭会让他不得安宁的。手下人说:大当家的真是料事如神啊。黑牛说:这不叫料事如神,而是顺水推舟。叫上十个弟兄,带上短家伙,咱们也该下山去凑凑热闹了。

木润铭打马狂奔。

马锅头牵着头骡在路边的草地上吃着草,木润铭打马跑来。马锅头抬头看见木润铭,大声喊道:二少爷!二少爷!木润铭猛拉缰绳,马人立而起。

木润铭跳下马,叫了声:和大叔。

马锅头问:二少爷,你这是?

木润铭沉着脸说:我想找直玛。马锅头一怔,问:事情你都知道了?木润铭摇摇头。马锅头四下看了看,说:这里不是说话的地方,跟我走。

两个人牵着骡马来到玉泉河边。

木润铭拿出纸条给马锅头看,并说:这是有人塞进我屋里的纸条。马锅头问:是什么人送来的?木润铭回答:送纸条的人我没见到。马锅头说:人都没见到,你就信了?木润铭说:我现在关心的是纸条上的内容是不是真的。

马锅头笑了笑,说:润铭啊,你读了那么多的书,想事应该周全才是啊。咱们先不管这纸条上的内容是真是假,至少得弄清楚送信的到底是谁?他为什么要送这封信?他又是怎么知道这些情况的?他的用意是什么?木润铭说:和大叔,你说的都有道理,但我现在只关心采尔直玛的下落,她还活着,她在哪里?

马锅头说:大叔知道直玛的下落对你来说非常重要,但更要紧的是,为什么偏偏这个时候有人把这件事情过话给你?不是所有的人都愿意看到你跟直玛在一起。木润铭说:大叔是说木润声?

马锅头说:不瞒你说,到了这儿我跟老管家见过两次面,现在谁也说不清楚木润声到底是个什么样的人,他到底想干什么。木润铭说:他逼走了我,拿走了木家全部的家产,难道他还不满足吗?我一定要把家产夺回来。马锅头说:润铭,润声其实是木老爷……

木润铭打断马锅头的话:是什么?

马锅头想对木润铭说明他们是亲兄弟的实情。但想了想,觉得还不是时候,换了个话题说:润铭,你和润声是两兄弟,有你在,你们木家的家产至少有一半要归在你的名下,他吞不了,这一点谁都知道。木润铭说:可是,他害死了我爹和我娘,我绝不会饶了他。马锅头说:这事我问过老管家,谁也拿不出证据证明老爷和二奶奶是他害死的,反过来都以为是因为你的出走,你的情死,气死了老爷和你阿妈。木润铭叫道:不,不是这样的。马锅头说:那你告诉我,润声除了把你跟直玛的事情告诉给老爷外,其他的事情他害过你吗?

第 16 章

木润铭呆呆地看着马锅头。

马锅头说：你走了之后，老爷焦虑成病，是他木润声伺候前后。至于你母亲，也是你母亲有错在先，老管家说了，你走了之后，润声十分克制，甚至你母亲刺了他一剪刀，他都忍着，你凭什么说是他害死了老爷和你母亲？你丢了军饷，他立即让老管家给雷长官送去一万现大洋，我开始以为这事是不是他从中做了手脚，可老管家说那段时间，他的情绪十分低沉，不出木府，一般情况下，连人都不见，应该不会是他。

木润铭说：哼，不会有人比我更了解他，这件事情整个就是一个圈套，目的就是要把我逼出木府。马锅头说：就算你说的有道理，明明知道是人家设下的圈套，你还要往里面钻？木润铭看了看手上纸条，说：这纸条上写的，也不会空穴来风吧？和大叔，我跟直玛的事情你知道，自从我们投江情死，我活下来了，可直玛呢，说不定她也和我一样没死，还活着，也许真像这纸条上写的，做……做了人家的妻子。我想知道真相……

马锅头说：我的这头骡子是前年丢的，今早在骡马市场又找了回来。润铭啊，凡事都有个缘分，缘分到了，丢了的东西自己也会回来的。

木润铭说：大叔，我……

马锅头说：大叔没有别的意思，有些事情憋在心里永远也想不明白，还是随缘吧。

春光明媚，采尔直玛坐在河边吹着口弦，不远处，一阵嘹亮的歌声传来，采尔直玛回头看，原来是木润铭微笑着向自己走来……

采尔直玛惊喜地扑进木润铭的怀抱，突然和生提着砍刀冲来，对着木润铭就砍，木润铭躲避不及，惨叫一声倒在血泊中。采尔直玛呼叫着冲向木润铭。和生叫道：你是我抢的女人，你答应过要嫁给我的……

采尔直玛大叫一声坐起，阿成山和雷丹妮匆匆跑了进来。

阿成山坐到床边，着急地问道：直玛，你怎么啦，怎么啦？二丫说：三奶奶你别怕，我们都在这里呢。采尔直玛喃喃地说：我？我这是在哪里？雷丹妮说：直玛，是不是做噩梦了？采尔直玛清醒了过来，点点头。雷丹妮吩咐二丫：给三奶奶拿杯水来。

二丫拿了杯水递给采尔直玛。

采尔直玛喝了口水，叹了口气说：唉……老爷，您的生意也做完了，咱们还是回野鸭湖吧，这儿我实在是不想再待下去了。

阿成山犹豫了一下说：生意是完了，可一些老朋友还得拜会一下。雷丹妮说：直玛想回去，我也玩够了，你的那些老朋友，不过是些白胡子老头，见不见也没什么。阿成山说：来都来了，还是见见的好。我已经定了一场纳西古乐的演奏会，直玛不是很爱听吗，顺便就把老朋友们都见了。采尔直玛说：噢，老爷想得周到，那咱们听完古乐就走。阿成山说：好，好，好，就这么定了。丹妮，你先陪直玛说会儿话，我去办点事。阿成山走了出去。

雷丹妮坐到床边说：直玛，你也别担心，老阿已经安排了，咱们就照他说的，听完古乐会就走。采尔直玛说：唉，这次咱们到大研镇，我天天心惊胆战，总怕发生什么事情，我真不该来。雷丹妮说：好了，好了，既来之则安之，天塌下来有我雷丹妮顶着。

阿成山把古乐会的请柬递给木润声时，木润声笑着收起请柬，说：土司大人太客气了，在丽江要听古乐，润声安排就是了。阿成山说：这次过来，已经给大少爷添了不少麻烦，实在是不能再叨扰了。木润声说：土司大人说这话就见外了。只是润声有伤在身，实在不方便，还望大人见谅。

阿成山点点头说：唉，这事都怪我，要是一来就住在镇上，大少爷也就不会为我们受伤。木润声说：这事大人千万别往心里去，到时候大人能够给润声一个薄面，让润声为大人饯行，润声就感激不尽了。阿成山说：有机会大少爷一定到野鸭湖走走，让我也能尽尽心意。木润声说：一定会去的。

阿成山说：大少爷好好养伤，我还有几位老友要去拜访，就先告辞了。木润声叫阿木扎：代我送送土司大人。

阿木扎送走阿成山返回来时，木润声对阿木扎说：阿木扎，生意上的事情先交给别人，明天的古乐会，你带几个人去五凤楼盯着点，别又出什么事。阿木扎说：知道了，大少爷。

大研镇一家酒馆的包间里，黑牛点了一桌菜，独自喝着酒，手下掀帘走进。黑牛用筷子点了一下对面的椅子，手下坐下。

手下说：大当家的，咱们的机会来了。手下凑近黑牛说：那位土司爷明日在五凤楼定下纳西古乐会，他的家人和这次来赶会的名流都会参加。黑牛问：二当家的有人盯着吗？手下说：已经盯上了，他跟马锅头和大哥住在驿站里。还有一件事，木润声因为受伤，明天的古乐会不会去。黑牛高兴地说：真是老天助我啊。这样，你马上去弄一套木润声平时爱穿的衣服，咱们来他个假戏真做，前面的账，我要连本带利一起收回。手下说：明白了。

西城驿站，马锅头、阿都、山茶、木润铭四个人围坐在火塘边。

马锅头说：润铭，你的心情我们都能够理解，可现在采尔直玛毕竟是阿大土司的三太太，这事咱们可不能胡来。

木润铭垂下头说：我知道，其实我……其实我也只想看看她，我跟直玛都是已经死过一次的人了，她能好好活着，我就知足……真的知足了。马锅头说：你能这样想，大叔就放心了。阿都刚才回来说，土司爷明天在五凤楼定下了古乐会，他们一家都会去，到时候你去看看直玛吧。木润铭兴奋地说：真的！直玛去听古乐会。马锅头说：润铭，要记住，见了直玛一定要克制住自己，不然这事情就无法收场了。木润铭说：放心吧大叔，我知道自己该怎么做。

大研古镇的五凤楼下，临时搭建的看台上坐满了人，大研古镇中的父老和有名望的人物阿成山都邀请来了。

台上台下一片热闹，台上乐手们正在演奏纳西古乐，阿成山和名流们相互寒暄着。

一位驼着背的下人在席中穿梭，殷勤地替客人们斟茶递水，送上擦手的毛巾。

金花、雷丹妮和二丫饶有兴趣地听着，采尔直玛的脸上却毫无表情。驼背人依序来到采尔直玛面前，他轻轻抬起耷拉着的脑袋，用一双有神的眼睛盯着采尔直玛，并从袖中掏出一只碰铃来。采尔直玛先看着眼前的碰铃，抬头惊讶地看着眼前人。

木润铭、采尔直玛两人四目相对时，采尔直玛泪水流出……

戴着墨镜的黑牛也进了古乐会场，他朝人群中的手下点一点头，手下意会，便朝人群外的一个汉子摘了一下头上的帽子，又不以为意地向驼背人指了指。汉子领命，悄悄从怀里掏出手枪，向着驼背人连开两枪。

场上顿时一片混乱，汉子见未打中驼背人，便举枪向采尔直玛开枪，驼背人飞身而起扑向汉子，阿成山扑上前护住采尔直玛，阿成山中弹，一头倒在了采尔直玛的怀里。

阿木扎和身边的几个家丁掏出枪来，但场面混乱，无从下手。

雷丹妮掏出枪叫了一声：有刺客！捉活的。并连向那汉子开了两枪，想阻止他逃跑。金花、丫头们忙抱头趴下。突然一蒙面人从五凤楼上探出头来，"啪啪"两枪，汉子中弹倒地。人们抬头惊看着五凤楼上。

有人惊叫：木家大少爷。

驼背人轻声说：木润声！

一声口哨，一匹马从五凤楼下跑过，楼上的人戴着面巾跳下落在马背上，打马而去。阿木扎一边追，一边开枪。驼背人看了看倒在地上的汉子，转身想追骑马人，突然马锅头父子策马而来，不由分说，一把拉起驼背人上马，飞驰而去。黑牛笑了笑，带着手下扬长而去

木家书房，听到五凤楼情况的木润声正在发火，叫嚷道：叫你们去，就是怕出事。前面土匪吃了亏，他们肯定是要报复的，你们倒好，连个场子都看不住。阿木扎说：大少爷，一下子去了那么多人，根本就不知道该盯谁。木润声说：那枪响了总

该知道盯谁了吧？阿木扎说：枪一响，整个场子全乱了，开枪又怕伤着了别人。木润声说：既然乱，他们的枪怎么能够打死人？又怎么能够从容地跑了？阿木扎说：大少爷，小的确实追了，也开枪了，可惜没打着。木润声生气地说：怎么会养了你们这样一群废物。

此时，雷丹妮提着枪，满脸怒气地走了进来。

木润声说：二奶奶像是兴师问罪来了。雷丹妮用枪指着木润声说：少跟我装蒜，你那点烂肠子根本就入不了我雷丹妮的眼。木润声沉下脸来，说：尊敬不是惧怕，请二奶奶把枪放下，别忘了，这里可是木府。雷丹妮说：你是想让我的食指动一下吗？木润声冷冷一笑，说：我相信你会在我的身上打个洞，可在这儿同样能把你打出一身的眼儿。雷丹妮看了看周围，阿木扎和家丁们手里的长短枪都指向了雷丹妮。雷丹妮说：那我先崩了你！木润声说：请便！

二丫跟了进来，轻声说：大小姐，有话好好说嘛。雷丹妮放下枪，木润声把手一摆，阿木扎和家丁们也放下了枪。雷丹妮说：木润声，你的底细我清楚，你想做什么也瞒不了我。木润声说：请二奶奶把话说明白？雷丹妮说：你得不到采尔直玛，就想打死采尔直玛，你根本就不懂得什么是爱！

阿木扎愤怒地说：你胡说，我家大少爷担心五凤楼出事，才让我们去盯着的。雷丹妮说：够了，养条狗来看家，自然会叫几声，你们今天在那儿，不过是个摆设罢了。阿木扎火气上来，回答道：二太太倒不是个摆设，也没见打个鸟下来给我们看看。雷丹妮气愤地说：你敢羞辱我？阿木扎说：我阿木扎虽然是个粗人，还犯不着跟女人一般见识。雷丹妮说：你是个大男人，人家从你眼前跑过，你不也照样打不着。阿木扎气极了：我……雷丹妮说：你不敢打，因为骑在马上的就是你们的大少爷。

木润声淡淡一笑，说：二太太绕山绕水地绕了半天，终于绕到我头上来了。雷丹妮说：不错，上这儿来就是找你木润声算账的，有本事明着来，何必使黑枪连递茶的驼背和采尔直玛一个弱女子都不放过？江湖上都知道只有小人才打黑枪。木润声说：我不知道二太太在说什么？雷丹妮说：石板镇头一次见到你时，觉得你还算得上半个男人，在玉峰寺我觉得你真像个男人，可今天，自己做的事情都不敢承认，我雷丹妮彻底地看不起你。

木润声说：二太太，你到底想说什么？雷丹妮说：木润声，你既花钱雇凶，还杀人灭口。木润声沉下脸来，说：看在阿大土司的面子上，我已经给足了二太太的面子，木府不是谁想进就能进的，更不是骂大街耍泼血口喷人的地方。雷丹妮说：嘿，猪八戒过火焰山，你还倒打一耙了，心不虚你跑什么啊？木润声说：本少爷清早起来到现在，就没有出过木府上这道门，根本就用不着跑。雷丹妮说：我忘了，你也是个练家子，能从五凤楼上跳下来，自然从府上出去也用不着过那道门。

木润声紧盯着雷丹妮，慢慢抬起右手，一把扯去左臂上的纱布，刚刚愈合的伤口渗出血来，说：二太太，睁大眼睛看清楚了，要不要你也来一下子，给本少爷表演一下从五凤楼上跳下来？

雷丹妮一怔。

情 殇

　　二丫拉拉雷丹妮，轻声地说：大小姐，这事可别弄错了，大少爷是为咱们负的伤。雷丹妮喝斥二丫道：这儿轮不到你说话。二丫吓得闭上了嘴。雷丹妮接着又说：木润声，我告诉你，阿成山的枪不会白挨，以后你最好离采尔直玛远一点，别再给她找什么麻烦。木润声说：二太太，我再跟你说一遍，第一，阿大土司挨枪，跟我木润声没有任何关系；第二，你们这次过来，我什么时候找过采尔直玛的麻烦；第三，我木润声不是谁吓唬大的，别说你二太太，就是把你老子搬来，我木润声也是这话，送客！

　　雷丹妮插上枪说：木润声，你给我听好了，阿成山没事便罢，他要有个什么三长两短，我姓雷的可饶不了你这个姓木的！木润声说：放心吧，我哪儿都不会去。雷丹妮抬起枪，说：好，别到时候再出什么新花样，它可是个吃荤不吃素的寻常东西。

　　木润声一把抓起桌子上的枪甩手就打，门口挂着的灯笼掉下。木润声说：它也不是吃素的。

　　众人都呆站着。

　　雷丹妮恼怒地盯着木润声，说：走！雷丹妮带着二丫走出。

　　木润声撕开的伤口，流得地上一摊血，木润声慢慢坐下。

　　阿木扎冲上叫道：大少爷……

　　木润声虚弱地说：把人都给我放出去，一定要查……查明真相……

　　木润声昏睡在床。

　　老管家为木润声请的郎中来到床边为木润声把着脉。

管家问：大少爷的情况怎么样？郎中摇了摇头说：这伤口啊最怕的就是长上了又撕开，加上人又急火攻心，你们还拖到这会儿……阿木扎说：当时就说请个郎中来看看，可大少爷非说睡一觉就没事了。管家着急地问郎中：大少爷现在有危险吗？郎中说：就看能不能熬过今夜了。管家问：大少爷的情况真的这么糟糕？郎中回答：人就活口心气，这心气一丢，能不糟糕吗？管家说：郎中，您一定要尽力，只要能治好大少爷，花多少钱都没关系。郎中说：老朽吃的就是这碗饭，可治得了病，救不了命啊。郎中从药箱里取出一粒药丸，递给管家，吩咐道：用酒调好喂下。阿木扎说：老管家，让我去吧。管家说：你守着大少爷，还是我去吧。请郎中今晚就住在府上，大少爷有个啥也好及时看看。郎中说：都在一个镇上住着，理应尽力。

管家静静地坐在木润声的床边，用手摸了摸木润声的额头，轻声说：唉，烧的跟个火人似的。阿木扎说：要不我去把郎中叫来，让他再弄颗药丸给大少爷吃。管家说：郎中已经给大少爷下猛药了。

看着昏睡的木润声，管家泪水流下，自言自语地说：润声，你到底是人，还是魔鬼？……

木润声嘴唇轻轻动着：水……水……

管家忙端过桌子上的水，一点一点地喂着。

木润声慢慢睁开眼睛，问：我……我这是怎么了？管家说：哦……没什么，就是睡了一觉……

已趴在桌子上睡着的阿木扎醒来，走过来说：哎呀，大少爷，你终于醒过来了，生怕你……

管家问：伤口还疼吗？

木润声动了一下左臂，眉头紧皱，说：感觉很烫，咱们的生意才开始，我怎么放得下。

管家说：好好养伤，命可比钱重要啊。

木润声轻轻摇摇头，说：我这条命贱，从小就贱，到了府上就更贱。木润声抓着管家的手说：阿爸，带我回去吧，回到小时候那个小院，我只喜欢那儿……

管家泪水流出，说：润声，你现在是木家的当家人，哪儿都不能去，木家以后全靠着你了。

木润声说：我累了，真的太累了，睡一会儿，咱们都睡一会儿，好吗？

躺在床上三天的阿成山慢慢醒来，看到采尔直玛坐在床边，轻声问道：……直玛，是你，你伤着没有？采尔直玛微笑着说：老爷，直玛没事，你可不能出事啊，你都昏睡了三天了。阿成山难看地笑了笑：好啊，你没事我就放心了。

坐在一旁的金花说：实实在在地挨了两枪，都是灾星带来的祸。阿成山说：金花，这事谁也不怨，听古乐谁知道会……会跑出个打黑枪的。金花生气地说：这么多年都是太太平平的，什么时候出过这种事情了？采尔直玛说：大奶奶，谁也不想出这种事情啊。金花说：哼，打狐狸精一进门，我就知道府上以后没有安定日子了。

采尔直玛问道：大奶奶，你怎么骂人呢？金花说：哼，才进门几天，就敢如此猖狂，你不是从这儿出去的吗？那就从哪儿来的滚回哪儿去吧！采尔直玛一怔：大奶奶……金花发怒地说：

老爷就是为了你这个小寡妇才受了这么重的伤,你滚!采尔直玛静静地坐着,说:大奶奶,我不会走的,因为老爷他不让我走。金花恼怒地:你说什么疯话……

金花突然看到,阿成山虽沉沉睡着,但一只手竟把采尔直玛的手紧紧地握在掌中。

丽江夜景,树影婆娑,蝉鸣声声。

阿成山熟睡着,来看阿成山的雷丹妮与采尔直玛轻声说着话。

采尔直玛说:还好,郎中看过说他的伤势不重,不然我死无葬身之地……

雷丹妮安慰道:直玛你也别自责了,这又不是你的错,坏就坏在木润声的身上。不过你放心,我已经警告过他了,他今后绝不敢对你下毒手,更不会再找人对你放冷枪了。采尔直玛苦笑着说:今天那枪不是冲我来的。雷丹妮说:那他是想刺杀阿成山?采尔直玛摇摇头说:也不是,应该是冲着他弟弟木润铭去的。雷丹妮一怔:木润铭?采尔直玛说:对,木润铭,就是今天给咱们递茶的那个驼子!雷丹妮问:你怎么知道?采尔直玛说:他就是小音音的亲生父亲!他手里拿着碰铃,他的眼神……他还活着,还想着我……

雷丹妮听着听着烦躁地说:够了!我不想再听你这老掉牙的故事了!雷丹妮说着跑出屋去。

采尔直玛明白雷丹妮为什么发火,怔怔地望着她的背影……

马在河边悠闲地吃着青草。

木润铭怒不可遏地说:你们明明知道直玛没死,也知道她的下落,为什么一直不把实情告诉我?

阿都说：我们是知道直玛没死，但那是在我们石板镇遇到你之后，在雷长官那儿再次听说你摔下山崖，下落不明，凶多吉少，真的以为你已经死了。木润铭说：我一直以为和大叔与你阿都是我木润铭最好的朋友，最照顾我，但你们根本不理解我，不在乎我的感受。

马锅头说：润铭，你冷静一点，并不是我们不想告诉你直玛的情况，而是不得已，当我们知道你没有死时，情况已经发生了非常大的变化。直玛遭了那么多的罪，好不容易得到了土司爷和雷小姐的善待，现在她们母子生活已经安定，你说我们怎么忍心再去打破它？

木润铭惊讶地说：什么？直玛已经有孩子了，直玛跟那个土司已经生孩子了？阿都说：这孩子……

马锅头不想让润铭知道孩子是他和直玛的，怕节外生枝，又出意外，打断阿都的话说：对，孩子不能再受罪了，直玛也需要安静的生活。

木润铭痛苦地喃喃道：直玛已经生孩子了，他替那个土司生了一个孩子……

马锅头说：咱们都应该善待直玛才是。木润铭痛苦地说：直玛，你为什么要这样？为什么啊？阿都说：润铭，别太难过，事情，总可以解决，孩子……马锅头再一次打断阿都的话：孩子是无辜的，你不会忍心打乱直玛生活的，你好好想想吧，润铭，你要是还爱直玛，就应该为她的生活，为她的处境着想，她受的罪，比你想象得还要多啊！

木润铭说：不，我什么都不想！什么都不想想……你们走吧，我谁也不想再看见，什么动听的话也不想听，我就是这个世界上的孤魂野鬼。马锅头说：润铭，一个心里只有仇恨的人，能给别人的也只有仇恨，不会再有爱的。木润铭说：走吧，你们走吧……快走！

马锅头朝阿都点点头，说：阿都，我们走吧，让润铭自己安静地想一想。

马锅头和阿都两人牵着马离开。

夕阳的余晖把群山照得格外美丽，木润铭痛苦地跪在了地上号啕大哭……

马锅头父子牵着马并肩在小路上走着。

阿都说：阿爸，你为何不把孩子的事情告诉给润铭，反而要说那是阿成山的儿子，你不怕他的心里受不了吗？马锅头说：唉，有些事情你无法理解，现在情况那么复杂，还是暂不说的好。阿都说：阿爸，你连我都信不过？马锅头说：过段时间再说吧。他们两兄弟的事情就已经让人闹心了，再加上个小音音，那不更添乱了。阿都说：润铭那么爱直玛，他那么痛苦，可我们却一点忙都帮不上，我心里很难受。马锅头说：直玛已经不是当年的直玛，润铭也不是当年的润铭了。阿都说：可他们是情死过的恋人。

马锅头说：情死？阿都，你注意到没有，刚才危急之际，润铭首先想到的是去抓凶手，因为他的心里充满了仇恨。而阿成山却是保护直玛，用自己的身体替直玛去挡子弹，阿成山也是爱直玛的。你说，一个女人有这样的男人爱，这样的男人照顾，是否比跟着一个居无定所的人走南闯北，冒生命危险安全得多？阿都说：润铭也是情势被迫，就这样让他跟采尔直玛的姻缘从此了断，是不是太残忍，太不公平了？马锅头说：这就要看天意和两人今后的造化了。我觉得，润铭已今非昔比，因为他心里充满仇恨，已经不是过去木家二公子，读书人的形象，读读书，写写曲子。他已变得冲动且渐渐相信自己的武力，这对直玛和他自己都不是件好事。如果润铭能痛定思痛，肯回头，肯罢手，而他与采尔直玛又有缘分的话，两人也许会有相聚的那一天，现在谁插手想硬帮忙，这忙都是帮不上的。

阿都说：阿爸说得对，润铭是变了，但他这也是被逼出来的。

第 17 章

雷丹妮心情烦乱,来到玉泉河边,她让二丫在河边的石头上摆放上一个个苹果,两把枪左右开弓,逐个击中。

雷丹妮看着一地的混乱,茫然地问:二丫,你说我到底哪一点比不上采尔直玛?二丫笑着说:小姐这话算是问着了,应该说哪一点三奶奶都比不了你。不过,三奶奶有一点比你强。雷丹妮问:哪一点?二丫说:温柔!雷丹妮问:我不温柔吗?二丫一下大笑起来,说:天啊,也就是老爷天生胆子大,换个人,左手一支枪,右手一支枪,不被小姐吓疯了,那就一定是吓傻了。雷丹妮说:我明白了,咱们回去。

回到房间的雷丹妮换上采尔直玛的裙子,又戴上了银首饰,问二丫:这下子温柔了吧?

二丫仔细打量着说:还行吧……

采尔直玛正小心地给阿成山喂着吃的,雷丹妮翩然走了进来,温柔地朝阿成山微笑。雷丹妮说:老爷,你要好好休息,多多保重,不能随便下床走动。采尔直玛正怔地看着,问:丹妮，这是怎么啦？阿成山说：不会是昨天受到刺激了吧？雷丹妮看二人的眼神，生气地说：呸，你才受刺激。雷丹妮说完转身出门。

采尔直玛叫二丫：二丫，快去看看丹妮。

雷丹妮走出后门，左一下，右一下，摘下头饰扔在地上，自言自语地说：什么狗屁温柔，难受死啦。

突然闪出几个壮汉，雷丹妮刚一回头，迎面一拳打来，雷丹妮摇晃着倒下。壮汉用麻袋罩了雷丹妮。木润铭策马而至，一手把麻袋搂上马背，打马而去。

二丫走出，只看到地上的头饰，不见了雷丹妮的踪影，大声喊着：小姐——小姐——

来到树林之中，木润铭把麻袋中的人倒出，抱在怀中，说：直玛，没吓着你吧？啊……

木润铭吃惊地发现怀中抱着的是雷丹妮。

雷丹妮慢慢睁开眼：润铭，是你！……

雷丹妮说着，剧烈的头疼让她又昏了过去……

木润铭犹豫了一下，向几个壮汉招招手，几个壮汉上前，木润铭说：看好这个女人。

木润铭站起身向树林外走去。阳光透过树叶的缝隙照在雷丹妮的脸上，她慢慢地睁开双眼，两张猥琐的汉子的脸映入眼帘。

雷丹妮猛地坐起，问道：木润铭呢，他在哪里？汉子说：哎呀，木润铭不想要你，早就走了，把你交给我们兄弟了。雷丹妮恼怒地一耳光打在壮汉的脸上，转身大喊道：木润铭，你混蛋，你是个胆小鬼……

第 17 章

木润铭独自坐在玉泉河边，手里捧着一只碰铃发呆。

雷丹妮跑出树林，冲到木润铭面前，抓起碰铃砸到水里。木润铭一惊，要捡回碰铃，雷丹妮猛地推开木润铭，木润铭冲上去把雷丹妮推开，捡起碰铃。雷丹妮站立不住，跌到在溪水中，痛哭起来。木润铭犹豫了一下，上前拉起雷丹妮。雷丹妮靠在木润铭的身上说：你说，你说，你为什么把我抢到这里又丢下我不管了？

木润铭说：我，我……

雷丹妮说：我哪一点比不上采尔直玛？你为什么为了她可以去死，去生，对我却视而不见呢？木润铭说：小妞，情在人的心里，是无法比较的。雷丹妮说：可是你永远也不会得到采尔直玛的，阿成山爱她，她也爱着阿成山，而且他们有了自己的儿子！木润铭说：那是她自己的事情。老三，送二奶奶回土司驻地。

木润铭转身走去。

雷丹妮望着木润铭颓然而去的背影，捂着脸低声哭泣着……

金花闭目数着佛珠，二丫在屋里走来走去。金花停下来说：你能不能静静地坐一会儿，我这是在念佛，要心诚的。二丫犹豫了一下说：大奶奶，你不要再念了，二奶奶丢了，我们得马上去找一找。金花停下来说：笑话，咱们这儿丢了谁，也不会丢了她，就那一脸的凶样，谁敢动她。张阿六说：可不是，别烦了大奶奶，现在是念佛的时辰。金花说：反正我不会去找，别半道上蹦出个野汉子，把我掳走，我手里又没有吹火筒，那还不把老爷给急死。二丫说：再不找，真出了事怎么办？金花说：她平时谁的话听得进去？出事了找我，我凭什么要管？

看二丫着急，金花安慰二丫道：行了，二奶奶是见过大世面的人，连小鬼都怕她。

听到吵嚷声，采尔直玛扶着阿成山走了进来。

阿成山问：二丫，二奶奶是怎么回事？二丫眼圈发红，说：大人，二奶奶不见了。采尔直玛说：二丫，你慢慢说，到底是怎么回事？二丫说：也不知道二奶奶是怎么想的，把三奶奶的衣服穿在身上，还一个劲地模仿三奶奶的动作，看过老爷后，她离开了院子，我出去她人就不见了，首饰扔了一地……

阿成山打断二丫的话：哎呀，你怎么不早说啊。二丫说：我不是看老爷伤还没好，怕你着急，才来找大奶奶的。金花说：不会有事的，二奶奶是个有主见的人，不就是自己出去玩玩嘛。阿成山吩咐道：阿六，你快带人去找找！张阿六说：是。大奶奶，我去找二奶奶，你这里的事情自己多操心好了。金花说：阿六不能去，他要在这里陪我念经。阿成山说：找人要紧。采尔直玛说：我知道二奶奶会在哪里，还是我去找吧。二丫，你扶老爷回屋去躺着。阿成山说：不用扶，二丫，你陪三奶奶找人去。采尔直玛说：我一个人够了，我想也许只有我能找回二奶奶。采尔直玛走出，二丫也跟着走了出来。

木润声靠在床上，管家坐在床边说着话。

管家说：大少爷，你总算把这口气给缓过来了，昨晚真是把人给急死了。木润声说：怎么会呢，小鬼还不想要我，再说，木家的生意还得往大处做。这时，阿木扎走进报告：大少爷，土司大人的三太太要见你。木润声惊奇地问：三太太，要见我？管家犹豫了一下，说：人现在在哪儿？阿木扎说：就在门外。管家问：来了多少人？阿木扎回答：就她一个，还有个小丫头。木润声看了看管家说：请她进来吧。

木润声靠在床上，阿木扎带着采尔直玛走进。采尔直玛、木润声互相盯着，双方脸上都显得冷峻严酷。

木润声淡淡一笑，说：直玛，来了，坐吧，什么事？采尔直玛没有坐，站着说：我不是来找你，我是来找土司家二奶奶雷丹妮的。木润声淡淡一笑，说：奇怪，到木府找土司二奶奶，直玛，你走错地方了。采尔直玛冷冷地说：我今天不想跟你多说，你还是把人交出来吧。管家阻止道：直玛，你……

木润声抬起手打断了管家的话，说：直玛，木家在大研镇上的声誉你是知道的，你凭什么找人找到木家来，一定要我交人呢？采尔直玛说：木家在大研镇上的声誉早就被你给丢尽了，也只有你才会做出这种缺德事，你快把人交出来！

木润声说：五凤楼出了事，那位二奶奶找上门兴师问罪，现在她人没了，你又找上门来。直玛，木家不是谁都可以随便撒野的地方，我可以不跟你计较，可木家不是你想怎么说就怎么说的。这事真要是闹起来，我怕你担待不起。采尔直玛说：我想提醒你别忘了，我现在可是土司家三奶奶。木润声说：那我也提醒你别忘了，就是土司大人到了这儿，也得敬着木家三分。

采尔直玛说：木润声，你说话不要太放肆了，我现在是为找二奶奶雷丹妮来的。木润声说：咱们都是知根知底的，这不是你放肆的地方。我看在家父的份上，敬着土司大人，你别端着三太太的架子来吓唬我。采尔直玛说：那你是不想交出雷丹妮了？木润声说：那你先把木润铭交出来。采尔直玛一怔：你！……

木润声说：我不想为难你，你走吧。采尔直玛说：木润声，要是个男人，你应该知道自己做了什么坏事。木润声说：我倒真想听听，我木润声到底做了什么坏事？采尔直玛说：你挟持了二奶奶。管家插话道：直玛，你说的事情真的跟大少爷一点关系都没有。采尔直玛说：大叔，在这镇上我想不出来还有谁敢做这件事情。管家说：那你也不能冤枉大少爷啊。采尔直玛冷笑着说：冤枉？像他这种人，还有什么事情做不出来？管家说：大少爷为救你们，在玉峰寺身负枪伤，现旧伤复发，一直发烧昏迷，今天早上才清醒过来，我一直陪着他。我可以为大少爷担保，他跟这事绝对一点儿关系都没有。采尔直玛说：可二奶奶在大研镇不会就这样不明不白地丢了呀……

正在此时，张阿六气喘吁吁地冲了进来，朝木润声尴尬地笑了笑，说：三奶奶，老爷请您回去，二奶奶已经回来了。采尔直玛说：真的，什么时候？张阿六说：他们都在屋里等着你呢，土司大人要三奶奶和二丫姑娘赶快回去！采尔直玛答道：我知道了。

采尔直玛转身向屋外走去，走了两步，又转身对木润声说：我们有过恩恩怨怨，但现在也是该把它忘却的时候了。木润声说：我不知道你说的恩恩怨怨是什么，我也不愿意去想这事，但我木润声可以坦白地说，年轻时候我做过错事，可现在，所有的事情我都是问心无愧的，无论是对家人，还是对朋友。

张阿六催促着：三奶奶，咱们赶快走吧。

木润声大声说:管家,代我送客!

管家陪着采尔直玛走出,让张阿六、二丫在门口等候,他说有几句话想跟三奶奶单独谈谈。

二人离开后,采尔直玛问管家:大叔,有什么话就直说吧。管家沉下脸来,叫了声:三奶奶!

采尔直玛说:大叔,您还是叫我直玛吧。管家说:你现在是土司大人的三奶奶,大叔我高攀不起。你可以信不过润声,也可以信不过我,但我还是要告诉你,润声才捡了一条命回来,现在还发着烧,人都站不起来,怎么可能去绑票?采尔直玛说:只有他才会做这种事。管家说:那你告诉我,他木润声到底干了哪种事?采尔直玛说:大叔你可能不知道这两年我是怎么过来的,这都是他木润声一手造成的,润铭他还活着,可我怎么见他,我没脸见他啊。采尔直玛说着泪水流出。

管家说:告诉你吧,你和二少爷的事情我都知道,大少爷他也知道,可人说话得凭良心,大少爷他真的什么也没做。采尔直玛说:那我和润铭是被谁逼上绝路的?管家说:这件事情很复杂,不能把账都记在润声的头上。采尔直玛说:对不起大叔,这账我只能记在他的头上。

采尔直玛说完,转身向外走去。

木润铭腰上插着枪,带着一群壮汉堵在阿成山住的小院门口。

木润铭高声叫道:阿成山,你今天要是不把采尔直玛交出来,我就把这儿给平了。

听到叫嚷声,阿成山让佣人扶着自己走了出来。

阿成山说:采尔直玛现在是我的三太太,而且我们也有了自己的孩子，你让我把自己的太太交给你，哼哼，世上哪有这种道理？木润铭说：你的太太？你那是乘人之危，采尔直玛真正爱着的人是我，她根本不会跟着你的。张阿六喝斥道：放屁？你一个野小子敢到土司大人面前撒野，真不知道自己有几斤几两，你找死来了。

木润铭拔出枪来，指着张阿六说：你一个狗奴才，这里没有你说话的份儿。张阿六说：你少拿枪来吓唬人，这里虽然不是野鸭湖，可我们土司老爷一句话，照样能把你们这些土匪全他妈的灭了。木润铭说：好，老子今天就成全你，先把你这个奴才给灭了。木润铭说着就要抬枪，身边的壮汉忙压下他的手，轻声耳语。

木润铭忍着气插起手枪说：阿大土司，我也不想多生事端，把采尔直玛交出来，我马上走人。

阿成山说：木润铭，那我就明白地告诉你，死了这条心吧，采尔直玛我是不会交给你的，我也不会怕你。木润铭说：阿大土司是想逼着我木润铭抢人了？阿成山说：你太小看我阿成山了，有本事你就来，我就不信你有能耐把人抢了去。

家奴们端枪提刀，严阵以待。

木润铭身边的壮汉们也严阵以待，双方一触即发。

离开木府往回走的采尔直玛走到小院门口，看到眼前的这一幕，听到木润铭的叫嚷声。木润铭说要带自己走，她眼泪流了下来，她想，润铭没有忘了自己，他还爱着自己，不顾一切地来找自己。可是，今非昔比，她现在已不可能跟着润铭走，而且润铭再这样闹下去，也不是阿成山的对手，是要吃亏的，得让他赶快离开这里。

采尔直玛径直地朝木润铭走过去，装着冷漠地对木润铭说：你来干什么？

阿成山看着采尔直玛，着急地叫道：直玛，你别过去，危险，让我来收拾他！

木润铭看到采尔直玛，眼睛湿润了，说：直玛，是我，我接你来了……直玛，我一直都没有忘记你，一直都在找你……

采尔直玛说：我也没有忘记你，但不是你现在这个样子。木润铭说：咱们都经历的太多了，都有了些变化。采尔直玛说：可今天你让我看到的已经不是当年的那个木润铭，你知道吗，这让我的心里有多疼？木润铭一怔，说：直玛，你……

采尔直玛大声说道：不要叫我，你太让我失望了。你先是抢走了雷丹妮，现在又带着人来抢我，你现在就知道抢、抢、抢，你除了抢还会什么？连木润声都不如。

木润铭说：直玛，我所做的一切都是为了你！采尔直玛说：不，你是为了你自己，我不会跟你走的！木润铭说：不，今天你一定要跟着我走，我能坚持着活到今天，就是为了你，我不会再失去你了。采尔直玛说：那我可以告诉你，我现在已为人妻、做人母了。木润铭说：我知道这是你不得已所做的选择，所以我不在乎，我只希望咱们能够生活在一起，别的什么都不重要。采尔直玛说：你可以不在乎，可我在乎，因为阿成山是我心甘情愿选择的丈夫，我要跟他生活……

木润铭打断采尔直玛的话说：直玛……

采尔直玛又打断木润铭的话：当有人向我开枪的时候，他做

情　殇

的第一件事情就是保护我，替我挨了子弹。从那一刻得起，我就跟定这个男人了。木润铭说：不错，他是为你受了伤，但我也为你情死过，难道这些你都忘记了吗？采尔直玛说：我没有忘记，因为没有忘记，我才会跟你说这些话，因为没有忘记，你现在的样子才会让我心疼。木润铭说：这到底是为什么？采尔直玛说：因为你已经不是我所认识的木润铭了。如果你真是个男人，就走吧，我不想再见到你。木润铭叫道：直玛，你听我说……

采尔直玛歇斯底里地叫道：你走！……

采尔直玛说完上前扶着阿成山，一脸冷漠地从呆立着的众人面前走过。

木润铭呆呆地看着采尔直玛消失在了院门后……

采尔直玛扶着阿成山进到屋里，金花对着阿成山叫道：都打到门上来了，简直是丢人现眼。阿成山恼怒道：你给我闭嘴！

采尔直玛把阿成山交给家奴，吩咐道：扶老爷回房休息。

阿成山说：直玛……

采尔直玛说：老爷，我想自己静一会儿。采尔直玛说着，走向自己的房间。

采尔直玛走进房间，丫头坐在床边正哄着床上的小音音。小音音向采尔直玛伸出双手，口齿不清地叫着：妈妈抱……

采尔直玛上前抱起小音音，把脸紧贴着小音音，泪水流了出来……

管家扶着木润声下了床，在屋子里慢慢地走着。

管家问：大少爷，感觉怎么样？木润声笑了笑：好多了，就是睡了几天，这身上有些酸疼。管家说：别忘了，你这条小命可是刚刚捡回来的，一定得好好地养着。木润声说：病死的人，八成是自己把自己给吓死的，我可不愿意那样。下地走走，接接地气，这命自然就回来了。管家说：可你这是受了枪伤啊。木润声说：我自己挨的还能不知道，没事，这伤口今天已经不胀疼了，过几天就全好了。管家叹了口气：你这孩子，啥事都争强好胜。

阿木扎匆匆走进报告：大少爷，二少爷带着一帮人去找土司大人了。木润声问：二少爷到镇上来了？阿木扎说：没错，一帮人全带着家伙，找土司大人要人。管家说：要人？阿木扎：他说采尔直玛是他的女人，要是不把采尔直玛交给他，就要踏平那个院子。

木润声沉着脸：简直是胡闹。阿木扎，集合府上的人，跟我一起过去。管家阻止：大少爷，你这样怎么能出去。木润声垂下头去：管家，润铭既然到镇上来了，有些事情应该有个了结了。管家说：可你现在的身体……木润声说：有阿木扎他们跟着，不会有事的。

木润声挣扎着起来，带着手下家丁出了门。管家不放心，也跟着出去。

木润铭带着人骑马冲过街道，突然前面一群人挡住了去路，木润声站在前面。

木润铭拉缰停下，怒视着木润声。

木润声说：润铭，路过家门也不回，是不是有些说不过去啊？木润铭回答：木润声，你少跟我虚情假意，弑父之仇，害母之恨，我俩不共戴天，你不明白？木润声说：你可以把这些全记在心里，是我木润声做的事，绝不会推给别人，可该你自己认下的账，也别赖在别人头上。木润铭说：放心吧，所有的账我都会一笔笔慢慢跟你清算的。木润声说：我会等着的，我只想提醒你一点，你是木家二少爷，这样兴师动众地到镇上来胡闹，已经丢尽了木家的脸，这账该记在你的头上。木润铭冷冷一笑：怎么，你怕了，告诉你，以后你不会再有安宁的日子了。木润声说：这不是怕，是木家的声誉你担不起，不管是谁，只要敢在木家的脸上抹黑，我木润声照样不会放过他，你自己还是好好想想吧。

　　木润声说完，把手一抬，身后的家丁让出道来。

　　木润铭狠狠地说了声：走！便带着人打马冲过。

　　木润声摇晃着要倒下，阿木扎忙上前扶住。

　　木润声喃喃着：回……回府……

　　木润铭沉着脸，带着土匪们返回山寨。

　　半道，阿都飞马赶来，骂道：木润铭，你这个不要脸的狗东西，你往哪里走！

　　阿都冲过去飞身扑向木润铭，把木润铭扑下马来，两人滚打在一起。两个土匪上前，把两人拉开。

　　木润铭怒斥道：阿都，你来干什么？阿都一个耳光重重地打在木润铭的脸上，说：你这个混蛋！木润铭说：阿都，你疯了，我是木润铭！阿都说：你才疯了，以后我再不认你这个朋友了。木润铭说：阿都，你到底怎么了？阿都指着木润铭说：木二少爷，从现在起，我们马是马，牛是牛，牛马不相干了。木润铭说：可以，但你得把话说清楚，少在这儿耍蛮横！阿都说：我蛮横？放屁，你才是蛮横到翻天了。木润铭说：你……

阿都骂道：你这个天底下最大的混蛋，怎么可以干出让直玛那么伤心的事情？木润铭说：我……阿都：你这个无情无义，没心没肺，没有人性的东西，只知道自私不讲道理。木润铭说：阿都……阿都说：别叫我，你这个千人唾万人咒的土匪，你说你还是人不是人？木润铭怔怔地看着阿都，无言以对。

马锅头赶来，下马站在木润铭对面说：润铭，你带人到土司驻地闹事，去抢采尔直玛，我们都知道了。我们为木家做了那么多年的事，风风雨雨，我们与你没有什么恩怨。阿都刚才说了些啥，我不知道，肯定不是好听的话。可他是被你的所作所为惹怒了，唉，话不好听，可理在，你好自为之吧。

木润铭：和大叔，我……

马锅头说：润铭，大叔希望你凡事不能只考虑自己，还应该多为别人想想。阿都说：真没想到会帮出你这么个混蛋来。马锅头说：润铭，我们现在觉得，其实你好多地方都比不上木润声，木润声在一点点做事，在振兴木家，而你在丢木家的脸，丢木老爷的脸。阿都，我们走！

马锅头言罢，与阿都双双策马而去。

木润铭茫然地看着两人的背影。

大研镇，阿成山住地院落的大门外轿马已经准备妥当。采尔直玛、金花默默走出上轿。阿成山来到坐骑前，一家奴跪在马前，张阿六扶着阿成山踩着家奴的背上了马，雷丹妮也翻身上马。张阿六把手一挥：各位锅头看好自己的马，上路了！

情　殇

马队向镇外缓缓走去……

阿成山的马队在美丽的玉龙雪山脚下走着，突然看到一支马帮挡在了前面。

阿成山警惕地命令家丁：准备战斗！

雷丹妮也掏出了枪。

采尔直玛打开轿子窗帘往外看，她看到阿爸、阿妈和马锅头、阿都、山茶的马帮等一群人站在前面。

采尔直玛从轿子里下来，向前跑去……

阿成山疑惑地看着采尔直玛。

冬妈从和东巴身边跑出，迎向跑来的采尔直玛……

采尔直玛满脸泪水地上前抱着冬妈：阿妈……

冬妈也老泪纵横地搂住采尔直玛：直玛……

冬妈捧着采尔直玛的脸，说：来，让阿妈好好看看。儿呀，上天保佑，你还活着。和东巴上前，说：直玛，你阿妈想看看你，土司大人那儿我们不好去，就上这儿来等着你。冬妈说：阿妈能看着你好好的，就放心了。

二丫抱着小音音上前。

采尔直玛接过小音音说：阿妈，阿爸，这是你们的外孙子。

冬妈激动地抱过小音音：快让我看看，哎呀，这孩子都这么大了，长得真好……

冬妈说着泪水又流出。

顾约翰上前说：采尔直玛，你母亲为了见你，天不亮就从束河赶到了这里。

采尔直玛说：阿妈，我现在过得很好，你跟阿爸不要为我担心，以后我会带着小音音来看你们的。冬妈说：小音音，这名字真好听。和东巴说：嗯，是好听。采尔直玛说：取这个名字，主要就是为了那支乐曲。

顾约翰笑着，指着玉龙雪山说：噢，太好了。直玛你看，这是一座多么美丽的雪山啊，我第一次见到它时，就被它给征服了，它确实是世界上最美丽的雪山。

和东巴说：在我们东巴经中，我们纳西人祖祖辈辈都把它奉为圣山。

顾约翰说：它很神圣，就像欧洲的阿尔卑斯山。直玛，不要放弃自己的理想，为了这座山，我们应该写出一部伟大的乐曲，让所有的人都为它而陶醉。采尔直玛说：我想努力，可是……顾约翰说：直玛，你应该相信木润铭先生。采尔直玛说：可我真不知道该相信他什么？顾约翰说：那你就应该相信你自己。采尔直玛说：我现在只想能够平静地生活下去，把孩子带大，别的我真是不敢希望的太多了。

阿成山走了过来。采尔直玛连忙介绍：老爷，这是我阿爸和阿妈。

阿成山朝采尔直玛的阿爸阿妈躬身问好，说：你们好！我很喜欢直玛，她现在是我的太太，我们也有了自己的孩子，我会尽力让直玛生活好的，你们就放心吧。和东巴、冬妈二人一起说：谢谢土司大人！

阿成山说：有机会希望你们能来野鸭湖，我会盛情接待你们。冬妈说：谢谢大人！直玛，走吧，记着常给家里捎个信。和东巴说：你们快上路吧！

采尔直玛擦擦泪上了轿子,随阿成山离去……

太阳快要西下,马队在山上埋锅做饭。

雷丹妮坐在石头上,望着蓝天白云出神,似有所思地微笑着。

采尔直玛上前在雷丹妮身边坐下,问道:丹妮,你累了吧?雷丹妮说:还好。这里的景色真美,是一个留下梦想的地方。采尔直玛说:这里就是纳西人所说的玉龙第三国,他们也愿意选择这里作为他们人生终结的地方,在玉龙第三国中,有看不完的美景,喝不完的美酒,有你想要的一切,所以我们总是把希望寄托在这里。

雷丹妮说:我第一次到这里的时候,是木润铭送我来的,我们总有吵不完的架,也有说不完的话,没有一天是安静的,但却是安全的。采尔直玛说:谢谢你救了润铭。我都知道了,二丫告诉我的,是润铭送亲把你送到石板镇,你们一起度过了许多危险的日子,他原本是一个有责任心、善良的人。

雷丹妮微笑着说:我能感受到,雪崩把我们俩封在了一个山洞里,我害怕,他划着了火柴,那火苗就在我们中间跳动,很小的一点火苗,可很温暖。火柴熄灭了,他又划着了一根,后来就把他自己的衣服撕成条点燃,真像诗一样的美……又冷又饿,我晕倒了,是润铭背着我一步步走下山,走到石板镇。

二丫走来说:还是三奶奶有办法,二奶奶又笑起来了。

雷丹妮说:你永远都不会明白的……

二丫说:差点没死在这里,我情愿永远不明白。

雷丹妮说:是啊,这里是你死里逃生的地方,对我却是留下梦想的地方。一步步地走向梦想,又一步步地离梦想而去,现在又来到这里，也许梦想只能在梦想里……

走了几天以后的傍晚时分，马队终于在土司府门前停下。

张阿六大声吆喝着：老爷身上有伤，快把老爷扶下马，送进府内休息。

几个家奴上前，小心翼翼地扶阿成山下马，送进府中。雷丹妮下了马，带着二丫走进府中。采尔直玛抱着小音音下轿，一个丫头上前接过了小音音，陪着采尔直玛走进府中。

金花下轿，张阿六忙上前扶着。金花说：别管我，把东西给我盯紧了，挑出好的来，直接送到我屋里去。张阿六说：大奶奶放心，您想要的东西，我都已经做了记号。金花说：你个鬼机灵，我先进去了。两个丫头上前扶着金花走进府内。

张阿六指挥着家奴们卸下货：这里面都是些洋货，当心点。这几箱直接送到大奶奶房里去，其他的先搬进库里，分开放。

马夫和家奴们往府里搬运着货物。

第 18 章

　　木润声左臂上的纱布已经去掉，在院子里简单地活动着。

　　管家走进笑着说：大少爷，这次应该是真的好了吧？木润声活动了一下左臂说：再不好，我非憋死在这院子里不可。管家说：骡马大会已完，各位老板都在考虑回程的问题。木润声说：来时接风，走当钱行，我想今晚把住在府上的各路神仙都请到一起，再说说一起上路的事情。管家说：是。

　　正在这时，阿木扎匆匆走进报告：大少爷，外面都在传日本人打咱们中国，咱们云南的六十军也开上去了。木润声说：真的跟日本人打起来了？木润声来回走着，并说：老管家，家里的事情你照看一下，我打算亲自跟马帮走一趟。管家说：你这伤才好一些，根本就没有好利索。木润声说：我必须去趟昆明，了解一下跟日本人到底是怎么回事，丽江这地方虽然山高皇帝远，可也不能把这国家给丢下，也应该参加抗战。

　　管家叫着木润声来到钱柜前，拿出账本说：大少爷，所有的账都在这儿，你也过过目。木润声接过翻看着说：老管家的账一向都细,不会有问题的。木润声把账本交给管家,老管家又拿出了钱柜里的布包交给木润声。木润声问:这是什么?管家说:你娘留下的,老爷一直保管着,现在我交给你。木润声打开布包一看,说:《纳西正音谱》!管家轻轻点点头。木润声包好布包说:我听顾约翰先生谈到过,这是记载纳西族音乐的一本很重要的书,润铭一直在找它,想得到它。

木润声包好又交给管家,吩咐道:你好好收着吧,要是有一天润铭他能回来,交给他。管家笑着说:好的,大少爷。木润声笑了笑说:我知道这是个宝物,他写那个曲子,需要它。

浩浩荡荡的马帮行走在山路上,木润声和几个昆明的客商骑在马上走在队伍中。

孙老板说:贤侄呀,昨天晚上我们几个还在说,这次赶会,你可是最大的赢家啊。木润声回答:润声不过是占了个近水楼台,挣的也仅仅是些过手钱。孙老板说:可八面来风都过手,这钱可就挣多了。木润声说:那也是前辈们赏脸,不然润声哪有那么大的能耐。孙老板说:可惜贤侄是在丽江,要是能到省城去发展,前途不可限量啊。木润声说:老伯过奖了,一方水土养一方人,在这多事之秋,润声还是留在丽江的好,这样前辈们来了,不是也有个落脚的地方吗?

众人都笑了起来。

再往前走,马上就是黑水塘。

木润声提醒客商们:前面就是黑水塘了,咱们得下马走路。孙老板问:贤侄,不会有事吧?木润声说:没有事当然好,可得防着有事。阿木扎,让咱们人散开,一定要保护好马帮。阿木扎应道：知道了。前面就是黑水塘了，都多长只眼。家丁们一个个推子弹上膛，马夫们也从马背上抽出了枪，眼睛盯着山路两边的树林。

黑牛带着土匪们埋伏在树林内。手下问：大当家的，今天肥羊会从这儿过吗？黑牛咧嘴一笑，说：放心吧，会赶完了，个个他妈的兜里都揣满了钱，就等着咱们宰了。

一土匪躬身跑来报告：大当家的，肥牛过来了。黑牛说：行啊，没跟老子白混，会说话了，这牛肯定比他妈的羊大，是不是啊，弟兄们？

土匪们笑着。

土匪报告：大当家的，这马帮排出去有几里地，还有人护着，前后怕有几百支枪。黑牛一怔：什么，几百支枪？土匪点点头。黑牛说：妈的，这是冲着咱们来的啊。对了，你刚才说有人护着，谁的人？土匪回答：好像是木家的。黑牛说：木润声，你他妈的专门跟老子对着干。手下问：大当家的，他们过来了，怎么办？

黑牛恼怒地一掌拍在了身边的大树上，命令：扯乎！

手下奇怪了，说：就这样放他们过去？黑牛说：咱们现在就剩下了不到一百支枪，打起来肯定他妈的吃亏，赔本的买卖老子从来不做，不过这账得记下，老子不会放过木润声的。

晚上，阿成山抱着小音音对采尔直玛说：这段时间养伤，每天都是娃子守着睡，今晚我就住你这儿了。采尔直玛抱过小音音说：我想陪陪孩子，你到二奶奶那屋去吧。阿成山喃喃着：她成天抱着枪睡觉，谁知道……采尔直玛问：二奶奶？阿成山不自然地笑了笑,说:哦……那我去丹妮那儿吧。

阿成山悻悻地走出。

雷丹妮坐在椅子上擦着勃朗宁,二丫铺着床。

阿成山走进来问:这么晚了,还在擦枪啊?雷丹妮头也不抬地说:晚上擦枪是防狼,白天狼都藏起来了。阿成山说:二丫,回你屋去睡吧。雷丹妮说:嘿,折腾了一路,全身跟散了架似的,我还要让二丫替我松松筋骨呢。阿成山笑着说:放心吧,这事交给我,保证让你舒服。雷丹妮说:算了吧,野鸭湖的土司大老爷,我可劳驾不起,你要是真有那份心,就去侍候一下直玛,怎么说她也是带着孩子走这一趟的,最累。阿成山笑着说:我才从她那里出来。雷丹妮说:这就是你的不是了,这么多年,就直玛帮你折腾出了个儿子,你不守在那儿,上我这儿来找事不是?

阿成山听了,只好退出。

金花闭着眼睛数佛珠,丫头站在身后为她捶着背。

阿成山笑着走进问道:金花,还没睡呢?

金花翻了阿成山一眼,说:哼……

阿成山走到金花面前说:都累了,还是早点睡吧。金花笑了笑,朝阿成山身上嗅了嗅。阿成山疑惑地问:你闻什么?金花回答:你这是从哪儿钻出来的啊?阿成山说:说什么呢?金花说:你没闻到自己身上有股子怪味?阿成山拿起衣服闻了闻:什么怪味?金花说:浑身上下都是股子狐狸精的骚味。这种野鸭湖都洗不去的骚味,你爱闻你闻,我受不了这个味。阿成山说:看你,净说气话。金花说:你说对了,我就是在说气话。

丫头! 一丫头忙跑进来问：大奶奶，有事？金花说：带老爷到野鸭湖去洗个澡，去去他身上的狐骚味。丫头一怔：大奶奶，我帮老爷洗澡？金花说：对，就是你。丫鬟走了过来，阿成山骂了句：滚!

看到金花不友好的态度，阿成山也只好灰溜溜地退出金花的房间。

张阿六正带着家奴打扫大厅，阿成山气冲冲地走进。

张阿六迎上问：老爷，你怎么还没睡？阿成山恼怒地说：睡，我去哪儿睡？张阿六说：太太们那边……阿成山说：你多什么嘴，我要洗澡去。我要到野鸭湖去洗，懂吗？张阿六一怔：啊？到野鸭湖去洗澡？老爷，都这么晚了，水又凉，这时候野鸭湖洗不成澡啊。阿成山说：你什么意思？张阿六说：小的是说，老爷真想到野鸭湖洗澡，也得等天亮太阳出来了不是。阿成山生气地说：哼，我一个大土司，连个睡的地方都没有。好，从现在起，这个大厅就归我了，谁要是敢踏进一步，我就敲断他的腿，你们都滚，滚到野鸭湖洗澡去。

张阿六笑了笑，走出了大厅。

第二天清晨，屋外传来了鸟鸣声，阿成山倒在太师椅上还在沉睡。一支竹竿伸进来，把阿成山弄醒了。

阿成山见张阿六站在窗外，恼怒地喝斥：阿六，你想干什么？张阿六笑着说：老爷，你忘了，昨天你说的，谁进了这儿就打断谁的腿。阿成山说：对，是我说的，谁进来我就敲断他的腿。张阿六说：所以小的也不敢进了，不知道有客来访能不能进？阿成山说：听不懂话是吧？张阿六站在门外笑着说：老爷，外边有贵客来访，您见不见？

阿成山把手一挥：什么狗屁贵客？我还没睡醒呢，叫他滚蛋！张阿六说：是，小的就把老爷的话原话告诉给雷军长。阿成山一下跳了起来说：什么？我岳父来了你竟然不报，人在哪里，还不快请进来！张阿六说：已经到镇口了。

阿成山忙起身跑出去。

雷霆在众军人的护送下，骑马来到土司府门前。

阿成山慌慌张张地从府里跑出来，一挥手，一个家奴上前跪爬在雷霆的马前。雷霆说：不用了。自己从马上跳了下来，随从们下马，在土司府两边站好。

阿成山恭敬地说：不知道雷军长来了，有失远迎。雷霆说：来的匆忙，临时决定的。阿成山说：快到府里坐，叫二奶奶去。家奴跑下。雷霆一怔，看着阿成山：二奶奶？阿成山尴尬地笑了笑：里面请。

雷霆坐于正位，阿成山坐在偏位。

雷霆不快地：阿成山，你打算怎么向我解释？阿成山胆怯地说：我，我，嗳，这事都是我考虑不周。雷霆恼怒地问：什么考虑不周，你有没有老婆难道你自己都不知道吗？

阿成山吓得不知所措，说：不，岳父大人……

雷霆一抬手，说：你现在先不要叫我岳父。

阿成山说：是，雷军长，情况是这样的，当时我去省城时，金花回了娘家，在娘家得了不治之症，在省城碰上雷大小姐，所以……所以提出与军长的大小姐雷丹妮结亲一事。谁知道回到野鸭湖时，她还活着，说是碰上一个神医，硬是把她从送葬的队伍里救了回来。

雷霆奇怪地问：从死人堆里活过来的？阿成山回答：岳父大人，有半句假话，您军法处置。雷霆问：那怎么又钻出来了个三太太？阿成山回答：岳父大人，这事可不能怪我啊。雷霆说：你娶的女人，难道还要怪我不成。阿成山说：这三太太真不是我要娶的，是雷大小姐保的媒，非要我娶的。雷霆说：你把话说清楚，别推到丹妮身上去。

阿成山说：我到石板镇迎亲，结果镇上的人说她毒死了自己的男人要烧死她，不把她带走，肯定要出事的，丹妮拿着枪非要我带着她，我就只好把她带回来了。雷霆问：你说的都是真话？阿成山说：岳父大人面前，不敢有半句假话。雷霆说：好吧，这事先放一下，等我考虑考虑再说。阿成山说：是，我听岳父大人的安排。雷霆问：丹妮在这里怎么样？阿成山回答：挺好的，就是……雷霆说：有话就直说。阿成山犹豫了一下，说：一到晚上，她总是拿着把枪……雷霆笑着说：噢，她从小在军营长大，这是她的习惯。阿成山说：她抱着枪睡觉，至今我还……雷霆说：这是你们夫妻之间的事情，我可管不了。

这时，雷丹妮带着金花、采尔直玛和二丫走了进来。

二丫高兴地跟雷霆打招呼：报告军长！雷霆说：二丫，我可是把丹妮交给你了。二丫说：军长放心，小姐在哪儿都不会吃亏的。雷丹妮说：爸，我向你介绍一下，这是大太太金花，这是三太太采尔直玛。

金花紧张地施礼，并说：金花恭候岳父大人。阿成山一脸尴尬，拉了一下金花，说：你不能叫岳父，是我叫的。金花问：

噢，那我该叫什么？阿成山说：叫亲家爹。金花说：对，对，金花恭候亲家爹。

众人都笑了起来。

第二天一早，雷丹妮肩上挂着猎枪正要与雷霆出门打野鸭。

阿成山跑了过来，说：丹妮，这两天你累了，还是让我陪爸爸去湖上打野鸭吧。雷丹妮说：打枪你连二丫都不如，还是我陪着吧。阿成山说：这可不行，爸爸大老远的来了，我怎么能不陪陪他呢？雷霆说：丹妮只是陪我随便走走。阿成山说：这儿的情况我比丹妮熟悉。雷丹妮说：你这人怎么这样啊。我和我爸这么长时间没见面了，想说说话，你跟着算啥？阿成山说：丹妮，你不能把我当外人啊。雷丹妮说：谁把你当外人了？我跟我父亲讲讲私房话，难道不行吗？阿成山无奈地说：好吧，爸，那我就不去了。雷霆说：我也想和丹妮单独谈谈。阿成山轻声地：丹妮，在爸爸面前你一定要给我多美言几句呀。雷丹妮说：你又没做什么见不得人的事，怕什么。你去盯着点厨房，那才是正事。阿成山笑着说：好，好，我这就去，保证吃得满意。

雷霆和雷丹妮漫步于湖旁。

雷霆问：一个人在这儿不习惯吧？雷丹妮说：入乡随俗，好在从小就跟爸走南闯北的，别的说不上，吃苦还行吧。雷霆说：爸爸也没想到野鸭湖这么偏远。雷丹妮说：没关系，我不过是帮爸走完了形式，以后怎么办，再说吧。雷霆说：丹妮，阿成山其实人不错，那两个女人也都善良，到了这儿，就不要太任性了。雷丹妮说：放心吧，爸，反正我是不会吃亏的。雷霆说：我是担心你性子太强，连睡觉都抱着枪。雷丹妮羞涩地：爸……

雷霆和雷丹妮在湖边打了两只野鸭，提着猎枪一边说着话，一边走进了土司府。

一个小彩球滚到雷霆的脚边，雷霆把猎枪放在地上，捡起彩球，小音音走到跟前。雷霆抱起小音音：这是谁家的孩子？小音音挣扎着不要抱，好奇地玩着雷霆的猎枪。雷丹妮笑着说：小音音喜欢枪，等你长大了，二姨教你打枪，将来也做个将军。

二丫陪着采尔直玛走了过来。

采尔直玛说：音音，不要动爷爷的枪。雷霆问：这孩子是你的？采尔直玛犹豫了一下，点点头。阿成山看到雷霆在院子里，忙提着水壶来倒水，二丫忙过来接茶壶。阿成山笑着说：不，不，还是我给爸爸倒吧。

雷霆说：你坐吧，我有话跟你说。阿成山坐了下来，说道：您来一次不容易，是不是多住些日子？雷霆说：不行，我军务在身，不宜久留，丹妮在这儿，以后我会来的。这次来，一是看看丹妮，另外有些事情也想跟你好好谈谈，希望能够引起你的重视。阿成山说：岳父大人请说，我听你的。雷霆说：现在抗战已经全面爆发，日军在很短的时间里，已经攻下了上海、苏州、杭州和南京，武汉现在也吃紧，六十军已经出滇，赶赴武汉了。

阿成山问：云南这边有危险吗？雷霆说：目前虽然没有，但不是说以后不会有。日军的作战意图很明显，就是想困死咱们中国，先是封锁中国的海上通道，这样，云南和广西就成了最后的陆上通道,日本人肯定会在这边动手的。阿成山吃惊地:哎呀,局势都已经发展到这么严重的地步了,我真是孤陋寡闻啊。雷霆说:是啊,这里是闭塞了一点,作为一方土司,不能成天只是儿女情长啊。阿成山不好意思地说:是,是,是。雷霆说:日军提出大东亚战略,所以下一步肯定会把战场转移到东南亚,这样的话,云南极有可能由后方变成前线,而我们必须守住中国通往海外的最后一条国际通道。阿成山说:我们这里也会成为战场吗?

雷霆说:日本人当然不会马上就能打到这里来,但日本人已经把目光投向了这里。按照战争的原理,敌方总是惯于在入侵之前,先派遣他们的谍报人员潜入该地,搜集情报和物色傀儡。雷丹妮看了看阿成山,说:爸,你放心,真来了,我的枪能打土匪,也能打汉奸和特务。阿成山说:对,他们只要敢来,我抓住了就枪毙掉,我阿成山是野鸭湖的土司,这是国民政府封的。雷霆说:你们一定要有警惕性,另外我带了一百支枪和五千发子弹来,把你的民团好好武装一下。这一地区的安全就交给你了。阿成山说:岳父大人尽管放心,我自会小心防范,丹妮也会帮着我守住这个地方。

第二天一早,雷霆离开了野鸭湖。

早晨,采尔直玛抱着小音音朝后院走来,她看到地上有一束山茶花,顿时明白,这是木润铭留下的,他已来到野鸭湖。俩人手牵手走入金沙江的情景又出现在脑海中,采尔直玛忘不了木润铭,还是有一种想见木润铭的冲动。她在心里说着,润铭,你在哪里?等着我……

情　殇

　　采尔直玛把小音音交给丫鬟，便向府外跑去，她四处看了看，不见人影，她失望地往土司府走去。

　　这时，山茶来到土司府门前，两个家奴端着枪阻止山茶进府。

　　山茶说：我是给二奶奶和三奶奶送东西的。家奴让山茶留下东西说，会让丫头送给二位奶奶，人就不必进去了。山茶着急地说：我有事要见二位奶奶。这是三奶奶托我给她买的绣花丝线，要我亲手交给她，她要看看买对了没有。

　　山茶说着把绣花线递给家奴，家奴随意看看，还是不让山茶进去。这时，采尔直玛刚好没找到木润铭回到府上，便带着山茶进了土司府。

　　进了屋，采尔直玛问山茶，是不是木润铭来野鸭湖了？你快告诉我，他在哪里？他来干什么？

　　山茶说：你不是要绣花线吗，我给你带来了，也不知道是不是你想要的。山茶把包放在桌子上打开，采尔直玛挑着丝线，丝线里露出一只碰铃，采尔直玛一下呆住了。

　　此时，阿成山端着一个鸟笼走进。山茶站起来躬身打招呼：土司老爷！阿成山问：找三奶奶的？山茶说：我给三太太带了一些绣花丝线，让她挑挑。

　　此时，阿成山笼子里的鸟口齿不清地讲起了人话：客人来了，端烟倒茶……

　　山茶笑笑，说：阿大人的鸟会讲人话。阿成山告诉山茶这只鸟叫八哥，从我爷爷那儿就开始养在家里，天天侍候着。山茶说：土司大人，说不定它的辈分比您还高呢。阿成山笑了起来：难说，说不定我真得叫这鸟一声大伯父呢。八哥又开口：谢谢！

几个人都笑了起来。

阿成山问：直玛，选到合适的没有？采尔直玛说：还差一些。山茶说：三太太看了，觉得颜色还不够，不如三太太自己到镇上去挑选，那儿什么颜色都有。采尔直玛心领神会，说：山茶，你陪我到镇上去看看。阿成山说：去吧，早去早回，别误了吃饭啊。

轿子在镇上停了下来，采尔直玛、山茶下了轿子。

采尔直玛让轿夫先回去。说我要花些时间买东西。轿夫说：老爷吩咐过了，我们就在这儿等着。采尔直玛说：那就到镇西头有个府上开的客栈那儿等着吧。

采尔直玛和山茶向镇里绣庄走去，马上又出来了，山茶向两边看了看，说：我们快走。采尔直玛问：我们去哪儿？山茶说：你别多问，快，跟着我走就是了。

野鸭湖畔，一个人站在湖边背手而立，山茶带着采尔直玛走来。

山茶把碰铃交给那个人，说：物归原主，剩下的事就是你自己的了。山茶回头看了看采尔直玛，便走开。那人回过头来，采尔直玛一看，是木润铭。

采尔直玛看到木润铭容颜憔悴，问：你还买干什么？木润铭看了看手里的碰铃：我是特意前来把这东西物归原主的。采尔直玛一怔说：你要把这东西还给我，刚才托山茶交还给我就行了，还要我出来干什么？木润铭垂着头说：三奶奶要买丝线，叫丫鬟下人去买就是了，自己还出来干什么？

采尔直玛背过身去，泪水流下。

木润铭慢慢走到采尔直玛身后，搂着她，说：直玛，跟我走！跟我走吧！采尔直玛轻轻推开木润铭说：不，你什么也别说了，我不会走，我离不开土司府……

木润铭说：不，我不相信。直玛，我们的感情就像金沙江水，我等你，一直等到你回到我的身边，我今天来就是想看看你，时候不早了，你先回去吧，孩子等着你……

采尔直玛轻声说：孩子，小音音，他……

回到土司府的采尔直玛独自坐在屋顶平台上，遥望着月亮出神。

雷丹妮上前站在采尔直玛身旁，采尔直玛一怔：丹妮。雷丹妮说：一个人坐在这儿，不冷吗？采尔直玛苦笑了一下：就是想出来透透风。雷丹妮笑了笑说：是不是还在想着木润铭啊？采尔直玛垂下头去：你怎么会这样问我……如果换成你的话，会不会想？雷丹妮说：如果我是你的话，那一定会想得云里雾里，河翻水涨。

采尔直玛抬头看着雷丹妮。

雷丹妮说：理由很简单，木润铭再混蛋，毕竟是一个值得女人挂念的男人啊。采尔直玛说：你真这样认为？雷丹妮说：对啊，尽管他不完美，处事也很毛躁，但不管怎么样，他还是有许多值得挂念的地方啊。采尔直玛说：我想忘掉他，可怎么也忘不了，眼前总有他的影子在晃动，我也不知道该怎么办才好？雷丹妮说：唉，爱情神奇就神奇在不理智上。如果顾虑太多，什么都割舍不下，那就干脆放弃爱情，好好做你的三太太。采尔直玛：可我……雷丹妮：直玛，感情的事只有自己处理，你跟润铭的事只有你们自己才能了断。

雷丹妮笑了笑起身离去,留下采尔直玛孤零零地坐在那里。

阿成山来到金花房中,躺着让金花替自己揉揉背。金花边揉边说:我倒是有句话要对你说清楚。我觉得这个三奶奶有点来路不正。阿成山问:又出什么问题了?金花说:你和我是明媒正娶,门当户对。雷丹妮是军长的女儿,算你有福气。我和丹妮都是有来历的,这个你顺手牵羊来的采尔直玛,当心别是只狼。阿成山问:采尔直玛怎么啦?金花说:这个人很不安分,又来路不明,做事也是偷偷摸摸的。阿成山说:好好的,她又怎么来路不明了?金花说:大研镇野汉子都找上门吵闹,你还不觉得丢脸?

阿成山生气地坐了起来说:那都是姓木的小子不识时务,自找没趣,直玛不是当众回绝他了吗?金花说:我看未必,你看她整天心神不宁、魂不守舍的样子,那是私情未了啊,小心人家给你戴顶小绿帽儿。金花说着火起,手上一用劲把阿成山捏得生疼。阿成山叫了起来:唉哟,唉哟,疼死我了。

阿成山跳起来:你这是干什么?想杀人啊?金花说:才一上手就受不了,那你去找手脚轻的啊!阿成山说:好,我自己去找手脚轻的去。金花问:找谁去?阿成山答道:二奶奶、三奶奶,随便找哪个都行。阿成山说着走出屋去。

木府餐厅,一张大圆桌边已经坐满了客人,每个人的面前摆放着一杯酒和一双筷子。老板们看着面前的一杯清酒和一双筷子议论着。

木润声走进,管家和阿木扎跟在身后。

木润声走到自己的主位上一拱手，说：让各位久等了，润声在此向前辈们赔罪。今天把各位请到这里，想必都已经知道来意，就是想商谈一下捐资帮助省上修建公路一事。

木润声说：中国人现在到了最危险的时候，日本侵略者打进了中国，东北三省被他们占去了，七七卢沟桥事变后，他们占领了北平、天津；然后又打下了上海和南京，武汉现在也打起来了。润声才从省城回来，听到一些情况想借此机会告诉给各位。目前中原已经遍地战火，连咱们国家的都城南京都被日本人给占了，我国百姓被杀者超过了三十万……

大厅里一片哗然。

"三十万，那尸体能堆成山啊？"

"天啊，他们是想把咱们中国人给杀光啊！"

"这日本人简直就是一群畜牲！"

木润声说：国民政府本想在上海同日本人决战，调动了七十万兵力，但是日本人的飞机、军舰和大炮太厉害，淞沪会战我们失败了。南京也打了，连警备副司令都战死在了城里，现在武汉和徐州也在打，咱们的滇军六十军也调往武汉了。国家年年打仗，早打空了，日本人那么凶，没钱这仗怎么打？大家都在捐款，学生娃把自己的早饭钱都给捐出来了。国家兴亡，匹夫有责，听说政府要在滇西这边修一条通往缅甸的公路，国民政府虽然答应给三百万大洋，但又要架桥，又要打洞，根本不够。

一位老板打断木润声的话，说：大少爷，你能有这份心，我理解，你一个木府的生意人，一下子怎么成了爱国者？

木润声说：前辈，润声长大了才明白，一个男人的一生，不能只陷于个人，陷于儿女情长，要做一些有意义的事情，才不愧对一生。

老板说：可咱们扛不起国家啊！

木润声回答：国是所有人的家，国完了，家就完了，所以得每个人都去扛，所有的人一块扛。路从保山漾濞过，咱们使不上力，还不该出点钱吗？

老板们议论纷纷。

一老板站起说：木家大少爷，按说省上修路，我等从商的，捐助一点，并非难事，可我细细想来，这公路毕竟不过咱们丽江，我等捐助，从何谈起。

老板们顿时议论纷纷。

木润声说：要跟日本人打，只是不怕死，没有好的武器是不行的，可现在海上到处都是日本人的军舰，要把武器和打仗用的物资运进来，只剩下咱们云南这条通道了，所以我们不能不修这条公路。润声今天请各位来，原本是想让管家好好操办一下的，可今天早上我临时改变了主意，一杯薄酒是想表示咱们要一心一意支持抗战，至于吃的，就吃咱们云南的过桥米线。

木润声向管家点点头，管家高唱：上过桥米线——

老板们疑惑地相互看着。佣人们依次走进为各位老板送上过桥米线。

老板们悄声议论：用过桥米线待客，连下酒菜都没有？今天来的，不至于一碗米线就打发了吧？

木润声笑着说：各位老板一定是觉得我木润声用米线招待，

是不是太小气了？我可以告诉各位，今天本打算用五百大洋来招待各位的，现在只用了三十块大洋，省下的四百七十块大洋，算是木家的第一笔捐助。

木润声说着一抬手，阿木扎端着一个放有大洋的托盘走到铺有红布的案台前，放下。

木润声说：现在公路所过各县，每天都有二三十万人在赶工，他们自己从家里背来粮食，有的只能吃点苞谷子，政府能给他们的只是每天两毛钱的菜钱，所以润声今天不敢铺张。

老板三说：大少爷真是用心良苦啊。

管家说：我们大少爷说的都是真心话，这次木家的马帮到昆明，货卖了以后，全部钱都捐了，那可是几万大洋啊！

木润声说：各位都知道，咱们云南山多，这路等于是在石头上凿出来的。没有钱买炸药，那些民夫们就用火把石头烧红了往上浇冷水，石头裂开了再一块块搬走。龙主席为了修这条路，已经放出了狠话，他送给龙陵县长的礼物是一副手铐，到时间完不成任务，就自己戴着手铐上省城。国难之际，咱们是不是也应该为国家出点力。

众人静静地看着木润声。

木润声说：这样吧，我先认个数，然后各位多少不论，凑在一块，我木润声负责把钱送到保山公路修建指挥部，各位意下如何？

沉默，长久的沉默。

一位老者流着眼泪慢慢站起身拍手，跟着大厅里响起一片掌声。

木润声泪水流出，拱手说：谢谢，谢谢各位！木家愿意认五万大洋。

管家掏出一张五万大洋的银票向老板们展示着，然后走到案台前，把银票放下。

老者掏出一张两万大洋的银票向老板们展示后，慢慢走到案台前把银票放下，又从身上掏出几块大洋，也放在了案台上。

老板们纷纷掏出银票和大洋依次走到案台前放下。

老板们回到座位上后，木润声慢慢端起面前的酒杯。

木润声说：老管家马上会把今天各位的捐助统计出来，我会尽快亲自把代表咱们丽江心意的这笔钱，送到保山去的。下面请各位为咱们一心抗战，把这杯酒喝下去。

老板们端酒起身：为咱们一心抗战！

木润声说：各位可以吃米线了，只要咱们团结一心，就没有过不去的桥，也没有过不去的坎。

老板们的米线还没有吃完，管家的账已经算好。

管家说：我向各位老板报告一下，刚才一共收到银票四十张，合计二十八万大洋，另有零散大洋三百八十八块，共计二十八万零三百八十八块大洋。

老板一：咱们都是经商的，一下子就凑出来了三个八，大吉大利，这日本人败定了。

众人大笑。

阿木扎跟和云在小酒馆里喝酒。

和云问：大哥，今晚你这是怎么了，喝闷酒可是伤身体啊。

阿木扎端起酒一口喝下，说：兄弟，上次那事咱们做的是不是有点不地道啊？和云笑了笑说：这要看怎么说，单说事，肯定是不地道，可就这世道，谁还不是黑吃黑，不然上有老，下有小的，靠啥来养活。阿木扎说：人敬我，我敬人，大少爷待咱们不薄，真没亏待咱们，那事咱们虽然是冲着二少爷去的，可事情完了，大少爷去填的洞，这事我是越想越觉得亏得慌。和云说：大哥，这事现在可只有咱俩知道，你不说，我不语，不会有人知道的。

阿木扎喝了一口酒说：你不知道，这次跟着大少爷上省城，所有的人都被鬼子给气疯了，老少爷们、大姑娘小媳妇，连老太太都出来了，排着队地捐钱，排着队地抽血，连叫花子把讨来的一点钱都捐了。唉，当时就觉得自己太不是个人了。和云说：大哥的意思是真的要吐出来？阿木扎说：我知道兄弟你不容易，这事又是我先说起的，好在我那份还一个子都没用，有多少算多少，不然这心里憋着，难受。和云犹豫了一下说：好，既然大哥把话都说到这份上了，我这还有一个整数，全交给你。阿木扎垂着头：谢谢兄弟，这事全怪大哥。和云说：大哥说这话我不爱听，我也是觉得大少爷太不容易了。

傍晚，各位老板们离开木府后，木润声思忖着来回走着。

管家说：大少爷，这么大一笔钱，路上不好走啊。木润声说：这不是件小事，而且风声肯定已经露出去了，这笔钱绝对不能在咱们的手上出任何纰漏。管家说：难啊，风声既然已经露出去了，肯定有不少人会盯上这笔钱的，我是担心大少爷你的安全。木润声说：人在钱在，钱如果没了，人活着还有什么意思。管家说：大少爷千万不能这样想，这事往大里说是为了

第18章

国家，往小里说是做善事，真要是把命给搭上了，不值啊。木润声说：放心吧，这事只能成，必须成，我木润声这次是豁上了，谁要是敢动这笔钱，天王老子来了，我也照杀不误。管家说：那大少爷准备怎么个走法？

突然门外传来轻微的响声。木润声示意管家别出声，飞身上前拉开了门，门外无人，只有门前放着一个口袋。

木润声四下看了看，慢慢提起口袋，回身把门关上。木润声在灯下打开口袋，里面全是大洋。

管家看了看，说：大少爷，这些怕有三四千啊。木润声轻轻点点头：应该是送善款的，又加上一笔。

管家问：大少爷打算如何走？木润声说：明修栈道，暗度陈仓。管家轻轻点点头：只是路途太远，也怕夜长梦多啊。木润声说：老管家的话不无道理，关键是看这栈道是否修得好。管家说：这样咱们的付出会不会太大了。木润声说：从昆明回来的路上我一直在想南京死的那三十万人，跟日本人拼，三十万，三百万，三千万，就算是用牙齿咬，咱们也得把小日本给撕碎了。日本人占领了东北，可他休想占领西南，人家已经把枪顶在了咱的脑门上，不拼也得拼了。管家说：我明白了，有什么需要我做的，大少爷尽管吩咐。

木润声打开羊皮地图指点着说：老管家，去保山最近的道，也是唯一的一条道是从鹤庆这儿穿过去，然后走漾濞、瓦窑，到保山。管家：这应该就是大少爷要修的栈道吧？

木润声点点头。

管家说：大少爷不会是想取道石板镇，走金沙江、沙溪镇再

情　殇

折道保山吧？木润声笑着摇摇头说：这条道我也想过，但地僻人稀，过于冒险。管家说：那就无路可走了。木润声说：蜀国当年亡，就亡在他们认为陈仓无路可走，我这次就是要走一条谁也想不到的路，想不到而无路。当然，上路的时候，还要借老管家之力啊。管家说：放心吧，我同样可以把这条老命给捐出去。

第19章

大研古镇一家客栈里,一个男人背站在屋内,油灯的光亮把他的身影投在了墙上。房门轻轻地敲了三下。

男人沉声用日语问道:是谁?

门外轻声地用日语答道:先生,是我。

门轻轻推开,两个精干的男人走进。因为云南和滇西的重要地理位置,日本间谍组织"芒市一号"已经往丽江派出了老牌间谍松下世仁,现化名为钱世仁以及他的助手草野一郎,现化名草野等一行人。

松下世仁问道:了解到了什么情况?推门进来的草野答道:先生,镇上的商人们今晚全到木家去了,说是为修建滇缅公路搞捐助。据说款项很大。松下世仁说:知道了。帝国的圣战,是整个大东亚,绝不仅仅是一个中国。现在帝国的军队正顺利挺进,大本营要求一定要在最短的时间里解决支那问题。中国有句老话,困兽犹斗,那我们就要捏断他们最后的这口气,你们明白吗?

草野答道：哈依！

松下世仁说：他们最后的这口气，就在云南，就是这条通道，这一点大本营是非常清楚的。所以，"芒市一号"要求这笔钱一定不能交到公路修建指挥部，不能送到保山去。草野说：先生，可咱们现在没有人，很难下手啊。松下世仁说：支那现在只剩下人了，可以向他们借人嘛。草野说：可我们才来，还没有跟任何人建立起联系啊。松下世仁说：黑水塘是不用建立关系的，这笔钱他们做梦都想要，特别是黑牛。草野说：明白，我知道该怎么做了。

松下世仁坐在屋内黑暗的角落里，对草野说：这个木润声我们还没有打过交道，但他能够组织这件事情，绝对不是一个简单的人物。草野说：我们会盯死他的。松下世仁说：我们的主要任务还是要盯住那些土司，那些土司一旦能动起来，整个云南就会乱，帝国就可以不费一兵一卒，打开中国西南的这道后大门。当然，现在咱们的主要任务是要先打掉这个木润声。你先下去吧。

松下世仁把手一挥，草野退了出去。

黑牛正在沉睡，响起急促的拍门声。

黑牛翻身坐起，利索地从枕头下摸出二十响，打开了机头说：谁他妈的大清早就叫丧？手下在门外说：大当家的，好事来了。黑牛说：进来，妈的老子今年从里到外全是他妈的晦气，哪儿来的好事？手下上前说道：大当家的，这次可是您做梦都想不到的好事。黑牛说：老子刚才梦里倒真是好事，全被你小子给搅了。手下说：大当家的别急，这事要是成了，够咱弟兄

第 19 章

们用十年的。黑牛一怔：真有这么大的买卖？手下说：一张二十多万现大洋的票，够大了吧。黑牛吃惊地催促：快说，谁有这么大的票？手下笑了笑说：木润声。黑牛咧嘴一笑：木润声这次挣了一把不错，不是我小瞧他，就他现在能出得了二十多万现大洋的票？手下说：木润声他自己也许拿不出来，可要是整个丽江商界呢？黑牛问：到底是怎么回事？手下说：具体情况我也说不清楚，说是政府要修一条通到国外去的公路。黑牛问：公路是啥？手下回答：就是大车跑的路，只是宽一点吧。政府想修路，又没钱，就让有钱的商人们捐，丽江这边的商人说是一共捐了二十多万，木润声要亲自把这钱送到保山去。大当家的，这可是送到嘴边的猪板油啊。

黑牛开心地笑了起来：我就说嘛，老子不能一辈子都他妈的倒霉，这一口下去，全有了。他们什么时候动身。手下说：就这一两天。黑牛问：走哪条道？手下说：去保山，只能走鹤庆这边。黑牛说：好，这次老子要让木润声疼到其板心上去。二十多万，全是他妈的现大洋，哈哈哈哈……

木家的家丁牵着马在府前一字排开，和云一个一个地检查着家丁们的枪械。

各商号的老板们也都等候在了府外，木润声头戴马帽腰插双枪在管家和阿木扎的陪同下走出木府大门。

木润声沉着脸说：弟兄们，你们都已经为我木家走过货了，可这次不一样，咱们是镖行，保的镖就是我木润声，你们只要把我送到保山还有一口气，这镖就算护到地儿了，因为我身上装着丽江父老对于中国抗战胜利的希望，咱们的命都可以丢，可这希望不能丢。只要这希望还在，小日本就灭不了咱中国，云南这道门他们也永远过不去，木润声在此拜托各位了。

木润声说着向面前站成一排的家丁拱手，和云也带领着家丁们向木润声拱手。

老者带着老板们端酒上前：大少爷，喝下这碗壮行酒，我们等着为你和弟兄们接风。木润声一拱手：谢过了。木润声和家丁们接过酒一气饮下。

木润声一挥手：上马！

木润声和家丁们上马，向镇外冲去，阿木扎紧随其后。

躲在黑暗处的黑牛手下脸上闪过一丝笑意，向镇外走去。

木家的马队在镇外小路上狂奔，和云冲在最前面。一条岔路上一马跑出，马背上的人穿着和木润声一样的装束，胯下一边一个长帆布口袋，跟着马队一齐向前跑去。木润声和阿木扎带马跑进岔路，后面的马队疾驰而过，卷起阵阵黄土，黄土渐渐消去，只有小路静静地伸向远方。

黑牛和土匪们在树林里焦急地等待着。

黑牛说：妈的，老子从昨天就等在这儿了，怎么到现在还没有动静？手下骑马跑来，在黑牛面前跳下马，说道：大当家的，上路了，木润声带着他的全部人都上路了。黑牛问：朝哪个方向走的？手下回答：跟大当家想的一样，鹤庆。黑牛说：哼，他也没有别的路可走啊，弟兄们，上马。木润声，这次你可他妈的到头了。驾！黑牛带着土匪们冲出树林。

一辆厢车静静地停在树林中的草地上，一个佣人模样的男子悠闲地躺在地上。远处马蹄声传来，男子敏捷地从地上跳起，

第 19 章

慢慢走到厢车边。木润声带着阿木扎快马跑来,佣人拉开厢车的门,管家从厢车里下来。

木润声和阿木扎从马上跳下,直接钻进了厢车。管家心事重重地在厢车外来回走着。佣人从厢车后面取下行囊放在了马背上。厢车门打开,阿木扎头戴礼帽,身着长衫一副墨镜,俨然成了一个老板的模样。木润声里白外黑,更像是个保镖。管家慢慢走到两个人面前说:大少爷,我还是感觉这一路上不会太平。木润声说:放心吧,我已经做了各种最坏的打算,像您说的,代价也许会是非常大。管家说:阿木扎,这次只有你一个人跟着大少爷,大少爷我就交给你了。阿木扎说:老管家,谁要是想动大少爷,那就踩着阿木扎的身体过吧。管家说:不,你们俩谁都不能出事,你要是出事了,谁去保护大少爷?阿木扎憨笑着说:没事,阿木扎皮粗肉厚的,一定会把大少爷好好地送到您老人家的面前。

木润声说:老管家,时间紧迫,我们就要上路了。佣人上前说:大少爷,带上我一起去吧。木润声说:这次不行,人多了目标大。我记得你是读过一点书的?佣人说:读过几年私塾。木润声说:这就好,回到府上,以后就跟着老管家吧,帮着打理一下账目和生意上的事情。

木润声上前抱着管家,轻声地说:阿爸,我会活着回来的。木润声放开管家,飞身上了马说:阿木扎,我们该走了。阿木扎一带马冲了出去,木润声扭头看着管家笑了笑,一带缰绳而去。

管家眼睛湿润地看着木润声远去的背影。

跑了一天,木润声和阿木扎在一小镇的客栈前停下。

情　殇

　　小二迎了出来，问道：二位爷是要住店吧？阿木扎说：你这门口的灯笼都快烧着月亮了，你说干啥？小二赔着笑脸：这位爷真会说笑，小店怎么够得着月亮，不过小店虽然不大，保证二位爷吃住舒服，想要姐儿，也能给二位爷送到屋里去。老板走出说：不长眼的东西，还不快请二位爷进去，把马拉到后面好生伺候着。

　　木润声说：我家老板明日还要赶路，多上点精饲料，最好能给每匹马喂五个鸡蛋。老板说：二位爷里面请，住在我们这儿，就尽管放心吧。阿木扎问：慢着，上房还有吗？老板笑着答道：看这位爷说的，今早天一亮，喜鹊就叫上了，我就知道今天有贵人到，专门留下了两间上房，没想到真应在二位爷的身上了。阿木扎说：前面引路吧。木润声要从马上取行囊。小二忙上前挡住：这种活哪敢让爷您来做啊，我会给您送到屋里去的。

　　老板带着阿木扎和木润声走进房间，问：二位爷，还满意吧？阿木扎撇嘴一笑：凑合着住吧。小二提着行囊走进，木润声忙接过。老板问：二位爷是下楼吃饭，还是送到屋里来？阿木扎说：赶了一天的路，送到屋里来吧。老板说：不知道二位爷想吃点啥？阿木扎说：人你都见到了，就俩，拣好的送来就是了，啰嗦什么啊。老板：要喝点酒去去疲劳吗？阿木扎瞥了木润声一眼，木润声笑着：听说这儿的雕梅酒很有名，我家老板好这一口，来一壶吧。老板说：小店的吃食可是远近闻名，二位爷就瞧好吧。告诉厨房，赶快把二位爷的菜赶出来。老板说：二位爷，屋里的水都已经备下了，先洗把脸，酒菜这就给二位爷送来。

老板说完躬身退出。

不一会儿，饭菜已做好，老板带着小二走进，把酒菜摆放在桌子上。老板笑着说：也不知道是不是合二位爷的口味，只想让二位爷尝个新鲜。这弓鱼是今早才从洱海送过来的，菌子也是才从山上采来的，牛干巴给二位爷下酒，两个时鲜小炒是给二位爷开胃的，这汤……

阿木扎打断老板的话：行了行了，还让不让我们吃啊，听你把话说完了，这菜全冷了。老板说：那就不打扰二位爷了，需要啥叫一声就行了。老板带着小二退出。

木润声拿起酒壶，阿木扎忙拦住说：大少爷，还是让我来吧。木润声笑了笑说：现在你是老板，一定得端着。不过现在咱们是重务在身，所以这酒你只能喝一杯。木润声说着为阿木扎满满地倒了一杯酒。阿木扎喝了一口酒吃着菜说：大少爷，按说我不该打听，可咱们这到底是往哪儿走啊？木润声说：既然你知道规矩，那就啥也别打听，跟着我走就是了。阿木扎说：可咱这完全是南辕北辙啊？木润声说：放心吧，总能到地头的。

老板来到厨房吩咐手下说：今晚把耳朵给我竖起来，小心别出事。小二抬头看了看楼上说：就为了这二位？老板说：可别小看了这二位，肯定是有来头的。小二说：那个老板架子大得吓人。老板说：你知道个屁，那是个假货，真货是旁边那个。小二一怔：不会吧？老板说：老子是在江湖上泡大的，绝对没错。行了，关门吧，把这两位守好就行了。

木润声慢慢睁开眼睛，伸手摸了摸身上，又从枕头下摸出二十响，坐起身来看到阿木扎靠在门上酣睡，身边摆着两支二十响。木润声不由地笑了起来：这个憨家伙，什么时候摸进来的。阿木扎听到动静，两手抓枪惊醒，看着木润声说：大少爷。木润声叹了口气：唉，我说你现在可是个大老板，放着好好的上房不去睡，跑到这儿睡大门，你成心气我是不是。阿木扎笑着站起身来说：我哪儿敢啊，不是怕您出事吗。木润声命令：马上回你屋去，把里面弄乱，做出住过和睡过的样子。阿木扎说：好，那我走了。木润声点点头，阿木扎收起枪，开门看了看，走出。

第二天一早，阿木扎带着木润声走出客栈，小二牵着马从后院走出。老板说：二位爷放心，这马绝对伺候得好好的。阿木扎掏出两块大洋丢给了老板说：连吃带住，应该够了吧？老板递回一块大洋：这位爷，店小诚意在，一块大洋都用不了。阿木扎说：爷昨晚吃得好，睡得香，这马你们伺候得也不错，算爷高兴赏你的。老板拱手施礼道：那小的就谢过爷了，回来时一定再住小店，让小的有机会伺候二位爷。小二提着行囊走出，老板忙上前帮着把行囊在马背上放好。阿木扎和木润声上了马打马而去。

和云带着家丁们在山路上打马狂奔。

和云喊着：快，天黑前一定要赶到鹤庆，住在城外，那些土匪来了，瞎打，咱们不是那些偷鸡摸狗的对手。

家丁们吆喝着冲过。

黑牛带着土匪们打马狂奔。

黑牛喊着：妈的，一定要赶到他们的前面去，越往前走，越没有咱们下手的机会了。手下说：大当家的，他们比咱们早走

第19章

了近两个时辰,也是发疯似地跑,苦点咱不怕,就冲着二十多万现大洋,再苦也他妈的值,可马耐不住啊。黑二说:放屁,马没了,咱们可以找马帮的要,这二十多万现大洋过去了,上他妈的哪儿找去。快,弟兄们,得了他们的这一票,老子送你们到窑子里去好好地快活三天。

土匪们吆喝着冲过。

一个头戴毡帽,黑布蒙脸的男人,带着两名手下快马跑到驿站前,三个人飞身下马。驿站老板快步迎出:请问三位是要住下,还是要继续赶路?男人冷冷地说:换马,换最好的马。驿站老板高声喊着:换三匹最好的马。两个小二跑出,把三人的马牵进驿站,很快又牵出三匹高头大马。男人朝手下点点头,手下掏出一个钱袋丢给驿站老板,三个人上马继续向前跑去。

老板自语道,这肯定又是一出好戏。

黄昏,和云带着马队终于到了鹤庆,在驿站前停下,老板带着小二们迎出。

和云骑在马上对老板说:我们这可是几十号人,就你们这小店住得下吗?老板回答:这位爷放心,一定会让各位吃住满意的。和云说:不能光人吃住满意,这几十匹马也得伺候好了。老板说:小店就是伺候人和马的,放心吧。和云说:那好,把马都牵到后院去,今天这里的客房不许再安排外人。我们全包了。老板:好,绝对不再安排外人。老板和小二领着家丁们走进驿站,和云走到"木润声"面前轻声耳语了几句 "木润声"点点头,带着身边的几个家丁牵马走去。

夜晚,马啃着地上的草,土匪们四下休息着,黑二焦躁地来回走着,说:妈的,马腿都跑细了,还是让他们进了鹤庆。手下跑来报告:大当家的,他们全住进了城里的驿站,是不是今晚动手?黑牛说:怎么动手?他们有几十号人,打起来县警备队的一过来,就是他们对咱们动手了。手下说:那咱们就这样一直跟下去?黑牛说:从鹤庆到漾濞必须得走苍山,咱们他妈的在那儿等着他们。让弟兄们先吃点东西,再睡一觉,四更上路,一定要赶在他们的前面!手下说:知道了。黑牛骂道:老子的话还没说完,你就知道了。带两个弟兄进城,把他们给我盯死了。手下说:是。

晚上,木润声和阿木扎在客栈吃着饭。阿木扎说:大少爷,走到这会儿还没遇到扎眼的,不会有事了吧?木润声说:明天一上路,到了前面的岔路口,咱们去大理。阿木扎:再从大理去保山?木润声笑了笑道:到了大理我自有安排。阿木扎说:这整个绕了一个大圈啊。木润声说:为了这二十多万大洋,该绕的必须得绕。阿木扎说:你不是把钱已经交给他们了吗?木润声说:我有一个感觉,还有一双眼睛在盯着咱们,所以咱们是在带着他们绕圈子。

窗外传来急促的马蹄声,木润声吹熄油灯,向窗外看去,马蹄声渐远。木润声对阿木扎说:快点吃完睡吧,明天可是咱们这一路最关键的一天。

小二把行囊在马背上捆好,木润声和阿木扎走出,阿木扎塞了几个铜板给小二,和木润声上马而去。

木润声和阿木扎快马跑到岔路口,木润声带马冲上右面的小路,阿木扎紧随其后。

第19章

树林里，三个黑衣男人，脸上蒙着黑布，腰上插着日本武士刀。其中一黑衣男人眼中透出凶光，用日语说：现在要准备好。两黑衣人：是！三个黑衣人快步跑开，飞身上树。

木润声和阿木扎跑进了林中小路。

木润声说：阿木扎，这是条近路，从这儿穿过去，前面就是洱海，顺着洱海就可以到大理了。阿木扎从长衫里抽出二十响，说：放心吧大少爷，最后这一步不会出问题。木润声说：小心不为怪。木润声和阿木扎打马在林间小路上快速奔跑。

大树上树叶轻轻分开，露出一双充满杀气的眼睛。木润声和阿木扎快马跑了过来。

大树上的黑衣人抬起手一摆，一黑衣人举刀从树上飞下，扑向跑来的木润声。木润声听到风声，从马上跃起，黑衣人的武士刀还没有来得及劈下，木润声的脚已经踢在了黑衣人的胸口，黑衣人横着飞了出去，重重地落在地上。跟在木润声身后的阿木扎从马上翻下，挥手向黑衣人开枪，黑衣人丢下武士刀就地滚开。

突然地上土草翻动，冲着木润声而来。木润声拔枪就打，一黑衣人从地下跳起，挺刀直刺木润声。木润声扭身让开，挥手枪柄重重地打在了黑衣人的脸上。黑衣人满脸是血怔在原地，木润声对着黑衣人一气把枪中的子弹全部打光，黑衣人浑身枪眼倒在了地上。木润声把枪插在腰上，转身从马背上抽出厚背大刀，沉声道：还有位朋友，该亮身了吧？

一黑衣人从树上飘下，盯着木润声慢慢地拔出腰间的武士刀。

木润声说：幸会，竟然在这儿能遇到真鬼子，老子不欺你，就用这把户撒刀会会你的东洋武士刀。黑衣人用日语说：木先生，很好。

木润声吩咐阿木扎：退下，看好那小子，动就崩了他。阿木扎说：好嘞，这家伙到了我手上，今天就等着开洋荤了。黑衣人说了声：八嘎！挺刀冲着木润声，木润声挥刀相迎，两刀相碰，火光四溅，两人同时后退几步。

木润声看了看手上的刀，刀刃上一个缺口。黑衣人也看着自己的刀，刀刃上也有一个缺口。

黑衣人一发狠，再次挺刀冲上，木润声侧步让开，挥刀劈下，黑衣人忙举刀相迎，木润声手中的厚背大刀砍在武士刀上，武士刀断成两截。黑衣武士后退两步，甩手把剩下的半截刀飞向木润声，木润声横刀一挡，刀柄落地。两个黑衣人钻土而去，阿木扎一怔，挥枪朝着地一阵乱打。木润声捡起地上的那把武士刀说：算了吧，他们是日本的忍者。阿木扎喃喃着：这不成了土行孙了吗？木润声说：快走吧，必须尽快赶到大理。

阿木扎牵过马来，木润声插好刀，两人上马而去。木润声和阿木扎快马终于跑到军营门口，两个站岗的士兵持枪挡住。

士兵问：你们是干什么的？阿木扎上前拱手：这位军爷，麻烦你传个话进去，我们有要事求见你们雷长官。士兵问：你是什么人？阿木扎犹豫了一下，指着身后马上的木润声说：这位是我家大少爷。士兵说：我们军长的大小姐早就出嫁了，这时候钻个大少爷出来顶个屁用。木润声骑在马上冷冷地：凭你这句话，我现在就可以毙了你。士兵一怔，跟着大笑起来，说：嘿，叫板，老子先他妈的毙了你。士兵说着端枪对着木润声，但阿木扎手里的二十响已经顶在了士兵的头上。这时,副官走出问:干什么呢,吵什么?木润声朝着副官一拱手:在下丽江大研镇木润声,有要事求见雷长官。副官盯着木润声问:木润声……木润铭是你什么人?木润声说:木润铭是我弟弟。副官又问:你找我们军长有什么事?木润声说:有要事。副官怪笑了一下,说:那我凭什么要相信你跟我们军长谈的是要事呢?

木润声慢慢抽出日本武士刀,说:就凭它!副官惊奇地:日本武士刀……哪儿来的?木润声说:半道从日本人的手上夺来的。副官一怔:日本人来了?跟我来吧。木润声和阿木扎跟着副官走进军营,两个站岗的士兵立正敬礼。

雷霆看着手里的日本武士刀。

木润声说:在此国难之际,润声刚缴获的这把刀算是送给雷长官的见面礼了。雷霆说:谢谢,这么说日本人已经进入到了我滇中腹地。木润声说:战争期间,任何一方都会无孔不入。雷霆:你能找到他们?木润声说:应该说是他们找到了我们。雷霆说:你从丽江赶到这儿来,找我有什么事吗?木润声说:借兵。雷霆说:借兵?可我没有接到情报日本人已经打到丽江了?木润声说:日本人是没有打到丽江,不过雷长官一定知道修建滇缅公路的事情吧?雷霆说:我的指挥部移防到大理,一个重要的任务就是保证滇缅公路的修建。木润声说:这么说咱们的目的是一致的了。雷霆"哦"了一声。

木润声对雷霆说:是这样,在昆明我了解到政府要修建滇缅公路,但三百万的费用实在是太低了,我回到丽江,说明了这一情况后,丽江各界积极捐资,共筹集到了二十八万零

情 殇

三百八十八块大洋。由于款项巨大，所以我想日本人和土匪都会盯上的，我家府上的几十个家丁取道鹤庆、漾濞，是要引开土匪，他们现在的情况肯定也十分危险。

雷霆听事命令：副官！立即通知漾濞我部守军，急调两个连接应一下丽江木家的人。副官说：是！转身走出。

木润声说：这笔捐款其实在我的身上。雷霆说：木少爷可是走了步险棋啊。木润声笑了笑：因为我知道有雷长官在，到了大理我们就安全了。雷霆说：你的意思是让我派人把你送到保山去？木润声点点头：所以才找雷长官借兵来了。

雷霆问：你们在过来的路上遇到了多少日本人？木润声回答道：我们是从去宾川的岔路口插过来的，受到了三个日本武士的伏击，我们打死一个，剩下的两个逃走了，因为急着赶路，就没有追。雷霆说：根据我们目前掌握的情况，应该是日本人派过来的特工。这样，今晚二位先在我这儿住一夜，明日我亲自带人护送二位去保山。木润声说：不敢有劳雷长官大驾。雷霆说：我也想去看看公路的修建情况，应该说是顺便。木润声说：那就客随主便了，只是我现在担心漾濞那边，真要是遇上土匪，我们的人太少了。

黑牛带着手下的土匪埋伏在了树林里。

黑牛点上一支烟，说：妈的，赶了一夜的路，总算赶在了他们的前面，找到了这块风水好的地方。土匪说：大当家的，这下面是条死路，只要他们进来了，就别想活着出去。黑牛说：一会儿打起来，弟兄们都他妈的利索点，这儿虽然是道鬼门关，可距离漾濞太近，那儿的大兵可是伸伸腿就到了。土匪说：大

第 19 章

当家的放心吧,真打起来,保证那些大兵还来不及伸腿,弟兄们已经跟着大当家的回黑水塘了。

手下带着两个土匪飞马赶来报告:大当家的,他们过来了。

黑牛问:还有多远?手下回答:要不了半个时辰准到。黑牛笑着说:听到了吧,弟兄们,咱们的冤家可是来了。都给老子打起精神来,捞了这一票,每人赏一百块现大洋。

和云带着家丁们在山路上打马狂奔,并大声说道:伙计们,前面就是鬼门关,冲过去就可以在漾濞歇脚。家丁问:土匪不会在那儿等着咱们吧?和云说:亮出家伙来,拉开距离,别让人家把咱们一锅全给烩了。

家丁们取下背上的枪,拉开距离向前冲去。

黑牛看着远处跑过来的马队,笑了笑说:妈的,还知道拉开距离。弟兄们,准备接客宰肥羊。土匪们一个个推子弹上膛,摆好手榴弹。

马队保持着距离冲进了鬼门关,突然枪声大作,一排排手榴弹从树林里飞出,冲在前面的家丁,一个个中弹从马上跌下。和云喊着:赶快下马,不能让土匪靠近。家丁们跳下马,选择有利地形,开始同土匪们射击。

远远地传来枪声和爆炸声。赵营长站在路边的石头上喊着:快,听枪声就在鬼门关,雷军长可是下了死命令,一定要把木家的人给接出来。营长让一连长先赶上去,见着土匪就给我狠狠地打,要死的,不要活的。一连长带着战士们向前跑去。

黑牛带着土匪们冲出树林,猛攻着和云带领的家丁们。和云组织起家丁顽强地抵抗着,和云大声说:弟兄们,只要咱们守死了这儿，土匪就拿咱们没办法，给我瞄准了打。黑牛也指挥土匪：别他妈的都挤在一块，散开了包围上去，前面后面一齐打，一个也别他妈的放走。

土匪们立即分散开来，向家丁们包围过去，家丁们不断有人中弹倒下。突然和云左肩中弹，两个家丁忙扶起和云向后撤去。和云喊着：箱子，小心箱子，银票和钱全在箱子里。土匪们冲上，突然假扮的"木润声"带着几个人端着机枪从旁边杀出，大声喊着：木润声在此，休得无理。两挺机枪同时开火，冲在前面的土匪一排排倒下。

黑牛惊看着：妈的，木润声什么时候有了机枪？手下带人冲到和云中弹的地方，抱起木箱得意地笑着。手下说：大当家的，咱们得手了。手下喊着打开木箱，剧烈的爆炸声，手下和身边的几个土匪倒下。黑牛恼怒地：好你个木润声，跟老子使阴招……

山谷里响起震天的喊杀声，连长带着战士们一边冲向土匪，一边打。

黑牛一看，不好，惊恐地喊道：扯乎！快他妈地扯乎……

剩下的土匪们钻进树林四散而逃。

和云在家丁的搀扶下，回头看着，说：大少爷说过，那匣子动不得啊……

雷霆指挥部，桌子上摆放着几样简单的炒菜，雷霆陪着木润声和阿木扎吃饭。雷霆说：很抱歉，战争期间，一切都只能从简。木润声笑了笑：那些修建公路的民夫，每个人每天只有两角钱的菜金，这已经很不错了。雷霆说：是啊，我也是在知道

第 19 章

了一些情况后，想顺着这条路线走一走，看一看，这条公路很有可能会对中国抗战产生出重要的影响。木润声说：这条公路被称为中国抗战的输血管，显然意义非同一般，应该尽力。

副官笑着走进报告：报告军长，已经接到漾濞守军的报告……

雷霆着急地：哦，快说说具体情况。副官说：他们接到命令后，立即由二团赵营长带领两个连前去接应，在鬼门关同土匪展开激战，在消灭了四十多名土匪后，顺利接应出木家的马队，现已妥善安置在我漾濞守军驻地。木润声说：不知道我家里的那些人情况如何？副官：因为他们中了土匪的伏击，所以死了十六个，另有二十多人受伤。这是目前接到的报告。

木润声垂下头，说：知道了，战争总是要付出代价。

雷霆和木润声坐在院子里喝着茶。

木润声说：雷长官这临时指挥部能够放在洱海边上，真是挑了个好地方啊。雷霆笑了笑说：上关风，下关花，苍山雪，洱海月，是占尽了风花雪月，这是一位绅士自愿让出来的。木润声说：到了这个时候，谁抗日，老百姓就会支持谁。如果哪天雷长官要把指挥部设在丽江，我就把府上的宅院全部拿出来。雷霆说：那雷霆就先谢过了。不过说到这里，我还是想和你交换一些看法。木润声说：雷长官请讲。

雷霆说：你弟弟木润铭在我这儿干过，所以我多少知道你们两兄弟之间有一些过节，清官难断家务，你们之间的事情我不好随便定论，而且他现在人在哪里我也不清楚。木润声说：有些误会时间长了自然难断，也只有通过时间才能解释误会。雷霆说：就你现在做的事情看，润铭也是会赞许的。木润声说：我们已经很长时间没有见面了，国家国家，国在前，家在后，国比家重，没有时间考虑其他。

雷霆说：木少爷，根据我们现在掌握的情报，日本方面已经开始关注进入这一地区，你们这次被日本人袭击也证实了这一点。木少爷这次能来，也让我们看到了你的态度，我非常高兴。希望木少爷回去以后，能够多注意一下你们那一带的情况，不能让日本人钻了咱们的空子。

木润声说：雷长官能把话说得明白些吗？

雷霆说：东北沦陷，中原战局吃紧，沿海港口城市已经遭到日本海军的全面封锁，情况非常糟糕。在这种情况下，地处中国西南的云南，就成了中国的后大门，也是接受国际援助的唯一通道。从军事上看，云南地形复杂，一旦战火烧到这边来，可以利用地形上的天然屏障进行防御。从政治上看，情况同样复杂，滇西一带，多民族杂居，土司世袭，日本人想钻的空子也在这儿。

木润声点点头，说：我明白了。从大理、丽江、中甸出去到保山、怒江、德宏，虽然有纳西、藏族、傣族、怒族、傈僳族、景颇族、阿昌族，但我们都是中国人，绝对不会当汉奸的，这一点我想阿成山土司也一样。雷霆说：对，无论哪个民族，都是中国人，只要咱们一条心，就一定能够打败日本人。

保山城郊外，副官带着士兵们帮着阿木扎和家丁们往马上捆着木箱，和云吊着左臂前后忙着。雷霆和木润声站在路边说着话，雷霆：这一路上咱们已经说的不少了，木少爷想必已经心里有数啦。木润声说：回去安置好，我打算去野鸭湖那边走走，拜访一下阿大土司。雷霆说：一定要记住，丽江、野鸭湖过去是永胜，从那儿到西昌，就能进入川中腹地，明白我的意思吗？木润声点点头：雷长官放心，不过曲径未必通幽处。雷霆说：日本人的用意也许就在这儿。木润声说：那就再较量一次。

两人都笑了起来。

雷霆说：这次的事情也给我们提了个醒，做事要防患于未然。木少爷送给了我一把日本武士刀，这些枪支弹药木少爷带回去，形势发展也许用得着。木润声说：谢谢雷长官。雷霆说：如果见到了润铭，有些话还是说开的好，特别是这时候，打虎还得亲兄弟啊。木润声有些茫然地说：唉，争取吧，我是怕有些事情结怨太深。阿木扎上前说：大少爷，可以上路了。雷霆说：我还要继续往下走，就不能送你了。木润声说：捐款送到，雷长官又给了我们这些枪和子弹，已经非常感激了。请雷长官放心，几个小日本，翻不了天。

第 20 章

雷丹妮带了二丫和几个家奴到镇上赶场。

雷丹妮说：唉，转来转去，不是死的就是活的，要不就是没用的。二丫说：上这儿赶场也就是凑一下热闹，又不是省城逛商店。雷丹妮笑着说：倒是帮那个土皇帝省钱了……

突然市集上一匹发了疯的马朝雷丹妮冲撞过来，二丫急得乱叫。雷丹妮情急之下，左手推开二丫，右手便要伸手掏枪。

迎面一个穿扮入时的青年男子大叫：别伤牲口……

男子喊着抄过身边挂在木桩上的一圈绳索，随手拉出个活结抛出，准确地套在了马脖子上，将马拉住。

马贩子喘着气跑过来拉马，说：这匹该死的马，老爷，没伤着你吧？男子拍拍马：没什么，我没伤着。你得听主人的话才是，懂吗？雷丹妮忙上前：这位先生有没有伤着？男子说：谢谢小姐的关照，我没事。雷丹妮问：先生应该是远道而来吧？装成仆人的松下世仁忙上前介绍说：这位是草野先生，是个作家和记者，我们是从西安过来的。雷丹妮惊奇地：从西安过来可不近啊？草野说：成天待在书房里，啥东西也写不出来。这次到野鸭湖，就是看能不能找到写作灵感，给报社的副刊写点东西，顺便也想拜会一下大土司阿成山，这里的民族文化十分丰富。

二丫一听，插嘴道：你们要见大土司，那可太巧了，她就是大土司的二夫人。

草野笑着欠身，说：实在是冒昧打扰了，夫人您好！草野是我的笔名，我的真名叫程俊杰。草野说着伸出手，雷丹妮也伸出手，两人礼貌又时髦地握了握手。草野问：还没来得及问夫人如何称呼？雷丹妮回答：我叫雷丹妮。草野笑着说：雷丹妮，真是人如其名啊。二丫说：我家小姐是从省城嫁到这里来的。草野说：噢……难怪夫人与众不同。雷丹妮说：草野先生也给我留下了深刻的印象。先生要见阿成山土司，我可以带路。草野说：那就有劳夫人了。雷丹妮说：草野先生这边请。草野跟着雷丹妮说着话走去。

土司府，阿成山笑着，表示出对草野一行的欢迎，说道：你们这些有文化的人，在我们这里很难见到，请坐。草野说：虽然刚刚踏上此地，已经能感受到这里是个充满神秘色彩的地方，能够拜访到大土司，更是我的荣幸。阿成山说：那里哪里，我这个土司其实就是个粗人。不过，草野先生，我的二太太可是在省城上过中学，知书达礼，又是官家小姐，见过些大世面。草野向雷丹妮示礼：二太太与众不同，令人敬仰，有幸相会，实属人生奇缘。阿成山说：是啊，你们有文化的人都会有共同的兴趣，应该谈得来。草野说：希望如此。雷丹妮说：草野先生这次专门到咱们这里来采集民风民俗,他还喜爱音乐。阿成山说:哦,草野先生还懂音乐,那在我这里知音就更多了。草野问:这么说阿大土司也懂音乐了?阿成山笑着说:我对音乐可是擀面杖吹火——一窍不通啊,不过你放心,我的三太太懂音乐,会吹口弦。草野说:土司大人的三太太懂音乐,真是太好了。阿成山吩咐家奴:去把三太太请来跟草野先生见个面。

家奴上前说:老爷,三奶奶一早就出去了,还没有回来。草野笑着:土司大人的二太太有文化,三太太懂音乐,那大太太一定懂得更多吧?金花尴尬地笑笑,没有作答。张阿六上前说:草野先生,我家大太太与你一样。草野一怔:与我一样?张阿六说:对,也是喜欢到处走走,然后搞点宗教研究。草野说:噢,宗教可是一门大学问啊,有机会我非常希望能够向大太太请教一些少数民族原始宗教的问题。金花说:哦……只是知道一点佛祖的事情。草野说:大太太已经研究到了佛祖,对宗教的理解已经非常深了。金花说:多敲敲木鱼,都能悟到的。

草野不明白地说:木鱼……

木润声带着家丁们办完事,顺利回到了大研镇。阿木扎和和云指点着家丁们把装有枪支弹药的木箱从马上卸下。

丽江捐款的老板们听说木润声顺利办完事回来,便在水榭园为其接风洗尘。木润声笑着拱手谢过,并说:谢谢各位的好意,润声年轻,理应为各位前辈代代腿,不敢贪此天功。我想先把一些情况跟各位谈谈。管家向屋外一抬手,阿木扎捧着托盘走进,托盘里是半截日本武士刀。

木润声说:首先我想告诉各位的是,由于这次各位捐资的款

第 20 章

项巨大，要送到保山又山高路险，所以我和老管家商量后，对送钱一事做了精心的安排，但还是被人给盯上了。老者说：又是那些该死的土匪？木润声说：土匪到处都安有他们的耳目，所以被他们盯上并不为奇，我让所有的家丁走常线，取道鹤庆、漾濞、瓦窑到保山，就是想引开土匪……

老者说：大少爷已经知道被土匪盯上了还要走这条线，太危险了！

木润声说：不是我危险，是那笔款项危险，我不能让咱们捐出来的修路钱落到任何歹徒的手里。那天上路后，一出镇口，我就和这位兄弟从岔路走宾川，和他们分手了。阿木扎向老板们欠了一下身子。木润声接着说：不过我的弟兄们快到漾濞时，还是在鬼门关和土匪遭遇了，好在雷长官及时调漾濞的守军前去接应，但还是损失了十几个弟兄。

老板一问：那些土匪呢？木润声回答：被打死了几十个后，他们就散了。老者担心地说：大少爷，这些土匪以后不会找你的麻烦吧？木润声说：咱们现在是要抗日，他们要找麻烦，那就是汉奸。

老板二问：大少爷为什么要取道宾川呢？木润声说：迫不得已啊。府上的人主要是看家护院，走走马帮，很难护住这笔款项。所以就想到了走宾川上大理，然后请部队派人送我们去保山。老者笑着说：大少爷真是足智多谋，给土匪支了个长把伞。老板们都笑了起来。

木润声说：请各位来，还有就是报告一个新情况，因为在这条道上，我们又有了新的发现。老板一问：也遇到土匪了？木润声拿起托盘上的半截日本武士刀展示道：我们遇到的是日本人。

众老板惊看着木润声，传看着日本武士刀。

老板一说：没错，日本的浪人就喜欢用这种刀，过去在省城的时候我见过。

老板二说：现在可是两国交战，日本人敢挂刀持枪的来，咱们中国人还不撕了他们？

老者说：大少爷，这刀怎么只剩下了半截呢？

阿木扎说：被我家大少爷用户撒厚背长刀给砍断的。老者高兴地说：好啊，户撒刀能砍断东洋刀，也是一件快事啊。木润声说：应该说是日本人也知道咱们要修路，也知道咱们捐出了这笔巨款，甚至知道只有我跟阿木扎两个人走这条道，所以派出了三个人在半路伏击我们。老者说：这么说已经有日本人到咱们这儿了？木润声点点头，说道：是这样。雷长官说他们有情报说日本人要在咱们这一带活动，目标主要是一些土司、头人和山官，同时考虑到咱们这儿是一个重要的物资集散地，要咱们也格外小心。

老板二说：哼，要说山里出土匪，日本人就是海盗、倭贼。木润声说：雷长官要求咱们要盯死了这里，保家卫国，小心日本人活动到咱们这里来。各位都是做生意的，眼界面宽，发现了什么，及时通个气。老板们点着头。木润声说：战火虽然现在还没有烧到咱们这边来，不过各位想一下，从德宏、保山到大理，一边可以上到省城昆明，一边可以经过咱们丽江，从永胜、西昌，进入川中腹地。老者说：日本人一定会盯上咱们这里的，得提高警惕。

第20章

送走了客人们，木润声回到书房思忖着，应该尽快去野鸭湖阿成山土司那里看看，他可是这一带最大的土司啊，肯定是日本人关照的对象。

木润声让管家把阿木扎、和云找来，对几人说了自己的打算：这次出门的经历你们也知道了，既然日本人已经做贼似的上咱们这儿来了，咱们就得多个心眼，防匪防盗防鬼子。我答应了雷长官，准备就这两天带着阿木扎去野鸭湖走走，家里面的事情管家、和云多费点心，该走货走货，没事的时候盯着点那些从未露过面这时候到丽江来的人。

和云说：就这巴掌大的地方，别说是外面来的人，溜进来的耗子我也能逮住。木润声说：日本人是贼，咱不能像逮贼似的成天在镇子上到处看。你现在要做的事情是先把雷长官给咱们的那些枪和子弹整理出来，平时无事的时候，带着弟兄们像人家当兵的那样操练一下，枪在手里要真的是个家伙，别成了摆设。管家说：真要是鬼子打来了，那可就不是土匪了。和云说：要说打仗，我们现在真还不如土匪，弟兄们上这儿来，不过是找口饭吃。不过请大少爷放心，咱不能在一个地方吃两次亏，下次再遇到这次的事情，倒下也会咬他们一口的。

木润声吩咐阿木扎：你去挑上几个利索点的准备一下，这一两天咱们就动身。

木润声、阿木扎和几个家丁走上了到野鸭湖之路，到野鸭湖住定后，木润声吩咐阿木扎去把张阿六找来，先了解一下情况。

阿木扎告诉张阿六：大少爷找你来，是想知道二司府里的事情。张阿六喝了口茶说：回大少爷，土司府里没啥变化，二奶

情　殇

奶还是我行我素，天天拿着烧火棍在野鸭湖打野鸭，没有人敢管她惹她，特别是她阿爸雷军长来过之后，土司爷也要敬她三分了。木润声问：三奶奶的情况怎么样？张阿六笑着说：三奶奶……嘿，母以子贵，受宠有加。不过最近我看她变得有些魂不守舍，经常借故外出，不知道去干什么？木润声说：她一个外乡人到了这儿，能干什么？张阿六说：大少爷的意思我明白，可这事坏就坏在这个二太太带来的二丫身上，这个小丫头虽然手上不拎着枪，可那眼睛像枪口，舌头赛子弹，我还没盯上三奶奶，她就已经盯上我了。

木润声说：就这么大块地，你真不知道她出去干什么？张阿六说：这事阿六也想不明白，买东西吧，没见她往府上拿啥，见人吧，这儿也没她啥熟人啊？木润声打断张阿六的话：好了，这事先不谈了。这段时间府上有没有出现什么人呢？张阿六说：什么人？阿木扎：大少爷问你这段时间土司老爷那儿有没有出现什么生人？张阿六笑了笑：哦，这事啊，前两天二奶奶领了个叫什么作家的，写东西的人到府上，那名字也怪，叫草野，真没听说过有姓草的，说是笔名。木润声一惊：这人长什么样？张阿六说：嘿，二奶奶领来的人，还能什么样，就二三十岁，白面书生型，满身的酸味，肯定是二奶奶自己叫春，不会是什么好东西。木润声问：就他一个人？张阿六回答：哪里，还有一个四十来岁的人给他牵马，另外就是几个跟班的。木润声说：知道他想写啥吗？

张阿六摇摇头：不清楚，对了，他说他喜欢音乐，老爷还说三奶奶会吹口弦，他们可以交流一下。木润声问：他住在什么地方？张阿六说：二奶奶领回去后，阿土司就把他们安排住在府上了，府上有的是房子。木润声轻轻点点头说：阿六，今天时间也不早了，你先回去吧。我们这次过来要住段时间，也许还会去府上拜访一下土司大人，有事我会找你的。张阿六站起身：大少爷，那我就走了。

阿木扎陪着张阿六说笑着走出，阿木扎说：这土司老爷，土包子一个，尽找一堆漂亮老婆，走得哪门子的桃花运？张阿六说：人比人，气死人，不过大奶奶这边好像情况好些了，老爷偶然换换口味，也会跑到她房间里过夜，也不知道有没有种上种。阿木扎说：哎呀，人肥地薄，这个胖婆娘也够惨的了。张阿六说：这没办法，谁叫她既没有长相，肚子又不争气。真有能耐生个一男半女的，也不会像今天这么受气。你看三太太，有模样有儿子，老爷能不宠她吗？

阿木扎说：那你回去告诉大奶奶，要想占住脚跟就得尽快生儿子！张阿六一怔：让我告诉大奶奶，这，这算什么回事呢，何况她也是心有余而力不足。

张阿六顿了顿，说：兄弟，有件事情我就不明白了，你们对土司大人的家事咋这么感兴趣？木家不跑马帮了？丢下大研镇那么一大摊子事儿跑到野鸭湖，关心土司爷生小子？

阿木扎说：我是在帮你。张阿六说：帮我？阿木扎说：我知道你是靠着大奶奶的，她在府上好过，你小子才好过，她要是日子难，你张阿六的日子会比她更难，是这理吧？

阿扎木返回住地，木润声在院子里等着他。

木润声对阿扎木说：阿六刚才说二奶奶领了个年轻人到土司

府,你设法盯上他,摸清楚这个人的底细。这个阿大土司,怎么能随便就让人住进府里,别引狼入室。

阿木扎说:大少爷是怀疑这人……

木润声说:还是那句话,防匪防盗防鬼子。

傍晚的土司府松明高照,灯火辉煌,博物架旁,阿成山向草野炫耀着自己的收藏。阿成山捧着一尊铜佛介绍道:这是马帮从印度带回来的鎏金佛像。草野接过看着,并说:西天圣品,真是太美了。阿成山又取出一把刀,说:这把藏刀可是我的镇家之宝,上边一共镶了八颗钻石,二十颗玛瑙石。有人愿出千两黄金,我都没卖。草野接过刀,爱不释手,说:真是大开眼界啊,刀中极品,刀中极品。说完把刀从刀鞘中抽出,刀光闪闪,寒气逼人。草野又说:土司大人的收藏真让我大开眼界,这些东西过去只是在书本上看过,真是不枉来此一趟啊。

阿成山得意地说:这还只是我土司府收藏的一些皮毛。哪天我带草野先生到我的湖心岛上去看看,那里有我们家族世代收藏的精品。草野说:草野有此殊荣,深感荣幸。这时,丫头走进说:老爷,饭菜已经备好,可以请客人入席了。阿成山说:好,那咱们就先吃饭,这边请。阿成山陪着草野走进餐厅。

阿成山安排坐位,说:草野先生,请这里坐。丹妮、直玛你们坐到草野先生旁边,陪草野先生说话,我是个粗人,说话说不到点上。雷丹妮说:草野先生请坐。草野毕恭毕敬地说:两位太太请。

雷丹妮坐下来说:草野先生到过的地方一定很多吧?草野说:家父在大学做校长,我从小受家学影响,读万卷书,行万里路,所以喜欢四处采访,这样才能写出好文章。阿成山说:那草野先生也走过茶马古道了吧?草野说:这次过来就是想抽时间跑跑,看看。雷丹妮问:草野先生到过日本吧?草野一惊:日本……

化名钱世仁的松下世仁忙接话:我家先生去过日本,不过已经是很多年前的事情了,现在两国战争,就不云了。

草野说:对,对,日本文化受中国文化影响很大,战争不好,这会死很多人的,日本非常强大,侵略中国。

采尔直玛听草野说日本强大,不舒服地皱了皱眉头,看着草野。

草野说:我去过很多地方,英国、法国也去过。英国人刻板,但有绅士风度,有次一个男人在酒吧要了杯酒,谁想一只苍蝇飞过,正好落到杯子里……

雷丹妮和阿成山都好奇地问:那怎么办?吵架了吧?草野笑了笑说:人家讲绅士风度,放下酒杯,放下钱,就走了。阿成山说:走了?那怎么可能,酒不喝,还给钱?雷丹妮说:草野先生说了,英国是很有风度的国家。草野说:法国人就非常浪漫,情人在大街上就接吻……

金花听了直说 羞死人……羞死人了……

金花说着突然弯下腰叫道:哎哟,疼死我了……

阿成山着急地问:怎么啦?金花,怎么啦?金花说:疼,我疼,肚子痛……阿成山叫道:来人啊,快把大奶奶送屋里去。丫头扶金花回屋,扶上床,又是倒水,又是脱鞋,金花躺在床上痛苦地叫着。阿成山让二奶奶、三奶奶陪草野说说话,自己急忙跟过来,让张阿六快去找郎中!雷丹妮、采尔直玛也没有陪草野先生,而是着急地来到大奶奶的房间,雷丹妮说:大奶奶痛成这个样子,怕是应该快去找个懂洋医的来才行啊!但金花坚持不要洋医,仍然不停地叫痛。

阿成山让众人退出屋里,只留下自己陪金花。

阿成山关切地问:哪里痛?金花把阿成山的手拉进怀里说:这里……就是这里痛。阿成山以为得了盲肠炎,说:金花,真的得请洋医啊。真要是盲肠炎,不割了怎么行,这东西一刀下去就好了。金花叫嚷:我不听,我不听,我肚子疼就用刀割,那我的头痛不是也要用刀割头了?阿成山说:谁说要割你的头,那不成杀人犯了。有病看病,天经地义。金花说:我不要洋医,你摸着我的肚子,现在就好多了,你的手比那些孬医强多了。哪儿也别去,我就喜欢你这样陪陪我。阿成答应着:啊,啊,好,陪陪你……

门外的张阿六听着房里渐渐安静,笑了笑走去。

松下世仁在房间里收拾着东西。草野凑上前说道:还是让我自己来吧。松下世仁说:多想想自己该做的事情和该说的话。

雷丹妮领着二丫走进,说:真抱歉,大奶奶生病,晚饭也没吃好。雷丹妮看他们收拾东西问:草野先生要走?草野说:我这次是来采风的,所以想走走看看,不然报社约的稿就写不出来。雷丹妮拿起桌子上的照相机看着说:这里风景很美,要是能拍些照片,就可以图文并茂了。草野说:我也是这样想的,我想写一组文章介绍这边的民风民俗和壮美山川。雷丹妮说:那草野先生一定会有很多东西可写的。草野说:可所有的一切是因人而美，在这里是您给了我快乐，也让我留恋这里的一切。雷丹妮笑了笑：但愿草野先生言为心声，不是口是心非。草野说：在小姐面前，我说的句句都是心里话。

二丫插嘴说：所有的男人都会骗女人说，自己的话句句都是心里话，可就是见不到几个能够真正兑现的。雷丹妮阻止说：二丫，没礼貌。草野笑着说：没关系，二丫就像中国古代戏剧《西厢记》中的红娘，小姐就像莺莺小姐……

二丫忍不住又插嘴：草野先生不会想做张生半夜翻墙吧……

雷丹妮红着脸阻止二丫：不许信口胡来。草野说：她是想保护你，换成我的助手世仁老伯，他也会这样保护我的。二丫问道：谁是世仁老伯？草野指了指正在收拾东西的松下世仁说：我读书的时候我父亲就安排他开始照顾我的生活了，以后一直跟着我，实际上他是我身边最好的老师，教会了我许多东西。二丫说：你的名字怪怪的，草野，哪有姓草的……

雷丹妮被二丫说笑了，打断二丫的话：好了，二丫。草野先生，我叫佣人给你们送点吃的来，你们早点休息，明天我会送你们上路的。

草野说：我们回来还会来看你的，有些东西，如果可以，我想暂时寄存于府上。雷丹妮说：没关系，在野鸭湖，没有比这儿更好住的地方了。

草野送雷丹妮和二丫出屋。

第二天，雷丹妮如约来送草野，天高云淡，野草在微风中摆动。雷丹妮和草野在前面走着，松下世仁和随从牵着马远远跟在后面。

雷丹妮说：草野先生，昨天家里大奶奶身体不舒服，饭也没吃好。等你回来，我一定陪着你好好看看野鸭湖。草野说：没关系，我想你应该知道，你给我留下了非常深刻的印象。雷丹妮说：是吗？草野先生才来了几天，能使你在这里停留的原因是什么？草野犹豫了一下说：这里很美，有跟我的家乡完全不一样的景致。

雷丹妮：这里是云贵高原的顶端，世界上每一个人都会被这里的雄伟气势所征服。草野说：不，自然征服不了我，而我要征服这里的一切。雷丹妮一怔：草野先生真是胸有大志，可人在大自然的面前，太渺小，太可怜了。松下世仁上前说：二太太说得对，人是能够征服的，大自然是不能够征服的。雷丹妮：人也未必能够征服，日本人现在打进了中国，想征服我们，那我们就跟他们作战，我就不信那么多中国人会消灭不了他们！

草野说：您说得对，我就被人给征服了。雷丹妮说：草野先生刚才还大气磅礴，现在被什么给征服了呢？草野说：征服我的是你！雷丹妮笑了笑：这样恭维我的人很多，我不知道你属于他们里面的哪一类？草野说：我不会属于你所认为的任何一类。雷丹妮说：不属于任何一类的本身，也是一类啊。草野说：所以物以类聚嘛。雷丹妮说：草野先生的意思是咱们都是一类人？草野说：请恕我直言，就我这几天的所见，你和土司大人的关系像朋友比像夫妻更多一些。

雷丹妮笑笑说：作家的眼睛总是高于常人的。其实我可以直言告诉你，你把我和土司大人的关系比作朋友已经是过誉了。

草野淡淡一笑：真不知道在土司大人的眼里，夫人又该属于哪一类？雷丹妮说：也许是像洪水猛兽，摸不得也惹不得吧。草野笑了：你是一位让人尊敬的人，这样说是否过于残酷了些？雷丹妮说：可是我如果不这样，就会把残忍留给自己，那才是真正的过于残忍了。草野说：我很难理解，在这种环境和心境下，你如何维护自己的安全？雷丹妮说：这很简单，得到不等于征服，可我不愿意被人征服，这样就只剩下了利益。可利益总是有限的，利益消尽之时，关系也就结束了。草野说：可这种关系已经让你残忍地对待自己了。雷丹妮说：但我毕竟还有希望。我也试图寻找过自己的幸福，但很遗憾，找不到。草野说：你不应该放弃，你应该有更好的归宿。雷丹妮说：残忍本身就是一种抗争，至少它能证明，我并没有放弃。只是人的寻找能力有时太有限了，生存空间往往决定着选择空间。草野说：不，空间是在追求中扩展，就像我们这个世界一样，走出高山就是大海，越走越宽广。雷丹妮说：你说的是你的世界，可我只能在自己的世界中去寻找，两个世界的重合是缘，一个世界强行进入另一个世界，只能是残忍的。

草野无耐地：夫人……

雷丹妮说：草野先生，就送你到这里吧。

草野说：夫人，不论这条路通往哪里，为了你，我都会走下去的。雷丹妮说：对不起，我不想陷得太深，那会对我更加残忍。

雷丹妮转身从随从手上接过马，上马而去，草野怔怔地看着雷丹妮的背影。

情　殇

　　松下世仁上前说：夫人说得对，你也不该陷得太深。

　　草野接过缰绳上马，边喃喃说：战争破坏了一切，也毁灭了一切。

　　草野一行骑马远去。

第 21 章

木润声和阿木扎带着几个家丁快马冲上山头,刚好看到离开土司府的草野一行人。

阿木扎用手指着前面说:大少爷,张阿六说的住进土司府的就是那几个人。木润声吩咐阿木扎让两个弟兄远远地跟上他们,说:然后咱们先去会会他们。阿木扎说:大少爷,直接上去合适吗?

木润声说:这条路过去是战河,再走是永胜,到了西昌就进入四川了。阿木扎说:大少爷真的怀疑他们是日本人?木润声说:强盗的脸上又没刻字,谁知道。走吧,是啥总得过过手,掂量掂量吧。阿木扎吩咐家丁:你们俩留下,一会儿远远地吊住这几个家伙。家丁说:知道了。

木润声说:走吧!说着一带缰绳冲出。阿木扎带着两个家丁紧随其后。

松下世仁指挥着随从一边用照相机拍照,一边对着手中的地图,在上面标记着。松下世仁说:这条路进入中国的西南。草野及几个随从回答：明白。

远处传来急促的马蹄声。

草野回头看了看说：先生，来了四个人。松下世仁抬头看了看收起地图，说：混蛋！准备好！

一名随从端着照相机装作拍风景。

木润声和阿木扎带着两个家丁快马跑来，松下世仁牵着草野的坐骑让开路，木润声带马冲过，跑出去一段又带马慢慢跑了回来。

松下世仁冷冷地打量着木润声一行人。

木润声从马上跳下来，说道：这位先生眼生得很，不是本地人吧？松下世仁介绍：这位是草野先生，专门到此地采风来的。木润声笑着：采风？什么采风？松下世仁解释道：就是为了写作。木润声说：噢，是作家，这名字听上去就让人觉得不一样。

草野说：作家的名字就是要独特，让人记住，有什么不好吗？木润声说：很好，咱们俩的名字就有缘。草野惊奇地：哦……我跟先生素不相识，不知缘从何来？木润声说：当然有缘，我姓木，你名草，草木应该有缘吧？可你是草野，而我名润声，润物细无声，更是有缘吧？草野笑了笑：想不到先生还有如此诗意，也不枉这一方美景的滋润。木润声说：那是，地方好了，人总会想着，被人给惦记着，就未必是件好事了。草野说：良辰美景谁都会惦记着的，不然不就浪费了大自然的一番美意了嘛。木润声说：说得好，良辰美景谁都会惦记着，怕的是让贼给惦记上，事情就会麻烦了。草野问：先生此话何意？木润声答道：何意不敢，只想善意地提醒，先生前面过去，山多树多草多，土匪更多，要是遇到了他们，先生就成了大自然送给他们的美意了。草野一惊问：前面真的有土匪？木润声说：家丑不可外扬，又不是什么好事，值得在此炫耀。草野看了看松下世仁笑了笑：谢谢先生的提醒，我们只是就近采风，远了就会回到野鸭湖的。木润声说：先生初到此地，其实绕着野鸭湖转一圈，采的风就足够让你酿成蜜，这山里可是野兽逍遥的地方，好自为之吧。

木润声说完笑了笑，上马而去。

阿木扎、木润声的两匹马并排走着。

阿木扎问：大少爷，看出点什么没有？木润声摇摇头：真能一眼就看穿，就不是鬼子了。阿木扎笑了笑说：大少爷说这话，就是看出点什么了。木润声说：要说采风，应该是冲着人去的，可这段路人烟稀少，不会是真的想到山上去"踩风"吧？冲着景去，这山既没有玉龙之奇，也没有虎跳之险，还端着个照相机不停地照，你说他们照什么？阿木扎说：这……我不明白。木润声说：就看那两个弟兄跟上去，能不能瞧出点门道了。阿木扎说：要是人家真是个写东西的呢？木润声说：那我就接他们去大研镇，咱们纳西人的好东西还少啊，让他写个够。对了，发现二少爷的踪迹没有？阿木扎说：这儿虽然人不多，但也不是找个人想找就能找到的，反正我们会用心的。木润声说：我能感觉到，他就在咱们的附近。

木润声和阿木扎走后，草野担心自己会不会哪里说错话，小心地看了看松下世仁。

松下世仁恼怒地说：草野君，我必须告诉你，这个木润声将是我们在这一带活动的最大障碍。草野问：先生以前就认识他吗？松下世仁说：准确地说，我们已经交过手，遗憾的是，我们过低地估计了他，而导致了帝国武士的耻辱。草野说：所以先生把我给调过来对付他，是这样的吗？松下世仁说：不完全是这样，如果有下一次，我不会再给他机会的。你现在必须考虑好如何对付那个女人，不战而屈敌之兵者，谓之上，帝国需要的是最高境界的征服。

草野说：请先生放心，我会努力的。松下世仁告诉草野，帝国圣战不需要我们的承诺，而是结果，为此我们会不择手段，甚至不会吝惜生命。草野说：我们已经看到了这一地区，他们不过是一群乌合之众，在帝国军人面前，是不堪一击的。松下世仁说：草野君，你错了，这是一群不知道生死的乌合之众，只要有人登高挥臂，他们会像蚂蚁一样，默默地吃下一只大象。原始部落里产生出的原始生命力，一旦爆发出来，将是非常可怕的，帝国不愿意看到这种情况出现在我们的面前。所以必须瓦解他们，让他们自愿地臣服于伟大的太阳帝国。草野低头敬礼：谢谢先生的教诲！

夜幕降临，雷丹妮看着窗外远处的群山茫然地喃喃着：……我和他最后的道别令我难忘，好像我要追随他而去一样。他走了，也许还会再回来……

二丫坐在桌旁，静静地听着雷丹妮的讲述。

雷丹妮问：二丫，我跟你说了半天，你听着没有，是不是睡着了？二丫说：小姐站着，我怎么敢躺下，老老实实地在这儿听你唠叨呢。雷丹妮说：你就不想跟我唠叨两句？二丫笑笑，说：俗，说来说去还不是才子遇佳人，佳人想才子，全是吃饱了撑出来的俗故事。雷丹妮说：我真的想听听你的看法。二丫说：想听真话？雷丹妮说：谁吃多了听你说假话。二丫说：好吧，那我就说句废话，省得脑袋搬家，没我的好果子吃。雷丹妮说：那你说吧。二丫说：大小姐，自那个草野在镇上为救你，拴住那匹疯马开始，我已经想到会有这样的事情发生了。雷丹妮问：发生什么事情？二丫说：嘿，一个要补锅，一个要锅补，还能是什么事情？

雷丹妮气恼地说：哼，我看你才是俗，俗不可耐。二丫说：你也承认啦？所以我才说俗嘛。你现在刚刚甩开木润铭的烦恼，又来了个什么草野大诗人、大才子，出过洋、留过学，天上真掉下了个馅饼砸在你头上，这辈子的相思孽债看来是想躲也躲不过去了。雷丹妮生气地说：二丫，我是说你俗，你怎么光拣这不着边的话说。二丫说：小姐，这事本来就不着边，你说我该怎么说着边的话？雷丹妮说：唉，我的心有点乱，也不知道该如何处理这些事情。二丫说：那就人随天愿，啥也别想，能着边就着边，着不了边就权当没有那回事，该干啥干啥。雷丹妮轻轻摇着头：二丫，感情的事情你不懂啊……二丫说：我要是真懂了，也会俗，去自寻烦恼了。

雷丹妮生气地走出屋子，来到采尔直玛处，想找她聊聊。采尔直玛、雷丹妮在院子里的石凳上坐了下来。

看到采尔直玛魂不守舍的样子，雷丹妮放下自己的烦恼问：这几天怎么心神不宁的，遇到什么事了？采尔直玛说：丹妮，我已经没有办法解决自己的问题，你替我出出主意吧，润铭来野鸭湖了。

雷丹妮大惊：润铭来了？！他不怕死？这是野鸭湖，不是他木府大院。采尔直玛说：我们……我们已经见过好几次面了……我劝他走，他说我不跟他走，他就不走。都是山茶通风报信，帮我们安排的，润铭让我跟他一起走。雷丹妮笑了笑：都情死过了，还不走？采尔直玛说：丹妮，我是真心请你帮我出出主意。雷丹妮说：我是局外人，也是局内人，你让我怎么给你出主意？

采尔直玛说：润铭说，阿都、山茶两天后要走一趟货到昆明，他们在石板镇与和大叔会合。我们如果要走，那就准备上路，到石板镇找和大叔，与他们结伴到昆明。雷丹妮说：是啊，这里山高路远，野兽又多，你们两个人又没有经验，与马帮一起走，也好有个照应。那你怎样决定？

采尔直玛摇摇头：我不知道，听说木润声也在野鸭湖。雷丹妮说：嘿，热闹，都想来吃野鸭子。采尔直玛说：丹妮，你就别开玩笑了，我急都急死了，木润声为什么死死地缠着我们？雷丹妮说：未必，木润声是个明白人。直玛，有人爱是好事，但不能玩火，你必须做出抉择。

采尔直玛说：润铭爱着我，阿成山同样爱着我，而且救过我，对小音音也好。雷丹妮说：所以你的任何选择，都会伤害到另一个人，不管是谁，你又都伤不起。采尔直玛说：对，还有孩子。雷丹妮说：是呀，音音还小，跟你们走不方便，阿成山又真的是喜欢他……

二丫快步走过来通报：太太们，老爷来了。

正说着阿成山抱着小音音走进,阿成山开心地说:直玛,儿子会叫爹了。

小音音叫着:爹爹,爹……阿成山笑着说:好,是爹的好儿子。采尔直玛迎上:来,音音,妈妈抱。小音音用小手推开直玛:嗯,爹爹……抱……阿成山高兴地在小音音的脸上亲了一口说:嗳,你看你妈都抢不走你,是我土司家的儿子。雷丹妮看了看采尔直玛,说:来,小音音,二姨抱。小音音说:不要二姨抱……姨……枪……

阿成山笑着说:对对对,你二姨是有枪。你看你,凶出名了,连孩子都怕你。雷丹妮说:音音,你人不大,就出二姨的洋相,你等着。阿成山说:儿子,你爹有的是枪,以后长大了爹给你,咱谁也不怕,让你二姨教你打枪。再大了,跟着你外公去打鬼子,砰,砰,打他个翻天覆地……

采尔直玛说:别光教孩子这些,让他一天就是厮啊杀的。雷丹妮说:是啊,把孩子教野了,心跑了你可收不回来的。阿成山说:跑不了,鸟笼里的鸟能往哪里跑,是吧,音音?雷丹妮说:怎么跑不了,这鸟笼子门一开,就海阔天空,自由自在了,不信你试试,把你的八哥鸟笼放开了,你看它飞不飞。雷丹妮说完朝采尔直玛挤挤眼,直玛则朝她摇摇头,试图制止。二丫说:不跑,八哥变成土鳖了,守在这里有什么意思。阿成山说:嗳,怎么没有意思,土司府这么大的家业,这么大的权力,别人想都不敢想,跑到哪里有这里舒服、自在,对不,小音音?

采尔直玛说:来,音音,妈妈抱,让你爹跟你二姨说话,我们回屋去。

回到屋里,采尔直玛正哄着小音音睡觉,阿成山、雷丹妮走了进来。

雷丹妮对直玛说:有好事,老阿要带着我们去一个好玩的地方。阿成山说:明天是这儿的转山节,我带你们去热闹热闹。采尔直玛说:转山节我知道,有对歌会。雷丹妮说:直玛,到时候你也露一手吧。

这时,二丫跑进来报告:老爷,二奶奶,那个草野回来了。阿成山笑着说:他可真会赶啊,人在哪儿?二丫看了看雷丹妮说:他让那个手下来搬东西,说是住镇上,不打扰了。阿成山说:来者都是客,让阿六去镇上走一趟,明天请上他们一起去转山节。

入住野鸭湖客栈后,木润声交代阿木扎,准备一份礼物,去土司府。

阿木扎问:大人打算送点什么?木润声说:就送那半截武士刀。阿木扎一怔:送武士刀?木润声说:还不快快去准备。

当木润声来到阿成山的客厅,阿木扎送上礼物。当阿成山揭去阿木扎端着的托盘上的绒布时,露出了半截日本武士刀。

阿成山疑惑地:大少爷这是……

雷丹妮说:木家大少爷不会是认为土司大人只是半截刀吧?木润声说:请土司大人和二奶奶不要误会,此前润声护送丽江为修建滇缅公路捐的善款,半路遭到日本武士的伏击,毙伤各一人,缴获日本武士刀一柄半,这是其中的半柄。

阿成山惊喜地:哎呀,从鬼子手中缴获来的,可是太珍贵了。雷丹妮淡淡一笑:看不出来,在丽江这块净土上,木家还出了个大英雄啊。木润声说：英雄不敢当，但是抗日也不敢让，既然让润声遇到了，自然是别无选择一个字——打！雷丹妮说：木大少爷说缴获了日本武士刀一柄半，为何不把那一柄送给土司大人？木润声说：很遗憾，那一柄日本武士刀润声已经赠送给他人了。

雷丹妮说：是啊，在这个时候能够有把日本武士刀，谁都可以拿出来炫耀一下，不知有谁能够承受得起这份殊荣？木润声犹豫了一下说：令尊，雷长官。雷丹妮一怔：我爸爸？木润声点点头，告诉雷丹妮，他受到日本武士的伏击后到了大理，得到雷长官相助，护送巨款到保山，以刀相赠，明志表意。此次到野鸭湖，也是受雷长官之托，日本人已经开始在这一带活动，他让我转达，请土司大人和二奶奶一定要小心防范。雷丹妮说：你是说日本人已经到了丽江？木润声说：不，我是说日本人已经开始在这一带活动，此事想必雷长官此前已经告诉过二位。阿成山说：说过。不过到现在我们确实没有看到什么日本人啊。木润声说：这一点我想二奶奶应该能够解释。雷丹妮说：对，对，难说日本间谍已经进入这一地区，他们当然不会表明自己的身份。

木润声说：润声此来，只是想提醒二位不要忘记雷长官对你们说过的话，话已带到，润声就告辞了。阿成山说：大少爷，这就是你的不是了，人已经到了野鸭湖，怎么也该让我尽尽地主之谊，说完话就走，是不是太驳我的面子了。木润声说：润声已经在镇上住下，不便打扰。阿成山说：这怎么能是打扰呢？正好明日是这里的转山节，大少爷一定要作为府上的贵宾参加。好了,大少爷能来,是件高兴事,人虽然住在了镇上,今天的饭得在这儿吃,这事容不得商量,就这样定了。木润声笑了笑:那就谢过大人了。

阿成山陪着木润声、阿木扎走进饭厅。

金花笑着迎上:大少爷到了这儿还要住在镇上,真是太见外了。木润声说:润声是带着家人一齐来的,实在是怕打扰大人和大奶奶。金花说:我们到了大研镇,我可是只想着住到府上去。木润声说:应该的,那是大人和大奶奶给润声面子,润声自然是要伺候好土司大人和大奶奶的。怎么样,大奶奶这一向身体还好吧?金花笑着:有些不方便了,别的还好。阿成山说:快让大少爷坐下,有话可以边吃边说嘛。金花说:你看我,见着大少爷一高兴,连站着都忘了。大少爷,你往里面坐。

木润声带着阿木扎在客座位坐下。雷丹妮带着采尔直玛走进,采尔直玛冷冷地看着木润声。木润声欠了一下身子:三奶奶好?采尔直玛慢慢坐下:让大少爷惦记了。木润声:应该的,三奶奶为土司大人留下了传人,自然应该惦记,不然真是愧对土司大人的一片厚意了。采尔直玛怔怔地看着木润声。

雷丹妮说:是我们来晚了,让木家大少爷久等,一会儿我自认一杯罚酒。阿成山笑着:大少爷可要小心才是啊,我在石板镇第一次跟二太太喝酒,一时大意就失态了。木润声说:润声不擅饮酒,还望二奶奶宽谅。雷丹妮说:我爸爸也会宽谅你吗?木润声说:雷长官教诲润声国家大事,所以虽然相处多日,并无饮酒,只是相约,待抗日胜利之日,定一醉方休。雷丹妮说:看来我爸爸真的认了你这个忘年交啊。张阿六进来报告:

老爷，菜已上齐。阿成山说：好，那咱们就开始吃吧，虽然大少爷说他自己不擅饮，可无酒不成席，这第一杯还是要敬的。桌子上的人都端起了酒杯，木润声看了看采尔直玛，把酒喝下。

阿成山带着醉意拉着木润声的手走出饭厅：大少爷能到我野鸭湖来，我是真……真的高兴，明……明天的转山节，我一定让……让你……高兴。木润声看了身后的阿木扎一眼，说：谢过土司大人。明天我一定到，让大家都高兴。阿木扎拉过张阿六说：明天土司大人还要带着大家过转山节，应该早点休息了。张阿六上前扶着阿成山说：老爷，木家大少爷他们要回镇上去，咱们也早点歇着了。阿成山说：明天转山节，一定要来……大少爷一定要来……

木润声走到采尔直玛面前说：直玛，你现在是土司大人的三太太，希望你能安心地带着孩子生活在这里。采尔直玛冷冷地说：木润声，怎么生活用不着你来教我。木润声说：我可以明确地告诉你，我不会让任何人去伤害土司大人的，包括你跟润铭。采尔直玛生气地问：你到底想干什么？木润声说：这你应该问问木润铭，是你们到底想干什么？

雷丹妮上前：木家大少爷，今天晚上我可是宽谅你了。木润声说：润声谢过二奶奶。雷丹妮说：不过你跟我爸爸的约定要是少了我，我绝对不会宽谅你的。木润声说：二奶奶放心，真到了那一天，木润声一定摆宴大研镇，举杯同庆。雷丹妮说：好，我这就答应你，到时候一定到。木润声轻声地：请二奶奶看好了三奶奶，一定不能离开土司府。雷丹妮一怔：大少爷……木润声说：雷长官也是这样想的。好，多有打扰，润声

情　殇

告辞了。

木润声带着阿木扎走去。

采尔直玛茫然地看着窗外的夜色。雷丹妮走进：他刚才对你说什么了？采尔直玛转身看着雷丹妮说：你想他能对我说什么？雷丹妮笑了笑：让你带着孩子在土司府跟阿成山好好地过日子。采尔直玛说：他也是这样对你说的吗？雷丹妮点点头：对。

第二天的转山节是野鸭湖地区重要的民族节日。阿成山土司府的一帮人身着民族服装，兴高采烈地走进对歌场。木润声应阿成山之约也来到转山节。转山节的歌声响起，到处是欢乐的人群，一对青年男女歌手在对歌场上唱着《初恋调》——

男——
　　亮的星星会隐去，
　　美丽的花朵会凋谢。
　　阿妹的心啊，
　　会不会像星星和花朵一样？
女——
　　星星隐去了还有亮的时候，
　　花朵凋谢了还有开的时候，
　　我的阿哥啊，
　　你有没有回心转意的时候？

草野应邀带着松下世仁也来了，草野上前施礼：土司大人，接到您的邀请，我们今天是准时到场。

第 21 章

　　阿成山说：转山节一年一次，草野先生遇到了，当然一定得来。对了，我给草野先生介绍一位新朋友，这位是大研镇木家的当家人木润声先生。草野笑着看着木润声：土司大人，我们已经见过面了。木润声说：是的，草野先生虽然才转山回来，不过今天的收获一定会更大。草野说：但愿如此。木润声说：不，一定如此。因为在这儿你能看到真正的民风民俗，如果真的想写一点东西，这里能写的东西实在是太多了。草野说：木家大少爷对民风民俗也感兴趣？木润声说：我在这里土生土长，所以略知一二。如果说到大海，草野先生肯定就知之甚多了。草野说：可现在我对大山和这里的人更感兴趣。雷丹妮笑着：这儿是对歌场，要斗嘴就用歌，唱的肯定比说的好听。木润声说：草野先生如果有此雅兴，本少爷愿意赐教。

　　二丫拍手叫着：快看，快看，阿六上场了。

　　张阿六伸了伸脖子唱《伤心女与无情郎》——

　　　　没有孩子的女人呵伤心了，
　　　　　就像一块心病永远在身上。

金花听了，嘟哝道：不会挑好听的调唱，听着都别扭。

二丫听到，看了看金花。

草野对木润声说：这歌词很有意思……

对方一纳西女人应答——

　　　　没有情人的男人，

情 殇

　　就像蜷在篱笆下的毒蛇。

人们一阵大笑,张阿六急得不知如何答。
金花叫道:阿六,你唱呀。
张阿六大声说:大奶奶,我没词了。
金花生气地:刚开始就没词了,你也真笨。
一群纳西女人大声叫道:快唱,再不唱就过来背石头上山。
二丫叫道:阿六,你怎么平时嘴巴挺会说的,上场就哑巴了。
张阿六说:不行,这不是有力气就行的,你来对对试试。
阿成山走上前:让我来试试。
雷丹妮笑着:你行吗?
金花阻止道:你就别出洋相了。
阿成山笑了笑,扯开嗓子唱道——

　　你说自己年轻又漂亮,
　　膝下的三个孩子是谁的?

张阿六带着土司府的人大声叫好。
阿成山说:对出这两句叫出其不意,看她们还有什么招。
对方女又唱道——

　　我以为你是天上的月亮,
　　现在才看清不过是地上的臭水塘。

张阿六大声叫着：你们这群烂嘴婆们，放肆，这是土司大人。
对方姑娘马上回唱了一句——

> 敢来对歌就对歌，
> 还分什么富贵与贫贱。

阿成山笑了起来，卷了卷袖子，放开嗓门的大声唱道——

> 那山的姑娘别以为我爱着你，
> 我不过是闲着无聊唱支歌。

女——
> 有家有室的男人到处跑，
> 我看在眼里笑在心底。

阿成山——
> 你像一棵永远长不高的马桑树，
> 只会有乌鸦陪着你。

女——
> 你不要不知足地自己夸自己，
> 你盖在篮子底下的丑事我知道。

阿成山——
> 请你不要拿着火把到处点，
> 小心火灾让你回不了窝。

女——
> 你就是用苦泪拌饭吃，

情　殇

　　我也只会笑着从你门前过。

阿成山无奈地摇着头：完了，我也没词了。
女人们：来啊，有能耐的就唱呀。
采尔直玛说：你不会改个调门。
金花附合着：对呀，改调门。
阿成山答应道：对，改！来，《交心曲》——

　　如果你是一湖透明的水，
　　我愿变成一尾小鱼摸摸你的心。
女——
　　看到一个标致的男子，
　　我就想去交交心。
阿成山——
　　相隔十天十夜路，
　　相会一夜难分手。
女——
　　只要我们情真意厚，
　　天涯海角并不算远。

金花不快地：老唱调情调，别把心给唱野了。
采尔直玛说：大奶奶，这里只是对歌而已。
金花生气地说：对歌，对歌，咱们三个老婆在场他也敢这么对。

阿成山对完歌，采尔直玛给他擦汗。

草野说：真没想到，土司大人不仅有副好嗓子，还是一位诗人啊。木润声说：应该说到这儿来的都是诗人，他们向往美好生活，自然也会用生命去保卫他们的美好生活。草野说：木大少爷说的对，但美好生活同样是可以给予的。木润声说：如果给予是一种强加，那么等待这种给予的肯定是抗争，就像大海可以给人诗意，但同样有愤怒，山也一样。

阿成山说：哎呀，咱们现在是得对歌，真不好对，肚子里的词全编完了。直玛，你对吧，我可不行了。

二丫说：对，三太太不是对歌能手吗，把他们的气焰压下云。

男——
　　别看阿妹装得威武又神气，
　　她的心肠就像绵羊的脾性。
采尔直玛——
　　只要你真心来家里。
　　我不会对你无情无义。

山间小路，木润铭听到是采尔直玛的歌声，便寻着走了过来。

男——
　　要想摸清我心中的底细，
　　请你跟着我的歌声来。

情 殇

采尔直玛 ——
　　一串串马铃响过来,
　　我脸红心跳又高兴。

男青年又想唱,被走到身旁的木润铭拉住,示意他来对,男青年退了下去。

木润铭 ——
　　阿妹有缘相会在一起,
　　虽没有礼物却笑脸相迎。

采尔直玛怔怔地看着木润铭。
阿成山叫道:直玛,唱呀,怎么连他都对不过。
采尔直玛镇静了一下自己 ——

　　从远方赶来这里的阿哥,
　　是不是寻找落脚的地方。

木润声冷冷地看着眼前的这一切。
阿木扎轻声说:是二少爷……
木润声低声说:阿木扎,给我把他盯住了。

木润铭 ——
　　春天的风已经吹到了田里,

为何花蕾还紧闭着嘴巴。

采尔直玛——

心中的阿哥呀请你别怪罪,

不是花不知情是土地还冰冷。

木润铭——

阿妹呀,要是你的心坚贞,

我愿在刀口上给你铺条路。

采尔直玛——

阿哥呀,要是你的情义厚,

我愿在马鹿角上给你搭桥。

…………

第 22 章

对完歌，木润铭戴了顶草帽来到了集市。木润声走到木润铭的身后，喊了声：润铭。木润铭一怔，慢慢回头盯着木润声说：咱们应该算是狭路相逢了吧？木润声说：能不能先跟我到客栈去，我有话要对你说。

木润铭说：对不起，该说的都说了，我早已经无话可说了。木润声说：看来你一直在记恨我？木润铭怒道：弑父害母之仇，我木润铭怎么敢忘记？木润声说：你说的事情只有等你回家了，才能解释清楚。木润铭说：够了！你还想解释，你以为解释得清楚吗？木润声说：我相信，所有的事情总有一些是能够解释清楚的。木润铭淡淡一笑：木润声，你真可怜，还想着给自己立牌坊呢。

阿木扎上前：二少爷，大少爷真的一直在找你。木润铭喝斥：滚开！你算个什么东西。木润声：退下，我们之间的事情，谁也不要管。阿木扎犹豫了一下，退下。木润声：好，别的事情咱们可以以后慢慢谈，现在你必须马上离开这里。木润铭蔑视地说：你这条木家捡回去的野狗，凭什么对我指手画脚，有本事就把我的命拿去，不然我不会离开这里的。

木润声好言劝木润铭：润铭，你不要再纠缠孓尔直玛，她现在已经是土司府的三太太了。木润铭恶语相加：怎么，你什么时候又变成土司府的狗了？木润声厉声说：请你不要这样跟我说话。木润铭也不示弱：呸，你就是条狗！告诉你，直玛是我的，谁也别想把她从我的手里给夺去。木润声说：我没想到你这么自私，那你替直玛想过没有？你替那个孩子想过没有？木润铭说：不错，我是自私，可这全是被你给逼出来的。木润声：谁也没有逼过你，连阿爸后来都同意你跟直玛的婚事了。木润铭说：你想把自己给摘干净？办不到！木家的账已经死死地钉在你头上了。润声痛苦地摇摇头：好，你可以把所有的账都记在我头上，但你现在必须跟我回去。木润铭说：你不要想着我会跟你回去的，我回去的那一天，就是你死的那一天，木润声，你死定了！

草野一边喝着茶，一边看着外面正在争吵的木润声和木润铭。草野一招手，一个随从上前，草野轻声耳语，随从走开。随从轻轻推开茶馆的一扇窗户，看了看，掏出手枪对着木润铭打去。

子弹打在木润铭的脚前，两人同时一怔。

木润铭盯着木润声说：木润声，你一点都没变，还是只会干这种偷鸡摸狗的事情。木润铭说完转身就走。木润声一把拉住木润铭：这事不是我干的。木润铭转身一掌推在木润声的胸口：卑鄙！木润声后退两步站住：你可以骂我，但我今天不会放你走的。木润铭狠狠地：你找死！

木润铭说着滑步上前，打向木润声，木润声让开，两人打在一处。

阿木扎喊着：快，拉开二位少爷，千万别伤着了。阿木扎带着两个家丁冲上。木润铭见阿木扎带人冲上，抬腿踢向木润声，顺势从包围中跳了出去。木润铭躲进茶馆，木润声紧随其后冲进。草野顾着自己喝茶，木润铭和木润声来回交手。木润声看到正在喝茶的草野一怔，木润铭乘机冲出茶馆，木润声和阿木扎跟出。

这时，马锅头挡在了木润声面前：住手！木润声，你们毕竟兄弟一场，你下得了这样的毒手？木润声说：和大叔，我要带他回家！木润铭抓起旁边肉案上的刀冲上：你这个恶棍，把木家搞得家破人亡，我死也饶不过你……

马锅头怒喝：润铭，住手，他是你哥哥，你下得了手吗？

木润铭：他这条毒蛇，不配！木润声说：润铭，跟我回去吧，你在这儿会害了直玛和所有人的！木润铭说：是你害了我跟直玛，是你害了木家，也是你害了所有的人。木润声说：我知道说服不了你，可我能阻止你，你自己好好想想吧。

木润声转身走进了茶馆，草野已经离开，木润声端起草野用过的茶杯思忖着。

阿木扎和家丁上前：大少爷。木润声问：那一枪是谁打的？阿木扎和家丁怔怔地看着木润声，摇了摇头。木润声：让你们盯的人，一定要盯死了。

木润声放下茶杯走出茶馆。

第22章

　　回到客栈，木润声对阿木扎说：今天这一枪向咱们提了个醒，绝对不能小看了对手。阿木扎说：当时太乱，就只听到了一声枪响，连哪儿打的也没弄清楚。木润声思忖着：这说明人家把棋算在了咱们的前面，一招不慎，会满盘皆输的。阿木扎问：大少爷，那他们下一步会下在哪儿？木润声说：我担心的也是这个。

　　客栈内，松下世仁对草野说：现在的情况已经掌握，木润铭是木润声的弟弟，两个人因为一个女人反目成仇。草野问：为了一个女人？松下世仁回答：对，可这个女人现在做了阿成山的三太太。草野笑了笑：先生曾经说过，女人是这个世界上最不能相信的动物。松下世仁说：你不觉得这是一盘非常微妙的棋局吗？草野说：请先生明示。

　　松下世仁说：咱们到这儿的任务对象是阿成山，而现在对我们任务的最大威胁是木润声，他的弟弟木润铭又是他的死敌，他们自己做下了一个连环结。草野说：先生，连环结是环环相扣，无法缓气，从现在的情况看，木润铭显然没有力量跟木润声抗衡，所以我想知道木润声的心里是否还有那个女人。

　　松下世仁说：木润声是一个城腑很深的人，这种人一旦认准了死理，会一直走下去的，这一点利用的可能性不大，我希望的是木润铭能够死死地缠住他。不要忘了，我们的任务中，还有利用各种手段扫除云南境内古老的茶马古道地区和滇缅公路沿线上的一切障碍！草野说：先生的意思是要看透整盘棋。松下世仁说：目前雷霆的部队看来是较难笼络，而公路沿线较有影响和能够形成威胁的，就是木润铭和黑牛的那段山贼大队。

这样他们的力量应该是均衡的。

草野说：先生是想借刀杀人？松下世仁说：他们支那人喜欢这样做，所以咱们接下来的任务不仅是要抓住阿成山，还要对付木润铭，要么笼络他，给他金钱；要么消灭他！但账一定要记在木润声的头上。草野说：这个木润铭现在还没有打过交道，不过凭着他的仇恨，应该是有成功的把握。松下世仁说：总之，为了帝国的大东亚战略，凡是阻挡我们的，统统地消灭，愿意归顺我们的，就必须成为忠实于帝国的狗。

张阿六跟着随从走进包间，看到的是一桌丰盛的宴席和坐在桌旁的草野。

张阿六躬身笑着：草野先生，您有事找我？草野说：张先生，请坐吧。张阿六坐下，两个随从退出。草野说：点了一些菜，也不知道合不合张先生的口味。张阿六说：阿六不过是土司府里一个下人，先生如此用心，实在是过意不去。草野说：哪里，哪里，我也是出自大户人家，所以知道张先生的辛苦，您在土司府里，其实就是大管家，上上下下的事情全要你来操心。草野的话说得张阿六心中暖暖的：唉，还是草野先生知道阿六的苦衷，干着活，还要看着人家的脸色，没办法，这碗饭也不是谁都能端的啊。草野说：我知道，在府上虽然只是小住了几天，可还是给张先生添了不少麻烦，在此也是想略表谢意。也许以后还会有麻烦张先生的地方。张阿六说：草野先生有用得着的地方尽管说，阿六绝不含糊。草野笑着把一个钱袋放在了桌子上：那我就先谢过张先生了。张阿六收起钱袋：草野先生真是太客气了，我张阿六对朋友，一定会两肋插刀。草野端起酒杯：那就为我们的合作喝一杯！

采尔直玛正在为小音音缝着衣服，二丫领着马锅头走进。

二丫报告：三奶奶，和大叔看你来了。采尔直玛看到马锅头，高兴地放下手中的针线，站起身：大叔，你来了，二丫，快给和大叔倒杯茶。马锅头说：大叔路过这儿，过来看看你。采尔直玛说：谢谢大叔还记挂着直玛。马锅头说：二丫也不是外人，咱们就长话短说，你到底是怎么想的，润铭可一直在等着你，你们的事必须解决了，否则会闹出许多乱子。采尔直玛犹豫地：大叔，我……二丫：三奶奶，你有什么想法就跟大叔说出来，有啥事我们也好帮你。采尔直玛摇摇头：你们谁也帮不了我。大叔，我现在不能走，音音还小，我不能丢下他不管啊！

采尔直玛垂下头又说：小音音就是木润铭的骨肉，我丢不下他呀。马锅头：确实，孩子还小，放在这里不行，带走路上也会有危险。采尔直玛：再说，我也不忍心伤害阿土司。是他救了我，帮助了我，收留了我，保护了我，我不能这样不明不白地就走了。他对我们母子一直很好，他爱小音音，把音音当成自己的亲生儿子。我真的觉得自己对他很歉疚，也不知道该如何去报答他。马锅头说：直玛，问题总是要解决的。润铭他知道小音音是他的儿子吗？采尔直玛摇摇头：不知道，不能让他知道，他如果知道小音音是自己的孩子，他的爱很固执，他可能会采取更加激烈的行为，我担心他会做出伤害土司大人的事情来。二丫说：和大叔，这件事情三奶奶确实为难。采尔直玛说：一个恩重如山，一个情深义重，想两全其美，可又难以取舍，真不知道该怎么办？

情　殇

　　马锅头说：直玛，做人要清清白白的，这事你还是应该选择适当的时间，把实情告诉给土司大人，他如果谅解了你们，会放你走的。采尔直玛说：我也是这样想的，可这事他能谅解吗？马锅头说：直玛，你与润铭这事，要尽快有个方案，我还有其他事，我先回去了。

　　马锅头走后，采尔直玛想想马锅头说得有道理，这事最好说到明处，可能会好一些，便约雷丹妮和二丫在厨房里忙活着，做一桌子菜，准备席间对阿成山说明白，求得他的原谅。

　　二丫笑着说：一辈子做丫头伺候二奶奶，总算是能够吃上三奶奶亲手做的饭了。采尔直玛笑着：我是强打精神听你们喊，成天奶奶、奶奶的，人都被你们给叫老了。雷丹妮说：你那是有福不会享，当奶奶总比当孙子好吧？二丫说：那可不一定，老爷成天陪着小音音，小音音像是老爷，老爷倒像是孙子。雷丹妮说：老阿带小音音还真上心，跟着前后院的跑，一张嘴笑得跟瓢似的。采尔直玛叹了口气：唉，只是这人情债欠多了还不起啊。雷丹妮说：可人家心甘情愿你也没办法啊。采尔直玛看看一桌子的菜，说：菜已经差不多了，二丫，可以叫老爷来吃饭了。

　　被二丫请来的阿成山看着桌子上的菜，高兴地说：哎呀，真是菜如其人，看着就想吃。雷丹妮说：完了，这是直玛亲自下厨房的手艺，你干脆把她吃了算了。阿成山说：我就说嘛，这菜看上去跟人一样漂亮。二丫说：那老爷今天就多吃点。阿成山说：当然，不然就愧对直玛的一番好意了。

　　雷丹妮看着采尔直玛，采尔直玛会意地点点头。采尔直玛为阿成山斟上酒：直玛今天要敬老爷一杯酒。阿成山开心地端起酒：好，好，好，这酒色再一上脸，人就更美了……

张阿六匆匆跑进：老爷，那位草野先生来了。阿成山一怔：他来干什么？张阿六说：他只说一定要见老爷。阿成山无奈地笑了笑：好不容易开开心心地吃顿饭，又被搅了。雷丹妮犹豫了一下：要不我代老爷去看看草野先生？张阿六为难地：二奶奶，草野先生说有急事要见老爷。阿成山站起来：还是见见吧。雷丹妮：要不这样，我们一起过去陪老爷坐坐？阿成山：也好，一会儿回来咱们再接着吃。

阿成山走进大厅，张阿六正跟草野低声耳语，见阿成山进来，张阿六忙退到了一旁。阿成山说：不知草野先生有何急事，需要我帮忙？草野说：土司大人，今天过来，是有件事情想跟您谈一下。

张阿六说：给草野先生上茶。茶至，松下世仁接过，放在草野旁边。阿成山说：草野先生有什么话请说吧。草野看了看下人：土司大人，这事……

阿成山一摆手，张阿六带着下人退出大厅。

草野说：是这样，有一个人不知道土司大人听说过没有？阿成山问：谁？草野说：木润铭。阿成山说：草野先生认识他？草野笑了笑：本来这事不该我们管的，可今天在街上恰好遇到土司大人的好友木润声跟一青年打架，就过问了一下，有人说是木先生的弟弟木润铭。阿成山笑了笑：自古清官难断家务，两兄弟打架轮不到我这土司来管吧？草野说：那是，不过有人说木润铭此行的目的，就是要从土司大人的手中抢回他的女人。

阿成山说：不知草野先生说的女人是谁？草野说：应该是您的三太太。阿成山说：胡扯！在大研镇直玛就已经清清楚楚地说过，她不会跟他木润铭走的。草野说：这事我们并不知晓，按说也不该管，只是觉得曾在此打扰过土司大人，知道了不说肯定是说不过去，所以过来打个招呼。

阿成山说：谢谢草野先生，我既然已经娶了采尔直玛，又有了孩子，不管是抢也好，求也好，我都不会让她走的，这话我已经告诉过那个木润铭了。草野说：土司大人既然已经处置妥当，我们也就放心了。

采尔直玛无力地靠在门上说：丹妮，你都听见了，我该怎么办？雷丹妮说：这事来得太突然，咱们得先把事情想明白。不过在目前情况下，告诉阿成山真不是时候，会伤了他的脸面，肯定是接受不了的。采尔直玛说：我肯定不会一声不哼就走了，那也太对不起老爷了。雷丹妮说：事到如今，真是难办。我只是不明白草野怎么会知道这事，而且一定跑到府上来告诉老阿？

采尔直玛不安地来回走着。

雷丹妮说：看来最好是让木润铭先离开，免得他再跟木润声碰上，又加上个大土司，那会引出更多的麻烦。采尔直玛点点头：唉，他怎么会在街上遇到木润声，还打起来了。雷丹妮说：说不清楚的事情，就别猜了。采尔直玛说：丹妮，我去跟木润铭讲不方便，他现在疑心又重，你能不能帮我去劝劝他？雷丹妮犹豫了一下：不行，我去肯定不合适。采尔直玛说：老爷这时候肯定会盯上我的，那你说谁合适？

木润铭正在野鸭湖畔草棚内整理行李，准备离去。

第 22 章

　　张阿六匆匆赶来：木家二少爷。木润铭打量着张阿六：你是谁？张阿六说：我是土司府的管家张阿六，在丽江我们见过面。木润铭说：以后你别叫我二少爷，听懂了吗？张阿六说：是，我是来告诉你，我家三太太采尔直玛要急着见到你。木润铭一怔：直玛要见我！张阿六说：是，我们快走吧。

　　木润铭犹豫了一下，把行李丢在草棚里，跟着张阿六走去。

　　采尔直玛在房中拍着小音音睡觉，一张纸条从门缝塞进。采尔直玛起身打开门，门外无人，捡起纸条看着，神色顿时紧张起来。

　　马锅头和阿都骑马赶到草棚，看到行李却不见木润铭。

　　阿都说：阿爸，东西还在，应该不会走远。马锅头四下看了看，向湖边的渔民走去：老乡，知不知道住在这里的年轻人到哪里去了？村民说：是找棚里的那个人吗？阿都说：对，就是他。村民说：我看见他刚刚跟土司府的人走了。马锅头一怔：土司府……糟糕！阿都说：快去追，也许能追上。两人飞身上马，策马而去。

　　丫头抱着小音音哄着睡觉，雷丹妮匆匆走进。雷丹妮问：三奶奶上哪里去了？丫头回答：我也不知道，三奶奶捡到一张纸条，看后，只叫我抱好小主人，说她有急事出去一下。雷丹妮一想，不好，要出事，快步走了出去。

　　茶室内，喝茶的人们在三一桌五一堆地谈天说地。

　　采尔直玛和木润铭几乎同时跑到茶楼。

　　采尔直玛问：你找我有什么急事吗？木润铭说：不是你让人来找我的吗？到底什么事？采尔直玛一怔：啊？先进去，到里面说话方便些。木润铭一把拉住采尔直玛：不对，直玛，这是圈套，我们得赶快离开这里。木润铭转身拉着采尔直玛就走，这时阿成山和张阿六带着家奴从两边围了上来。

阿成山问：你们两个人手拉着手，这是要到哪里去？张阿六说：到了这儿，茶也不喝，怎么就慌张着走啊？木润铭盯着张阿六：哼，你这个奴才！张阿六：小的是奴才，但小的不是蠢材，至少知道护着土司老爷，不像有的人，恩将仇报，以怨报德。采尔直玛质问：张阿六，你为什么要设下这圈套害我？张阿六说：三奶奶，这话你应该问土司老爷，也是你该回答土司老爷的问题。老爷在石板镇救了你，又把你娶进府中，待你不薄，你为什么要这样对待老爷？

阿成山说：木润铭，大研镇我已经放过了你一回，本想你已断了这个念头，没想到你竟然追到我府上作乱，今天再不惩治你这个恶徒，你真以为野鸭湖是个无法无天的地方了。采尔直玛说：大人，他不是……

阿成山骂道：住嘴！你这个荡妇，我救了你，你知恩不报，我一次次护着你，你全不往心里去，你说，你安的什么心？我阿成山受不了这奇耻大辱，来人！把采尔直玛给我带回去按府规严惩！张阿六说：是，把这个荡妇绑起来！

家奴们上前去绑采尔直玛。

采尔直玛说：大人，你误会了。阿成山说：不错，过去我确实误会了，所以今天我不想再误会了。绑起来，带走！木润铭护着采尔直玛，说：阿成山，有种冲我来，这事跟采尔直玛没关系。阿成山说：很好，我会让你知道勾引土司府的人，要付出什么样的代价。把这恶徒给我拿下!

木润铭拉开架势:谁敢动!家奴们冲上,木润铭反抗,但寡不敌众,被家奴们绑住。阿成山说:把人带回府中,依照府规办吧。张阿六说:小的明白。

马锅头、阿都、山茶和雷丹妮、二丫都赶到茶楼。

雷丹妮上前问:成山,你这是怎么啦?阿成山恼怒地:这里没你的事,走开!雷丹妮说:直玛是你的三太太啊。阿成山气愤地说:有这样撕丈夫脸的太太吗?我土司府几百年,还从来没出过这种丢人现眼的事情。你不是问我想干什么吗?好,我告诉你,谁要是敢撕土司的脸,土司就会撕他的皮。苔走!

阿成山说着转身走去。

雷丹妮还想往上冲,被二丫一把拉住。

马锅头恼怒地:木润铭咋就那么蠢,就看不出这是人家做下的圈套。

茶楼上的窗户推开一条缝,草野和松下世仁向外看着。草野说:先生,土司大人这次是真的生气了。松下世仁说:不过,他还是会感谢草野君的。草野问:先生,下一步打算怎么办?松下世人说:推出去是为了能够拉回来。草野说:知道了。窗户轻轻地关上。

随着一声门响,采尔直玛被家奴推进了一间黑屋。采尔直玛跌倒在地上,手仍被捆绑着,门马上关上,屋里一片漆黑。

木润铭被吊在刑架上毒打。

张阿六说:木家二少爷,我在府上几十年,今天沾你的光,第一次进这里,土司老爷的脸可是撕不得的啊。木润铭盯着张阿六：呸，你这个奴才，不过是土司府里养的一条狗！张阿六一耳光抽在木润铭的脸上：可你忘了，狗的阿爹是狼，是会咬人和吃人的。木润铭说：哼，早晚你也会被人给吃了的。张阿六说：你真是不如你哥哥，他可从来不骂人。所以他受人敬，而你只能遭人恨。给我狠狠地打，别让人家小看了咱们野鸭湖的鞭子没有他的牙齿硬。

两个强壮的家奴上前，挥鞭猛抽木润铭。

张阿六怪笑着：二少爷，现在是皮肉之苦，完了按府规就会点你的天灯了。草野走了进来：张先生，该住手了，阿大土司让我来看看。张阿六一抬手，两个家奴退到了一边。草野说：我想跟木先生单独谈谈。张阿六说：是，我们就在外面。张阿六带着家奴退出刑室，草野替木润铭松开绑。

草野说：木先生请坐下，我们可以好好谈谈。木润铭问：你是谁？草野淡淡一笑：我是谁？这不要紧，重要的是，我能化解你现在的困境，帮助你拿回你想要的一切。木润铭说：这么说你是这件事情真正的主谋了？草野说：我不习惯别人对我用这种口气说话，我喜欢以一种平等的方式与人合作，各取所得，达到共荣。木润铭说：与我合作？你会跟一个设下圈套陷害你的人合作吗？草野说：木先生这样说话就不公平了，如果木先生一定要说这是一个圈套，这个圈套也是你自己做下的，是你跑到这儿来找土司大人的三太太，是你伤害了土司大人的尊严，而你忘了，土司大人正是靠着这种尊严统治这一方土地的。所以他会杀了你，而我却能够帮助你。木润铭说：这是我跟阿成山之间的事情，我同样是为了我的尊严，与你无关。草野说：

你真幼稚，这会给所有想帮助你的人制造麻烦的。木润铭问：你要我和你合作什么？草野说：先冷静一下，我会再来找你谈的。

草野站起身向外走去。从刑室里走出，刺眼的阳光让他感到有些茫然。

张阿六说：老爷恨透了这家伙，杀了他算了。草野说：杀人是一件非常容易的事情，真要是想杀他，就没有必要做这一切了，所以不能杀他。张阿六说：草野先生，您是不是太仁慈了，留下他可是后患无穷啊。草野说：后患？那也是所有人的后患。张阿六说：你是觉得他还有用？草野说：任何人都是有用的，这就要看你是不是会用了。要做成大事，就必须去用所有你能够用的人，包括你的敌人。张阿六说：可他要是不愿意呢？草野淡淡一笑：这就需要张先生帮忙了。我看得出来，他的最大心愿是要得到那个女人，张先生，你得保护好那个女人，可能的话，要想办法从大土司手中把那个女人要回来。张阿六一怔：三奶奶……

木润声刚倒了一杯茶，阿木扎带着家丁匆匆走进对木润声说：大少爷，不好了，二少爷让土司大人给抓进府里去了。木润声一怔：什么，二少爷被抓了？怎么回事？家丁说：我也是刚刚出去才知道的，二少爷在茶楼跟采尔直玛见面，被土司大人带人抓了个正着，土司大人很生气，说是一定要按府规对两个人进行严惩。木润声着急地：糟糕，这是要出大事的。阿木扎说：大少爷，要不我带着弟兄们到土司府把二少爷给抢出来？木润声骂道：混蛋，就知道抢。家丁说：我出去的时候人已经被带走了，只是听到茶楼的人在议论说二少爷跟土司府的三奶奶一到茶楼，就被土司府的人给围上了，两边争了几句，人就被抓走了。

木润声说：茶楼人眼那么杂，他们怎么会想着在茶楼碰面呢？圈套，一定是圈套。那又是谁设计下这个圈套的呢？土司大人丢不起这面子，所以这手一借就给，真是一箭双雕啊。咱们的对手又抢在咱们的前面了。木润声吩咐道：阿木扎，你还是先得把情况搞清楚，张阿六应该是个知道内情的人。

张阿六急匆匆地往前走，见前面站着一个人，停下脚步，木润声慢慢转过身盯着张阿六。

张阿六笑着凑上前去：大少爷，你有事找我？木润声说：你该明白是什么事。张阿六紧张地：这事你最好是别管，老爷这次真的是动了肝火，谁说话都没有用。木润声问：那你告诉我，这事是谁做的套？张阿六犹豫了一下：这事真的怨不得谁，你们两兄弟在集上打架，这事老爷他知道了，听说木润铭，噢，对，是二少爷来了，自然会盯紧三奶奶的，他们这时候约会，还能不被老爷抓吗？木润声说：这么说是天灾了？张阿六说：是天灾，还是人祸，阿六说不清楚，反正现在人在府上，出了这种事情，按照府规是要点天灯的。木润声说：这事真的没有别人插手？张阿六说：在野鸭湖老爷想杀个人，也没有必要去借他人之手啊。木润声问道：那他们二人情况怎样？张阿六回答：三奶奶已经关起来了，二少爷那儿肯定要上刑，要不老爷这口气往哪儿出啊。木润声说：好，你走吧。

阿成山放下筷子：今天这菜怎么这味道？这厨子的手艺越来越差了，再这么做下去，就让他走人。金花说：走人？这个厨子可是我从娘家带过来的,你不吃他做的,我还爱吃呢。

雷丹妮突然叫了起来:这是什么?哎呀,苍蝇!个头还挺大的,恶心死人了。雷丹妮说着呕吐起来。阿成山拍案而起:苍蝇都当菜吃了,这菜都是怎么做的。立即把厨子给我叫来!厨子匆忙跑进。阿成山问:你这是怎么搞的,把苍蝇当菜炒?厨子紧张地:老爷、太太,这不是苍蝇。这道菜是……是蚂蚱。阿成山说:土司府里从来也没有过这么一道菜。厨子:大奶奶要吃素,但又不能没有肉,只好拿蚂蚱当肉吃了。阿成山:真是的,蚂蚱也能叫肉,好吧,你下去吧。

厨子躬身退出。

金花借此机会骂人:哼,五谷不分,苍蝇、蚂蚱都分不清,还屎盆子往别人头上扣。阿成山说:行了,行了,你想吃自己吃,明天叫厨子给你干炒蚂蚱。金花说:那可不敢,多了还不把人给吐死啊。雷丹妮说:要是直玛在就好了,她最知道你的口味,不会做蚂蚱炒白菜这么恶心的菜。金花说:她做的菜我倒不爱吃,什么菜都没辣味。阿成山说:那才叫真手艺,没手艺的菜,不辣就咸,吃了口干。

雷丹妮赶忙说:成山,那事可能有误会,你倒不如自己去问问清楚,免得被人给利用了。金花说:利用?哼,老爷这么精的人,谁利用谁啊?雷丹妮说:直玛是个老实人,别人一说什么,她就信,你又不是不知道。阿成山说:当然.直玛就是想问题太简单了。金花说:噢,都成精了还简单,再多长点脑水,你不被这个女人给玩死,我都不信!现在家无家规,人都没了模样,这个土司府不是太放纵任性,就是同采尔直玛一个鼻孔出气，简直不成体统。雷丹妮说：大奶奶说话可别带刺。金花说：蚂蚱腿上都还有刺呢。雷丹妮恼怒地把饭碗往桌上一放：你今天是在让我吃饭还是吃气？金花说：你爱吃啥吃啥，我管得着吗。阿成山阻止：吵什么，吃顿饭都不得安宁，还嫌这个家烦事少吗？一家奴走进报告：老爷，木家大少爷求见。阿成山说：这下好了，又来了个烧火的。

阿成山把筷子往桌上一拍，起身走出。

木润声在土司府客堂里来回走着。

阿成山走进：大少爷这时候可是不该来啊。木润声说：润声知道弟弟润铭冒犯了土司大人，特来赔罪。阿成山说：我知道这事与大少爷无关，所以赔罪用不着，只是希望大少爷不要插手此事，我必须按照府规处置。

木润声说：国有国法，家有家规，土司大人的话不无道理。润声此来没有他意，也是想把润铭领回去，按照木家的家规给予惩治。

阿成山说：要是这事出在大研镇，我会给大少爷这个面子。可是现在事情出在了野鸭湖，我就不能再把他交给你，因为我必须给我的臣民和我自己一个交代，不然以后我无法再治理这一方土地了。

木润声说：家父同土司大人交往有加，润声承其传统，也一直敬重土司大人，还望土司大人能够看在家父的面子上，网开一面，给我弟弟留一条生路。阿成山说：别的事情都好商量，这事不能。

木润声问道：真的一点回旋的余地都没有？

阿成山说：大少爷差矣，是你弟弟木润铨把我逼上了绝路，这事我如果是草草了之，我的颜面往哪儿放？我以后说话谁还会听？

木润声垂下头去：润声明白了。

阿成山有些激动地：大少爷你想想，抢女人都抢到土司府来了，光天化日之下，两个人手拉手……我阿成山不是个心毒之人，可也容不得别人骑到头上来吧？这事实在是太过分了。

木润声说：那润声先告辞了。

二丫听到木润声来，对雷丹妮说：肯定是为了他弟弟的事情来的。雷丹妮说：唉，我也没有能力再管他们的闲事了，一件看来大好的事情，我也放弃了私心杂念有心成全，想不到来了这么一下子。就看阿成山给不给木润声这个面子了。二丫说：事情闹到这一步，都是太急了。目前三奶奶还在府中，一动不如一静，只有等土司大人气头过去，问题才可能解决。雷丹妮说：直玛那儿还能拖一下，现在关键的是木润铨，真按府规是要点天灯的。二丫说：老爷不会真点吧？雷丹妮说：人在气头上，啥事干不出来。这事也怪我，上次木润声来，就已经提着醒了，可我总是在防着他。直玛一说到木润声，恨得牙疼，可我到现在也没想明白这木润声到底坏在哪儿？二丫说：说实话，这时候能上这儿来，木润声还真像个当哥哥的。

雷丹妮和二丫正说着话，木润声闪身进来，反手把门关上。

雷丹妮说：真是说曹操，曹操就到啊，你怎么随便进到我的屋子？木润声说：我这也是没办法，才来找二奶奶的，请二奶奶包涵。雷丹妮说：我知道你来过，老爷他没有答应你？木润声点点头：老爷他心里有气，我能理解。这事也确实是润铭做得不对。雷丹妮说：现在的问题是老爷在气头上，真按府规处置，木润铭随时有性命危险，所以当务之急是怎样把木润铭给救出来。木润声说：该说的话我都已经向土司大人说过了，现在这事只能靠二奶奶了。雷丹妮说：我能做什么？好，这事让我好好想想。木润声说：这里不便久留，全拜托二奶奶了。雷丹妮说：二丫，你去送送木家大少爷。二丫带着木润声走了出去。

阿成山坐在床边看着熟睡的小音音发呆，雷丹妮走进问道：木家大少爷是为了他弟弟的事情来的吧？阿成山点点头说：丹妮，都说人心是肉长的，可我为什么就收不住直玛的心呢？雷丹妮说：那是你自己多心了，想想看，大研镇直玛可是当着你的面表的态，这说明她的心里有你。阿成山伤心地说：可她心里同样也有木润铭啊！雷丹妮问：你能说你的心里只有她吗？阿成山说：不一样，我的心里也有你，可你成天抱着枪睡觉，让我怎么办？雷丹妮说：直玛也一样，她是不想伤害木润铭，何况人家木润铭的心里确实只有直玛一个人。阿成山说：这不是理由，直玛已经嫁进了土司府，木润铭再来找她，就是没了规矩。雷丹妮说：我也没说行，只是没必要为了这事点天灯，那可真的会伤了直玛的心的。阿成山说：只能照着规矩办。雷丹妮说：成山，人命关天的事情，还是要三思而行啊。阿成山说：这事你就别来烦我了，也不希望别人来烦我。雷丹妮问阿成山的打算，阿成山告诉雷丹妮，找个日子，打发木润铭上路，省得成天像心病一样地揣着。

家丁领着雷丹妮和二丫匆匆走进木润声住的客栈。

木润声说：这么晚还让二奶奶跑出来，洭声实在是过意不去。雷丹妮说：这些客套话留着以后慢慢说吧。我下午又试了一下阿成山的口气，情况没有什么改变，他还是打算处置木润铭。木润声问：真的一点松动的余地都没有？雷丹妮说：至少现在我还没有看出来。木润声说：这实际上是有人没下了圈套，目的还是想拉住土司大人。雷丹妮说：事情想得过于复杂了，反而会捆住自己的手脚，无从下手。木润声问：二奶奶的意思是？雷丹妮说：当然先得把人救出来，夜长梦多，越往后，就越没有下手的机会了。木润声问：那直玛怎么办？

雷丹妮说：你不用担心，只要把木润铭给救出来，赶快带他走，我会保护好直玛不出事的。阿木扎说：大少爷，别再犹豫了。木润声说：雷长官让我做好土司大人的工作，这样的话，我跟土司大人就会结下梁子，给日本人留下了机会。雷丹妮说：先想好咱们中国人的事情吧，日本人真的来了，政府那么多军队全是喝醋的？

木润声说：二奶奶对目前的形势可能了解不多。日本已经打下了大半个中国，武汉保卫战投入了一百万军队，可最后还是失守了。现在日本人又打到了缅甸，咱们派去了十万远征军，也败了，他们已经瞄准了云南。雷丹妮一怔：情况真的这么糟糕？木润声说：说实话，要救出润铭不是什么难事，可我担心的是土司大人。雷丹妮思忖着：这样吧，先把木润铭救出来，阿成山那边真有什么，我让我爸爸说他，我也会盯紧他的。木润声说：那就太麻烦二奶奶了。雷丹妮说：我出来的时间也不能太长了，这样，下半夜你们到土司府后门等着，木润铭就关在后院，我接应你们把人给带走。木润声说：二奶奶……雷丹妮说：放心吧。救人要紧。

晚饭，金花让张阿六把饭端进自己房间，雷丹妮陪着阿成山喝着酒。

阿成山喝下杯酒泪水流出说：丹妮啊，我阿成山一心向善，可他们怎么还……还是要背叛我呢？雷丹妮说：你是个好人，好人总会有好报的。来，我陪你喝一杯，喝了好好睡一觉，明天醒来，就什么都变了。两人把酒喝下，二丫把酒斟上。雷丹妮说：我从小跟着我爸到处走，要说土司也没少见，可像你这样重情的却真不多见。阿成山说：那我今……今天晚上睡这儿？雷丹妮说：行啊，再喝一杯，我让二丫收拾一下。两人又把酒喝下。

阿成山说：还是丹妮好，你喜……喜欢枪，我有……有的是枪，岳父大人要打日……日本，我有枪……阿成山说着伏在了桌子上。雷丹妮赶紧吩咐二丫：把床收拾出来。二丫问：小姐，今晚你真的要……雷丹妮说：说什么呢，不是还有你吗？二丫一怔：我？雷丹妮：他都醉成这样了，有个人在身边，他知道是谁？行了，这事就这么定了。

第 23 章

土司府高墙耸立,后门无声地打开,木润声、阿木扎和家丁从夜色中闪出,跟着雷丹妮进入后门。

雷丹妮说:留个人在这儿看着。木润声指了一个家丁,家丁点点头。木润声跟着雷丹妮向府里摸去。

两个家奴守在刑室门口。

雷丹妮探头看了看,说:就这儿了。木润声说:要留下活口。阿木扎点点头,向身后的家丁一挥手,两人悄悄摸了过去。两个家奴抱枪打着瞌睡,阿木扎和家丁飞身扑上,把家奴按倒在地,嘴里塞块布,并把人捆了起来,取下钥匙打开了刑室的门,木润声走进刑室。

木润铭遍体鳞伤地倒在墙角,木润声走进。木润铭抬眼看了看木润声,说:你终于来了,我就知道这事的幕后一定是你。木润声说:现在不是解释的时候,快跟我走!木润铭说:你又想骗我。木润声上前扶起木润铭:我没有必要骗你,咱们先离开这里。木润铭犹豫了一下,向刑室外走去。

雷丹妮把几个人送出后门，家丁牵着马过来。雷丹妮说：阿成山还在我那儿，就不能远送了。木润声说：谢谢二奶奶，后面的事情我会尽力处理好的。

雷丹妮闪身进门，门轻轻地关上了。

木润铭突然拳脚并出，把阿木扎和家丁打倒在地，飞身上马。木润声扑上，木润铭抓起马鞭，重重地抽在木润声的脸上，打马而去。阿木扎从地上爬起来，拔出枪来。木润声按下阿木扎的手：不能开枪！一定要尽快找到他，不然他还会惹事。

二丫伺候着雷丹妮梳妆。

张阿六站在门口问：二奶奶，老爷在您这儿吗？二丫把门打开一条缝：你叫什么，老爷还在睡着呢。张阿六说：快叫老爷起来，出事了！二丫说：老爷还在睡觉，我怎么叫？阿成山听到外面的声音，说：大清早的，叫魂啊？张阿六说：老爷，木润铭被人给抢走了。阿成山翻身坐起，发现自己身上没穿衣服，忙用被子包着：你说什么？张阿六说：木润铭被人给抢走了。雷丹妮走出：老爷知道了，你先在那儿看着，我陪老爷一会儿就到。

阿成山穿好衣服对雷丹妮说：要说土司府也算是深墙大院了，把木润铭抢走的人真能飞进来？二丫把一碗酥油茶放在了阿成山的面前。雷丹妮说：先喝碗茶吧，昨晚你可折腾了大半夜。阿成山说：想着就奇怪，怎么就跑了呢？雷丹妮说：别得了便宜还卖乖，早知道昨晚就不该让你睡在这儿，守在大牢门口，难说就不会出这事了。阿成山推测：这事一定是木润声干的。雷丹妮说：那你也得有证据啊，人家木家大少爷对咱们不

第 23 章

错,就这样去兴师问罪,有点说不过去。阿成山说:他住在镇上,我这就让人去看看,如果走了,那这事就肯定是他干的了。雷丹妮说:你还追到大研镇向他要人不成。阿成山说:可我总得有个说法吧?雷丹妮说:其实要我说啊,真要是木润声,你不如做个顺水人情,只要以后木润铭别再来找麻烦就行。下次如果再来,那就不客气了。

木润铭跑出来后,还是不甘心,也放心不下采尔直玛,又来到土司府。

木润铭把马拴在树林里,探头看着土司府。土司府后门,一个家奴持枪来回走着。木润铭四下看了看,压低苴帽,走出树林,慢慢走向家奴。家奴来赶走木润铭:走开!木润铭点点头,突然上前,一拳将家奴击倒在地,家奴晕了过去,木润铭脱下自己的衣服,换上家奴的衣服。木润铭看了看两边,走进了后门。

木润铭向土司府里慢慢摸去,探头看着一排排的房子,一个个的院落。一家奴走过,木润铭上前勒住脖子:别吭声,否则要了你的命!走,带我去找三太太!家奴说:老爷,我只是砍柴,做杂务的,我真的不知道三太太被关在哪里。木润铭犹豫了一下:那你就带我去找阿成山!家奴被木润铭押着往前走,雷丹妮和二丫说着话刚好走出房间,看到木润铭,二丫吓得躲到了雷丹妮身后。

雷丹妮眉头一皱:木润铭,你又来干什么?木润铭:我是来救采尔直玛的,今天我一定要带她走。雷丹妮恼怒地:你如果真的是为了直玛,最好趁现在还没有惊动阿成山,赶快离开这里,不然事情就无法收拾了。木润铭说:雷大小姐,你当然

情 殇

不希望我救出直玛。雷丹妮说：木润铭，我没想到你会这样狭隘。二丫说：木润铭，你混蛋，你的事情牵扯了多少人，你想过吗？

正在此时，阿成山牵着小音音走了出来。小音音看到凶神恶煞的木润铭和家奴，惊慌地抱住阿成山的大腿，哇地哭了起来。

木润铭一个箭步上前把小音音抓在手中说：阿成山，你赶快把采尔直玛放出来！阿成山着急地：快放下孩子，你别乱来！木润铭说：快把直玛放出来，否则我要了你儿子的命！张阿六带着家奴们赶来。雷丹妮厉声说：木润铭，你赶快放了孩子！

木润铭看着围上来的家奴，抱着小音音向府外退去。

张阿六见状，趁混乱悄悄溜出，二丫也趁机离开。

木润铭挟着孩子冲出土司府大门，家奴们端着枪、提着刀紧紧地跟上。木润铭狂叫：阿成山，你快交出采尔直玛，要不我就打死这孩子。雷丹妮大叫着：你赶快把直玛叫出来，只有她能对付木润铭。阿成山狠狠地：我凭什么要让这个杂种带走直玛。木润铭，有本事你放下孩子，咱俩一对一地干。雷丹妮一把抢过一个家奴手中的刀，抵住阿成山的脖子：快叫直玛出来！阿成山一惊：丹妮！雷丹妮命令：快！阿成山大声叫着：去把三奶奶带到这里来！把采尔直玛带过来，听到没有？

一家奴转身跑去。家奴走进柴房，把采尔直玛拉了出来。

木润铭抱着小音音和阿成山的家奴们对峙着，家奴带着采尔直玛走来。采尔直玛见木润铭抱着小音音，急得大叫着：润铭，你放了孩子！

木润铭狠狠地：放了孩子，不可能，你必须跟我走！

小音音吓得哇哇大哭。

张阿六跑去通知的木润声、阿木扎赶到。

二丫去通知马锅头带着阿都和山茶赶到。

马锅头一看这状况，大声说：木润铭，你放下孩子！千万别伤着孩子，孩子是无辜的。

木润声取下枪抬在手上：润铭，马上把孩子还给土司大人，我给你做人质。

木润铭：木润声，你不要在这里多嘴多舌，早晚我会杀了你的。直玛你过来，我马上放了这孩子。

双方坚持了一会儿，采尔直玛想了想，这一切都是因她而起，只有她自己借助木润声能够解开这个难题，也才能保护润铭，让他顺利离开这里，不至于发生什么危险。于是，迈开脚步，慢慢朝木润声走来。

木润铭叫着：直玛！

山茶也喊道：直玛，你要干什么。

采尔直玛走到木润声面前问：木润声，你不是也说喜欢我吗，你现在还喜不喜欢我？

木润声说：直玛，你现在是土司府的三奶奶，不该再问我这个问题。采尔直玛说：你少废话，是我让你选择，用不着看他们的脸色，你愿不愿意回答。木润声说：你现在是土司府的三奶奶，任何人都无权再喜欢你和干预你的生活。采尔直玛说：如果我愿意跟你走呢？木润声说：那你还是土司府的三奶奶。

采尔直玛走到木润铭的面前冷冷地看着木润铭：润铭，你有没有想过，我为什么不愿意跟你走。

木润铭怔怔地：直玛，我……

采尔直玛说：我早就应该告诉你，但我不想伤你的自尊心。现在我可以直率地告诉你，你无权无势，作为一个男人，在唾手可得的家业面前，你却把它让给了木润声。他卑鄙，可恶，但他却实实在在把木家的家业占到了自己的名下，而且越做越大。

木润铭怒喝道：他是个无耻之徒，没有人性的豺狼。

采尔直玛继续说：你懦弱，自暴自弃，无法让人依靠你。所以，你就应该知道我不跟你走的原因了吧？你该走了，你不应该再到这里来，不论是为了木家的最后一根血脉，还是为了你自己的面子，你都应该立即离开这里。

木润铭说：我不是为了面子，我可以抛弃所有的一切，我们俩情死逃婚不都说明我是真心真意地爱着你吗？我真心为了你，才会走到今天，即使到了这一步，我也没有放弃对你的挚爱，我所做出的这一切你都看不见吗？

采尔直玛说：事情搞成了这个样子，你考虑过我的感受吗？你还抢了我和土司老爷的亲生儿子来威胁我，我真的对你很绝望！

木润铭难过地：直玛，你……

采尔直玛说：润铭，快把孩子交还给土司家，你走吧。

采尔直玛转身走到阿成山面前跪下，连磕三个头。

阿成山问：直玛，你这是？

采尔直玛说：老爷，你取义救我，致使我们夫妻一场，这样的大恩大德，我采尔直玛永生不忘。阿成山扶起采尔直玛：过去的事情不要想了，我们还是夫妻。采尔直玛说：恩恩怨怨这些年，我难以忘怀，我不是那种拿得起放得下的女人，在府里老爷疼我，直玛都记在心里，为了你的家庭安宁，为了咱们的孩子，放我走吧。

阿成山说：直玛，你不要这么想，我会处理好这一切，会杀了那个恶徒！

采尔直玛走到雷丹妮跟前：姐姐，让我这样叫声你吧！我要离开土司府了，我知道我带不走音音，这是土司家的血脉，我只有托付给你和二丫照顾了。雷丹妮说：直玛，孩子怎么能离开自己的母亲啊？采尔直玛说：丹妮，你是他的二姨，有你照顾，我也就放心了。润铭，把孩子还给土司家吧。

山茶着急地说：直玛，润铭他对你是真心的！

采尔直玛对木润声厉声叫道：木润声，还不赶快把木润铭迁走，把孩子给我抢回来！

木润铭走到采尔直玛面前：直玛，你刚才所说的，是真话还是气话？

采尔直玛说：你抢了我的孩子，你说还能是什么话？

马锅头示意阿都，阿都牵马到木润铭的身边。

木润铭把孩子塞到采尔直玛手中，跳上马冲出人群。马锅头和山茶、阿都尾随而去……

阿成山上前从采尔直玛手上一把抱回孩子，带着家奴走进门去。雷丹妮气愤地看了一眼采尔直玛，领着二丫选了土司府。

人群散开，"嘣……"一声巨响，土司府的大门紧紧地关上了，只留下了采尔直玛和木润声。

采尔直玛剜了木润声一眼，独自向前走去……

木润铭打马狂奔，终于从马上摔下，他躺在草甸上，痛苦地张开双手，望着蓝天，发出狂野的笑声。

傍晚，野鸭湖客栈房内，木润声把一碗米线放在采尔直玛的面前：直玛，过去的事情我也不想解释，我知道今天的事情，你一是为了救孩子，二是为了救润铭，所以让我带你走。润铭我会找他谈的。采尔直玛冷冷一笑：木润声，你今天为了救润铭带我走，我不会感激你，我依然会觉得你无耻。木润声说：我木润声确实做过错事，干过坏事，但还是一个知耻辱的人。采尔直玛说：我和润铭走到今天，打上这样的死结，你敢说与你无关吗？木润声说：我承认与我有关，但也不能因此就把责任推到我身上，是润铭他自己做事太极端了。采尔直玛说：润铭做事极端，也是被你给逼的。木润声冷冷地问：我是怎么逼他的？采尔直玛：你逼他离开了家，又害死了他的父母，夺去了木家的全部财产。

木润声说：**润铭**为什么离开了家，这个你清楚。老爷和二娘是怎么死的，以后你会清楚。至于财产，只要他愿意，我可以马上交给他。还有吗？采尔直玛说：杀父之仇，夺妻之恨，难道还不够吗？

木润声一声叹息：直玛，咱们的误会太深了。我曾经爱过你，你不愿意，我并没有勉强你，今天你跟我走，我知道也是为了润铭。我不多讲了，你现在需要好好地平静一下自己。我不打扰了，吃了米线早点休息。明天我送你回土司府。

木润声走出。

第二天一早，木润声来到土司府，阿成山火起，对着木润声吼:人都被你给领走了,还嫌闹得不够?

木润声说:润声特意赶来,是有些事情想跟土司大人当面解释一下。阿成山淡淡一笑:大少爷,人亡走了,咱们两边的情分是不是也该了结了?木润声说:大人一定是误会了,昨天的事情大人您也在场,我弟弟他失去了理智,那种情况下是无法讲理的,关键是要保住孩子。至于采尔直玛,等她平静下来,我一定会把她送回大人身边的。阿成山说:大少爷的话我信,可这情我欠不起,咱们纳西人是战神的后代,可杀不可辱,你父亲给过我面子,这面子在大少爷的身上我已经还尽了,所以我不觉得有任何亏欠。至于采尔直玛,既然人已经走了,就随缘吧。送客!

木润声只有退出。

家丁们又端着饭菜走到采尔直玛住的房间门口,木润声接过走进屋去,采尔直玛坐在窗前,呆呆地看着窗外。

木润声把饭菜放在桌子上:直玛,吃饭吧,你两天没有吃饭了,有些问题,靠时间来解决,润铭和孩子都还等着你。这几年你也经历过,人生不就如此,没有过不去的沟坎,问题总会得到解决。

采尔直玛想想,端起饭碗,把饭一点一点地塞进嘴里……

木润声说:木家确实有对不住你的地方,你也可以把账全都记在我的头上。我知道那孩子是你跟润铭的。不过你现在还是应该回到土司府,回到土司大人身边去。第一,做人要知恩图报;第二,母亲要回到孩子身边,这个道理我不讲你也应该明白。关键是你不能留在我这里,我也不能总是留在野鸭湖,六研镇家里还有许多事情我要去做。

采尔直玛冷冷一笑：你怕了？

木润声点点头：我怕！我怕润铭再这样胡闹下去，会出大乱子的。现在日本人占了大半个中国，缅甸这边也吃紧，你也知道大研镇是个大集市，我那边确实有许多事情要做。我担心这事是有人在打土司大人的主意，本来答应雷军长过来看看阿土司，结果发现润铭在这儿，又发生了这么多的事情。

采尔直玛说：对不起，你说的这些我不懂。

木润声说：可让你回到土司大人那里，总不会也是害你吧？

采尔直玛说：那你觉得我还回得去吗？你既然救了我和润铭、小音音，救人到底，我跟你走，我等润铭。

木润声想了想说：好吧，那咱们就先回大研镇，此事，今后你自己去跟润铭解释。

木润声说完走出，采尔直玛默默地坐在那里。

雷丹妮提着两只刚打的野鸭子沉着脸走进府内，远远便听到大奶奶在院中哈哈大笑。

二丫迎上，轻声耳语，雷丹妮一怔，向后院走去。小音音在一堆泥浆中，一边哭着一边爬，张阿六陪着金花在旁边看着。

张阿六替大奶奶捶着背：大奶奶，你看这孩子跟个泥鳅差不多了，整天往泥里钻。金花嗑着瓜子：有娘生无娘教，以为生完就了事了，她忘了这是土司府。张阿六说：大奶奶，你看孩子在泥里爬来爬去这样脏，有失土司府的体统，要不把他放到狗厩算了。

雷丹妮慢慢走了过去，掏出枪顶在了张阿六的头上，张阿六转身,吓了一跳:妈呀……哎哟,我不知道二奶奶您来了……

雷丹妮说:二丫,去给我拿碗狗食来,就要喂狗的那种。

二丫怔了一下,跑去拿来了碗狗食。

雷丹妮问:张阿六,你是想死还是想活啊?

张阿六哭嚷道:二奶奶饶命,小的再也不敢了。

雷丹妮说:晚了!想活,就自己给我吃下去这碗狗食。想死,那就劳烦我动一下我的食指。

张阿六说:二奶奶,小的吃,小的这就吃。

金花看到眼前这情景,沿着墙边想溜走。

雷丹妮甩手一枪打在金花的脚前:怎么,狗挨打了,主子就想跑?

金花怔怔地站在原地不敢动。

张阿六端着一碗狗食:二奶奶,您饶了小的吧!雷丹妮慢慢抬起枪。张阿六慌张地:别,别,别,我吃,我吃……张阿六满脸鼻涕眼泪地吃着碗里的狗食……

金花的屋里传出一阵枪声,盛怒的雷丹妮一手抱着泥鳅般的小音音,一手举着枪,站在金花的房门口,一气把枪里的子弹打光。

金花和丫头们都吓得躲在屋角,捂住耳朵发抖。

阿成山匆匆赶来。

金花连忙哭叫着冲上前去:快救命,救命啊……

阿成山说:别怕,别怕,到底是怎么回事?快来扶着大奶奶。

一丫头忙上前来扶着金花。雷丹妮盯着阿成山,换上弹夹,对着屋里继续打着。

阿成山无奈地笑了笑：没事，你自便好了，继续练，继续练……

阿成山说完，悻悻走去。

傍晚，阿成山已喝得半醉，与草野边喝边讲着醉话：草野先……先生，这人生，可真是太苦了。草野说：酒对男人来说是最好的补品和消愁药品，来，咱们干一杯。阿成山端起酒杯：干！做男人要做得舒心，最大的真言就是千万，千万别……别……惹女人。草野也端起酒：干！世上没有不惹女人的男人，阿土司大人。阿成山说：坏就坏在这里，再好的女人，看起来比小猫还温顺的女人，弄不好，也是只吃人的老虎。我堂堂一个大土司，就是栽在了女人手里，为什么？就是女人太多，我被女人给害苦了……

草野说：土司大人，对付女人是要用手段的。阿成山问：什么手段？草野：要能驾驭她们！阿成山摇摇头：驾……驭，我驾……驾了很长时间，也没能驾住。草野也笑了笑：我看你从来也没驾驭住女人。阿成山说：你敢小看我，哼，你来试试我那二太太……二太太，提起她我两腿就打哆嗦。草野说：我就喜欢那种带有野性的女人。阿成山说：还野的……你千万别再走我的老路，这条道不能走。草野说：不，土司大人，别看你有三个太太，但你一个都没有收住她们的心。要找女人，就得先研究女人……阿成山：研究？草野：对，要吃透她，让她真正成为你身体的一部分。阿成山：成为身体的一部分……从来没想过。草野：温顺的女人自然有温顺的好处……阿成山：是这话，温顺的好，男人就……就图个女人温顺。草野：可那种放荡不羁、有个性的女人更让人着迷。阿成山：不对，那种野女人，驾不了……绝对驾不了……你怕连身都近不了。草野微微一笑。阿成山：真的，不……不是开玩笑，我是过来人，知道。草野：那是你不懂得女人的真正含义。阿成山：含义……女人除了生孩子，还能有什么含义？草野：土司大人你骑过好马吗？阿成山：笑话，我阿土司家的马都是好马，告诉你，我的马都是从那种烈马里驯出来的。草野淡淡一笑：女人也是如此。阿成山：什么，女人跟烈马有什么关系吗？草野：温顺的女人，你第一次触摸她，就知道她将来也不过如此，不冷不热地跟你一辈子打交道，永远都不会变。阿成山：对啊，有什么不好吗？草野：烈性女人，那种带有野性的女人，你很难让她束手就擒，可是一旦被你驯服，绝对是匹好马，任你自由驰骋，让你赏心悦目，更让你体会女人特有的魅力和韵味。阿成山：韵味？你骗我，她会把你甩下来，不死也得断条腿……

　　陪阿成山喝完酒回到房间的草野即席挥毫，完成一幅杜鹃花挂画，然后又在下款中提了草野的笔名，盖上了印章，才躺到了床上。

　　雷丹妮提着枪，又提着两只鸭子走进府内。二丫迎上前去：小姐，你上哪儿去了？雷军长来了。

　　雷丹妮扔下鸭子拉着二丫问：我爸爸来了，他什么时候来的？他在哪里？雷丹妮快步走去。雷霆正和阿成山在厅里喝茶叙事，雷丹妮高兴地快步走进：爸，你来了？雷霆站起迎上：噢，我的宝贝女儿回来啦。雷丹妮说：爸来也不打个招呼，尽搞突然袭击。雷霆说：突然袭击好呀，爸爸也是想给你一个惊喜嘛。雷丹妮说：都把我给想死了。

　　雷霆说：早就想来看你，可最近战事吃紧，爸爸要保证滇缅路运输线万无一失，这可关系到整个中国抗战大局啊。阿成山说：丹妮，爸爸就是为这事来的。雷霆说：中国很多地方都已经沦陷了，汪精卫投靠了日本人，使国内的抗日力量受到削弱。雷丹妮说：就小日本还想把中国吞了不成？雷霆说：别小看了日本人，他们的目标可是整个亚洲啊。雷丹妮说：爸，我在这里也待不下去了，还是跟你去打仗吧。阿成山说：丹妮，哪有女人上战场的啊。雷丹妮说：女人怎么了？就你府上的这些个男人，拉出来跟我比比。阿成山说：不，我不是这个意思……

　　雷霆阻止雷丹妮：丹妮，别争了，我来是和成山谈大事的，等会儿咱们再细谈。雷丹妮说：那也好，我去厨房看看，野鸭炖得怎么样，正好招待爸爸。

　　阿成山与雷霆一边喝茶一边谈论，神色严峻。

　　雷霆说：日本人的胃口大得很，要建立什么大东亚共荣圈。现在内地已经沦陷，大批政府机构和文化机构、学校都已经南迁到了云南。阿成山说：听说丽江这边也来了许多外乡人。雷霆说：所以，日本人也会利用这些条件，鱼目混珠，扰乱我们的视线。阿成山说：反正咱们以不变应万变，鬼子真敢来，就来一个杀一个。雷霆说：那你怎么知道他是日本人？阿成山说：他们不是穿着日本军服吗？

　　雷霆说：等穿日本军服的都到了这里，那这里就是战火连天的战场，你这土司府就是碉堡了。所以，云南这条国际通道特别吃紧，许多抗战物资必须走这条道。阿成山问：是不是要组织马帮运送，没关系，你说吧，要多少匹骡马，交给我办理好了。雷霆说：组织马帮是一回事，现在关键的是要保证这条运输线绝对安全，如果这些战略物资一旦出事，后果不堪设想。阿成山说：这我知道，云南的路都难走，半道上还有土匪。

　　雷霆说：据我们的可靠情报，日军已经派出一个叫松下世仁的间谍带着小分队潜入到了这一带，他用重金收买了一些人，目的就是为了破坏运输线的畅通。阿成山说：知道他都收买了些什么人吗？我带民团去收拾他们。雷霆说：具体情况现在还不清楚，我已命令情报部门去调查了。阿成山说：狗日的小日本，玩到我这里来了，爸爸，你说我该怎么办？雷霆说：我来就是要动员你把手下的民团组织起来，派到各路口要道，保证军需物资的安全。阿成山说：这没问题，养兵千日，用在一时，这点小事，我阿成山还能办不好？雷霆说：不！你可不能大意，这不是跑马帮运山货，丢了一次，下次再来，耽误了前线战事，那可是贻误军机之罪，要军法处置的。阿成山说：我知道，我会小心的。雷霆说：我会派一名军官过来加强训练民团。

　　雷霆又问：成山，丹妮和你相处没什么大问题吧？阿成山说：没什么问题，我们夫妻关系现在越来越好。雷霆说：那就好，丹妮从小任性惯了，有啥事你让着点她。阿成山笑着说：那是，那是。雷霆说：丹妮这孩子其实很有主见的，如果你这里有什么不好处理的事情，不妨让她来担当一些。丹妮从小在军营里长大，你可不能小看她啊。阿成山说：不，不，我不是这个意思，现在任务都还没下来，训练民团的事，我先搞着，等需要了再说。雷霆说：那也好。

饭后，雷丹妮和雷霆坐在石桌边。

雷丹妮问：爸今天吃得不多，是一路上太辛苦，还是野鸭子不合口味？雷霆说：我已经很饱了。上一次来，见到直玛时，我心里极不高兴，很想教育一下这个阿成山，这一次来，直玛不在这里了，缺了她，又感到心里空荡荡的，总感到失去了点什么。

雷丹妮说：这事也出乎我的想象。直玛突然那么坚决地跟着木润声走了，我也感到很纳闷。

雷霆说：她这是在保护孩子和木润铭，不出现个第三方，怎么收场？只是，只是木润声要为他的弟弟承担骂名和责任。雷丹妮说：爸爸说得对，这一层意思我怎么就没想到呢。这么说，木润声是个有担当的人。在这之前我还跟直玛一起商量如何逃走去找润铭呢。雷霆说：你们呀，我这个女婿，他万万没想到两房太太联手骗他。雷丹妮说：那能怪我吗？我还不是为了成人之美呀，木润铭再也没有露过面，也不知道他跑到哪里去了。雷霆说：我本想利用老感情，把运送军火的事情交给他，现在只好另找人了。雷丹妮说：爸，如果你有困难，我可以帮你，这种事情我能做。雷霆笑了笑：女儿愿意助我，我哪里还有不放心的。雷丹妮说：那就一言为定，你一定分配点事给我做，不然的话，天天待在这个土司府跟大老奶怄气，要不了几天人就疯了。雷霆说：这我不信，真闹起来，肯定是你把人家给气疯了。雷丹妮：爸……雷霆说：我这次来，还要见个人，运军需物品的事情有他相助，就好办多了。雷丹妮说：真有入得了爸眼的人？雷霆说：见了面你就知道了。

一名军官带着士兵们警戒在客栈门外。

小院里，木润声、雷霆和雷丹妮坐在石桌边，阿木扎站在木润声的身后，采尔直玛送上茶水。

木润声说：雷长官，土司府的这件事情是我没有处理好，让您失望了。雷霆笑了笑说：人类为感情的事情已经探讨了几千年，就是因为这是一个谁也给不出结论、说不清楚的问题。木润声说：我正在做采尔直玛的工作，希望她能够回到土司府去。雷霆说：这事她肯定有她自己的想法，还是先放一放吧。

木润声说：从保山一回到大研镇，简单交代了一下，我就赶过来了，本想按照雷长官说的，了解一下情况，做做土司大人的工作，就赶回去，没想到一下子出了这么多事情，人也陷在这里了。雷霆说：这次我本没打算来这儿，到了你家，管家说你过来以后就没回去过，我想着可能是出了什么事，加上丹妮在这儿，就过来看看。现在有许多事情要做，阿成山这里我已经跟他谈过了，我也很快会派人到他这儿，所以希望你能马上回去。木润声说：好，我收拾一下，明天就动身。雷霆说：润声，现在的局势非常危急，缅甸方面过去的部队已经垮了，日军会顺势进入云南，所以云南危在旦夕。腊戌、八莫和一些已经入境的军需物资，全挤在了那条公路上，日本人的飞机不断地进行轰炸，所以运输线的安全，成了当务之急。木润声问道：我们能做什么？雷霆说：军需物资需要运到省城，要防止日本人打进来，部队又要调上去，上面要求部队的给养尽量就地解决。上次咱们就谈过了，四方街通四方，是个大的物资集散地，所以那儿要建立一个大型军需仓库，并不断地把物资运送出去。

我希望你能回去做一些协调工作。

雷霆喝了口茶又说：马帮的事情你不用管，由军方统一征调，这边也同样存在一个运输线安全的问题。木润声说：走的时候我已经向家里交代了，现在的情况可能会更复杂，不仅要对付土匪，还要对付鬼子。雷霆说：我们接到了情报部门的报告，日本人已经派出了一个叫松下世仁的间谍在丽江一带活动，所以你要格外小心。木润声说：请雷长官放心，兔子的尾巴再短，也会露出来的。雷霆说：丽江这个地方你熟，很多事情就拜托了。木润声说：都是为了抗日，我可是等着抗战胜利，咱们一醉方休。

几个人都笑了起来。

雷霆和雷丹妮从木润声住所出来后在田野上走着，军官和战士们牵着马远远地跟着。

雷丹妮说：没想到爸爸这次来是为了见木润声。雷霆说：爸这一辈子走到现在，自信看人还是比较准的。虽然我跟木润声接触的时间不算长，但他至少不是像你们说的那种人。雷丹妮：那你觉得他是一个什么样的人呢？雷霆说：木润声识大局，民族意识非常强，是一个责任心非常强的人。但他同时又是一个感情世界非常封闭的人，所以一般人又很难走近他。雷丹妮说：那你觉得他跟木润铭谁更强一些？雷霆笑了笑：不好比。木润声做事会想得更远，在处事上，他更像是一个军人。

雷丹妮问：爸，木润声吹牛说他送给你一把日本武士刀，真有这事？雷霆说：女儿啊，你是太不了解他了，甚至对他有成见。修滇缅公路的时候，他在丽江发起捐资修路活动，我也是这次去他家才知道，他带头拿出几万大洋，那些商人们当然挂不住脸面了，一顿饭的工夫，就捐了二十多万大洋。他亲自送这笔巨款去保山，路上遭到了日本人的伏击。结果日本人一死一伤，他就把缴获的日本武士刀送给了爸爸。

雷丹妮说：还真有这事？

雷霆说：送他走的时候，我让他过来看看阿成山，做做阿成山的工作，没想到一来就陷在了这里，这说明他是一个重承诺的人。雷丹妮说：爸说的这些，木润铭也做得到。雷霆说：做得到和做得到还不一样呢。至少在这件事情上，木润声想的是大局，木润铭想的是自己。中共方面提出了统一战线的主张，带动起全国一致抗战，在抗战问题上，木润声是清醒的。

野鸭湖另一间客栈内，松下世仁告诉草野：雷霆来了。草野说：听说卫队就有一两百号人，架势那么大。松下世仁说：看来都盯上了这位土司大人。收拾一下东西，我们准备离开这里。草野说：不等雷霆走了？松下世仁：咱们在这儿待的时间太长了，可我们的主要任务是他们的交通运输线，是他们的物资补给站。

第 24 章

野鸭湖边,马锅头、木润铭在河边刷洗头骡,山茶在帐外篝火旁边烧开水,边打酥油茶。

木润铭问:大叔,你这次又跑了哪些地方?马锅头说:现在是抗战期间,马帮被部队征用,主要是为军队运送货物。润铭问:路上好走吗?马锅头摇摇头:就是不好走了,日本飞机经常进来轰炸,好多锅头和马匹都被炸死了。木润铭说:大叔跑这条路,知道的事情多,你说日本人会打进来吗?马锅头说:小日本把大半个中国都占去了,缅甸这边也完了,形势不妙啊。木润铭问:真会打到这里来?马锅头说:反正东西往后走,部队往前开,看这架势,肯定是要打一仗的,结果就说不清楚了。木润铭叹了口气:要是还在雷军长的部队,我也上去打。马锅头拍拍头骡:润铭,无论在哪里,都可以参加抗战,都可以打日本人,来,把鞍架上,这几趟路,它可是立了大功啊。

阿都从帐篷里出来,拿着一盘荞面饼,山茶把酥油茶倒到碗里,四个人围坐在一起吃了起来。木润铭问马锅头下趟是不

第 24 章

是还运军需品。马锅头告诉木润铭：下趟我还有重要的事要办。一个美国记者来云南，要了解报告中国的现状及抗日情况，我要护送这位记者，负责马帮运送和路上的安全。并开导木润铭：直玛的事情，只好暂时这样，不要强人所难。你要放开些，直玛这样做肯定有她的苦衷，等日子长了，自然会有分晓。

木润铭伤心地说：她和大土司连孩子都有了，母凭子贵，现在怎么会看得起我这个落魄的江湖浪子呢？阿都说：润铭，直玛是非常爱你的。木润铭说：她爱我？爱我会跟着木润声那条野狗走，而不跟我走？山茶问：那她跟你情死逃婚为什么？木润铭说：可我现在，已经不是木家二少爷了，要钱没钱，要地位没地位，连祖上的家业也被木润声名正言顺地独吞去了，我什么都没有了。马锅头说：润铭，直玛跟你走得了吗？土司府那么多拿枪的家丁站在那里，直玛这是保护你，保护孩子，你动脑筋想想。

阿都也生气地骂：你这人真是白活了，直玛是个什么样的人你还不清楚，那你滚，滚得远远的，别找她的麻烦。直玛是为了你，为了孩子，你什么都不理解，只会给直玛找麻烦。我告诉你，直玛她牵挂的就是那孩子，那孩子是你的！

木润铭听了以后，呆若木鸡，一声不吭，突然跳起拉住阿都：你说什么？你说什么！孩子是我的？阿都低头不语。木润铭拉扯着阿都：你说呀，你说呀，这是怎么回事？阿都猛地打自己嘴巴：我不知道，我什么都不知道，是我自己胡乱说的。

木润铭没有吭声朝河边走去，飞身上马，向旷野冲去。

马锅头着急地吩咐山茶：你快跟着他。

463

山茶牵过一匹马骑上后，尾随而去。

阿都自责着：都怪我！

马锅头说：唉，让他早点知道也好，总要面对。

木润声按雷霆的指示，带着人马回到大研镇。在木府门前木润声下了马，家丁扶着采尔直玛下马。

管家从门里跑出：哎呀，大少爷回来了。看到采尔直玛惊奇地：直玛，你……木润声说：接她过来住段时间，在后面给她单独安排一个院子和两个佣人。管家说：知道了。三太太，这边请。采尔直玛跟着管家走进府内。木润声说：阿木扎，把马牵到后院，然后你先去看看弟兄们，说我回头去看他们。

木润声走进自己的房间，疲惫地躺到床上。

大研镇一间酒馆的包间里摆放了一桌丰盛的菜，随从领着黑牛走进。

草野站起身拱手：久仰黑水塘大当家的。

黑牛拱手：这位先生如此盛情，不知该如何称呼？无功不受禄，请我黑牛来有何事？草野说：鄙人草野，写写文章，还做点小本生意。今天算是拜拜码头，日后还望大当家的路上给个方便。黑牛大笑起来：好说，好说，草野先生给黑牛面子，黑牛自然要给先生场子，有用得着的地方，捎个口信，黑牛定鼎力相助。松下世仁说：来，先坐下，咱们边吃边说。

三人落座。

草野说：此前曾经给大当家的送过见面礼，不知道大当家的收下没有？黑牛一怔：不知先生说的这礼？草野说：就是那笔二十多万的修路款。黑牛端起面前的酒一口喝下：妈的，煮熟的鸭子飞了,还啄了老子一口。草野问:怎么,大当家的没吃下?黑牛说:这木润声阴险狡猾,竟然叫来了军队沪送,害的老子肥羊没宰成还倒贴进去了几十号弟兄,这事老子跟他木润声没完。草野说:哎呀,实在是抱歉,本想送给大当家的一份厚礼,没想到让大当家的掉了肉。

黑牛一挥手说:一码归一码,先生的情黑牛领了。

松下世仁说:生意上的事情可以商量着做,只要大当家的有诚意,我们会帮着大当家的做几笔大的。我们担心的是大当家的胃口够不够。

黑牛问:这位先生是……

草野说:钱世仁先生,长期跟着我,帮我打理生意,做一些事。

黑牛拱手:久仰,久仰!钱先生放心,只要是道上的生意,没有我黑牛吃不下的。松下世仁:据我所知,骡马大会之后,这一带的生意八成被木家给做了,当然,生意都想往大里做,无可非议,可拉上军队,就有些不应该了。黑牛说:老子就是不服这口气。松下世仁说:听说大当家手下二当家的,就是木润声的弟弟,木润声吞下了人家的财产,还把人家扫地出门,这事谁听了都难以接受。黑牛说:我那二当家的这段时间不在,等他回来了,我会找他商量,给木润声上些手段。松下世仁说:我家先生也是被木润声挤兑的做不下去生意了,实在是指望着大当家的能为我们趟出条道来。黑牛说:好说,等老子养足了精神,会收拾那小子的。

木府内,管家正在劝导采尔直玛:我在府上待了几十年,上上下下的事情我都知道,今天我说句公道话,很多事情都是润铭误会了。润声是个认死理的人,当年你呱呱坠地、几乎要冻死的时候,他脱下自己的衣服救了你,就认准了这辈子你们俩要在一起。在他的童年里,只有跟你在一起的时候,才是快乐的,所以当他知道了你跟润铭的事情,真的是受不了了。可现在润声心里想的都是大事,他没有对不起你跟润铭的地方,只希望你能回到土司大人那儿去。还有一点我想告诉你,老爷和二奶奶,不是润声害死的……

正在此时,下人冲进来,叫道:不好了,木润铭带着黑水塘的人打上门来了!

管家说:这个润铭,简直是胡闹!便匆匆出去,采尔直玛也跟着跑了出去。

木润声独自走出大门看到木润铭带着黑牛和土匪,摆开阵势,已围在木府门外。

木润铭看到木润声出来,叫道:木润声,赶快把采尔直玛交还给我,不然,别怪我手下不留情面。木润声沉着脸:你在野鸭湖还嫌闹得不够,又到大研镇来丢人现眼是不是?木润铭说:呸,王八蛋,你充什么正经人!木润声说:润铭,咱们两个人之间的事情,你可以回家来谈,把这么多土匪搬到这儿来,你到底还是不是木家的后人?黑牛说:木润声,你说谁他妈的是土匪,就你小子当年冒充大爷的名号干的那些事情,算不算是土匪?

正说着,阿木扎、和云带着家丁们冲出,一线摆开,机枪架起,枪口对准了木润铭和黑牛。木润声说:润铭,带着你的人走吧,不要再做傻事。木润铭说:要我走可以,你把采尔直玛交出来。木润声告诉润铭,采尔直玛是土司大人的三太太,我不会把她交给你。

黑牛冷笑着说:木润声,采尔直玛不会现在还睡在你的被窝里吧?

木润声说:木润铭,堵在门口叫骂直玛,你简直就是个畜牲!

这时,采尔直玛慢慢走出大门,抬起右手,手里的枪指着自己的头:木润铭,赶快带着你的人走,不然我就死在你面前。木润铭惊吓地:直玛,不要乱来,我是来救你的!采尔直玛说:不,你是在救你自己。你赶快走,我永远都不想见到你!木润铭恼怒地:弟兄们,给我踏平这个贼窝,杀了木润声。山茶和阿都赶来,连忙拉住木润铭,说:你这样做,会害死直玛的。

木润声厉声说:润铭,你真要带人冲,这里只会血流成河!黑牛轻声嘟哝了一句:妈的,上次老子就是吃了这两挺机枪的亏。阿都和山茶把木润铭硬拉走。黑牛顺势把手一挥:扯乎!土匪们向镇外撤去。木润声长吁一口气,吩咐道:扶三太太回房休息。

木润铭回到山寨如同一只困兽对黑牛大发雷霆:你不是人,口口声声说帮我,说帮我抢回老婆,可到了关键时刻,个个开溜。黑牛说:人家那儿架着机枪,你让弟兄们冲,自己讨老婆,老子还没吃错药呢。为个女人,搭上那么多弟兄的命,老子不干!听懂了吗!我黑牛在江湖上漂了一辈子,这种赔本的买卖从来不干。

黑牛说着离开大厅走了出去。

情　殇

　　木润铭独自一人喝得酩酊大醉：小子，来，再……再给我……倒上。小土匪说：二当家的，你已经喝醉了，不能再喝了。黑牛说：喝，给他斟上，今天让……让他喝个够。木润铭伤心地大哭：……连口酒都不让喝，那么，活在这个世上还……还有什么意思……老子山穷水尽……黑牛不耐烦地：行了，行了，哭哭啼啼，跟个老娘们儿似的，来，喝酒。木润铭伸手抓过酒碗：大当家的，只有酒是我的朋友……

　　木润铭烂醉如泥，阳光照进茅屋，木润铭倒在草堆上仍未醒。

　　黑牛兴奋地窜了进来，不由分说拉起木润铭：快起来，快起来。木润铭半醒状看了黑牛一眼，倒下继续睡着。黑牛：哎，听到了吗，叫你起来！死猪！木润铭：你嚷个屁，我再睡一会儿。

　　黑牛找来一根绳子拴住木润铭的一条腿，拖着木润铭从草棚里走出。木润铭仍睡着不醒。黑牛：妈的，这小子，看着不怎么样，还挺沉，拖着去见阎王爷，还打鼾。黑牛气喘吁吁地把木润铭拉到了河边，他取下绳子，用力把木润铭往河里一推。黑牛：老子叫你睡，睡吧，下去让你睡个够。黑牛站在岸边开心地大笑，但不见木润铭出来，疑惑地说：别他妈的真淹死了不成。

　　木润铭猛地露出水面：你这个黑牛搞什么鬼，你想把我淹死啊？黑牛：谁叫你不醒。木润铭从水里跳上岸，冲着黑牛就是两拳：你他妈的不是东西，怎么这么个整人法。黑牛满脸堆笑地：对不起，老弟，大哥只有这一招法了。好，我赔不是，这个叫醒法对你这种白面书生来说是重了，今天午饭我请你吃一桌，给你赔罪。我有一桩大买卖要与你商量，才不得不这样做。

木润铭说：大买卖？是倒卖你妈还是倒卖你爹，非得一早就吵醒人。黑牛笑着：倒卖爹妈算个啥，比那开心多了。

木润铭瞪着眼盯着黑牛。

黑牛说：告诉你吧小子，比抢女人睡觉还他妈的过瘾。木润铭问：啥生意让你爹妈都不要了？黑牛说：有人答应帮你要回孩子和老婆，但咱们得先替他办件事。木润铭问：啥事？黑牛说：简单，就是帮他把一批货，送到边境上去。木润铭笑了笑：你一向是个"窃货"的，现在却来帮人运货，是不是有些玩过界了。黑牛说：我也这样说，可人家说运货赶马帮的人，怕的就是黑水塘，不如干脆让黑水塘的人送货。木润铭说：真够他妈的聪明的。黑牛说：对呀，现在运货的是我，货物当然安全了。黑牛说着从身上掏出钱来：你看，出手可大方。木润铭说：怎么……这么多，跑个马帮都涨价不成？黑牛说：脖子都伸过来了，老子还嫌刀慢呢，反正也是闲着，又做不了什么事，没马帮过路，咱们就自己走，只要有钱，何乐而不为。木润铭说：我不想去。黑牛一怔：妈的，你小子穷傻了，放着这么多钱都不赚，还想干啥？木润铭没有吭声。黑牛问：哎，干不干，吭个气。木润铭说：要运东西，你找和大叔和阿都运好了，他们跑马帮出身，有经验。黑牛说：人家货主说死了，不要姓和的马锅头，点名要我和你去运。木润铭说：要我？他怎么知道我的。黑牛说：鬼知道。干吧，有钱挣凭啥不干。木润铭说：行，行，行，不就跟你跑趟货。

木润铭正带一群土匪从小屋里往外搬出一个个木箱，捆上马背之时，阿都快马跑来。

情　殇

　　木润铭沉着脸：你来干什么？阿都笑着：我爹说他让你离开土匪窝，跟我们跑马帮，你说不干，说你们自己要走货，这个行当我比你们熟，我爹怕你出意外，让我过来帮把手。木润铭说：那好吧，多一人就多一人，反正都是干活。

　　阿都忙上前帮着从马背上装货物。一土匪正在装货物，土匪问：什么东西，这么重？木润铭说：用点劲，别毛手毛脚的，碰坏了可是要赔货主的。

　　一个木箱掉在地上，开裂，木润铭上前一下怔住了。

　　阿都问：润铭，怎么全是枪啊？木润铭怔怔地：这……

　　木润铭吩咐手下人赶快收起上路，驮着木箱的马走在山路上。

　　木润铭问黑牛：大当家的，这箱子里的货是怎么回事？黑牛说：这行当的规矩是走货不问货，受人之托，到地头交货取钱。阿都告诉黑牛是武器，并说：大当家的，就算是按行规，这种东西也是不能运的，除非是部队的押货。黑牛说：这年头啥都难做，我不过是想让大伙赚口饭菜。木润铭说：大当家的，昧心的钱咱不能赚。货主是谁，不知道；交给谁，也不知道。整个一稀里糊涂。黑牛犹豫了一下：也好，马帮先停下，我带你去见货主，货主说好了，只要我们动了，他们前边树林里等着交定金。

　　树林中，草野站在一棵树下，随从带着黑牛和木润铭走来。

　　黑牛说：二当家的，就是这位先生，是他的货。

　　草野上前与木润铭握手：木先生，咱们见过面。木润铭没有伸手：你叫我们大当家运的那些货，我们决定不运了。草野问：为什么？木润铭说：这种货我们运不起。草野一怔，笑了笑：

对不起，这批货我也是受朋友之托。不过托货走货，赚钱应该是首要的吧？木润铭说：走货肯定是为了赚钱，君子爱财，取之有道，这一行也有规定，大烟和枪支是绝对不能走的。草野说：我也是受人之托，像黑牛兄弟一样的大寨主。没什么问题，人家的货，你们管运就行了。木润铭说：我虽然也算落草为寇，但做事情还是有分寸的。草野说：据我所知，木先生也有一些烦心的事情，如果你能帮我完成朋友的重托，那我和朋友一定会帮你解决你的麻烦。木润铭犹豫了一下说：好吧，那我们继续走货。

小锅头叫了声：走嘞！马帮又上路了。

马帮出发后，草野又来到树林，对松下世仁讲明了情况。松下世仁说：这个木润铭不像我们想得那么简单啊。草野说：我担心他会不会向支那军方告发我们，是不是停止这次行动。松下世仁意味深长地指了指远去的马帮：不用停止，他已经上道，在路上了。

路上，阿都对木润铭说：货主说的要帮你解决麻烦，又去抢？用这种方式救直玛，你实在是不想考虑后果吗？木润铭说：我也是没有其他办法。阿都说：你看路上到处是军检，你们这样做，是不是在用性命做赌注呀。木润铭笑了笑：生命对我这样的人来说，已经不值钱了。我没有更多的想法，只想赶快把直玛救出来，能平静地生活在一起。

阿都正色地说：润铭，这次你帮别人运这批军火，如果这批货的背后真的是日本人，那就是对国家、对民族犯罪，你后悔都来不及啊。木润铭说：真有这么严重吗？货主不是说是替像黑牛一样的土匪运货。阿都说：在这国难当头的时候，做什么事情都要想清楚，别让坏人利用了你的个人恩怨，为了男女私情干出对不起国家和民族的事情来。木润铭说：阿都，我没有把问题想得这么严重。

木润铭让马打了个圈，勒住马，说：那我不参与运送这批货了。阿都说：不如这样，我们先搞清楚这批货运到什么地方，万一有什么，我们再想办法截住它，总之，不能落入日本人的手里。木润铭说：这批货过了黑水塘、赵家堆之后，就由别的马帮来接应，以后的线路我就不知道了。阿都说：我们还是先走，见机行事，反正不能替日本人运货。

傍晚时分，阿木扎带雷军长手下赵营长走进木府，木润声热情迎上。

赵营长对木润声说：木先生，接到雷军长的电话，就忙着赶来了。木润声问：有事吗？赵营长说：雷军长接到可靠情报，有人托黑水塘的人运送一批军火，军长认为这批军火的背后，很有可能是在这一带活动的日本谍报人员。木润声问：噢，雷长官需要我们做什么？赵营长说：从我们现在掌握的情报看，他们已经出发，过了黑水塘，走到赵家堆，然后把货交给下一支马帮。下一支马帮的路线目前还不清楚，所以雷军长的意思是在两支马帮交接的时候，一举拿下。可雷军长担心对方已经有所察觉，让木先生想想办法。

木润声思忖着，对赵营长说：我手下的人是看家护院的，查军火，会不会名不正、言不顺吧？赵营长笑了笑：雷军长已有所考虑，大少爷以民团的身份去查，本人留下来协助大少爷行动。木润声说：那太好了，阿木扎，你去安排一下。

当木润声陪着赵营长走出，门外家丁们牵着马静静地站成一排。

赵营长说：没想到大少爷手下的人如此训练有素，人马待发，竟然悄无声息。木润声说：防匪防盗防鬼子，我不想人马未动，就先打草惊蛇了。赵营长说：很好，咱们出发吧。

木润声一招手，和云和家丁牵过三匹马，马蹄上都包着厚厚的棉垫。三个人上了马，木润声一挥手，家丁们上马。木润声一带缰绳，马向镇外跑去，赵营长和家丁们紧随其后，马队悄无声息地消失在了夜色中。

管家走进门去，木府大门轻轻地关上了。

木润铭和黑牛带着马帮在山路上继续赶路。

一探路的土匪迎面跑来：大当家的，前面设了卡，要军检。黑牛一怔：军检？木润铭说：大当家的，到了这一步，只能硬上了。

雷霆背手站在路边，两边站着一排持枪的官兵。

一军官站在路中：我们奉命在此设卡，一切过往行人马帮都必须接受检查。这是公务，希望你们给予配合为好。黑牛尴尬地笑着：长官放心，我们配合，一定配合。木润铭大声叫道：开货检查！快！

黑牛想溜，被两个士兵拦回。黑牛说：走了一早上路，我到林子里方便方便。士兵命令道：货物检查当中，任何人都不得离开现场。黑牛说：我实在憋不住了。士兵说：那就在这里。黑牛说：这里，当着这么多人？士兵说：全都是一样的，不稀罕你那玩意儿。军官命令：开箱检查！

情　殇

　　几个士兵把木箱打开，里面摆放着一条条整齐的木头。黑牛怔怔地：嗳，这是什么？军官说：打开所有的木箱。木润铭走到黑牛身旁：大当家的，这不是咱们的货呀？黑牛笑了起来：谁说不是咱们的货，长官，就点儿木头，没别的。军官恼怒地：滚开！军长，箱子里全是木材，没有其他的东西。

　　雷霆走到黑牛面前：战争期间，跑马帮可以，可不能夹藏私货和违禁物品。黑牛说：我们跑马帮的知道，什么货该走，什么货不该走，就是挣点辛苦钱。赵营长：那快走吧。黑牛：上货，准备上路。

　　黑牛和木润铭的马帮来到林子旁，迎面走过几个人来，他们接过马帮，查看了一下马匹上的货物后，便带着马匹走了。这支马帮在崎岖的山路上走着。马帮二锅头问帮主：大哥，这条路八百年都没人走了，怎么咱们偏偏挑这路啊？锅头回答道：货主这次给的是大钱，条件就是只能走人家定下的道。二锅头说：行，您定盘子。锅头说：别多嘴，到了地头领钱回家。二锅头说：是。听大哥的。

　　牛黑与木润铭完成马帮的交接任务后，木润铭说自己要去野鸭湖转转，便与黑牛分手。

　　黑牛笑着对木润铭说：又是你那点破事。并得意地说：老二，怎么样？饿死胆小的，撑死胆大的，我说没问题就没问题，钱已到手，回勒！

　　黑牛带着几个小土匪唱着山歌往回走了。

　　雷霆和木润铭在大草坪上慢慢地走着，警卫远远地站着。

　　雷霆说：润铭，过去的事情有不少误会，让你受了不少的苦，我很抱歉。木润铭说：军长，我自己也有问题。雷霆说：那些事情就让它过去好了，目前国难当头，敌人正和我们争夺这条运输线。木润铭点点头：这我知道。雷霆说：日本人已经在这一带活动了，所以做任何事情都要格外警惕。

木润铭说：军长，我有分寸。这次的事情我就是让阿都通过和大叔通知雷小姐的。唉，我们却扑了个空。我也不知道怎么会是这样。雷霆说：根据你的描述，这批枪支的数量很大，而且背后很有可能是日本人，我们绝对不能放过。木润铭懊恼地说：我太大意了。

雷霆说：是敌人太狡猾了。还有一件事情，本来我谈不合适，可我还是想跟你谈谈，是关于木润声的……木润铭打断雷军长的话，说：军长，我跟木润声的事情，我会自己解决的。雷霆说：那你至少应该知道，木润声现在积极抗战，而且很多方面我们是合作的。木润铭说：现在是非常时期，抗战人人有责，他做他的，我做我的。雷霆说：好，放下包袱，轻装上阵，大局为重。你还是回到黑水塘，做好黑牛的工作，大敌当前，共同抗日。木润铭敬了个礼：是！军长。

木润铭骑上马，飞奔而去。

木润声和赵营长躲在密林中监视着远处走来的马帮，轻声地：哼，还知道狸猫换太子。赵营长说：别急，等他们走近看准了，再下手。木润声说：这条道早就没人走了，偶尔有马帮过，都是驮大烟的。赵营长说：大少爷心里有数就好办，让弟兄们准备吧。

木润声看了看身边的阿木扎，阿木扎向身后一挥手，家丁们端着枪悄悄压上。

走到小道上接黑牛货的马帮锅头领着马帮走到树林边，突然看到木润声和赵营长站在路中。

马帮锅头停下马，回头看了看马帮，马夫们都从马背上取出了刀枪。

木润声一抬手，阿木扎和和云带着家丁们冲出树林。

阿木扎喊：都别乱动，谁要是敢乱动，别怪弟兄们手上的家伙不认人！马帮锅头笑着：误会，全是误会，小的不知道是当家的道，今天借路，定会按规矩做的。马帮锅头说着，掏出一个钱袋上前。

木润声走上前：站住！你以为我们是土匪？我们是大研镇民团的，奉命协助部队在此检查过往货物。希望你们能够配合我们执行公务。马帮锅头收起钱：快把家伙收起来，长官是要检查咱们的货。马夫们收起了刀枪。木润声：马上驮的什么货？送货的马帮锅头说：货主说是粮食。木润声把手一挥：打开看看。

阿木扎带着几个家丁上前，放下两个木箱打开一看，立即向木润声报告：大少爷，全是枪。赵营长说：全部拿下！家丁们冲上，缴了马夫们的刀枪。赵营长上前从箱子里提起一支枪对马帮锅头说：粮食……这种粮食你们想吃吗？你他妈吃得下去吗？马帮锅头大喊冤枉，说真不知道里面装的是这要命的家伙。赵营长把枪放回箱中，命令：全部带走！

雷霆营地。雷霆开心地大笑着：太好了，真是太好了，这些枪要是流出去，那是后患无穷啊。赵营长说：大少爷听说这件事情后，当晚就确定他们肯定要走这条道，结果让我们等了个

第 24 章

正着。木润声说：没有雷长官在后面撑着，我们就算是想做事，也没有这机会。雷霆说：不，不，不，这话不对，统一战线，就是全民抗战，要是全民真的都动员起来了，不用打，咱们也能把日本人困死在中国。

副官走进：报告军长，东西已经全部清理完毕。共有步枪三十五支，机枪两挺，各式短枪二十支，子弹四千发。雷霆说：半个连的装备啊，审讯的情况怎么样？副官摇摇头：什么进展也没有，货主是在驿站里跟马帮锅头谈的生意，给了钱，说了取货地点，货主就走了，锅头根本就没看清货主的长相。雷霆说：货交到哪儿总该知道吧？副官：马帮锅头只是说，到了鹤庆，货主会派人跟他们联系的。木润声遗憾地说：可惜这么大的锅，还是煮成了夹生饭。雷霆说：截住武器，已经大有收获。不过，惊动了对方，真正的大鱼就漏网了。木润声说：我想他们不会善罢甘休的，肯定还会行动，我们迟早能抓住他们的尾巴。雷长官，估计这仗还要打多久？

雷霆答到：持久战！战况不容乐观。缅甸方面已经不行了，日军的飞机也频繁出动，轰炸保山和惠通桥、功果桥，滇西危在旦夕啊。木润声：怎么会这样啊？雷霆：日军已经攻占了腊戍，英军很快会被日本打出缅甸，日本声称抓住时机进入云南，并从云南打到重庆去。六十六军和第六军大部分已经撤回国内，杜长官的第五军和孙立人将军的新编三十八师在缅甸陷入日军的重围，局势非常糟糕。

木润声问：雷长官的部队会拉上去吗？雷霆说：现在还没有接到命令，本部的主要任务是保护好这条运输线，这是一条抗日战争的生命线。你知道这次运送武器的事情，是谁透过来的消息吗？木润声想了一下：木润铭。雷霆笑了笑：你怎么会想到他呢？木润声说：这事既然跟黑水塘有关系，润铭在大事情上应该不会糊涂。雷霆说：不错，像是个当哥哥的。

雷霆接着说：前面我们已经谈到，云南滇西很快也会成为一个主要战场，第二军、七十一军、五十四军都在向滇西方向集结，一下子来了这么多部队，给养就成了一个大问题。我的军需官在丽江也筹集到了一些物品，看你能不能组织力量，把这些物品运送到大理来。

木润声想了想说：雷长官，从丽江到大理，这一路除了黑水塘，其他路段应该问题不大。雷长官放心吧，都是为了抗日，我一定想办法把丽江的物资全部运出来。

一只手把请柬拍在了黑水塘的石桌上。

黑牛大笑：哈哈，木润声请老子，给老子摆下了鸿门宴。土匪说：这木润声也太小看咱们了，大当家的，干脆今晚下山，彻底踏平木府。黑牛阻止：他想摸老子的胆，好酒好肉凭什么不吃，他要是敢动老子，弟兄们就把鸿宾楼连根拔了。二当家的呢？土匪回答：已经两日不见二当家的了。黑牛骂道：妈的，一到节骨眼上，他就不见了。

鸿宾楼里坐满了丽江的富商，木润声坐在正中主席的位置上，赵营长坐在旁边次席的位置上，阿木扎站在他的身后。黑牛带着两个保镖走进，在木润声的对面坐下，两个保镖一边一个站着。

木润声站起身来，朝两边一拱手：感谢各位能来，抬爱润

第 24 章

声，这第一杯酒算是润声对今晚来的各位，表示谢意。

木润声端起酒杯，众人端着酒杯站起，黑牛犹豫了一下，也端着酒杯站起。众人把酒喝下。

黑牛坐下抹了抹嘴：木家大少爷有钱摆宴是好事，可这名头是什么，总该说道说道吧。木润声说：好，今天摆宴没有别的意思，就是要一心抗日，不当汉奸。老者抬起酒杯：就凭这名头，老朽敬大少爷一杯。木润声说：此前赵营长告诉我，日本人已于前天攻占畹町，并迅速向芒市、龙陵和遮放推进，驻防在祥云的三十六师已急调怒江防线，日本人这次是真的打进云南了。

鸿宾楼里一片寂静，所有的人都怔怔地看着木润声。

木润声说：国家兴亡，匹夫有责。雷长官此前告诉润声，云南今后也将成为抗日的主战场，虽然咱们现在还没有听到枪炮声，但是不是也该为抗日做点事情？

商人一站起：大少爷，我们信你，尽管开口。要钱，我们出钱，要人，我们给人，只要是打鬼子，一句话，要啥给啥。

木润声拱手：谢谢，鉴于滇西局势吃紧，很快会有多路大军调入云南，部队的给养就成了一个大问题，目前雷长官已经在丽江筹集起了一批军需物资，希望我们能够组织马帮运送到大理，今天请各位来没有别的意思，为了马帮的安全，希望各位能够把看家护院的集中起来组成民团，护送马帮。

赵营长站起身来：雷军长让我带话给各位，一旦抗日民团能够组织起来，在装备上可以给予帮助。

老者说：大少爷，恕老夫直言，马帮运送的是抗战物资，如果有人敢打抗战物资的主意，就是汉奸。

黑牛尴尬地四下看了看，垂下头去。

木润声看了看黑牛：咱们都是中国人，这时候做任何破坏抗日的事情，都是天理难容的。组织起民团，一是为了护马帮，二是为了护路，谁要是敢收抗日的买路钱，润声就只能佛挡杀佛，神挡杀神了。

商人一：大少爷，我们家除留两个看门的，剩下的全交给你了。老者说：老夫在这儿卖个老脸，各家商号留俩看门的，其他的都交给大少爷，凑一起也有几百杆枪，打也能打到大理去。同意老夫所言的，就举起杯来，算是帮个场子。

众富商端起酒杯。

木润声转身对黑牛说：黑大当家的，马帮从黑水塘过，你不会不借道吧？所有的人都把目光投向了黑牛。黑牛尴尬地笑了笑：当然，当然，抗日为上，我们黑水塘的人也不愿意当汉奸。老者说：这不是愿意不愿意的问题，是中国人就绝不当汉奸。黑牛：对对对，不当汉奸，绝对不当汉奸！

管家匆匆走进，向木润声轻声耳语。木润声一怔：怎么会呢？木润声对赵营长轻语了几语，起身跟着管家匆匆离去。

木润声匆匆走进采尔直玛的房间，坐在床边的丫头站起迎上。

木润声上前看了看昏睡中的采尔直玛：怎么回事？丫头紧张地回答：来了木府以后，夫人一直不好好吃饭，晚上就经常一个人整夜地坐着，刚才坐着坐着，就倒下去了。木润声着急地：赶快请大夫！阿木扎走进：大少爷，大夫我请来了。

大夫看后，告诉木润声：夫人非常虚弱。内虚而火旺，先要提起精气，然后方可温补，慢慢疗养方可痊愈。木润声问：大夫，需要吃药吗？大夫说：我这里有两丸成药，用水化开喂下，方药请让人跟我回家去取。阿木扎说：大少爷，这事交给我吧。大夫取出两个药丸递给木润声。丫头说：大少爷，给我吧。木润声说：还是我来吧。老管家，麻烦您代我送送大夫，别忘了给大夫诊费。大夫说：木家大少爷一心为了抗日，家中病人有疾，老夫愿尽微薄之力，这诊费是不敢收的。木润声说：不收诊费怎么行？大夫说：也算老夫为抗日出一分力吧。大夫说完走出。

　　木润声端着药碗走到床前扶起直玛慢慢地喂着药。

　　管家走进：大少爷，巫师请来了。木润声眉头一皱：管家这是干什么？管家说，木府里邪气太重，驱驱鬼神吧，这是我的主意，按纳西人的传统做做，没有坏处。木润声点头：那就让他们在外面做做道场吧。

　　黑夜，雷声阵阵，闪电划过院子的墙，映着一个个头戴五佛冠的东巴巫师的脸。一阵急促的鼓声响起，三个东巴巫师穿着宗教服装，手里拿着法器，踩着越奏越快的鼓声，东巴巫师在院内跳着驱鬼舞蹈，手持铜钹的巫师和手持长剑的巫师在道场里来回跳着"优麻斗鬼舞"。鼓声越来越大，接着锣声也响了起来，东巴们戴着形状古怪，状如跃动的火焰的五佛冠出场舞起来。

　　东巴们继续念着《东巴经》：……大地上约，没有人类生息的余地了，没有饲养牛马的园地了，没有飞鸟归窝的大树林了呵……不是地上的人类呀，就没有人给天国的神仙来敬香，不是天国的神呀，也没有人能给地上的人类保佑和造福。丁巴什罗大神，请你从天国下凡去拯救人类吧……

情 殇

  一东巴一下跳进火堆，赤着脚将燃烧的木头踢向院子的四个角落。鼓声、锣声、雷声和耀眼的闪电伴随着他的动作。

  木润声冷冷地看着：好了，差不多就让他们走吧。

  管家说：知道了。

  木润声又来到采尔直玛床边守候着，管家端汤进来，木润声接过，慢慢地喂着，管家眼睛湿润背过身去……

  半夜，采尔直玛慢慢醒来，看着木润声趴在自己床边睡着了，扭头看到放在枕头边上的碰铃和乐章，轻叹了一口气，拿起身边的披风披在了木润声的身上。

  木润声被惊动醒来，高兴地：哎呀，这都四天了，你总算醒过来了。

  采尔直玛眼睛湿润：唉，咱们三个人，从小一起长大，想不到后来却情情爱爱、恩恩怨怨，闹出了那么多的事情来。木润声摇了摇头：不说这些，你刚醒过来，想不想吃点东西？采尔直玛说：太晚了，不麻烦了，这次让你受累了。木润声说：只要你好好的，我没关系。采尔直玛说：你不是还有很多事情要做吗？木润声说：我问过雷长官了，他也说不清楚这仗要打多久，这说明抗战是个长久的事，那就一件一件的事情去做吧。采尔直玛说：我没影响你做事吧？木润声说：你好起来了，我会去做事的。采尔直玛问：润铭还在黑水塘吗？木润声说：不知道，真的不知道。你这病还没好，还是睡下吧。采尔直玛点点头：你也熬几天了，也去睡会吧。木润声说：我让丫头来陪着你，有啥事叫一声。

  木润声走出，采尔直玛茫然地看着关上的门。

第 25 章

雷丹妮在土司府前下了马,把缰绳丢给家奴,走进大门。

二丫慌忙迎上:哎呀,小姐,你总算是回来了。雷丹妮问:怎么了,不会后院又起火了吧?二丫:房子倒没着火,人着火了。雷丹妮:我说你能不能把话说明白点?二丫:老爷把小音音给抢走了。雷丹妮:他抢小音音干什么?二丫:我咋知道,刚才我说哄孩子睡觉,老爷来了,啥话也不说,抱起孩子就走。雷丹妮:嘿,几天不见,还反了他了,走去看看。

雷丹妮和二丫闯进了金花的房间,两人一下子呆住了。

阿成山乐呵呵地抱着小音音,抚摸着金花的肚子。阿成山说着:摸一摸,像小伙,打虎敢上山,捉鳖敢下河……哎呀,丹妮,你来得正好,这是一位大巫师教给我的,找个孩子来摸肚子,以后生下来的肯定是儿子。雷丹妮:好了,好了,摸也摸了,等着抱新儿子吧,我要带音音回去睡觉了。阿成山:那不行,大巫说了,得摸七七四十九天,少一天都不行。放心吧,我会好好照看小音音的。

雷丹妮和二丫走进屋。

雷丹妮说：这个阿成山，什么时候变成巫师了，弄个孩子去摸肚子。二丫笑着：只要孩子好好的，反正又不是摸你的肚子。雷丹妮一瞪眼：说什么呢。二丫无奈地摇摇头：看来这次大小姐枪没查着，查着的全是子弹了。雷丹妮：嘿，你咋知道我这次没查着枪的？二丫：枪在你自己的嘴上，见谁打谁。雷丹妮：哼，告诉你吧，这次查到的枪，我爸说够装备半个连的。

木润声骑马跑到玉泉河边高地，看到木润声，正在训练民团的阿木扎和和云跑来。

阿木扎说：大少爷，各家出的人全集中到这儿了，一共三百多号。和云说：部队的长官说了，过两天就把武器送过来，咱们一下子就阔了。木润声说：光人多和有武器还不行，得真的会打仗。日本人已经占了滇西，难说有一天咱们也要真刀真枪地跟鬼子干，鬼子可是能打仗的。阿木扎：训练了两天，已经有点模样了，部队的长官说，到时候他也会来看看。木润声：好，那就抓紧时间好好练，别让人家部队的长官看咱们的笑话。

小酒馆内，黑牛喝下一杯酒恼怒地说：野先生、钱先生，这次我他妈的被木润声给彻底地克住了，咱当盗当匪都可以，就是不能帮着鬼子当汉奸呐。他木润声要组织运送抗战的货，这下老子黑水塘那条路算是白养了。松下世仁看了看草野：大当家的，抗日是当前的大事不错，可识时务者为俊杰，也要看这日本是不是抗得了。黑牛疑惑地看着松下世仁：钱先生这话是什么意思？

松下世仁笑了笑：大当家的也许不知道，日本人不仅占了大半个中国，国民政府已迁至重庆，滇西也尽落日军之手，长江、黄河挡不住日本人，难道小小的怒江就能够挡住日本人吗？笑话！一旦日军突破了怒江防线，只需要二一天的时间就能横扫保山、大理，打到昆明去，昆明完了，重庆还会远吗？

黑牛摆着手：两码事，钱先生说的是两码事。按照江湖上的规矩，打不打得过是一码事，打不打是他妈的另一码事，就这样把啥都让给小日本，也太让人小看中国人了。我黑牛可以跟他木润声过不去，可不能跟所有的人都过不去啊。现在抗日是所有老少爷们的事情，一个个提起他妈的日本人，眼睛都是红的，黑水塘这时候要是挡道，所有的人都会联起手来打老子，连祖坟都会让人给刨了。草野：不至于吧？黑牛：太至于了，现在大研镇上那些看家护院的都去木润声那儿了，说是民团，雷长官给他们提供武器。木润声的手下一下子有了几百号人，还有机枪，就我那百十号人怎么跟他打？打不了啊。老子混到这份上，没别的，就是吃亏的买卖绝对不做。

松下世仁淡淡一笑：大当家的说得不错，咱们是朋友，你跟木润声有梁子，木润声坏了我们的好事，也结下了梁子。武器的事情好说，长枪、短枪、机枪，我们都可以给大当家的。黑牛疑惑地问：不知道钱先生想要我黑牛做什么？松下世仁：当然先是生意，再是人情啦。黑牛：不知道这生意上的事情怎么说？

松下世仁说：他木润声走抗战的货，大当家的不愿意收买路钱，这大家都能够理解，可黑水塘的人也得吃饭不是？黑牛：妈的，这样下去，以后怕西北风都没有喝的了。松下世仁：没关系，大路朝天，各走半边，木润声走他的货，大当家的走你的货，咱们井水不犯河水，自己讨自己的饭吃。黑牛笑了笑：钱先生不会又想让黑水塘的人帮你走一趟木头吧？松下世仁：当然不是，不过这酬金大当家的一定会感兴趣。黑牛兴奋地喝下一杯酒：说说看，让老子也高兴高兴。松下世仁：长短枪各十支，外加两挺机枪和一万发子弹。

黑牛怔怔地看着松下世仁喃喃着：两挺机枪和一万发子弹？松下世仁：这价码足够高了吧？

黑牛点点头：够了，够了，老子手上要是有了机枪，就不怕他木润声了。钱先生，货送到哪儿？松下世仁：不是送货是接货。黑牛：接货？上哪儿接？松下世仁：打黑渡。黑牛一怔：打黑渡……保山还要过去，钱先生，现在那儿到处都是部队，这路可没法走啊。松下世仁：大路没法走，大当家的是山里通，不会连山路都没法走吧？黑牛：这事得让我好好想想。松下世仁：这事大当家的自己知道就行了，千万不能让木润铭知道，上次很有可能就是他漏的风。

黑牛木讷地点点头。

黑牛离开后，松下世仁沉着脸看着窗外。

草野走到松下世仁的身后：先生，您真的打算把这件事情交给黑水塘的人去做？松下世仁说：这是一群没有信仰，只认钱不认人的家伙，给他一滴奶，他都会叫你娘。草野：可是，他们……松下世仁：狗就是从狼驯化过来的。黑水塘卡在丽江及大理的咽喉上，如果能在这里装备起一支帝国的先遣军，等于在支那人的腰上打下了一根钉子，会让他们不得安宁的。草野：

可木润铭……松下世仁：他已经没有用了，围棋中最高明的是弃子战术，所以要用好他最后的交换价值。

野鸭湖畔，马锅头把各种阿都和山茶结婚办喜事用的东西从马背上卸下，搬进家中。

阿都开心地笑着：阿爸，这次婚礼办完了，可以带着山茶走了吗？马锅头：傻小子，婚礼办完，你就名正言顺地做山茶的丈夫了。你想带着山茶成天钻山沟？阿都傻傻地笑了。

雷丹妮带着二丫走来，二丫抱着几块布料。

雷丹妮说：和大叔，听说你回来给阿都和山茶操办喜事，这来看看。马锅头说：让二奶奶费心。雷丹妮拿过布料递给马锅头：我也没啥好表示的，这几块料子给新娘子做两身衣服吧。阿都高兴地谢过二奶奶，抱着布料拿给山茶看去了。

雷丹妮问：和大叔，听说你这次是送一个外国记者？马锅头：对，是个外国人，我一直陪他在保山滇西这一带采访，这是他送给我的书。雷丹妮看了看书的封面——《西行漫记》，问：我拿去看看行吗？马锅头：行，你拿去吧。

山道上，采尔直玛、雷丹妮、马锅头一行人走着。

采尔直玛说：都是为了我，才闹成这样，我不想让仇恨和麻烦再继续下去了。孩子的事，已经到了非说不可的时候了。我从大研镇回到野鸭湖就是想解决此事，润声也同意了。

雷丹妮说：我担心阿成山知道了，难以接受啊。

采尔直玛说：以往处理事情就是拖泥带水，才留下了这么多麻烦。润铭知道孩子是自己的，又不明不白地不辞而别，以后难免又会生出许多事端，也会麻烦到土司大人，现在土司大人既然也有了自己的孩子，我应该向他摊牌道歉，领回音音。雷丹妮：你一个人带着个孩子怎么生活？采尔直玛：我会把他带大的。马锅头：这也好，把话都说清楚，也就没有顾虑了。雷丹妮犹豫了一下：那我陪直玛去找阿成山谈。马锅头：也好，直玛，我会找人通知你父亲，让你们父女团聚，或许回到父母身边，由他们来照顾你，也是一种不错的选择。雷丹妮：那润铭他……马锅头摇摇头：这兄弟俩积怨太深，误会太深，唉，我一定要找他们俩好好谈谈。

在阿成山的土司大厅里，阿成山怔怔地看着采尔直玛：你刚才所说都是真的？金花：哼，我早就看出她没安什么好心，早就跟你说过这个狐狸精来路不正。阿成山恼怒地打断金花的话：你闭嘴！我知道，现在你是想跟那个木润铭走，想把孩子也带走，才用这话骗我的吧？采尔直玛摇摇头：不，我不会跟他走的，现在不会，今后我也不会跟他走。雷丹妮：现在木润铭人在哪里都不知道。金花问：你真的要带走孩子？那可是土司家的骨血，你走可以，但是孩子不能带走。采尔直玛着急地：大奶奶……

金花手一挥：你不要叫我！采尔直玛说：音音真的不是大土司的骨肉，我一定要把孩子带走，免得悲剧重演。雷丹妮说：当初直玛以为木润铭已经死了，为保她母子有个着落，所以我也参与其中，与直玛一起骗了你。阿成山恼怒地：骗子，都是骗子，你走吧，带着孩子走吧……

采尔直玛从丫头手上抱过了小音音，阿成山忧郁地看着采尔直玛。张阿六把一个小包袱递到采尔直玛手里，采尔直玛摇摇头，没有接受。张阿六无奈地退到阿成山身旁。

采尔直玛放下小音音：音音，给阿爹叩头，跟阿爹说再见。

小音音跑到阿成山膝前：阿妈说带我回娘家住几天，你也去好吗？

阿成山没有吭声，只是点点头，泪水流下。采尔直玛上前抱起小音音，低头转身走去。小音音摇了摇小手：阿爹，再见！

阿成山脸上露出一丝苦笑，问：直玛向二奶奶告别了吗？

家奴小心翼翼地：回大人话，告别了。二奶奶和她的陪嫁丫头也正在房里收拾东西呢。

阿成山疑惑地：她收拾什么？

阿成山急忙朝雷丹妮屋里走去，张阿六、家奴尾随而去。

阿成山走进一看，雷丹妮和二丫已经把东西收拾得差不多了。

阿成山问：这，这，你到底要干什么？雷丹妮：怎么说呢，我只能感谢这些日子你对我的照顾。阿成山：我们夫妻还客气什么。雷丹妮把一杯茶放到阿成山面前：自从我进了这个土司府，给你添了不少麻烦。阿成山：怎么这么说呢，大家在一起热热闹闹的。雷丹妮摇摇头：我知道自己没有好好尽到为人之妻的责任。阿成山：哪里，哪里，跟你在一起，真的心里很踏实……小音音也走了，多好的孩子，我真是舍不得啊……

阿成山说着泪水流出，雷丹妮、二丫也难受地擦泪。

阿成山走到雷丹妮身旁，揽住雷丹妮的肩：现在我很难过，留下来陪着我，好吗？雷丹妮：这么长时间了，你应该了解我，我根本不是个好妻子，也当不了土司府的太太。阿成山：不，我觉得你很好。雷丹妮：你的心情我知道，可我们成亲以来只有夫妻之名，没有夫妻之实。阿成山：我不在意。雷丹妮：你不在意我在意，我不想再这么拖下去了，这样对我们谁都不好。

　　阿成山放开雷丹妮怔怔地看着她……

　　雷丹妮说：我们还是一刀两断，各自走自己的路吧。阿成山：你说什么？雷丹妮：当然，那样对双方都好，我们还是好朋友。

　　张阿六捅捅二丫问：可不可以留下来……

　　二丫说：大概不行，这是小姐自己的主意。

　　阿成山背过身去：说走都走了，这土司府就像遭了瘟疫似的，人去屋空……唉，连二丫也都走了，真让人心寒。

　　阿成山放下水杯，朝屋外走去。

　　院子，笼里的八哥似乎叫得更欢，学着人话：客人来了，端烟倒茶，端烟倒茶……

　　阿成山走近鸟笼，看着笼里的小鸟：都走了，你还待在这里干什么。他顺手拿了一点鸟食，往笼里放去：你在这里也这么长时间了，你也走吧，去找点事干，解解闷吧。

　　阿成山打开鸟笼，鸟并没有飞走。他又拍拍鸟笼，鸟飞了出来，飞走了，又飞了回来，停在鸟笼上，叽叽叫了几声，又飞走了，越飞越远……

　　雷丹妮眼圈也有些发红。

　　阿成山慢慢转过身来：它也应该享受自由自在的生活。你是不是要回到你父亲身边去？雷丹妮摇摇头：不，我不去那里。阿成山：那你去哪里？雷丹妮：也许要去一个很远的地方。阿成山：很远的地方……

第25章

雷丹妮走到空鸟笼旁：我想起有关你的一件事。

阿成山疑惑地：我的什么事？

雷丹妮说：1935年，有一支队伍从丽江走过，是不是？阿成山：噢，是有这么回事。唉，那可不是一般的队伍，你怎么知道的？雷丹妮继续说：省政府叫你带领民团到石板镇去拦阻。阿成山点点头：对，我去了。雷丹妮笑了笑：你是去了，但对方枪还没响，你丢下粮草马匹就溜了回来。阿成山凑上前说：那支队伍叫红军，我看人家走得辛苦，也不像什么土匪坏人，而且说的话都是在理的，我去阻拦人家干什么？那些粮食和马匹……

雷丹妮说：这么大的秘密你都不告诉我。阿成山惊奇：丹妮，你是怎么知道的，这事被外人知道可是要杀头的。雷丹妮：我会替你保密的。阿成山吓得擦擦额头上的冷汗。阿成山：为这事，上边还追查过，甚至怀疑我有意放过他们。雷丹妮：组织上都了解这些情况。阿成山：组织，什么组织？雷丹妮：不管怎么说，你做了一件好事。阿成山：好事？雷丹妮：再见了，我们后会有期。阿成山喃喃着：后悔，唉，有什么好后悔的，不就是一点粮草，算我送给他们的给养。对，我是不该后悔有妻啊……

阿成山抬起头来，雷丹妮已经带着二丫走远。阿成山茫然地看着两人的背影……

院内树荫下，阿成山捧着西瓜，正在后院边吃边乘凉。

张阿六走进，一脸汗水，阿成山让张阿六也吃，张阿六拿了一块瓜吃了一口：好瓜，又沙又甜。阿成山问：六奶奶那里送去了没有？张阿六：送了，但大奶奶怕凉，不敢吃。阿成山：这么热的天，这么甜的瓜，她哪来的那么些规矩。我去看看。你把剩下的都吃了。

阿成山捧着西瓜来到大奶奶房间，门旁的两个丫头见了，忙要通知金花，阿成山忙挥手示意她们别说话。两个丫头互相看了看，阿成山把头一偏，示意她们离去，两丫头无法，只好转身走开。

阿成山捧着两片西瓜走进屋子，冷不防脚下被什么东西绊倒，两片西瓜也摔到地上。阿成山一定神，捡起来看看脚下绊倒自己的东西，圆鼓鼓的，他好奇地拿起来细看半天，看不出个什么东西来。

阿成山转头看金花，金花正惊看着阿成山。阿成山再看看手中的东西，发现绊倒自己的是金花的假肚子，怒骂：混蛋，你是搞得什么鬼名堂！

阿成山说着把假肚皮摔在了地上，生气地走出。

阿成山在屋里来回走动，丫头送上茶水，阿成山抓起狠狠摔在地上。这时，金花来到门前。张阿六上前通告：老爷，大……大奶奶来了。

阿成山停了下来，背对着众人，没有吭声。

金花对阿成山的背影说：我……我来向你告辞。

阿成山垂下头，挥挥手。金花还想说什么，张阿六轻拉了一下，金花无奈地退出了后堂，张阿六一摆手，和家奴们一起退出。

阿成山突然狂笑起来：哈哈哈……三个老婆，说跑都跑了……两个儿子，说没有，一下子都没了。哈哈哈哈……真是太有趣了，天大的有趣，我阿成山怎么突然一下子变成了孤家寡人……

阿成山说完泪如雨下……

一桌丰盛的菜肴，阿成山独自喝着酒，张阿六怯生生地陪着。

阿成山说：平时都有女人陪我喝酒，好啊，今天都跑光了。喝！我自己喝……

一家奴跑进向张阿六耳语。阿成山问：什么事？张阿六躬身：老爷，草野先生来了，在门外候着呢。阿成山：草野先生……让他进来，我要和他一起喝酒。张阿六：快请草野先生进来。家奴躬身退出。

草野带着随从走进。阿成山醉醺醺地说：草野先生，快来坐，咱们一起喝酒！

张阿六忙安排草野入座，为草野斟上酒。阿成山：你看，过去我吃饭，这里满堂的人，可现在……草野笑了笑：人各有志，土司大人应该心情好点才是。阿成山：心情好点？唉，都说女人是件衣裳，可现在我的衣服全都脱光了，没了，一件都没了……

草野说：你陷得太深了，土司大人。阿成山哭了起来：一下子全没了，我真的是接受不了啊！草野：我都听说了，知道土司大人心情不好，所以过来看看。其实我们可以好好合作，做一些男人该做的事。阿成山：什么男人男人的，我现在最讨厌别人说什么男人。男人算什么东西，我就以为自己是个大男人，所以才被几个歹毒的小女人玩死了，骗死了，你懂吗？草野说：其实男人就是拿给女人骗的。阿成山喝下一杯酒：今天我们只喝酒，管他妈的男人女人的，谁再提男人二字，我就杀了他……

半夜，阿成山慢慢醒来，见草野坐在身边，自己睡在院子里的草丛中，张阿六蹲在屋檐下打瞌睡。

阿成山坐了起来：唔，我怎么躺在这里？草野：土司大人，你在这躺了一夜了。阿成山：躺在这儿……我府上就没人管我？草野笑了笑：你醉了，又不让别人抬你进屋，说只有星星可以跟你做伴。阿成山笑了笑：好啊，堂堂大土司，睡觉竟然连张床都没有。草野：睡好了罢？阿成山斜眼看着草野：睡好了怎么样，没睡好又怎么样？草野：没睡好可以再睡，如果睡好了，我想跟土司大人谈一宗大生意。阿成山：大生意……又是大男人的事吗？

草野笑了笑，没说话。

松下世仁听了草野的介绍说：很好，阿成山还是过不了女人这一关，几个女人一闹，把他送到了我们手上。中国人说女人是祸水，我看未必嘛。草野：掌握了阿成山，以后野鸭湖就不用担心了。松下世仁：要想办法让黑水塘的人强大起来，盯住他们的军需库，有机会就搞他一下子。草野：这恐怕很难，现在最大的货物集散地在大研镇，可木润声已经把这边走空了，现在是凑足了数他就走，又有民团守着，实在是难以得手啊。松下世仁：黑水塘的人憋着一肚子气，那就让他们跳到野鸭湖地区下手。草野：那边有雷霆的人押运。松下世仁：我了解过了，一支运粮队，只有十几个人护送，应该没问题。完了事，武器归他们,粮食们自们收,他里外都是利益,有什么不干的。草野犹豫了一下:我去找他谈谈。这次咱们的土司大人算是彻底的家破人亡了。松下世仁:哟西,这也许是我们的一次机会,从昆明过来,支那远征军的指挥部设在楚雄,大理是连接保山和昆明的中枢,加上美军航空队的机场,给养上他们已经不堪重负,目光自然会瞄准丽江。阿成山正是丽江、野鸭湖一带的大土司。草野:先生想问题总是深远。

松下世仁若有所思地说:战争其实就是一场高级智力游戏,谁能算在前面,谁就能够掌握战场上的主动权。我军快速插入滇西,赢在了时间上,可对惠通桥,我们又输在了时间上,不然的话,这个时候我们应该在昆明吃晚饭了。

草野说:先生,怒江是挡不住大日本皇军的。松下世仁说:你对帝国的忠心,我很欣赏。但是光有忠心是不够的,大本营要的是结果,明白吗?草野点头:哈依!松下世仁:我们现在要同时抓紧黑水塘和阿成山,时机成熟,就可以在丽江建立起帝国的前哨阵地,发挥出我们的钉子作用。草野:明白了。松下世仁:你去告诉黑水塘的人,他们应该上路了。

木府马帮又在上货。赵营长对木润声说:这么短的时间,咱们的马帮就已经跑了四趟,军长打电话来,让我转告他对大少爷的谢意。木润声笑着:国难当头,共同抗日,这谢字就不敢领了。没有雷长官给的那些武器,装备起了民团,还是有人会挡道的啊。

阿木扎跑进:大少爷,黑水塘有动静了。木润声:噢,他们要干什么?阿木扎:你一定想不到,跑马帮。木润声:跑马帮？知道他们驮什么吗？阿木扎：现在还空着，不过人和马都出去了。木润声：朝什么方向走的。阿木扎：现在出山，是往鹤庆走。木润声思忖着：走鹤庆……要么上大理，要么下保山……上次是要驮出去，这次是要驮进来……

赵营长问：大少爷的意思是……木润声回答：大理这儿看得紧，他们肯定是去保山。他们当家的在哪儿？阿木扎：黑大当家的和二少爷都没见到。木润声：哼，想人货分走。阿木扎，叫上几个弟兄，全带短枪。阿木扎：好嘞。

木润声等人在山道上打马狂奔。

木润声大声说：阿木扎，到了鹤庆咱们分头进城，在城东头的马店碰头。

赵营长已经换成了商人服装，木润声、阿木扎像跟班的，三人在小食店里吃着稀豆粉油条。木润声偷眼看着窗外，土匪们走出对面的驿站，上了马向城外走去。木润声轻声地：他们这是去漾濞。赵营长说：这时候去漾濞，肯定不会是驮核桃。木润声：我算计着，真要是去保山的话，很有可能又是枪。赵营长：到了地头再说吧。

木润声、阿木扎和赵营长三个人要了点酒，一边喝着酒，一边偷眼盯着对面的驿站。

赵营长说：狗日的，挑了这么个地方。木润声说：就这儿进退方便。

盯着外面的阿木扎说：大少爷，"客人"到了。木润声偷眼看着，一个男子走到驿站前，点上一支烟，趁点烟的功夫，看了看两边，走进了驿站。木润声说：我估摸着，"客人"一到，他们就该动了。赵营长说：没关系，怒江边上几个师放着，上哪儿都可以调人。阿木扎又说："客人"出来了。木润声偷眼看着，两个土匪送男子走出驿站。木润声吩咐阿木扎：你在这儿盯好，我去请"客人"。

木润声和赵营长起身走出。

"客人"匆匆走进一条小巷，走了几步，两个壮汉从小巷里走出。"客人"转身往回走，木润声带两壮汉追了过去。"客人"看了看两边，已无退路，怪叫一声扑向木润声，木润声侧身起脚，重重地蹬在了"客人"胸口上，"客人"跌倒在地。木润声背手向小巷外走去：给我绑了。

四个壮汉上前按住了"客人"，两个壮汉把"客人"推进门，"客人"狠狠地盯着赵营长和木润声。赵营长淡淡一笑：到了这儿还穷凶极恶的，这对你可是很不利啊。"客人"从牙缝里挤出：八嘎！赵营长说：很好，一进来就开口了，而且证明自己是日本人，对于你的这种合作态度，我们表示欢迎。坐下吧。咱们都是干一个行当的，我就没有这个必要再啰嗦了。我只想告诉你，如果在这儿咱们能够合作，你自己会少许多麻烦的。如果把你送到重庆，交给戴老板，你们会的招我们都会，你们不会的招，我们也会，至少把你丢在大街上，老百姓就会把你撕成肉条的。"客人"说：按照国际红十字协会的条例，你们不能虐待被俘人员。赵营长厉声说：那你告诉我，在南京你们杀了十几万被俘人员，你们走到哪儿，杀到哪儿，怎么不讲国际惯例了？在保山你们丢细菌弹，一下子死了几万人，怎么不讲国际惯例了？上到八十多岁的老人，下到才出生的婴儿，你们不停地杀,怎么不讲国际惯例了?

"客人"说:我什么都不会告诉你们。木润声拿出枪顶住"客人"的脑袋:妈的,想要赖。赵营长:你可以什么都不说,戴老板会让你什么都告诉他的。"客人":不用了……说着,口吐白沫,倒了下去。

赵营长跳了起来:快,他牙齿里有毒。木润声上前摸了一下脉搏,轻轻摇摇头。赵营长恼怒地:我真他妈的混蛋,早就听说间谍会在牙齿里装毒药,怎么就没想到呢。木润声:不要紧,还能补救。赵营长:怎么补救?木润声:他已经跟黑水塘的人接上头了,只要能够人货一起抓,咱们就还有机会。

土匪的马蹄上都包了棉垫,悄无声息地来到了打黑渡。

江边高地上木润声从大石后探出头来观察着。阿木扎轻声地:大少爷,咱调的兵在哪儿啊?木润声:别急,这儿到处都是部队,咱们这儿一打响,肯定全过来了。

土匪在江边点起了火堆,江对面闪了三下光,土匪们赶紧把火堆踩熄。

一队员悄悄跑到木润声身边:大少爷,长官带着人过来了。木润声回头看着,夜色中,战士们躬身跑来,迅速占领了有利地形。赵营长带着吴连长躬身跑到木润声身边:没晚吧,大少爷?木润声:正是时候,江那边的马上就过来了。赵营长:三十六师的李师长把搜索连调给咱们了,这位是搜索连吴连长。木润声握着吴连长的手:你们来得太及时了。

盯着观察的阿木扎说:大少爷,他们过来了。木润声探头看着,吴连长把手一抬,战士们都埋下头去。

第 25 章

夜色中，三艘橡皮舟从怒江西岸驶向东岸，土匪们站在江边迎候着。

机枪手拉开枪栓，战士们掏出手榴弹，木润声拔出二十响打开机头。

橡皮舟靠岸，土匪们上前搬下木箱，日军尉官喊着：快，快！

吴连长看木箱已搬完，大声喊着：我们是中国军队，命令你们立即放下武器，立即放下武器！冲锋舟上的机枪向岸上猛烈射击，上岸的日军迅速卧倒，开始抵抗，土匪们惊恐地就地趴下。

吴连长把手一挥：打！

江边高地上顿时热闹起来，机枪扫射，步枪射击，一颗颗手榴弹飞向江边，炸出一个个火团。木润声沉着脸一枪一枪地打着。阿木扎凑到机枪手身边：兄弟，让我也过过瘾。你使这个，当官的用的。

阿木扎说着，把二十响往机枪手怀里一塞，抓过机枪就扫：哈哈，小鬼子，爷爷幸你们来了……

土匪们一个个中弹倒下，日军尉官指挥着机枪进行对抗，顿时密集的枪弹打来，尉官和机枪手同时中弹倒在冲锋舟上。

采尔直玛背着小音音艰难地走着，身旁是运送战争物资的成队马帮，她抬头看着远处的玉龙雪山，这时，一支马帮走来。

和东巴看到采尔直玛，跑出来喊着：直玛！直玛！

采尔直玛一看是父亲，激动地叫道：阿爸……

父女俩跑到一起，惊喜万分，百感交集，采尔直玛喜极而泣，背上的孩子也跟着哭了起来。和东巴忙去抱下孩子：小音音,见到了外公,我们应该高兴。和东巴说着,泪水流出。

顾约翰走了过来打着招呼:Hello!你好!没想到我们又见面了。采尔直玛说:你好,顾先生!你不是回美国去了吗?顾约翰说:对,我又回来了,可是,这次我不是来收集音乐的,我也要参加中国人的抗日战争,不允许日本人侵略中国,侵略丽江,我要出一分力。直玛小姐,等把日本人赶出中国的领土,我们再写圣山,好吗?和东巴告诉直玛:顾先生这次是受国际援华组织委派,到我们这里协助抗日战地救护队工作的。采尔直玛惊奇地:战地救护队?

这时,马队传来锅头的打锣声。

和东巴说:直玛,我们一起走吧。

采尔直玛点点头,跟着和东巴向马队走去。

夜晚的野外,马帮在树林中宿营。篝火在燃烧,小音音甜甜地睡在火堆旁,篝火上架着一只山羊烤着。

采尔直玛对和东巴说:阿爸,我想参加救护队,做些有意义的事情。和东巴:你要参加救护队,那孩子?坐在一旁的顾约翰听到说:太好了,直玛,我们这支救护队正需要人。孩子,我保证,我们大家能带好。采尔直玛说:留下我吧,阿爸。顾约翰说:这里我说了算,行,我接受你。

羊烤熟了,人们围了过来。和东巴和年轻男子把羊从架上取下,大家吃着,喝着。

顾约翰站了起来说:各位,我向你们介绍一下,这位是我刚刚吸收的新成员——采尔直玛,她以后就在我们这个救护队工作。

第 25 章

年轻人拍手,欢迎采尔直玛!

雷霆的军部,听完雷丹妮的讲述,雷霆有些吃惊地看着雷丹妮和二丫。

雷丹妮平静地说:……我的故事讲完了,就这样,我离开了土司府。雷霆说:丹妮,你是不是走得太急了一些?雷丹妮:爸,我不能再这样平平庸庸地生活下去了,我想做一些有意义的事情。

雷霆笑了笑,说:也好,过去为了某种利益,你不得不远嫁到那个地方,对你确实不公平,我同意你的选择。雷丹妮:我今天就是特地来向爸告别的。雷霆一怔:你刚到,又要去哪里?雷丹妮犹豫了一下:组织上说要保密,我只好暂时不说了。

雷霆惊奇地问:组织?你参加什么组织?丹妮,你让我听得更莫名其妙了,你到底又要去哪里?雷丹妮说:我嫁到土司家你都没这么紧张。雷霆:可现在你去哪儿我都不知道,怎么放心你?雷丹妮:爸爸放心,不是我一个人,还有一些年轻人一起朝山那边去。雷霆大约明白了雷丹妮的意思:丹妮,你与往常大不一样,有什么事情你可别瞒着爸爸。雷丹妮:爸爸你放心,我知道是非,我要做的都是有意义的事情。雷霆想了想慎重地说:是啊,孩子大了,有自己的选择,我尊重你的选择。雷丹妮:爸,今后我们一起荣辱与共,共同抗日!雷霆拍拍女儿:对,丹妮,共同抗日。

第二天一早,雷霆来送雷丹妮和二丫。

雷霆说:孩子,世道很乱,路上一定要当心,有什么危险、

情 殇

困难就马上回来。雷丹妮说:爸,我已经不是孩子了。

雷丹妮说着和二丫上了马,向爸爸挥手再见,雷丹妮泪流满面。

雷丹妮和二丫策马离去。

第 26 章

黑牛恼怒地对着松下世仁发火，骂道：你们不是说不会出事吗？老子这次连人带马一下子丢了几十号，打出道还没这么赔过呢！松下世仁说：我们也觉着奇怪，上次还说有个木润铭，这次的事情可是只有咱们几个人知道，木润声怎么会跟去了？

黑牛说：钱先生是怀疑我……老子总不会拿着自己的本钱往怒江里打水漂吧？松下世仁：这件事情我们都是直接向大当家的过话，你那边会不会出问题？黑牛：我这边是出问题，死了。一个不剩全他妈的死了。草野：大当家的不要急，人死了，咱们可以再找，枪丢了，我们可以如数补给大当家的，关键是咱们之间的合作要有诚意。黑牛：这一锤子买卖我就搭进去了几十号弟兄，我赔得起吗？草野：在中国，别的啥都难找，就人遍地都是，有什么赔不起的。

黑牛说：草野先生说得没错，现在谁要是打出抗日的旗号，人哗啦啦地来一片，我就觉得奇了怪了，你们怎么会跟日本人搭上界，不会真是汉奸吧？草野不自然地笑了笑：大当家的看我们像汉奸吗？我们也是听说日本人的武器好，就托朋友向他们买了点。黑牛说：那你们的朋友肯定是汉奸，这事你们可得小心点。

松下世仁说：木润声接连跟我们作对，大当家的真咽得下这口气？黑牛：我现在总共剩下了不到一百号人，武器也比不过人家，怎么跟他打？松下世仁：教训一下总是可以吧。放心吧，我们会给大当家的找机会的。松下世仁说着一抬手，随从把一个箱子放在了桌子上。松下世仁：我们也知道大当家的是个重感情的人，这些钱不成敬意，拿去安抚一下手底下的兄弟吧。黑牛掂了一下箱子：怎么，大洋换纸钱了？擦屁股都嫌脏，别看这一箱，换不了几个大洋。黑牛说完，提着箱子走出。

松下世仁沉下脸来对草野说："芒市一号"对我们的工作很不满意，必须盯紧了阿成山。

二丫和雷丹妮在客栈内一水井旁洗着衣服，看到马锅头过来，几个人便一起走进屋去。

雷丹妮把《西行漫记》交给马锅头，说：和大叔，这本书我看了好几遍，真是一个神奇的地方，我真向往。二丫：小姐整天看这书，都入迷了。雷丹妮：二丫，不要再叫我小姐了。二丫：好，以后叫丹妮姐。雷丹妮：加入了组织，就要有新的称呼，不能再搞老一套了。和大叔，什么时候出发？到哪里去？我都等不及了。二丫：所有的东西都准备妥了，就等大叔您一句话了。

马锅头笑着说：不慌，不慌，现在情况有些变化。雷丹妮着急地：什么变化？马锅头说：现在的局势很严峻，必须组成统一战线，一致抗日。雷丹妮：我就是想马上到前线去抗日，消灭日本人。马锅头：云南已经成了抗战前线了，所以组织上决定你们先留下来。雷丹妮一怔：留下来？那怎么成，我想做一些更重要的工作。马锅头：丹妮，这里的工作也很重要。日军进入滇西，这里已经是抗日前线，驼峰航线开通，各种国际援华抗战物资的转运，将直接影响到全国抗战的形势。而且从各方面的形势判断，对日反攻，很有可能会从云南开始，所以这边本身就有许多工作要做。

雷丹妮问：那我能干什么？马锅头说：组织上希望你能回到你父亲雷霆军长那里去。雷丹妮：啊！那不是日军队吗？马锅头：你父亲是一位有着民族大义、积极抗日的将领，组织上考虑到你特殊的身份，决定派你协助你父亲作好抗战物资的运输工作。山茶说：我也留下来跟你们在一起。雷丹妮失望地说：我什么都准备好了，思想也转变了，还向我父亲告别了，可现在又要回去。马锅头说：据可靠消息，有一个叫松下世仁的日本间谍，带着一支队伍被派到我们这一带来，目的就是为了破坏抗战物资的运输。所以，我们的任务重得很呐。中国现在到处是战场，哪里的工作都重要。雷丹妮：既然组织上决定，我就留下来，保证完成任务。

大家开心地笑了起来。

雷霆的军部指挥部，副官走进来报告：军座，最近我们过野鸭湖地区阻力很大，连续两支运粮队遭到伏击，如果长期下去，给养指标很难保证。雷霆：其他地区呢？副官：也碰到过骚扰。雷霆：需要再加强部队的护送吗？副官：受到伏击，就是因为护送士兵太少；增加兵力，必然会加重运输负担。雷霆：我知道了，这事让我再想想。副官：是！

副官正要出门，雷丹妮走了进来。

雷霆惊奇地问：丹妮，你怎么回来了？雷丹妮调皮地：不欢迎吗？雷霆说：回来就好，你不是说要去很远的地方吗？雷丹妮说：暂时不去了，还是回到爸爸身边工作。雷霆：好，上阵父女兵，爸爸身边正缺帮手。雷丹妮：放心吧，我一定完成好爸爸交给的任务，协助你工作，保证抗战物资的运送。雷霆：好，现在情况很复杂。最近连续接到部队报告，野鸭湖阿成山管辖的地区，对运输部队进进出出有许多刁难和限制。而且，最近粮队连遭伏击。

雷丹妮问道：阿成山……爸，会是他干的吗？

雷霆思忖着，说：我也不明白，他的态度变化很大，或者是有人假借他的名义？到底出了什么问题。雷丹妮：如果阿成山翻脸不认人，爸，我去找他算账。雷霆：你现在已经不是土司府的人了，还是我亲自去吧。

雷霆来到土司府对阿成山说：阿土司，来的匆忙，未能事先通知，打扰了。阿成山问雷霆：丹妮还好吧？雷霆点点头：她还好，丹妮很任性。阿成山感叹地：水往低处流，人往高处走，丹妮能往高处走走也好。雷霆说：有一些事情还想请阿土司能够给予帮助。阿成山说：我能做什么事，说吧。雷霆：我军押运物资从贵地经过，希望阿土司能够给予一些协助。阿成山：雷军长，路就摆在那儿，没说不让走啊。雷霆：但经过贵地时，遇到了一些麻烦，并遭到伏击，不知阿土司是否知晓？阿成山惊奇地问：真有这事吗？

雷霆说：我的意思是你出面协调一下，这些都是战争军需品，耽误不得，必须在规定时间内运到前方。阿成山：雷军长，这要是土匪打劫，可不是我阿成山能够管得了的，我的民团也没有剿匪能力啊。雷霆：可维持好这一地区的治安应该是阿土司的分内之责啊。阿成山：云南土匪多如牛毛，各土司跟他们向来是井水不犯河水，这雷军长应该是知道的。雷霆：这么说阿土司是不管这事了？阿成山笑了笑：雷军长误会了，不是不管，是无能为力，管不了。雷霆：阿土司多想想民族大义，雷某先告辞。

雷霆虎着脸起身带着警卫员走出。

张阿六上前说：老爷，这事可不能使着性子来啊！阿成山摆摆手：你别管，我自有主张。

离开野鸭湖，雷霆连夜赶路，来到木府。阿木扎为雷霆和军官上了茶，退到木润声身后。

木润声问：雷长官专程来，不会是有什么急事吧？雷霆：我是从野鸭湖过来的，那里情况很糟糕，我们的运粮队已经遭遇了两次伏击，牺牲了三十多名战士，粮食也都丢了。木润声吃惊地：阿大土司在那儿，不应该这样啊。雷霆：可他说无能为力。木润声点点头：我听说了一些事情，可能对他刺激太大。

雷霆问：先不管他，你现在手底下的民团有多少人？木润声回答：三百出头，除护送马帮外，还担负着整个大研镇的治安，我得保护好那些商号。雷霆说：我在想，能否把民团再扩大一些，武器我来解决。你负责包括野鸭湖一带的警戒任务。木润声犹豫了一下：雷长官，这事可能有些难，阿大土司实际管着整个丽江地区，大研镇由于木家世居此地，不定期可以管管，直接插手野鸭湖地区，我担心又会产生误会。雷霆：如果只是对野鸭湖外围进行警戒呢？木润声看了看军官：如果军方能够恰当参与，我想应该没有问题。

雷霆站起身来走了几步，问道：润声，如果我直接解决你和你手下几个主要帮手的军籍问题，你看这事行吗？木润声一怔：从军？雷霆：穿上军装，不就等于军方参与了吗？木润声：雷长官，这事行吗？雷霆：这样做什么事情都名正言顺了。战争期间，特事特办，我可以利用手中的权力，给你一个少校军衔，阿木扎一直跟着你，可以挂上尉军衔，另外再给你一个中尉和两个少尉。润声，你考虑一下。阿木扎：大少爷，您要是穿上军装，肯定威风八面。木润声呵斥住阿木扎：多嘴！继而对雷霆说：年轻人都想抗日，民团扩编应该没有问题。军官：武器我保证三日内送到。

木润声说：雷长官如此信任，润声愿担此任，保证运粮队伍。雷霆握着木润声的手：润声啊，穿上了这身军装，就成了真正的军人，咱们共同为抗日做贡献吧。

木润声回答：是！军长。

雷霆在副官的陪同下朝指挥部走来，雷丹妮迎上：爸，谈得怎么样？雷霆：阿成山萎靡不振，看来运送粮食的问题，只有靠咱们自己解决了。雷丹妮说：都怪我，处理事情太草率了。雷霆：我看不一定是这个原因。雷丹妮：缺了他，照样抗日打鬼子，我会帮爸爸的。雷霆：好，这次护送运粮队的任务，就交给你，木润声会帮你的。雷丹妮一怔：木润声？我不需要他帮忙。雷霆说：他现在负责野鸭湖地区的外围警戒，真把粮食护送到大理，还得靠你自己。

二丫跑来对雷丹妮说：草野先生来了，说要见见小姐。雷丹妮：他来干什么？二丫摇摇头：不知道。雷丹妮：爸，我去去就来。雷霆：我在指挥部等你。

雷丹妮和草野在军部驻地外的大草甸漫步。雷丹妮问：草野先生采风怎么样，有收获吗？

草野回答道：有，有，收获很大，这里有独特的民风民俗让人震撼。听说雷小姐离开了阿成山，我很佩服你的勇气，重新掌握自己的命运，我今天来……

雷丹妮说：谢谢你对我的鼓励。其实，阿成山是个好人，只是我们之间有些差异，也许是没有缘分而已。草野：你是一位知识女性，与阿成山差距太大。雷丹妮：我不喜欢你这样评价我跟阿成山的关系。草野笑了笑：请原谅，我不是有意的，我只是想问问你是否考虑过自己今后的生活？雷丹妮：没有想过。草野：噢，那你，你有没有心中的人选？雷丹妮：我刚刚走出这么大的感情烦恼，现在全国上下都在抗日，我个人也不能不关注我们民族的安危。所以，我想个人问题等以后再说。

草野说：其实，真正的爱情并不影响你所追求的民族大业，反而会起积极的作用。雷丹妮：你是这样认为的？草野：你总不能把苦闷独自压扣在心灵深处吧。雷丹妮茫然地：我也不知道该怎么办。草野：如果……如果你愿意，我可以多用些时间陪陪你，让你更多的了解我。雷丹妮：我是个定不住的人，用父亲的话说，是一匹脱缰的马。草野：我不怕，你就是跑到天边我也有能力追上你。雷丹妮：那你就不必追了。草野：为什么？雷丹妮：过两天我要替父亲押粮。草野：押粮？雷丹妮：是啊，这些事情你这个作家是不会感兴趣的，可我现在又必须做些事，所以你大可不必在我的身上再花时间和精力了。

艳阳高照，雷丹妮汗流浃背地带领战士们护送马帮走在山路上，木润声一身军装站在路中，身边是同样穿着军装的阿木扎。

雷丹妮从马上跳下说道：行啊，摇身一变成了木少校，真该恭喜你啊。木润声说：跟大小姐一样，军务在身，没有时间说笑。雷丹妮：这么急匆匆地拦下我，有什么事，说吧。木润声：护送小姐的运粮队。雷丹妮：木少校在说笑了吧？木润声：军中无戏言。雷丹妮：我这次就是护送运粮队的，还用得着你来护送我吗？木润声：口说无凭，请雷小姐跟我到上边走走，你就会知道了。雷丹妮犹豫了一下：原地待命，我去看一看马上就回来。二丫，你跟我来。

雷丹妮带了二丫随木润声走去。

木润声带着雷丹妮走到树林边，把望远镜递给雷丹妮，指指山脚下的草丛。雷丹妮从望远镜中看到草丛深处，土匪们披着伪装潜伏在草丛里。雷丹妮把望远镜递给二丫，二丫吃惊地看着。雷丹妮对木润声说：我问你两个问题。第一，你怎么知道有人在这里埋伏？第二，怎么会有人知道我今天要押送粮食路过这里？木润声回答：第一个问题我回答你，雷长官交给我们的任务就是负责野鸭湖地区的外围警戒；第二个问题问你自己，你们是在哪个环节走漏了风声。二丫：今天全亏了你，不然我们肯定中了他们的埋伏。木润声:各负其责罢了。雷丹妮:我明白了,谢谢木少校。

二丫问:那我们怎么过去呢?木润声:我们已经放出了警戒,当然不会让咱们的运粮队吃亏的。雷丹妮:现在怎么办?木润声:我们目前警戒的区域很大,今天过来的人无法跟他们正面交手,绕过他们的埋伏圈,只能从小路过去了。雷丹妮:那你赶快带路吧!

夜晚的驿站,安静极了。黑牛来回不停地走着,一土匪推门走进。黑牛着急地问:怎么样,有消息了吗?土匪回答:大当家的,弟兄们在草里已经趴了好几天了,连个马帮的影子都不见。草野跳了起来:不可能,这消息千真万确。黑牛笑了笑:草野先生,你被当猴给耍了,那个女人可是精得很内。随从走了进来,向草野轻声耳语。草野一怔:消息准确吗?随从点点头。

草野对黑牛说:你的人先撤回来吧,我还有点急事要处理。

草野说完,跟着随从匆匆走出,来到松下世仁的住地。松下世仁恼怒地抽了草野一耳光,指着桌上的电报说:这是组长的电报,你自己看看!

草野拿起电报看着,手不停地颤抖。松下世仁说:你不是东西全送出去了吗?你不是说一点问题都没有吗?电报上说得很清楚,责成早日完成任务,否则的话你自行切腹。草野:先生如果同意,我愿意亲自把东西送过去。松下世人:你是想把我也出卖给支那人吗?草野低头:学生不敢。松下世人:这批建设谍报站的东西,必须立即送往昆明,还得靠黑水塘这批人。草野:是!

阿成山土司府，丫头接过雷霆取下的帽子和脱下的外衣。

阿成山迎上说：来来来，雷军长，这边坐。雷霆：这次运送军用物资和截阻成功，你阿大土司可有了大功劳。松下世仁不会想到原以为可以利用大土司的失落，没想到中了大土司的圈套，他们这次用黑牛运送货物，损失不小。

阿成山笑着说：哪里哪里，这是我应尽的一分责任，国难当头，有力出力嘛。

雷霆说：阿土司顾全局，识大体，能摒弃旧怨，大力合作，保证抗战物资的运送，这可是大功劳呐。阿成山：雷军长过奖了，以后我还会做的。雷霆笑着：好！我还担心你会为老婆儿子的事情，耿耿于怀呢。阿成山尴尬地：那是有点伤面子，好在雷军长给了一个机会，在大事情中把面子捞回来了。

雷丹妮走到阿成山的身边说：也不是一个都没有，只不过你阿大土司一时大意心急，把到手的推出门罢了。

二丫把大腹便便的金花扶了进来，阿成山怔怔地看着金花：嗳，怎么抬着个大肚子回来了？雷丹妮笑着说：她的大肚子是你的，怎么能不回来？

众人笑了起来。

阿成山对金花说：你的大肚子不是假的吗？怎么又变成真的了？雷丹妮说：大奶奶其实是真的有了你的儿子，只不过那阵子心急，一天一天等不及，一直以为还没有，怕对你交代不了，才迫不得已把假肚子装起来。阿成山苦笑着：你这又是何必呢，有就是有，没有就没有，这有什么关系。

雷霆笑着说：对，这话实诚。

第 26 章

  雷丹妮说：后来大奶奶回娘家羞得投河自尽，哪知河水太浅又淹不死，看巫医的时候才发现是真的有了孩子。阿成山走到金花身旁，说：你怎么尽干傻事，你又不是不知道，我不过发一通脾气嘛，我还正打算接你回来。金花轻声说：你那天的火差点把房子都点着了。阿成山说：那天火是大了点，现在早熄了。阿成山扶着金花坐到椅子上：老天有眼，我做了好事，所以失而复得，而且这孩子的的确确是咱们自己的。雷丹妮说：祝贺你老阿，大喜事，这次真的要当阿爸啦。雪霆提议：我提议现在是不是应该先干一杯，为胜利，为团聚！阿成山：好！众人举起了杯，酒杯在桌中心碰在一起。

  后方营地，采尔直玛正背着小音音为伤病员忙碌着。顾约翰走到她身旁说：直玛，你看谁来了。采尔直玛抬头，惊喜地叫了起来：丹妮！是你。

  雷丹妮跑了过来，接下小音音：来，让二姨抱抱小音音，想死我了，快叫我。小音音嫩嫩的声音叫了声：二姨。雷丹妮高兴地：真乖，音音又长大了。

  和东巴过来说：直玛，你们姐妹也好久没见面了，好好聊聊吧。和东巴接过孩子走开。顾约翰说：直玛现在在我们救护队工作，她很努力，也很有耐心。雷丹妮高兴地说：祝贺你！直玛。

  一护士端着一盘子纱布和药品进来，采尔直玛正要去接。顾约翰说：不，我来吧，你们分别这么长时间，先去说话吧，这里由我来护理。

  采尔直玛和雷丹妮向树林走去。

  雷丹妮问：怎么样，还适应吧？采尔直玛说：我很好，能为抗战出力，能走出个人困扰，我从来没有这么愉快。你怎么样？

雷丹妮说：我离开土司府后一直在帮助我父亲护送抗战军需品。采尔直玛说：来回跑，路上可得当心。雷丹妮：放心吧，我会留意的。嗳，我每次押运货物，一路上总感觉一明一暗都有人保护着。采尔直玛：是吗？会是谁呢？雷丹妮：明的是木润声，他现在是我爸手下的少校军官了。这暗的，我们估计木润铭很可能参与其中，但他却一直没有露面。采尔直玛伤感地说：如果是他，我相信工作能愈合他心灵上的伤痕。

采尔直玛从怀中掏出碰铃放在地上，对着遥远的天际，吹响了口弦。

旷野，策马而过的木润铭，似骤然听到天边传来的乐声，带马人立而起，遥望着蓝天深处，紧锁的双眉，深沉的脸中，露出一丝难以察觉的思绪。

雷霆军部，众人围着桌子上的沙盘研究着。

木润声指着说：从牛镇过云岗山再过黑水塘，走这条道，可以节省一半的时间，但就是不好走，峡谷河流太多。雷霆指着沙盘说：其他道呢？比如走这条道。木润声说：不行，从这里过江没有桥，过不去。雷霆思忖着。雷丹妮说：看来，走好路就得拖时间，要省时间，路途又艰险。木润声说：这条道现在已经走通了，不行的话，我们想办法再加强运力。大家把眼光都投向雷霆，雷霆只是看着沙盘出神。

二丫走进向雷丹妮轻声耳语。雷丹妮想了想，随二丫走了出去。

驻地外，草野来回走着。雷丹妮走出：草野先生，你来

第 26 章

了。草野迎上来：我很想见见你。雷丹妮笑了笑：谢谢你，其实……草野：丹妮，你瘦了，也黑了，是不是很忙？雷丹妮：在父亲手下做事，确实很忙。草野：我能否为你分担一些。雷丹妮：你是诗人，部队上的事情你帮不了我。

草野犹豫了一下说：丹妮，你不能因为一次婚姻的失败就对未来失去信心。雷丹妮：不，眼下最重要的是协助父亲搞好工作，婚姻，我还来不及去想。草野：不，你错了。在民族危亡之时，我也要化热血于热土，我愿意和你一起驰骋在疆场上，为挽救国难谱写爱情诗章。我真的非常非常爱你，从小镇见到你的第一次面……

雷丹妮说：对不起，这种浪漫虚幻的梦想对我来说已经过去了。草野：不，有了伟大的爱，一切困难都能克服，只要我们携手努力，就能创造出惊天动地的事情。雷丹妮：好，这些事情暂且不谈。我们慢慢了解，好吗？草野：丹妮，我渴望天天都能见到你，哪怕在军中做一个勤务兵也行。雷丹妮：想从军的话，我可以带你去找我父亲谈谈，看他愿不愿意收留你。草野：我一定会说服他的。

雷丹妮带草野来见父亲。

雷霆面对草野的请求大笑：不行，不行，你这样的文人公子，怎么可以跟着行军打仗的军人做勤务兵？传出去人家会说我雷霆不爱惜人才了。

草野说：军长是不是忘了，当年木润铭不也是投奔你的门下，他也是一个少爷公子。雷霆说：不，他与你不同。草野：有什么不同？雷霆：当年木润铭是情死余生，路绝途穷，在潦倒之际，我收留他，也是给他一条生路，那当然可以。草野：你也可以这么看待我。雷霆：不，你身为大诗人，就应该去做诗人的事情。草野：国难当头，尽国人之力，是不分高低贵贱的。雷霆：不是我拒绝你于军门之外，你可知道，军人居无定所，风餐露宿，马革裹尸，死而后已，这一切对你来说都太残忍了。雷丹妮：爸，你也太小瞧人了，那次在野鸭湖，我差点被疯马踩倒，还是草野先生冲向疯马，一把套住，救了我。他是个文武全才，不亚于当年的木润铭。

　　雷霆笑了笑，说：我这个女儿呀，个性强得很。当然，我的后勤方面，多少还是依仗丹妮打理，若她同意，那你不妨先跟她跑一趟马帮再说吧。草野兴奋地：是，谢谢军长！

　　雷丹妮的马队又要出发，雷霆一行人在大道上送行。

　　雷霆嘱咐道：丹妮，这一路上，你可得当心，千万不能大意，到了交接点，换过批文后，你们就返回。雷丹妮：爸，你放心好了，我又不是第一次搞押运了。雷霆：军情随时都会变化，一次跟一次不一样。雷丹妮：知道，我会与你的副官合作好的。雷霆：一定要按计划路线走，那边才有人接应。新来的这个草野，你可得多留点心，我们对他了解不多，懂吗？雷丹妮点点头：我懂。副官高喊：出发！

　　马帮浩浩荡荡地朝着远方走去。

　　傍晚，马队露宿荒野，民工拿来了一顶帐篷，在一低洼处安了起来，雷丹妮也动手帮忙。草野上前说：不要把帐篷安在这里。雷丹妮问：为什么？都快安好了。草野四下看了看：这里地势太低，一旦下雨会很危险，还是选一个地势高的地方为好。

第 26 章

雷丹妮犹豫了一下：好吧，照你说的做吧。民工搬着帐篷向高处走去。

夜晚，果然强风骤起，帐篷被吹得晃动起来，夜空下起了暴雨。草野指挥着民工：快，压着，一定要压死帐篷。二丫从帐篷里看到草野正卖力地压着帐篷。雷丹妮说：雨太大了，叫他进来避一避。二丫喊道：草野先生，小姐让你快到帐篷里来避避雨。

草野抹了一把脸上的雨水，说：我没事，你们就在里面待着，不要出来。

向导上前说：长官，这里雨太大，说不定马上会有山洪。草野：啊！有山洪？向导：长官，我们得赶快离开，不然会来不及的。雷丹妮钻出帐篷：听向导的，马上撤离！

士兵和马帮锅头们都去牵拉着各自负责的马匹，并把放在地上的驮架①架回上马匹。雷丹妮也顾不得许多，和队员们一起动手干着。马帮冒雨朝着山的高处走去，山谷的水越聚越多，形成强大的洪水向刚才他们宿营的地方冲去。

雷丹妮指挥着马帮：快，快往高处走……草野上前把雨衣披在雷丹妮的身上，之后，跑去拼命拉着一匹陷在泥中的马。草野：大家不要乱，到了高处就不怕了。雷丹妮滑倒在地，草野上前扶着雷丹妮一步步向前走去。一个高坎，民工和士兵把一匹匹马推上去。草野把雷丹妮交给二丫，跑过去使劲推着。

雷丹妮高一脚低一脚地走着，一下倒在地上叫道：哎呀，我

---

① 放货物的架子。

的腿。草野忙跑过来：你怎么啦？丹妮。二丫：小姐的腿扭了，快拿担架。民工一：担架！民工二：急着走，担架忘在宿营地了。草野：丹妮，来！草野把雷丹妮往背上一背。雷丹妮挣扎着：不，还是我自己走吧。草野：别动，当心。雷丹妮一看，身旁是一道山崖，只好爬到草野的背上。草野背着雷丹妮跟着大队走去。

阳光从山尖上冒了出来，负伤的雷丹妮，腿上缠着绷带，骑在马上，草野牵着马走在她的身旁。草野说：危险总算过去了。雷丹妮说：我得谢谢你一夜的劳累。草野说：我愿意！丹妮，只要平安就好。马队向前走去。

酒倒进一个个酒杯。

雷霆端起酒杯向士兵和民工致谢：谢谢你们的合作，为你们的胜利归来干杯！士兵和民工：谢谢军长！士兵和民工们把酒喝下。

雷霆对着草野举杯，说：为你协助丹妮完成此次任务，也为我又得到一位得力助手，干杯！草野：谢谢军长！草野把酒喝下。雷霆看着雷丹妮说：你很有眼光，草野先生的确是一个有才华的人，而且他很有头脑。雷丹妮笑了笑：爸爸，你比我更有眼光。

草野说：军长，我一定尽自己的能力，为军长效力，为国家效力！雷霆：好，我很欣赏你的能力。大家举起杯，为了抗战胜利，为了早日把日本小鬼子赶出中国去，咱们一齐干一杯。

众人：干！

第 27 章

草野和雷丹妮说笑着走出驻地,向湖边走去。

采尔直玛由一个士兵领着迎面走来,雷丹妮看到,高兴地叫道:直玛,你来了。采尔直玛瞥了草野一眼:听说你回来了,我来看看你,还好吗?雷丹妮:没事,这条路我都走过多少次了。采尔直玛:你千万别大意,这可是战争期间,我有点话想跟你单独说说。

雷丹妮看着草野说:我们姐妹分开好长时间了,在一起单独说几句话,不介意吧?草野说:对不起,你们谈吧。草野说完走去,采尔直玛一直注视着他的背影。

采尔直玛和雷丹妮在水边坐下。

采尔直玛问:丹妮,草野怎么会在这里?雷丹妮说:怎么?难道不行吗?采尔直玛犹豫了一下,说:我觉得他这个人不可靠。丹妮,现在是非常时期,你不能跟这样的人在一起。雷丹妮:他又不是什么可怕的妖魔,值得你这么紧张。采尔直玛:你不了解他,我总觉得这个人有问题。雷丹妮:有什么问题?

情　殇

他是一个挺不错的男人,我跟他在一起也没有什么不好?采尔直玛:他说自己是作家上这儿采风来的,哪有采风就不走的道理。雷丹妮:你想得太多了,他来军中,无非是想为抗战出点力。你不用担心,这次我们一起工作,算是对他的能力有了一个全面的了解,真的,他是一个很有能力的人。采尔直玛:你可千万别看错了人。雷丹妮:我父亲也很赏识他的才干。直玛,我知道你是让男人给吓怕了,可总不能让我也跟你一样怕男人吧。采尔直玛:不,完全不是这样。草野很有心计,而且来路也不明。雷丹妮:这有什么,内地沦陷,文化人只好南下都来到我们云南了。采尔直玛:丹妮,你得听我一句话……

雷丹妮不快地说:直玛,你还有其他事吗?采尔直玛:我们救护队的药品用完了,我带着几个民工来向军部取一些救护用品。雷丹妮:那你尽快领了救护用品,赶快回去吧。采尔直玛无奈地摇摇头,走去。

草野敲了敲雷霆办公室的门,走入,问道:军长叫我?我来了。

雷霆说:上次运输,我听丹妮说,你表现很好,我找你,有个任务想叫你去完成。草野:什么任务?雷霆:有一批军饷要启运,丹妮她有其他任务,我考虑准备由你全权负责押运,你看怎么样?能行吗?草野立正:没问题,我会尽力完成任务。雷霆:好,就这么定了,你准备准备,听候通知,随时都会上路。草野:是!

晚上,草野悄悄离开军营,向松下世仁报告。松下世仁思忖着:运送军饷?很好,雷霆这是在考验你,草野君,安心上路吧，雷霆现在绝对不会放心让你一个人负责押运军饷的。草野：先生的意思是……松下世仁：接受他们的考验！

草野找到雷丹妮，装作有些紧张地说：军长突然把这么重要的任务交给我，不会有别的什么考虑吧？雷丹妮笑着：我的大诗人，别忘了现在是战争时期，什么事情都会发生的。草野：我知道，其实我没别的，只要你能信任我，就足够了。雷丹妮：我要是不信任你，把你领到这儿，那不成引狼入室了吗？草野：你能这样说，我就放心了。草野说着牵住雷丹妮的手，两人说笑着向湖边走去。

第二天，雷霆父女送别草野。

草野风雨兼程，赶到住地，与军官交换了文件。当草野一脸疲惫地把换回的文件交回到雷霆手中时，雷霆、雷丹妮高兴地与草野握手道贺。

随着战争进程的加剧，运送物资的任务更重了。

雷霆又找来草野，交给他一项任务。雷霆说：现在有两线战地急需大批弹药，必须赶快派人送去。草野问：很紧急吗？雷霆：前线吃紧，非常紧急。雷丹妮：军长，我负责一路吧。雷霆点点头：行，我也是这么考虑的。雷丹妮：那另一条……草野：军长，让我来吧！雷霆：这次任务非常重，你能行吗？草野：请军长放心，保证完成任务。雷霆犹豫了一下：那也好，就交给你负责，丹妮，你说呢？雷丹妮：我看行。雷霆：好，就这么定了。你们俩务必要小心，五百匹马的马帮，主要是前线等着我们送去弹药，不能有一丝疏忽大意，也不能有一点闪失。草野：我保证完成任务，按时把弹药安全送到。雷霆：好，准备去吧，弹药装好，立即出发。

傍晚，草野来到一家小食店，吃完焖肉饵丝，掏出烟来点上。一个食客上前掏出烟，随手把烟盒放在桌子上，两个一样的烟盒：先生，借个火。草野掏出火柴放在桌子上，食客拿起火柴点上烟，放下火柴，拿起了草野的烟盒：谢谢！草野：不客气。

驻地前的空地上，聚集了许多运军火的马匹，货物均已准备好，草野前后忙着指挥马帮。

雷霆远远地看着，说：丹妮，看出来没有，他是个训练有素的职业军人。雷丹妮说：听说他能舞一手好剑。雷霆淡淡一笑：也许是刀不是剑。

草野骑马来到雷霆面前，跳下马报告：军长，一切准备完毕！雷霆笑着摆摆手：完成好任务。草野高声喊着：出发！

马帮排着长队，走出驻地。

马帮走至河谷地带，黑牛带着土匪们用野草作伪装掩护，埋伏着。黑牛：妈的，这年头找点钱真不容易。土匪：大当家的，那边有片树林阴凉，您不妨上那儿歇着去，马帮来了，弟兄们知道该怎么做。黑牛四下看了看：行，老子再趴下去，非晒成干肉不可。黑牛起身向树林走去。在一棵大树下黑牛坐下，掏出烟点上。突然远处一支马队举着火把飞驰而来，领头的正是木润铭。马队跑到土匪埋伏的地方，一个个将火把抛出，草地上顿时燃起熊熊大火。黑牛怔怔地看着，土匪们脱去草披掩护伪装，落荒而逃。木润铭带着土司的民团追杀着土匪。黑牛把手里的烟狠狠地砸在地上，也转身向树林深处跑去。雷丹妮带马帮从河谷另一边遥遥而过,向木润铭挥动着双手。木润铭慢慢抬起手里的枪,连开三枪。

草野一边向军官交文书及所运物资,一边四下张望着。军官笑了笑,问道:草野先生等什么人吧?草野说:没有,没有。军官:你要等的人不会到了,在河谷那边已经变成烧野猪了,还是老老实实地投降吧。草野一怔:你说什么,我不明白。说着,突然拔出手枪,向军官射击。军官闪身躲藏马后,掏枪向草野射击,驻地顿时一片混乱。

草野向树林深处跑去,军官带着几名士兵追赶过去。草野的两名随从从树林中冲出,端着冲锋枪向追赶过来的军官和士兵扫射,士兵们赶来,向两名随从射击,两名随从中弹倒下。

草野幸而逃命,跑回了他们的住所。松下世仁痛苦地问:草野君,我们到底是什么地方出了问题,你能告诉我吗?草野说:先生这次的计划应该是没有问题的。松下世仁说:可我们失败了,而且是一次次的失败。草野垂下头去。

松本世仁说:从东北到北平,再到上海,虽然也有过失败,可从来没有失败得这么惨。这里是中国历史上的蛮荒之地,我们应该有巨大的活动空间,可我们得到的竟然是不断地失败。帝国的菊兵团被挡在怒江对岸,我们能过得了长江、黄河,为什么就过不了怒江?

草野说:也许我们生产的仇恨太多。松下世仁说:不,大和民族是世界上最优秀的民族,我们必须胜利,你必须明白,我们不能失败。草野:先生,我们在这里的力量太弱小了。松下世仁:你的话也许有道理,有一个外国人带了一个救护队就在这一带活动，我们的力量打不了雷霆，难道还打不了一群女人吗？草野君，组长等咱们的消息已经太久了，你明白我的意思吗？他们现在一定在庆祝胜利，这是他们送给我们的机会。

驻地的夜晚，汽灯闪亮，众人祝捷，二丫端着酒倒着。

雷霆抬着酒杯说：来，为庆贺我们的此次胜利，大家干一杯！副官：这次胜利，全是军长谋划得好，使他们赔钱又赔兵。雷霆：这次胜利是大家通力合作的结果。草野自信又自负，我们就攻其弱点，使计划得以成功。雷丹妮：为了对付草野，还真费了一番周折。木润铭：多行不义必自毙，这是他们自找的结果。雷霆：你们也许不知道，在这次行动中，采尔直玛也起了关键作用。木润铭一怔：直玛也参与了这次行动？雷丹妮：直玛真戏真演，没有她的引诱和协助，草野不会就这样被识破的，也未必会那么轻易上钩，所以她也是一个功臣。雷霆：直玛不错，很能吃苦，在救护队做了许多工作。

木润铭垂下头去，默默地喝下杯中的酒。

饭后雷丹妮和木润铭在营地散步，雷丹妮说：你一直在暗中保护着运输队，谢谢了。木润铭：这都是雷军长的安排。雷丹妮：草野最终暴露了他的身份，他就是日本间谍。木润铭：我有一句话不知该不该对你讲。雷丹妮：你说吧。

木润铭说：我一直以为你对草野有意思，这种时候对什么都不会怀疑，请原谅我的直率。雷丹妮说：识破草野，得有个过程，他很善于伪装。其实在阿成山那里第一次见到草野，他无意中流露出的礼节，我就有所感觉，直玛也多次提醒过我。木润铭：草野找过我，说要帮助我，我信了，根本没有考虑他的来历，想起来真是太幼稚了。丹妮，现在我真的感觉很充实，在国家和民族最危难的时候，能出一点力，我感到很欣慰。雷丹妮：我和直玛也一样，都在忙于抗战的事情，等过上一段时间，我说服她，你们坐下来好好谈谈。

木润铭说：有些事情会让人刻骨铭心，但时间也会使人淡忘。

雷丹妮说：直玛是个重感情的人，她不会淡忘。木润铭摇摇头：不，我不想打扰她已经平静了的心。只是孩子，我很想见见他，亲手抱一抱。不了，这事还是以后再说吧。咱们现在要先把小日本赶出中国去，她在救护队工作也很忙，我想她需要这个工作。雷丹妮点点头：你能理解她，我就放心了。现在山茶也在救护队工作，我们都会照顾小音音的。

马锅头在山路上走着，不停地擦着汗，取下水囊喝了几口，牵马走到一树荫下。马锅头拍拍马：嗳，老伙计，咱们都歇一会儿吧。马锅头把马拴到一棵树上，马独自吃着草，他在隐蔽处的石头上躺了下来。

这时，黑牛一行也走了过来，黑牛说：草野先生，先在这休息一下吧，探路的人已经撒出去了，等他们回来再说吧。草野：让大家先在这里休息，听候命令。马锅头轻轻爬起来，躬身走去。扒开树叶一看，黑牛与草野等人，正用望远镜向远处张望着。一土匪跑来：大当家的，救护队就在前面的小河边。黑牛：有多少人？土匪：不多，就二十多号。草野说：下手一定要快，要狠。黑牛问：那一个人头多少钱啊？草野：十块大洋，怎么样？黑牛气愤地说：草野先生，你以为这是在杀猪？一个人头一百块大洋，草野先生要是觉得高了，老子这就走人。草野点点头：好吧，就按大当家说的算。

马锅头听着，屏住了呼吸，轻手轻脚地退到自己的马边，解开马，从树荫后飞骑而出，向救护队驻地奔去。

草野一惊：哪来的人！黑牛一看背影：妈的，是马锅头，他怎么会在这里？草野：别管他，现在抓紧时间靠近救护队，一定要抓住救护队所有的人。黑牛：快，到河边去！黑牛和草野带着人，朝河边跑去。

马锅头跑了一阵，见无人来追，摘下枪连向空中鸣响几枪，带马向救护队驻地飞奔而去。

正在晾衣服的采尔直玛听到枪声，向枪声方向看着。和东巴、山茶等也放下手中的活计，围拢了过来。顾约翰从帐篷中走出，只见马锅头骑着马飞驰而来，喊道：快，快撤，敌人要来偷袭你们。顾约翰问：还有多远？马锅头说：就在前面，快！他们人多，你们马上走。采尔直玛对顾约翰说：队长，情况紧急，得做好战斗准备。顾约翰：你立即带着伤员往后山撤。采尔直玛：不，你带着伤员走，山茶，你把小音音快带走，我来掩护。山茶说：你们走，还是我来掩护吧。

马锅头对着几个年轻男子说：你们跟我来，到前面挡一下。直玛，你和顾约翰先生赶快带人走。

几个人端着枪朝前跑去。马锅头正想走，想了想，从腰中掏出一个东西，在队员耳边说了几句什么，然后把东西交给队员，马锅头带着几个小伙子朝前跑去。

采尔直玛背着孩子，与山茶、顾约翰等人扶着伤员们朝后山树林里退去。身后传来阵阵枪声，

第 27 章

　　黑牛和草野带人朝河边冲来。马锅头带着几个队员占据有利地形，马锅头说：别慌，比野猪好打，关键是拖住他们。阿都一声枪响，一个土匪中弹倒下。阿都兴奋地说：阿爸，比野猪好打多了。马锅头：对，就这样打。

　　黑牛带着土匪向马锅头这边冲来。采尔直玛和山茶带着伤员撤入村庄，躲入破旧小屋。采尔直玛说：快进来，小心。伤员们一一进入小屋。山茶：这里有地窖。采尔直玛放下小音音：我下去看看。采尔直玛说完便钻进地窖，枪声和叫喊声越来越近。

　　黑牛叫嚷着：他们跑不远，给老子搜，别让他们溜跑了。山茶忙跑到门旁，紧张地往外看着。采尔直玛兴奋地出现在洞口说：这是一个通往外面的地道。采尔直玛爬出地窖口：山茶，快，你带领伤员和顾约翰先生到地窖中去。顾约翰：不，我不去，你去。采尔直玛：别争了，救护队没有你不行，快走。采尔直玛说着把顾约翰推下洞口。和东巴：直玛，我留下来对付这帮杂种。采尔直玛不容分说，把和东巴也推下地窖，和东巴也只好随伤员一起下了地窖。

　　黑牛和草野带人包围了破屋。土匪叫道：大当家的，你看，他们就躲在那里。黑牛说：给我冲，一定要抓住他们。土匪们向破屋冲去。一阵枪声，马锅头和几个手下负伤倒在地上。黑牛：妈的，把他带过来。几个土匪把满身是血的马锅头推上前，黑牛：有能耐就开枪，怎么哑了？开呀！

　　看到马锅头被俘，救护队停止了射击，小屋安静极了，没有枪声。黑牛大声喊道：里面的人出来，再不出来，老子就毙了他。

山茶从地窖中爬了出来,看到马锅头被土匪押着,便想往外冲,采尔直玛一把拉住。采尔直玛说:别乱动,会坏事的。山茶:我跟他们拼了……采尔直玛拼命拉住山茶:不能这样,我出去,拖住他们,争取时间,你带伤员和顾约翰赶快离开。山茶:不,我去。采尔直玛:服从命令,快走!山茶流泪离开。

黑牛气急败坏地叫骂着:再不出来,老子可要先杀人后烧房了。

破屋的门打开了,采尔直玛走出。马锅头阻止,说:直玛,你不能过来!黑牛,你现在连道上的规矩都不讲了。黑牛说:别动!老子早就给足了你面子,现在弄得弟兄们连他妈的稀饭都喝不上了。采尔直玛向前慢慢走着。黑牛用枪对着采尔直玛:你他妈的给我站住!草野按住了黑牛的枪。黑牛说:听着,我可以杀你,也可以不杀你。只要你交出其他人来,一切都好说。

采尔直玛说:你也听着,你杀了我也不会交出其他人。草野:直玛小姐,你要想清楚,你们这帮人现在是在我手里控制着。采尔直玛冷冷地看着草野:美梦做得别太早。草野冷冷一笑:你想跟我拖时间?黑牛:一枪毙了完事。采尔直玛盯着黑牛:你这个汉奸,出卖尊严,出卖祖宗,你开枪吧!黑牛气急败坏:你,老子不是汉奸!黑牛说着抬起枪来。

一声枪响,黑牛手中的枪被骑马飞奔而来的雷丹妮打落在地上。二丫等飞骑过来,与雷丹妮一道在马上继续向土匪们开枪。破屋内几个持枪的小伙子冲出,一边射击一边救下马锅头和采尔直玛。黑牛叫道:扯乎,快扯乎!

草野举枪射向雷丹妮,二丫大叫一声飞身扑到雷丹妮的马上，二丫中弹掉下马来。雷丹妮恼怒地向草野连开数枪。草野躲过雷丹妮的枪弹，飞身上马，朝荒野上飞奔而去。采尔直玛、阿都、马锅头也骑上马紧随而去。

雷丹妮抱着二丫，泪下如雨，说道：二丫，二丫！你不能死，你要挺住。二丫紧闭双眼，微微睁开了，对雷丹妮笑了笑：二丫不能陪小姐了……

顾约翰挤开众人，蹲到二丫面前看了看，说：赶快抢救！雷丹妮把二丫交给顾约翰，说：二丫，我一定为你报仇！

雷丹妮转身上了马，发狠地抽了马一鞭子，马飞奔而去。草野骑在马上狂奔，采尔直玛和马锅头紧随其后。草野不停地反身射击，采尔直玛和马锅头紧贴马背。马锅头举枪射击。草野举枪欲射，枪中已无子弹。马匹冲出山谷，前面是一片高原旷野。

马锅头举枪瞄准，马一个趔趄栽倒在地，草野也被摔倒在地上。草野起身正要逃，雷丹妮骑马迎面冲来。草野从马背上抽出他偷的阿成山的宝刀。

采尔直玛、马锅头和雷丹妮跳下马，怒视着草野。草野惊恐：丹妮……

马锅头以为草野就是松下世仁，说：松下世仁，该摘下你的面具了。草野为了迷惑对方，冷冷一笑，假装自己是松下世仁，说：不错，我是松下世仁，日本中原二队，大佐。草野说完举刀冲雷丹妮砍去，雷丹妮一闪，哪知被草绊了一跤，摔倒在地上，草野怪叫着举刀砍向雷丹妮，眼看雷丹妮已经来不及躲闪，阿都扑向雷丹妮，替雷丹妮挡住了草野的刀，倒在血泊中。雷

情 殇

丹妮跳了起来，举枪便打，草野一偏身子，躲了过去，雷丹妮又要开枪，被马锅头拉住。

马锅头说：别，让我来对付这个杂种。马锅头上前赤手与手持宝刀的草野较量起来。两人你来我往，马锅头使出一招招拳术，草野舞出一招招日本浪人的刀术，突然马锅头几个飞腿，踢得草野跌倒在地，宝刀脱手，落在雷丹妮脚前。

马锅头收了手，冷眼看着草野。草野起身正想捡刀，雷丹妮俯身把刀抢在自己手中。草野发疯似地冲向雷丹妮，试图夺刀，雷丹妮挺刀直刺。草野双手紧握着宝刀，两眼绝望地看着眼前的雷丹妮。雷丹妮用力抽出刀，一股鲜红的血喷射而出。草野慢慢倒在地上，身体扭动了几下，一手紧抓着地上的一束野草。

旷野再次安静了下来，只有微风吹动着荒野。

雷丹妮跪在二丫的新坟前，失声痛哭：二丫，我们从小一起长大，亲如姐妹，你怎么丢下我走了……

山茶跪在阿都的新坟前，泣不成声地叫着：阿都，阿都，你答应我白头到老……

采尔直玛上前扶起雷丹妮，二人扶起山茶。雷丹妮流着泪说：山茶，阿都是为了救我而死的，只要这鲜血还在我身体中流动，我一定会报仇，我绝不会放过杀害二丫和阿都的豺狼。

马锅头、顾约翰和救护队队员为二丫和阿都致哀，捧上一把把黄土，献上一束束鲜红的杜鹃花……

黄昏，在一束快要凋谢的杜鹃花前，木润铭默默地站在那里，刀刺破自己的手掌，一滴滴鲜血滴在了坟上。

木润铭自语：阿都、二丫……我一定让日本人血债血还！

第 27 章

在一个小客栈里，疲惫不堪的黑牛枕着枪，和衣半躺在床上……

突然，一个包着石子的纸团从窗外飞了进来，打在他的床边，黑牛跳了起来。黑牛看四下无人，打开纸条：纸条上画着一把刀插在牛背上，下面是一个"铭"字。黑牛冲向房门，猛地拉开房门，跳出屋子。黑牛冲出客栈，看到木润铭骑在马上，神色凝重地看着自己。黑牛恼怒地举枪就打。

木润铭笑了笑调转马头跑去，黑牛跳上马追去。木润铭跑到大草甸停下，黑牛追至，两人对峙。

木润铭说：大当家的，你这个汉奸，你杀了我的朋友。黑牛：不是我杀的，你搞清楚了。木润铭：可你当了汉奸，带着日本人来杀人，你就是日本人的一条狗。黑牛：木润铭，你敢来教训我，老子让你做了黑水塘二当家的，你却总是坏老子的好事，你他妈的不仗义、不江湖。木润铭：你现在悬崖勒马还来得及……黑牛：放屁，老子被麻雀啄了眼，认了你这么个忘恩负义的家伙，挡住了老子的财道。木润铭：你作恶那么多，仇恨那么深，我们只能情断义绝了。黑牛：不错，你跟你那位哥哥，一个是我的眼中钉，一个是我的肉中刺，你们一天还在世上，老子就一天得不到安宁，非拔掉你们不可！黑牛说着，袖中的飞镖打出，木润铭惨叫一声摔下马来。黑牛得意地：哼，猫怎么会把所有的招数都教给老虎。黑牛说着带马上前看地上死去的木润铭。突然，木润铭翻身跃起，对着黑牛连开数枪！

黑牛在枪声中惨叫……

黑牛大叫一声翻身坐起，定了一下神，跳下床抓起桌子上的茶杯狠狠砸在地上。原来是一场噩梦。

手下冲进，问道：大当家的，你没事吧？黑牛气喘着：没事……没什么事。手下：大当家的，咱们还是回黑水塘吧，咱们自己的地盘要防也容易些。黑牛泪水流出：是我害了弟兄们，活不下去可以上山当土匪，可是咱们不能当汉奸啊，在别人眼里，我已经是汉奸。

金花肚子一天大过一天，已近临产。阿成山扶着金花在院里散步。丫头上前说：老爷，让我来扶着大奶奶吧。阿成山：你笨手笨脚的，还是我来。金花：我累了，要不，我回床上躺一躺。阿成山：这可不行，丹妮说要是躺得太多了，人才不健康。

金花说：又是她说。阿成山：她知道的就是比我们多嘛。你没听她说，现在都时兴孕妇产前多走动，这样生娃娃时才会容易些，没那么痛苦。金花：她又没生过娃娃，怎么知道？这话要是采尔直玛跟你说，可能还有些道理。阿成山：那倒不一定，这世上生过的不懂，没生的是内行。金花：就像你，至今没生过一个孩子，什么都比我懂。

丫头跟在身后笑了。

张阿六带着雷丹妮、采尔直玛和山茶走进。

张阿六说：大人，您的贵客来了。雷丹妮笑着：你背着我又在说什么坏话了。阿成山：我哪是说坏话啊，全是你留下的苦口良药，可她就是听不进去。好啊，都回家来啦？正好你们几个女人说给她听，让她也懂点科学。雷丹妮：真想让大奶奶给你生个聪明的小土司啊。阿成山：聪明当然好了。嗳，那个刁钻的二丫怎么没来？

第 27 章

众人沉默。

金花急切地问：她怎么啦？雷丹妮轻声地：二丫死了。阿成山一怔：死了？怎么回事？雷丹妮：二丫为了救我，让日本间谍草野开枪打死了。金花难过地流下眼泪。采尔直玛：大奶奶，你别难过，你有身孕，不能哭的。阿成山忙上前扶着金花，轻轻地拍着她的肩：别难过，别难过。

雷丹妮把宝刀递到阿成山面前：这是土司府的镇府之宝，现在我们把它找回来了。阿成山：这个草野居然偷了我的镇宅之宝。张阿六忙上前接过刀说着：完璧归赵，完璧归赵。采尔直玛看了看雷丹妮：可止是完璧归赵，丹妮用它杀敌立功，杀死草野。

阿成山拿着刀走到采尔直玛面前：现在是民族危亡之际，也是这把刀为国为民族出力的时候了，你带着它吧。采尔直玛：我？阿成山点点头。金花说：老爷交给你，你就带着，多少也是个护身的武器。采尔直玛：不，不能，这么贵重，是土司府的传家之物，不……我不能接受。阿成山：好刀用在关键处，你就拿着，让它能好好显示出咱们纳西人的威力。采尔直玛双手接过了宝刀。阿成山高兴地：阿六，今天两位太太，噢，不，不，两位小姐远道而来，你吩咐厨房准备一桌。张阿六答应着跑出。

几个女人把阿成山围在桌前有说有笑。

阿成山说：这个草野狂妄过头，可他闹来闹去，还是栽到了丹妮手里。雷丹妮：现在没有了草野，难说又会钻出条什么野狗、野狼的，到处乱咬，所以还是应该有个防备。阿成山：噢，是应该防着点啊。雷丹妮：现在你的民团被润铭带走了，为防意外，雷军长的意见是让我暂时带几个兵来，土司府也好有个保护。阿成山激动地：爸爸还这么关心我。不，军长的情我领了，不用麻烦你们了，我会叫阿六加强防范的。

采尔直玛说：是这样，现在前线吃紧，有大批伤员没地方安置，救护队希望能住到土司府来，不知你同不同意？阿成山：行呀，行呀，土司府那么大，你们住多少人都可以，直玛，你也过来？雷丹妮：直玛现在在救护队工作。阿成山开心地笑着：太好啦，你们走了，很久都不热闹了，现在住几个伤员算什么，就是来了大部队，也没问题。金花：来吧，你们又不是不知道，老阿这个人除了爱热闹，就是心眼好，现在全国都在抗日，我们有力出力，有房出房。

张阿六进来，带着丫头们把一盘盘菜放到了桌上。

采尔直玛问：嗳，这是什么菜？雷丹妮看了看：蚂蚱炒白菜。几个人都笑了起来。金花歉意地说：这个厨子就会炒这么几个菜，直玛回来了，得抽时间教教他，伤员也能吃好点。阿成山：现在我吃这道菜倒是吃上瘾了，荤素搭配。大家又笑了起来。

夜晚，随从带着张阿六走进客栈。

松下世仁说：好长时间没有打扰张先生了，最近怎么样啊？张阿六说：成天就是给土司大人干干活，其他也没什么。松下世仁：我们找过你几次，你都推辞，张先生是不是不想跟我们合作了？张阿六：钱先生误会了，真的是走不开嘛。松下世仁：张先生，你可是拿过我们的钱啊。张阿六惊慌地：是，是，拿过,拿过。松下世仁:而且用那钱还买了房子买了地。张阿六垂下头去,没有吭声。

随从上前,递给张阿六一个包:我家先生这次想请张先生办点事,把这个放在土司府的膳食里。张阿六惊恐地看着松下世仁:啊!下毒……不行,这种事情我不能干。松下世仁说:张先生,我们既然是合作,这就是我们向你提出的要求,这个时候你是不能拒绝的,你应该明白我的意思吧?张阿六:我明白,可这事我不能干,干了,我以后的日子还怎么过?我宁愿你现在就把我一枪打死好了。随从:先生的话是不能拒绝的。松下世仁:张先生误会了,这种药他们吃下去是不会死人的,睡觉,吃了这种药只是想睡觉。张阿六:是蒙汗药?松下世仁:对,就是你们说的蒙汗药。随从:张先生做了这件事情,以后就会有花不完的钱。松下世仁:当然,我们也可以直接冲进土司府杀人,那么多人死了,你一样脱不了关系,我想这不会是张先生愿意看到的。

张阿六犹豫了一下,从随从手中接过了药,说:这可是我最后一次帮你们了。

第28章

餐桌上,大家在吃饭。阿成山吩咐:阿六,把汤端上来吧。张阿六答应着退出,带着一丫头端着汤盆走了进来,把汤盆放到桌上。阿成山:都来喝碗汤吧,这是厨房里特意炖的松茸鸡汤。

丫头把汤分到各人碗里,众人刚喝完汤,便一个个感到不适,倒了下来。阿成山说:唉哟,我怎么头昏……说完趴在了桌上。丫头看到慌了神,哭喊着跑出饭厅。张阿六也装作惊慌的样子,快步走出餐厅,院里的几个家奴乱作一团。

张阿六走到大门口,向外边拍了几下手掌,松下世仁带着几个随从持枪冲了进来。几个随从朝餐厅直奔而去,来到餐厅门前,一看阿成山和几个女人均趴在桌上。

松下世人看了看:快把人都绑起来抬走。

突然雷丹妮和阿成山等跳起,雷丹妮用枪指着松下世仁:如意算盘打得不错啊,钱先生。

阿成山也叫道:来人,把他们绑了!土司府的家奴持枪从四下闪出。

松下世仁的随从举枪要打，张阿六一把菜刀架到他的脖子上。张阿六：你敢动，我就把你这个猪头割下来。松下世仁冷笑着：想不到张先生还跟我玩这一手，我早防着呢！松下世仁说着拍拍手，一个随从抱着小音音，一手用枪指着小音音的脑袋，缓缓从餐厅侧门走进。

松下世仁说：都放下枪！再不放，就要发生不愉快的事情了。被张阿六用菜刀逼着的随从，一拳把张阿六打倒在地。采尔直玛看着孩子被挟持，便要不顾一切冲过去，被雷丹妮拉住。雷丹妮说：别动，孩子会出事的。小音音哭喊着：妈妈，妈妈！

雷丹妮把枪放到桌子上，家奴们慢慢放下了枪。松下世仁说：很好，这样才象是合作嘛。请各位都到前院大堂里去集中。随从：快，快，听到了没有，到前院大堂去。

金花突然捂着肚子叫着：哎哟，痛，我痛……

阿成山忙上前扶着金花：金花，你怎么啦，怎么啦？随从一脚踢在金花的腰上：八嘎！

阿成山忙用身子护住金花，随从一耳光打在阿成山的脸上。

张阿六突然大叫一声：你这个狗娘养的，老子和你拼了。张阿六说完扑向松下世仁，松下世人抬手一枪，张阿六怒视着松下世仁慢慢倒下。金花、阿成山大叫：阿六！阿六！松下世仁说：我和我的部下，最不能够容忍的就是被人欺骗和出卖。

一个日本随从跑进来报告：先生，木润声带着人赶过来了。

松下世仁抬手一枪，一个家奴中弹倒下：请各位跟着我们走，不愿意走的，就只能跟他一样了！阿成山等人慢慢走出了土司府，向镇外走去，金花已经痛得一头大汗，雷丹妮、采尔直玛搀扶着她。日本随从用枪对着小音音的头：快走，不走我就打死这个小崽子。松下世仁：你们最好听他的话，我的这手下一向脾气不好。

采尔直玛问金花：大奶奶，是不是快到生产的日子了？金花艰难地喘着粗气说：就这几天……雷丹妮大声叫道：钱世仁，王八蛋，你还有没有人性？松下世仁说：对不起，小姐，我不是钱世仁，钱世仁是化名，我就是松下世仁。雷丹妮一惊：松下世仁，你，日本间谍？松下世仁得意地：哟西！

金花疼痛难忍不停地边走边叫喊着，阿成山突然跪了下去：大人，把金花放了吧。随从一脚把阿成山踢倒在地：八嘎！山茶冲上去：你太放肆了！山茶扶起阿成山，向镇外走去。

木润声和马锅头急匆匆地赶来土司府，大门打开，已无人看守，府内传来人们的哭声。两人跳下马，跑进土司府，看到的是一片狼藉。

一受伤家奴说：那个姓钱的，是个日本人，带人洗劫了土司府。马锅头问：阿成山人呢？家奴：全都被带走了。木润声等人来到餐厅，整个餐厅被糟蹋得不成样子，杯盘狼藉，张阿六尸体横在地上，一身是血。马锅头：妈的，狗日的下手真快。木润声：阿木扎，快，立刻带人追上他们！为保人质安全，不要随便开枪，听到了吗？阿木扎：是。

木润声、马锅头带着人马匆匆地走出了府门，策马而去。

一行人走至野外的一间只有半截的土坯房子边，金花痛苦地倒在地上。

这时,松下世仁看到木润声、马锅头一队人马过来,命令:停一下。日本随从叫道:都停下,先隐藏起来,谁乱来就打死谁。采尔直玛和雷丹妮扶着金花走进土坯房。

　　采尔直玛对一名家奴说:你照顾着土司大人,让他回避一下,大奶奶要生了。阿成山:金花,有直玛和丹妮陪着你,你放心好了。金花叫着:哎哟,我不行了……雷丹妮:一定要坚持住,过一会儿就会好的。

　　采尔直玛脱下衣服让金花垫着说:金花,你要用力……。金花叫着:哎哟,痛死我了,痛死我了……采尔直玛:马上就好,用力,用力,坚持住……

　　松下世仁听到金花的叫声,骂道:不许叫,再叫我一枪毙了你!

　　阿成山愤怒地:钱先生,你总该有点人性吧?妇女生孩子……

　　松下世仁拿出枪对着阿成山:再说话,我先毙了你!
　　山茶忙上前拉住阿成山。
　　此时,木润声、马锅头带着人马飞奔而来……
　　随着一声哭泣声响起,大奶奶总算把孩子生了出来。
　　雷丹妮欣喜地:是个男孩!

　　木润声听到孩子的哭声,知道人在这里,把手一挥,民团队员迅速散开,做好了一切战斗准备。

　　躲在破房子后面的松下世仁走了出来,向随从点点头。

　　随从对外喊道:你们别靠近,赶快撤走,不然就把他们全部杀了!木润声喊道:松下世仁,立即放下武器,我以中国军人的名誉保证,不会杀你们的。队员们悄悄地朝另一侧靠拢过去。随从说:请你们考虑后退,如果你们要来硬的,我们会立即引爆手雷,这一帮子人都得同归于尽。

马锅头说:怎么办?这家伙丧心病狂。木润声说:别着急,沉住气,等他们靠过去,我们再动手。

小音音在随从的怀中大哭,要挣开随从,随从掐着孩子的脖喉,孩子顿时没了哭声,小脸发紫。采尔直玛冲上:你个畜牲,放开他!采尔直玛说完扑上前去抢孩子,阿成山也冲上前和随从搏斗,要抢他手中的手雷。雷丹妮大喊:当心!但一切太迟,纠缠中,随从手中的手雷爆炸,雷丹妮不顾一切地扑向手雷……

木润声说:不好,冲!阿木扎带着队员们朝破房子冲了过去。

硝烟过去,血红的夕阳映照下,几个日本随从举着枪走出破房子。

木润声急匆匆冲进破房子,指挥医护人员和士兵抬出伤员,金花因为流血过多,已经死去。阿成山满脸是泪,抱着躲过大难的婴儿,不肯离开死去的金花。阿成山哭着:金花,金花,你看看孩子,这是我们的孩子啊……

木润声说:土司大人,我接到报告就带兵赶来了,可还是晚了。阿成山低泣着:日本人太可恶了,他们连女人和孩子也不放过。

重伤昏迷的雷丹妮被放上担架。木润声上前看着,轻声喊着:雷小姐,雷小姐……

采尔直玛紧紧护住小音音,也受了重伤,木润声忙把孩子抱

第 28 章

起，交给一医护人员。山茶也浑身是血，由队员扶着朝这边走来。

木润声四处搜寻着，却没有发现松下世仁，木润声紧锁眉头，目光朝前方密林中扫去。

绿色山林之中，金花永远躺在了这里。

阿成山抱着儿子，呆呆坐在金花的坟前。家奴们在旁边扶土立碑。山茶接过阿成山手中的孩子：土司大人，我们该回去了，外面风冷，孩子……

阿成山没有吭声，仍呆坐着……

木润铭骑马赶来，跳下马，冲进帐篷，看着眼前的情景，咬着牙，一脸冰霜。雷丹妮、采尔直玛、小音音都躺在担架上，孩子睡了，雷丹妮、采尔直玛伤重昏迷。

木润铭发誓道：我一定会为你们报仇！

日军指挥部设立在密林中一大帐篷中，日军少将坐在当中，身旁是一群日军军官，松下世仁身穿军服走进。小田将军站起身来说道：松下君，辛苦啦！松下世仁回礼：将军辛苦了！小田将军：松下君，松山将军让我给你带来一支特遣队，相信你一定会完成下面的重要任务。松下世仁欠身：谢谢将军！

小田将军说：松下君，目前我们大日本皇军已经取得了亚洲的绝对统治权，中国战场也会尽快结束的。小田将军和松下世仁走到地图前，将军指着地图说：松下君，目前都认为中国与外界相通的只剩下了这唯一的驼峰航线。松下世仁：是，他们正在拼命地运送战争物资。小田将军：帝国的零式飞机马上就要完全切断这条航线，所以，松下君必须马上配合行动，因为他们还有一条通往印度的道路，一条古道——茶马古道。松下君这次的任务，

541

必须彻底扰乱他们的这条运输线，配合南方军团的东亚挺进计划。松下世仁：哈依！小田将军：放心吧，松下君，给你的特遣队在德国训练过，都是最优秀的帝国武士。你们这次的任务在这儿，小田将军说着在地图上指了一下：在切断茶马古道的同时，还有这儿。松下世仁上前看着将军所指的地方……

松下世仁说：我的明白，请报告松山将军，一定完成任务！

马帮在古道上行进，松下世仁率领着特遣队冲出，特遣队员们用枪扫射着马帮，马夫们一个个中弹倒下，鲜血渗满了古道上的马蹄窝……

松下世仁带着特遣队骑马来到驿站，疯狂抢掠；特遣队员向驿站内扫射；火把丢进房屋，驿站、村寨燃烧起熊熊大火，被烧毁的驿站村寨，烟雾缭绕，古道上到处是被烧焦的废墟。

木府内，木润声神色凝重地对雷军长派来协助调查的赵营长说：根据我放出的警戒报告，马帮被袭击，驿站被烧毁都是日军的一支小部队所为。赵营长说：对，军长来电说这是日军的一支特遣队，要求我们最好能够就地把他们消灭在这一带。

阿木扎说：这伙鬼子是属耗子的，这儿打一下，那儿烧一把火，等我们接到报告过去了，人早就没影了。木润声：我在想，他们这次过来是真刀真枪地干，可烧的那些驿站、村寨并不是什么军事目标。赵营长点点头：军长也是这样说的。他们肯定是想先在这边烧上几把火，转移咱们的视线，然后才对准他们真正的行动目标。

木润声：可我们现在并不清楚他们这次过来的任务目标是什么，这让我们非常被动。赵营长：我想他们很快又会有所行

第28章

动,军长已经加强了运输线的警戒。木润声:从目前的情况看,他们的目标应该是运输线,不过他们肯定不会只是一般地炸路,他们的目标一定会是更加要害的地方。赵营长思索着点点头。

木润声吩咐道:阿木扎,咱们的警戒范围再扩大一些,而且一定要三人一组,发现目标两人跟上,一人回来报告。阿木扎说:是。

木润铭看到古道上被烧毁的房间、村庄,快马找到马锅头,报告了他看到的情况,说:他们把寨子里的老人和孩子都杀了,然后一把火把寨子烧了个精光。马锅头说:这些情况我已经知道了,现在关键的是不能让他们出去,必须把他们消灭在这儿。大研镇有木润声的民团守着,所以这股鬼子不会轻易打那儿,真要打,也不会有他们的便宜占。这帮人要是放出去了,就会直接威胁到咱们的交通线,打掉一个车队,那损失就不堪设想啊。要从这儿出去,黑水塘是所有人的坎儿。

傍晚的小酒馆,木润铭点好了酒菜,望着窗外,等着他请的客人。黑牛带着两个土匪走进包间,坐下撕了只鸡腿啃着,说:二当家的请我来,不是又想让老子帮你抢女人吧?抢哪家的?木润铭说:今天我是来救大当家的。黑牛笑了起来:你看,我把这事给忘了。听说二当家现在的手下有阿土司大人的民团,有一两百号人吧?木润铭说:现在只要是抗日,拉竿子不难。可谁要是当汉奸,那就人人得而诛之。黑牛停住啃手里的鸡腿:二当家的话里带刺。木润铭说:不是我话里带刺,是大当家的所作所为不当。黑牛喝下一杯酒:哦,说来听听。木润铭说:前段时间大当家的一直跟着草野和钱世仁吧?黑牛问:怎么了,弟兄们总得有口饭吃吧?木润铭:他们都是日本人。黑牛:你怎么知道他们是日本人?木润铭:那个草野已经被我们给杀了,可他们真正的头目是那个钱世仁,他的真名叫松下世仁,现在他带了一伙鬼子杀到咱们丽江来了,大当家的不会真的想当汉奸吧?黑牛恼怒地:放屁,真知道他们是鬼子,老子也会杀他们的!木润铭说:我知道大当家言出九鼎,现在各民团正在找这帮杂种,找到了会就地消灭他们。黑牛说:找到了带个信来,让鬼子也见识一下我们黑水塘的人。木润铭说:今天找大当家的没有别的意思,就是想让大当家的守住黑水塘,不能让他们走出丽江去。黑牛说:二少爷是想抢这个头功了?木润铭说:不,应该说是关门打狼。抗日是所有中国人的事情,既然他们到了丽江,咱们应该好好待客。黑牛说:既然二少爷把话说到这份上了,我也把话搁这儿,黑水塘飞得过苍蝇蚊子,绝对爬不过去一个鬼子,我知道我黑牛是个混蛋,但在大是大非面前,我还是知道的。

雷霆军部指挥部内。雷霆问润声:最近丽江一带发生了很多事情,你是怎么看的?木润声回答:雷长官,虽然鬼子的手段非常残忍,也很疯狂,但我判断他们只是一股小部队,准确地说是一支作战能力非常强的小部队对这一地区进行骚扰。我已经加强了警戒力量,只要发现了他们的踪迹,立即调动民团,把他们就地消灭。

雷霆说:开始接到报告的时候,我也是这样想的,可最近两天,我突然有了新的想法,正好顾约翰先生找我,我觉得应该跟你交换一下意见了。木润声说:雷长官请说。雷霆说:不知道你是否注意到你们大研镇最近有什么变化没有?木润声想了想：雷长官这一说，我倒觉得大研镇最近一段时间比过去热闹了许多。

雷霆笑着点了点头，把木润声和顾约翰领到了地图前，说：你们看，日本人占了缅甸和滇西以后，咱们中国的陆路通道完全被切断了，国际援助，或者说美国给中国的军援，现在全靠驼峰航线一点一点地运到中国来。丽江现在突然热闹起来，让我想到了咱们陆路还有一条通道……

木润声说：雷长官说的是茶马古道？雷霆点点头：对，就是茶马古道。你们看，茶马古道在云南，从普洱出发，经过大理、丽江、中甸、德钦到西藏的芒康、洛隆、林芝、拉萨，再经白江孜、亚东可以到达印度。在有了滇越铁路和滇缅公路以后，茶马古道萧条了一段时间，可现在这些路一断，它又重新热闹了起来。木润声：雷长官这样一说，我明白了，这段时间所有的事情，都发生在茶马古道上，说明日本人已经看到了这一点，所以才会对茶马古道采取一系列的手段，想切断它。雷霆：茶马古道险峻曲折，生存条件非常差，所以他们不会长时间地留在那里，一定还有另外的攻击目标。不过现在他们既然盯上了，不妨把他们调出来，要让他们走到明处。

木润声说：这样说雷长官已经有想法了？雷霆说：由于还不清楚鬼子的具体攻击目标，所以我已经加强了这一带主要军事目标的防御。现在顾约翰先生通过国际援助机构争取到了一批药品和医疗器械，准备改善救护队的条件，可我同有关方面联系过了，驼峰航线的运输任务已经十分繁重，无法承运这批药品和医疗器械，我就想到了马帮。顾约翰着急地说：木先生，这些东西对我们非常重要,有了它们,我们的医生就能给伤员动手术,可以变成一个小型的战地医院了。木润声:组织一个马帮到印度去?雷霆:不,现在运往中国的军援物资都在印度,我已经通过有关方面跟那边取得了联系,由他们找好马帮运过来。木润声:那我的任务是……雷霆:他们到了德钦后,你带人接货物,运到丽江。木润声点点头:我明白了。

这时候,雷丹妮走了进来,说:有任务可不能丢下我啊。雷霆:丹妮,你的伤还没有完全好,还得养养才行。雷丹妮:我的伤已经没有问题了,顾约翰先生也在这儿,不信可以问他嘛。顾约翰:丹妮,你很虚弱,需要再修养一段时间,会更好。雷丹妮:那就是说,不养也可以。雷霆:唉,真拿你没有办法。顾约翰先生,让润声负责把东西接过来,您应该放心。具体的事情,我会跟他仔细商量的。顾约翰:谢谢军长。雷霆:您也是为了帮助中国抗战,我们这样做也是应该的。

雷霆说:润声,我手下的部队现在全部摆在了公路线上,另外就是担负着一些重要军事目标的防守任务,你的民团有一定的作战能力,才把这件事情交给了你。一旦滇西反攻开始,这边就是一个大战场,药品和医疗器械对于我们来说,太缺乏了。

木润声说:我会尽力完成任务的,现在最大的难处是,在丽江的这股鬼子,到底有多少人,他们的实际作战能力如何,我们都不清楚。雷霆:是啊,所以我非常想把他们从暗处调到明处。雷丹妮:我可以陪着木大少爷走一趟,真遇到什么事,至少可以给你参谋参谋。雷霆:润声,你看呢?木润声:雷长官刚才所说,大研镇其实就是茶马古道上最大的一个驿站。雷霆:

说得不错,我的军需官向我报告,现在一年过往大研镇的马帮,有六到八万匹马,这可不是个小数字啊。木润声:小时候读《格萨尔王传》,上面就写着,来往汉藏两地的牦牛,背上什么东西也不愿驮,但遇到贸易有利,连性命也不顾了。现在只剩下这条路通印度,所有的东西自然是一本万利。只是路太难走,大小姐刚刚恢复,就别……

雷丹妮打断木润声的话,说:都说云南最难走的是玉龙雪山,别忘了,我可是走过玉龙雪山的。木润声:不一样啊,大小姐,从丽江出去,沿着虎跳峡到中甸,再到德钦,步步都险,胜过玉龙雪山。雷丹妮:你能走,我就能走。雷霆:丹妮,这次任务特殊,你还是不要去了。雷丹妮说:不行,这次我一定要去。木润声:还有一件事,雷长官也知道,民团是从各商号抽来的,自然要负责大研镇的安全。我担心一旦把力量全部调到德钦,让日本人钻了空子,大研镇也是个大的货物集散地啊。雷霆:你说的也是个问题,现在他们在暗处,什么威胁都存在。你打算带多少人去德钦呢?木润声想了一下说:这股鬼子威胁太大,警戒肯定不能松,还得留下足够的力量以防万一,这样我实际能调动的力量就非常有限了,一百人左右吧。雷霆:马帮呢?木润声:马帮我想找一下和大叔,不行我再想办法。雷丹妮:和大叔那儿我去说,绝对没问题。木润声:不行,和大叔那儿必须我亲自去。

雷霆说:从目前咱们掌握的情况看,一百人对付这股鬼子难度很大。要不这样,我让鹤庆守军抽一个连到丽江和虎跳峡之间,再让虎跳峡守军调一个连到中甸接应你们,这样的话,部队不离防区，又能配合你们。木润声：这样就太好了。雷霆：德钦中甸是藏族地区，去了一定要拜访一下当地的头人，有他们的支持，很多事情会好办一些。木润声：雷长官放心，我会去做的。雷霆：丹妮，你一定要去，那就一定要听润声的指挥。雷丹妮看了看木润声：放心吧，我一定听木少校的话。

木润声和雷丹妮骑马在山路上走着。

雷丹妮问：木润声，你打算怎么行动？木润声：任务明确了，具体怎么行动，我还没想明白。对了，你说自己是参谋，应该有主意了吧。雷丹妮：主意说不上，因为德钦、中甸和虎跳峡那边的情况我不熟悉。不过真要是遇到鬼子干上了，我雷丹妮绝对不会含糊。木润声：这好像不是一个参谋应该干的事情。雷丹妮：是不是我来让你感到不舒服了？木润声：不，是你的身体还没有完全恢复，我怕的是雷小姐上了茶马古道，会更不舒服。雷丹妮：你看不起我？告诉你，押运粮食我可是什么样的路都走过。木润声：不一样，雷小姐走过的大多是官道，就算是走过玉龙雪山，那路也是无法跟虎跳峡这边的路比。雷丹妮：你能走我就能走……

这时，山谷里传来一阵吆喝声，跟着几匹马迎面跑来。木润声笑了笑，说：是来接咱们的。阿木扎、和云带着几个民团队员跑到面前。阿木扎：大少爷，老管家怕你路上出事，让我们过来迎迎你。木润声：先见过雷小姐，别一点规矩都没有。几个人向雷丹妮点头问好。雷丹妮回了一个军礼。

木府书房内，木润声打开一张羊皮地图，雷丹妮和军需官上前看着。

雷丹妮说：这是什么啊，乱七八糟的。军需官：这跟我们的地图完全不一样，木少校能不能给我们讲讲。木润声：这是一张茶马古道图，是几辈人传下来的，跟雷长官那儿看到的确实不一样。这上面的许多路，是你们的地图上所没有的。雷丹妮：茶马古道不就一条山里的老路吗？木润声指着羊皮地图：雷小姐说的是这条主线，在主线的沿途上还有许多支线，连接着乡镇和村寨，把整个这一片都连在了一起。雷丹妮：你不会是想让我们背下这张羊皮上的东西吧？

管家上前说：雷小姐，要了解一个地方，首先得识路，特别是中甸和德钦，路途险峻，人烟稀少，不只路会有许多麻烦，甚至会有性命危险。军需官：小姐，老管家说得对。这次的任务，主要在这路上，我们要先学会识路。雷丹妮点点头：好吧，真要是需要背下这张羊皮，我也能背。

木润声说：羊皮上的这些东西倒是不用背，我是想让二位了解一下情况。鬼子在这一带活动，可他们的具体情况我们并不了解，不过有一点是清楚的，就是鬼子对这一带的情况并不是完全了解，因为他们动手的地方，都在茶马古道的主线上。

军需官仔细地看着地图，说：从接到报告的情况看，是这几个地方，靠近丽江这边，都在主线上。

雷丹妮说：我明白了，鬼子对茶马古道的了解也只是这条主线，对于那些只有马锅头和当地老百姓才知道的支线，他们并不知道。木润声：这是问题的一个方面。路上我一直在想，咱们这次如果悄悄地行动，对于完成任务来说，非常有利。可是如果鬼子知道了咱们的行动，他们又会干什么？雷丹妮一怔：你是担心大研镇？木润声点点头：现在大研镇整个就是个大驿站，我们又不知道他们的具体情况，一旦他们有这个力量，乘虚而入，后果不堪设想。雷丹妮：那你的意思是……木润声：带着他们走。雷丹妮：让鬼子知道咱们的行动？军需官：不行，这太冒险了。

管家阻止道：大少爷，这条道本身就难走，真要是让鬼子给盯上了，那就只能挨打了。木润声看着羊皮地图思忖着：我知道这样做太冒险，可宁愿咱们这边冒险，也不能让大研镇有危险。我算了一下，除了警戒的，我带走一百人，镇上的民团还有两百来号。军需官：我们军需库那边还有一个连。木润声：加起来有四百条枪，一旦有事，那些过路的马帮也会帮着打，雷长官从鹤庆放出来的一个连再增援过来，应该不会有大碍，所以他们一定会跟着咱们的。雷丹妮：既然这边没有大碍，为什么还非要带着他们走？木润声：以防万一，让二位看地图，就是想让二位明白，他们想打咱们，可这一带的路如同蛛网，让他们无从下手。同时，也可以摸摸他们的底牌，真打上了，咱们未必吃亏。军需官：我还是觉得太冒险了。木润声：这样，咱们都再考虑一下。管家：雷小姐可以住府上。雷丹妮瞥了木润声一眼：我还是住军营吧，那儿更习惯一些。

雷丹妮、军需官离开后，木润声还怔怔地看着羊皮地图。管家走进：大少爷，还不休息？木润声慢慢抬起头：这次雷长官交的任务不能出半点差错，帮我找一下和大叔，这事我只对他放心，你领我去找他，我跟他谈。管家：大少爷，就咱们这里，找支马帮不难，你把这事交给我就行了。木润声：我说了，我只放心交给和大叔。管家犹豫了一下：那你打算什么时候见他?木润声:这事急,最好是现在。管家轻轻点点头:好吧,我领你去见他。

木润声拿起帽子,跟着管家走出。

木润声、马锅头和管家坐在火塘边,马锅头为木润声和管家倒好茶,自己点上旱烟。木润声说:今天来找和大叔,就是想请和大叔能够帮我走一批货。马锅头唉了口气:唉,阿都不在了,我想让自己静一下,不打算再走货了。木润声:和大叔,您老考虑一下。情况是这样,顾约翰先生争取到了一批国际援助物资,是药品和一些医疗器械,本来是想通过雷长官,由驼峰航线把它们运过来,可现在看来很困难。雷长官就想到了通过茶马古道,他已经通过印度方面启运了这批货,可我们必须到德钦去接,把它们运到丽江来。

马锅头说:德钦到丽江,可是茶马古道上最难走的一段。管家:所以大少爷就想到了你这个老家伙。木润声:最近古道上发生的事情,和大叔一定已经听说了。大叔过去常走西藏,道熟,现在主要是怎样对付日本人。马锅头:我明白了,脚力钱怎么个算法?木润声:大叔开个价,润声一定答应。马锅头收起烟袋:咱们还是先小人,后君子,既然是雷长官交的任务,又是走顾约翰先生争取到的国际援助,雷长官那儿是不会有这笔开支的。所以我唯一的条件就是,走这批货,不收钱。木润声:不行,这条道这么难走,不收钱是绝对不行的。马锅头:为了抗战也不行吗?大少爷,阿都是死在了日本人的手上,所以,这一趟我走。至于马夫们的钱,我会开给他们的。你只要给我一个准话,什么时候动身?木润声:两天后动身。马锅头:

只要你跟润铭是抗日，走的是正道，我都会帮你们的。

随着一阵阵吆喝声，木润声和雷丹妮带着马队在山路上快速疾驰。

马锅头骑马冲上说：润声，前面就要有岔路了，跟上我。木润声：明白。阿木扎，跟紧和大叔，千万不能出事。阿木扎腿下一夹，冲了上去，紧跟在马锅头身后。马队快速跑过。

虎跳峡边，山路崎岖，民团队员们牵着马慢慢地走着。

山冈上，松下世仁用望远镜看着马队。

特遣队长问：指挥官，需要消灭这支马帮吗？松下世仁放下望远镜说：不，这不是马帮，他们都带着枪，而且里面有穿军装的人。特遣队长：难道他们是支那军队吗？松下世仁：他们是地方的民团，跟上，他们一定是要运送什么东西，明白了他们的意图，再消灭他们。

晚上，松下世仁看着远处山谷里的篝火说：他们明天就可以到达中甸了。特遣队长：指挥官，要是在这里动手，对我们会非常有利。松下世仁：山谷太狭窄，兵力展不开，而且我们并不清楚他们此行的目的是什么。特遣队长：将军阁下希望能够切断茶马古道，我们不应该放他们过去。

松下世仁说：将军阁下的话我没有忘，可他们不是一般的马帮，是一支拿枪的队伍，我必须知道他们到底想干什么。也许那样，我们才能真正切断茶马古道。现在要消灭他们很容易，可他们马上会派出更多的人去完成所要完成的任务。如果能够抓住他们的任务下手，那才是我们真正应该去做的事情。带领你的部下休息吧，天一亮就出发，我们一定要赶在他们的前面到达中甸。

山谷里燃烧着一堆堆篝火，累了一天的民团队员们围着篝火睡着。马锅头把一碗冲好的酥油茶递给雷丹妮：丫头，喝一碗暖暖身子吧。雷丹妮接过慢慢喝了一口：嗯，真香。和大叔，这件事情组织知道吗？马锅头：这事来得太急，来不及汇报了，不过组织上做事是有原则的，现在只要是抗日，咱们就应该去做。雷丹妮：我们都参加了抗日，现在润声带着自己的民团，润铭带着阿土司的民团，直玛又在救护队，都在抗日，走的是一条道。

第二日，马帮队伍来到了中甸松赞林寺，一些藏民在虔诚地朝拜。

木润声、雷丹妮和马锅头走进松赞林寺，阿木扎和几个民团队员站在了寺外。松下世仁和几个已经换成了便装的特遣队员远远地跟着他们。

松赞林寺的扎西次仁活佛问木润声：松赞林寺是引人向善的地方，三位施主为何来到此地？

木润声回答：活佛的话不错，我们也希望能够人人向善，可是现在日本人不仅占了大半个中国，而且已经打到了云南，对于魔鬼，我们只能拿起武器，没有其他的选择。扎西次仁合掌在胸：关于日本人的事情，我也多有耳闻。现在中甸停留了许多西藏过来的马帮，说是茶马古道上也有了日本人。雷丹妮：部队已经接到了多起马帮在茶马古道上受到日本人攻击的报告。

木润声告诉活佛：我们这次过来，是要到德钦去接一批从印度经西藏驮运过来的国际援助物品，因为对这一带的情况不是十分熟悉，希望能够得到活佛的帮助。扎西次仁：不知施主说的物品是什么？雷丹妮：是一些药品和医疗器械。扎西次仁：都是救人之物，施主做的是善事。木润声：活佛是愿意帮助我们了？扎西次仁：救人性命本为上善之事，正该所为。

扎西次仁拿起身边铜铃轻轻摇了一下，一名僧人捧着哈达走进。扎西次仁为三人献上哈达说：佛主会保佑你们的。这样，我让寺中僧人送你们去德钦，路上他会妥善安置。接到东西以后，如果还需要什么，他们也会尽力的。这里的山山水水都是神圣的，生活在这里的人都是善良的，只要是做善事，所有的人都会帮助你们的。三人合掌在胸，说：谢谢活佛！

木润声、雷丹妮、马锅头和一个身穿红衣的僧人走出松赞林寺，阿木扎带着民团队员跟上。松下世仁说：看到了吧，他们一定是要做一件非常重要的事情。特遣队员：还要继续跟吗？松下世仁：直到什么都清楚了，统统地消灭。

木润声、雷丹妮、马锅头和僧人坐在驿站屋里。

木润声把一个钱袋递给马锅头，说：大叔，这儿的情况你最熟悉，明天咱们在这儿休息一天，你去准备一下后面路上的干粮，中甸一出去就是梅里雪山了，那儿可是不能点火的。僧人说：谢谢施主不打扰神山，干粮可以让这位施主跟我去寺里准备，做起来很方便。木润声：那就太感谢你们了。

阿木扎抱着一件羊皮大衣走进，木润声接过大衣递给雷丹妮：带在路上穿，这儿出去会越走越冷的。雷丹妮接过大衣：专门给我买的？木润声：穿上吧，冻病了可就不是小事了。阿木扎，你那边情况怎么样？阿木扎：大少爷，人太杂，没有发现您要找的人。

第 28 章

马锅头点上旱烟说：润声，他们能在这条道上连干几起，人一定不会太少。这一带山多，洞自然也多，要找栖息之地也不难。他们如果真的盯上了咱们，这边上会有眼睛的。不过在这儿他们肯定不敢下手。木润声：大叔的意思是从这儿出去，人少了，他们会露出来？马锅头：是这理。先睡吧 明天我到寺里去把干粮备下，后天上路后留点神，就什么都清楚了。

木润声带领的队伍离开了中甸出发了。马队走到梅里雪山下停了下来，僧人跳下马，合掌在胸，对着梅里雪山默拜着。木润声、雷丹妮、马锅头、阿木扎和民团队员们也一起默拜着梅里雪山。

之后，马锅头说：这里不能点火，让大伙吃点干粮继续赶路。雷丹妮：走到这儿，就感觉冷多了。马锅头：以前没来过吧？雷丹妮：听说过。马锅头：这里是藏传佛教朝觐的圣地，传说是宁玛派伽厈巴的保护神，在藏区八大神山中排在第一位，这个地方的人叫它巴何洛登地。僧人：施主知道的真多，在布达拉宫敬香，虔诚的香客就能在霭霭祥光中看到梅里雪山的山影。

雷丹妮感叹：这山确实很美。

僧人说：施主请看，梅里雪山高的地方有十三座山峰，我们叫它太子十三峰，最高的是卡瓦格博峰，是雪山之神，旁边的缅茨姆峰传说是卡瓦格博的妻子，洛拉争归贡布峰是他们的儿子。

雷丹妮点点头说：真是太美了。

木润声走来，说：赶快吃完东西，还得赶路，找个地方过夜。

僧人说：施主放心，活佛已有安排，前面丂寺，可以在那里过夜。

第29章

松下世仁远远地看着寺庙。特遣队长上前报告：指挥官，这里实在是太冷了，如果不能点上篝火，后果不堪设想。松下世仁想了想：那就点上篝火吧。

僧舍内，民团队员们在地铺上沉睡着，木润声和马锅头睡在角落里。阿木扎走进，到了木润声身边轻轻推了推，木润声翻身坐起。阿木扎轻声耳语着，木润声抓起枪站起。马锅头问：有情况？

木润声点点头，马锅头站起身，三个人走出。

木润声、雷丹妮、马锅头、阿木扎和僧人站在寺内的高台上，看着远处山上隐隐约约的篝火。雷丹妮说：山上会更冷，会不会是马帮或者朝山的人点火取暖？马锅头说：常走这条道的马帮是绝对不会的，谁也不敢乱了这儿的规矩。僧人：梅里雪山是藏人心中的神山，烧火会弄脏它，打扰神的，朝山的就是冻死也不会那样做。木润声：只有一个解释，咱们被人给盯上了。雷丹妮：你是说鬼子？木润声点点头：咱们可以住在这

第29章

儿,他们不愿意暴露自己,就只能住在山上。可梅里雪山的寒冷是他们事先没有想到的,迫不得已,出此下策。这样也好,他们终于走到了明处。

雷丹妮说:咱们能不能打扰他们一下?木润声说:不行。他们的实际力量我们还不了解,不能贸然出手。咱们现在心里有数,下面的事情就好办一些了。马锅头:你是说先不管他们?木润声:从现在的情况看,他们一直在跟着咱们,而且有力量打掉咱们。没有动手的原因是不知道咱们的具体任务是什么,所以先跟着。阿木扎:狗日的,想通吃啊。木润声:也好,先让他们继续跟着,到了德钦再想办法。我就不信,在咱们中国人的地盘上,能让他们胡作非为。走,回去睡觉,让他们在山上好好地为咱们站岗吧。

马队进入德钦县城,县城里到处都是马帮。

马锅头说:真该死,西藏过来的马帮,全被堵在德钦和中甸了。木润声说:和大叔,咱们先找个地方住下来,然后你到各驿站去走一走,看咱们的货到了没有。马锅头:行啊,转一圈就知道了。僧人:要不各位施主还是跟我住到寺里去吧。木润声:不了,这里都是马帮,人杂,做事反而方便。阿木扎,你带几个人去盯着路口,咱们的"客人"难说也会进城的。阿木扎:知道了。

几个人坐在驿站的火塘边,木润声把一碗茶送给马锅头,马锅头喝下。马锅头说:润声,给咱们送货的已经接上了,由于是几个马帮结伴走,所以前面的昨天到了。后面的估计明后天能到。木润声:安全应该没有问题吧?马锅头:都是常年在这条道上跑的,应该没有问题。木润声:这就好,麻烦和大叔跟他们说一下,明天我请他们的锅头喝酒。马锅头:没问题,货送到了地头喝酒,也算是规矩。木润声:问过没有,货有多少?马锅头:十五六匹马吧。马锅头:到时候要照着单子交货。药品、手术器械、纱布,反正啥都有。雷丹妮:顾约翰先生想搞个小型战地医院,这些东西不算多。

阿木扎上前轻声说:大少爷,"客人"已经到了。木润声:哦……走去看看。几个人走进屋,轻轻推开了窗户,向外看着。阿木扎:大少爷,盯住对面酒馆靠窗几个戴毡帽的。

酒馆里两个戴毡帽的不时抬眼偷看着驿站,对面一个毡帽压得很低的人慢慢喝着酒。当他抬起头看了一眼驿站时,雷丹妮一怔:钱世仁!木润声:对,他就是那个我们一直在找的松下世仁。马锅头:这么说,草野不是松下世仁?木润声:他们到中国,得改一个名字便于隐藏。雷丹妮想到金花的死,恼怒地说:这个混蛋,我去把他抓来。木润声:丹妮,千万别冲动,阿木扎,叫两个弟兄盯住他们。

酒馆雅座里摆放着一桌酒席,木润声、雷丹妮和阿木扎坐在桌边,两名民团队员站在雅座门外。马锅头领着一个瘦瘦的男人和几个手下走进。马锅头说:润声,这位是给咱们送货的鲁达,鲁锅头。木润声站起来说:路途遥远,辛苦了。来,快坐下。

木润声笑着把一个钱袋放到鲁锅头面前,说:还要麻烦鲁锅头,帮我们把货送到大研镇去。桌上的几个人相互看了看。鲁锅头:长官,这次的货说好了在德钦交接啊?木润声:我知道,就麻烦锅头再送一程,这是脚力钱。鲁锅头笑了笑:既然你们信得过,我就不好推辞了。不过听说从这过去出了中甸,路上不太平啊?木润声:这您放心,我这儿有一百来号人为马帮押货,到了虎跳峡,还会有部队接应,绝对不会出事的。鲁锅头:能这样就太好了,那我先回去准备。

酒馆大堂里,松下世仁慢慢抬起头看了看身边的两个特遣队员,点点头,三个人起身走出。

雅座里的木润声透过珠帘看着走去的松下世仁,莫名一笑。雷丹妮不快地:木润声,你到底搞什么名堂,说好了在这儿接货,和大叔把马帮也带来了,你还让他们走,什么意思啊?木润声:没错,是要在这儿接货。雷丹妮:那你刚才没喝酒说什么酒话啊?木润声:总得给松下世仁透个信吧?雷丹妮:你……想当汉奸?马锅头:你让润声把话说完,我倒觉得这是招妙棋。雷丹妮:和大叔,你怎么也帮着他说话?马锅头笑着:因为他的话在理。润声,说说你的考虑吧。

木润声打开羊皮地图说:我们现在的首要任务是要保证这批国际援助一定要安全送到,所以我想兵分两路。木润声指着地图上的一条路说:雷小姐带着一部分人送和大叔从这条路到野鸭湖,到了那儿,润铭带领的阿土司的民团能够把你们送到大研镇。雷丹妮:那你呢?木润声:我得继续牵着松下世仁,诱饵就是为咱们送货的这支马帮。雷丹妮:不行,那样你太危险了。

木润声看了看僧人,说:我把他留下来,有活佛和那么多藏民帮助我们,不会有危险的。雷丹妮说:润声,这伙鬼子神出鬼没的，谁知道他们会在哪儿下手。木润声：在咱们中国人的地盘上，不管他在哪儿下手，都绝对占不了便宜去。别忘了，咱们这次的任务是护送这批国际援助，现在我把它交给了你，一定不能出半点差错。雷丹妮：那你打算留多少人？木润声：兵分两路，一边五十。雷丹妮：如果你一定要坚持你的意见，我就带走二十，你这边留八十……

木润声打断雷丹妮的话，说：雷长官说了，这次行动我负责，执行命令吧。雷丹妮：你要对付日本人，只带五十个人肯定不够。木润声：放心吧，活佛会给我准备五万雄兵的。马锅头笑着：这事还是听润声的吧，我相信，他心里有底。

马锅头抽着旱烟说：润声，可这招确实是步险棋啊。木润声：大叔，您走了一辈子马帮，有个理儿应该比我清楚，宁可人死光，也得保住货。马锅头：唉，你这样说，大叔就无话可说了，不过你这边确实危险啊。

清晨，鲁锅头的马帮排在驿站外，民团队员也荷枪实弹地在驿站外牵着自己的马。木润声走出驿站，身后跟着阿木扎和僧人。木润声说：都准备好了吧？鲁锅头：长官放心吧，就等着你鸣锣上路了。木润声点点头，鲁锅头一声锣响高唱着：上——路——喽！

马帮向城外走去，民团队员们上了马，护在了马帮的两边。

木润声回头看了看驿站，带着阿木扎和僧人走去。驿站窗后，雷丹妮和马锅头看着渐渐远去的马队。雷丹妮眼睛湿润：该死的木润声，他把所有的危险都带走了……

剽悍的藏民肩背步枪，腰挎长刀，牵着马排列在寺前。

第 29 章

主持从寺内慢慢走出,木润声和僧人跟在主持身后。主持说:信佛之人,一心向善,可是现在日本人打进了中国,杀人放火,奸虐妇女,实为恶魔。现在有牧民向我们报告,他们竟然到了我们最神圣的梅里雪山,要残害这些行善的施主,玷污我们的神山,你们说,该怎么办?

藏民们喊着:杀死恶魔!杀死恶魔!

主持说:我们希望和平地生活在这里,此前发生在茶马古道上的那些事情,就是这群恶魔干的,他们破坏了我们和平的生活,打碎了我们神山的安宁,惊扰了我们的神,对这些恶魔,佛是不会宽恕他们的……

主持说着一招手,一个藏族孩子走到主持身边。主持说:这个孩子放羊的时候看到了那群恶魔就在前面的山上,为了神山的安宁,去赶走他们吧。

藏民们吆喝着跨上马背,孩子也骑上一匹马,吆喝着跑去。主持转身看着木润声,立掌在胸:施主驱赶恶魔,佛会保佑你的。木润声:谢谢主持。

木润声走下台阶说:鲁锅头,谢谢你,咱们就此别过,我们也得去打鬼子了。

鲁锅头掏出钱袋:长官,虽然我是个赶马的,但作为一个中国人,也要抗日,所以这笔钱我们就不收了,用做抗日。以后到了大研镇,长官只要还认我这个朋友,就知足了。

鲁锅头说着一挥手:弟兄们,上路了。

木润声说:弟兄们,你们都看到了,为了抗日,僧人可以拿起刀枪,赶马人可以不做生意,就凭这,中国亡不了!

民团队员们上了马，跟着木润声策马而去。

梅里雪山古道边的山冈上，特遣队员们伪装隐蔽着。

松下世仁说：这里是他们的必经之路，一会儿他们到了，一定要用最干净的动作，三十分钟内结束战斗。特遣队长说：指挥官放心，这是一个非常理想的设伏地点。

突然传来阵阵马蹄声和吆喝声，随着马蹄声越来越近，大地都在颤抖。松下世仁拿起望远镜看着，藏民们挥舞刀枪，铺天盖地而来。松下世仁狠狠地：八嘎！立即转移！特遣队员们忙从地上爬起，跑下山冈，跳上马背拼命逃去。木润声带着民团队员和藏民们紧追不舍。

藏民骑在马上端枪射击，一个藏民抛出套马绳把一个掉队的特遣队员套下马，特遣队员惊恐地看着踏下的马蹄……

松下世仁带着特遣队员逃进一道山谷。松下世仁大声喊着：就地阻击！特遣队员们跳下马分散开，以密集的火力向追赶上来的藏民们扫射。木润声骑马冲上：停止追击，缠住他们。藏民和民团队员们跳下马，向着山谷里射击。松下世仁：准备转移，如果我们的身后再出现支那人，我们会非常不利的。

大研古镇外，木润铭带着民团马队停下，说：和大叔、雷小姐，前面就该进镇了。雷丹妮：润铭，告诉你，这次就是木润声让我们走野鸭湖找你的，让你保护我们的安全。

木润铭怔怔地看着雷丹妮，说：木润声，他……

马锅头说：润声自己带着五十个人把鬼子引开，掩护我们走野鸭湖……

木润铭低下头：噢……

第29章

一个山洞里，松下世仁在火堆旁看着地图。

特遣队长进来问道：指挥官，难道我们就这样承认失败吗？松下世仁慢慢抬起头：不，茶马古道只是想扰乱支那人的视线，驼峰航线才是他们真正的救命线。特遣队长：开始执行将军的计划吗？松下世仁点点头：航线是他们的血管，机场就是他们的心脏，所以这次行动必须成功。特遣队员：我们在这里就能成功吗？松下世仁：可我们必须让他们以为我们在这里，这样我们才有成功的机会，所以这里的成败并不重要。特遣队员：大本营在等着我们的结果。松下世仁：作为指挥官，我比你更清楚。现在我们已经引起他们的警觉了，他们一定会在茶马古道沿线找我们，很好，这时候如果我们能够跳出去，突然出现在云南驿，一定能够打掉他们的心脏。这是松山将军制订的计划，下面就看我们怎样跳出去了。特遣队员：很难吗？松下世仁莫名一笑：不，我们早就养好了看路的狗。

黑水塘山寨，黑牛恼怒地骂道：妈的，这事真是越想越窝囊，让他妈的小鬼子给算计了，帮了他们的忙，真丢人。土匪一：大当家的，不知者不为过，给山下的鹞子带讯去，遇上了打他们一家伙，照样证明咱们不是汉奸。黑牛：这事他妈的怨我，打黑渡那会儿，就该想到他们是鬼子了，当时要是能把这伙野鬼捆起来，也能为咱们黑水塘正正名声。土匪二：这汉奸咱们肯定不能当，那可是要刨祖坟的。

一个小土匪跑进报告：大当家的，来了，来了……

黑牛喝斥道：叫什么叫，谁他妈的就来了？小土匪：鬼子，鬼子来了。黑牛一怔：什么，鬼子来了？小土匪：大当家的，千真万确，身上穿着绿色的衣服，头上还顶口锅，绝对是鬼子。黑牛笑了起来：嘿，正说着，就真的来了。弟兄们，操家伙，这次咱们不宰肥羊宰鬼子，谁也不许他妈的客气。土匪们喊着：杀！杀！杀！

山谷里，双方对峙，怒目相视。

黑牛说：你他妈的真还是个鬼子。松下世仁说：大当家的，今天我也不想为难你，前面你从我们这儿得了那么多好处，现在只想借条道过去。黑牛：哼，老子是土匪不假，可绝对不会做他妈的汉奸。要借道就滚回去，这道是中国人的，谁都可以走，就是鬼子不行。松下世仁：大当家的以为挡得住这道吗？黑牛回头看了看：弟兄们，鬼子发话了，问咱们挡不挡得住这道。

土匪们挥舞着刀枪高喊：杀！杀！杀！

黑牛说：我说小鬼子，你都看到了吧，我的弟兄们个个都说要杀你们。松下世仁淡淡一笑：大当家的，上海几十万军队挡不住我们，南京几十万军队挡不住我们，武汉一百万军队同样挡不住我们，就你们这些山贼想挡住大日本皇军？黑牛狠狠地：妈的小鬼子，老子今天杀不了你，就跟你拼了。弟兄们，给我杀！

黑牛及手下骑马喊杀着向松下世仁冲来。

松下世仁一招手，特遣队开始扫射。土匪们一个个从马上掉下，仍不停地冲着。一土匪冲进敌阵，中弹，抛出了刺刀的步枪，插在了特遣队员的胸前。黑牛把手一挥，剩下的土匪全部冲上，前面的中弹倒下，后面的喊杀着继续冲上，日军特遣队不停地扫射……

第 29 章

黑水塘终于静了下来。

黑牛沉着脸，说：弟兄们，下辈子咱们再聚！

黑牛说着脱下外衣，拎着大刀，慢慢走向松下世仁。

松下世仁说：大当家的，我现在仍然愿意跟你合作。黑牛大笑：跟你合作，跟他妈的鬼子合作，老子情愿让麻雀啄瞎了眼，也不会当汉奸的。松下世仁：八嘎！松下世仁抬枪打在黑牛的腿上，黑牛摇晃了一下，提着刀慢慢走向松下世仁。松下世仁冷冷一笑：好，我就成全大当家的。松下世仁收起枪，伸出手去，一特遣队员捧上武士刀。

松下世仁舞着刀，迎着黑牛走去。黑牛怒喝一声挥刀冲上，松下世仁侧身出刀，一刀刺中黑牛的腹部，转身把刀抛向特遣队员，身负重伤的黑牛又被特遣队员刺中一刀。

黑牛举着大刀怔怔地站着，血从腹部涌出，慢慢倒下。

松下世仁扭头看着倒在地上的黑牛，说：记住，任何人都阻挡不了帝国皇军前进的脚步！

黑牛说：你们……会死无葬身之地……

黑牛睁着双眼看着天空……

管家向回到大研镇的木润声说着生意的情况：大少爷，现在生意上的事情，已经全停下来了。木润声：只能停下，保山、大理现在住的全是部队，昆明街上也全是穿军装的，西藏过来的马帮，都要过咱们大研镇，要说生意，有得做，但咱们不能跟部队抢道啊。

阿木扎叫嚷着跑了进来：大少爷，那股鬼子跟黑水塘的人打上了。几个警戒组的同时报告。木润声：腿挺快的，从中甸一下子跑到黑水塘了，快去集合队伍！

木润声请来了赵营长和雷丹妮：二位请跟我来。书房里，木润声、雷丹妮和军官站在打开的地图前。

木润声说：我们的任务还没有完全结束。这股日军小部队还没有完全被消灭，他们在中甸没占到便宜，现在显然是想走出丽江去。雷丹妮：可我们并不清楚他们的具体攻击目标是哪儿啊？木润声指着地图：他们是翻过碧罗雪山过来的，从那儿可以到保山，也可以到大理，但他们却到了丽江，可见保山和大理不是他们的攻击目标。茶马古道上虽然打了一下，现在看来，那儿也不该是他们的主要攻击目标。赵营长：从保山到大理，到处都是军队，他们是小部队，一旦被发现，会立即被就地消灭的。雷丹妮：派出小部队，肯定是执行特殊任务的。木润声：所以他们从部队的中间插到丽江，然后在茶马古道上烧了几把火，是想转移咱们的视线，然后再悄悄地游出去。雷丹妮：可是没想到，这次黑水塘的人不买账，打起来了。木润声：对，丹妮说得对，肯定是这样！

阿木扎跑进：报告，全部人已经集合完毕。

木润声说：这样，我带人去黑水塘，麻烦二位把这里的情况立即向雷长官报告一下。雷丹妮：嘿，木润声，今天我不点火，你想点火是吧？木润声：雷小姐，这次是马队行动，而且是夜路……

雷丹妮说：少拿马来吓唬人，告诉你，本小姐就是在马背上长大的，能一路到德钦，会过不了黑水塘？哼，别到时候你从马背上掉下来，让我来救你就谢天谢地了。赵营长：这样吧，报告军长的事我来。雷丹妮：看清楚了，你是少校，我也是少校，你命令不了我，从你那儿调一个班带两挺机枪过来。赵营长：没问题。雷丹妮：走吧，大少爷。木润声无奈地笑了笑，走出。

木润声、雷丹妮、阿木扎和赵营长走出。

管家提着几个布袋子匆匆走来，说：说走就走，饭也吃不成了，我已经让府上的人买了丽江粑粑给弟兄们带上了，你们也带点路上吃。雷丹妮接过一个打开看：哎呀，什么都有，真要谢谢大叔了。

木润声说：阿木扎，我那匹马给雷小姐骑，咱们得抓紧时间赶路了。管家：大少爷，路上小心点。木润声：放心吧！管家：一定护着点雷小姐。木润声看了看雷丹妮：我会的。

木润铭听到枪声赶到黑水塘时，已是一片惨相……

他默默地跪在黑牛尸体前，双手替黑牛合上仍然睁着的双眼。月光下，木润铭独自挖着坑，突然远处传来阵阵马蹄声，木润铭忙躲到了树林中去。

阿木扎带着几个队员打着火把跑来，面前的情景让几个人惊呆了。阿木扎说：狗日的鬼子，把黑水塘的人全杀了。木润声和雷丹妮带人赶来。阿木扎举着火把，木润声一个一个地查看着，最后在黑牛的尸体前停下。木润声蹲下身去看：阿木扎，他死在了武士刀上，找几个弟兄先把他们埋了吧。阿木扎：知道了。

木润铭慢慢转过身靠在树上，长叹一口气，向树林深处走去。

阿木扎抱着一堆东西跑来报告：大少爷，死人里有两个鬼子,我把他们身上的东西全扒下来了。雷丹妮:快看看。两个队员举着火把跑来。

雷丹妮仔细翻看着军装,说:润声你看,他们的衣服上没有任何标记,是执行特种任务的。木润声:看仔细点,总会有点门道的。雷丹妮拔出匕首看了看,又拿起枪看着:全是德国货。木润声:能说明什么问题吗?雷丹妮:他们是受过特殊训练的,一定是要执行非常特殊的任务。木润声打开地图看着:我明白了。雷丹妮:快说,你明白什么了?

木润声拉过一个队员说:你马上返回丽江,让军需官立即报告雷长官,叫他通知云南驿机场加强警戒,最好能就近调部队到机场。队员:是!木润声:雷小姐,对不起了,咱们必须马上赶路。阿木扎,留下几个人埋黑水塘的人,其他人马上出发。

乘着夜色,阿木扎带着几个队员举着火把跑在前面,木润声和雷丹妮紧随其后,马队呼啸而过。

松下世仁带着特遣队在山路上疾驰。特遣队长报告:指挥官,前面是岔路。松下世仁取出地图,打开手电筒看着,又掏出指北针对着方位。松下世仁:走左边的路。特遣队员:哈依!

半夜,接听完电话的雷霆放下电话,叫道:副官!副官走了进来:军长。雷霆命令:立即集合警卫营。副官:是!答应着冲出门去。军营哨声响起,警卫营士兵快速起床,迅速集合,上车,向黑暗中冲去。

雷霆坐在吉普车上,身后的卡车上站着士兵,吉普车和几辆军用卡车疾驰而过。卡车在云南驿机场外停下,士兵们纷纷从车上跳下。

雷霆上前命令：张营长，你立即带警卫营在机场外围隐蔽警戒，有敢靠近机场者，格杀勿论。张营长：是。警卫营，跟我来。

士兵们跟着张营长跑去。

清晨的山路上，木润声蹲在地上认真地看着什么。雷丹妮骑在马上焦急地说：木润声，你磨蹭什么啊？木润声站起身：咱们离他们已经不远了。雷丹妮四下看着：你怎么知道？木润声：他们留下的马粪是新鲜的。阿木扎，咱们从前面的小路插上去，一定要赶在他们的前面。阿木扎带着人打马跑去。木润声上马：放心吧，雷小姐，咱们肯定能赶在他们的前面。雷丹妮：你能肯定吗？木润声点点头：走吧。驾！

松下世仁放下望远镜笑了笑说：支那人正在欣赏着他们的茶马古道，可他们永远也不会想到我们已经到了他们的眼皮子底下。特遣队长：指挥官英明！

第 30 章

树林里，雷丹妮放下望远镜，说：润声，机场怎么一点动静都没有？木润声说：没动静就对了，雷长官一定在那儿张网待鱼了。

雷丹妮在木润声身边坐下。

木润声说：丹妮，你说他们受过特殊训练，那肯定是执行特殊任务。雷丹妮：可我没说他们一定要打机场啊？木润声：好，咱们来判断一下，翻过碧罗雪山是兰坪，这条路人烟稀少，他们很容易通过。过了兰坪以后，可以从剑川插到保山，更近的话，可以到大理，可他们却从中间插到了丽江，想过这是为什么吗？雷丹妮：把你的话说完。木润声说：因为保山和大理部队太多，他们根本就无法行动。虽然他们的衣服上没有任何标记，可毕竟是军服啊。雷丹妮点点头：有点意思。木润声：放着保山和大理的军事目标不打，却跑到茶马古道上去杀人放火，只能说明他们有更重要的攻击目标。松下世仁这个混蛋，一直打着运输线的主意，现在两边在怒江对峙着，最重要的运输线就是驼峰航线，这个机场恰恰是驼峰航线上的中转站，也是目前这一范围内，最重要的军事目标。

雷丹妮说：有道理，如果我是日军的指挥官，也会选在这里。木润声：所以咱们要死死地卡在这儿。雷丹妮：能确定他们还没有过去吗？木润声：出山只有这条道，人听话，畜牲就没有那么老实了。我一路赶，就是要赶在他们的前面。雷丹妮：一会儿会打响吗？木润声：我想会。黑水塘的人完了，可他们的马呢？被这伙鬼子给骑走了，马粪告诉我，那不是一匹马、几匹马，是一群马，所以是他们在给咱们带路。

雷丹妮笑了笑，说：你的脑子是比润铭来得快，难怪我问我爸爸在你们两个中间挑一个做助手，会挑谁的时候，他说挑你。木润声垂下头去：不，我能做的事情润铭做不了，可润铭能做的事情，我也做不了。雷丹妮：你恨他吗？

木润声抬起头茫然地看着天空的晚霞，如此灿烂美丽，叹了口气说：恨过，但不是现在。雷丹妮：可他恨你啊！木润声轻轻点点头：我知道……换成我，也会恨的，但总有一天，他会明白，我们之间不应该有恨。雷丹妮：能告诉我，你现在还爱直玛吗？木润声：不知道，但我绝对不会伤害她。雷丹妮：只是为了不伤害她？木润声：我知道她吃了很多苦，或者说受了很多委屈，一个女人能那样，还能要求她什么？我能给她的，她不需要，那我给得再多，对她也不是幸福，是痛苦，所以我只能走开。润铭不一样，他们两人的心是牵在一起的，他们心中有共同的圣山。

雷丹妮说：真没想到，你把所有的事情都想开白了。木润声说：如果你一生下来就是孤独的，所有的事情都要自己去想，你也会的。雷丹妮：府上的老管家好像对你很在意。木润声：他是我阿爸。雷丹妮一怔：什么，老管家是你亲爸爸？木润声摇了摇头：不，我只知道我生下来的时候父母都死了。母亲是木府的女佣人，亲生父亲其实就是木府的木老爷，在一次酒后有了我。母亲的丈夫知道真相后，受不了戴绿帽子的耻辱，做顶缸的阿爸，便在我出生的当天，跳下山崖，到玉龙第三国去了。母亲难产而死，临死前把我交给了管家。管家把我带大，五岁的时候木老爷认我做了义子，实际是让我认祖归宗，可在我心里，管家才是我的阿爸。

雷丹妮听了木润声的话，大惊：没想到你的身世如此，如此难堪……润声，你把这一切都告诉我，无疑是撕开你身上的道道伤痕，润声，你……这一切你是怎么知道的？木润声笑了笑：我从哪里来，我自然会了解清楚。雷丹妮问：你小时候一定受了很多苦吧？木润声：过去了的事情就不谈了，我受了苦，润铭不也一样，受了很多苦吗？雷丹妮：润声，现在我有些理解你了，等回去我一定好好跟直玛和润铭谈谈，尽量消除你们之间的误解。木润声：不用了，有些事谈不好，反而会生产出新的误解，我想润铭自己慢慢会想明白的。

黄昏的机场指挥部内，指挥官说：雷军长，这样静，晚霞衬托着群山，真不像是战争要来临。雷霆：大战之前总是寂静的，因为现在他们只是窥视着我们，天一黑，他们就会行动，这就是狼。机场指挥官：那就让他们来吧，虎是兽中之王，不会怕狼的。雷霆：陈纳德将军的飞虎队，在驼峰航线上损失很大，

第 30 章

我们不能让他们在陆地上再受损失了。机场指挥官：放心吧，我们会很好地配合雷军长的行动的。雷霆点点头。

夜晚的树林中，特遣队员们整齐地列队。松下世仁用手电看了一下手表，说：现在是十一点五十分，十分钟后开始行动。白天你们都已经看到了，我们的猎物像你们现在一样，整齐地排列在机场上，这时候不需要再说什么了，因为帝国相信你们。准备行动吧！

民团队员们已经借助地形埋伏好了。木润声擦好枪，又把擦好的子弹按进弹夹。

雷丹妮说：润声，你一点也不紧张吗？木润声笑了笑：这时候紧张有用吗？雷丹妮：可是，我有点。木润声：你是在军营里长大的，应该知道，这不是紧张，是兴奋。雷丹妮：谢谢，你这样一说，我好多了。木润声：玉峰寺打土匪的时候，你很勇敢。鬼子也一样，是肉长的，雷小姐的子弹要是还能打在他们的脑袋上，照样一枪一个。

雷丹妮笑了笑，说：我发现你这个人挺会体贴人的。木润声说：我很喜欢现在这种生活，打鬼子，证明自己还活着，证明自己的价值，证明自己是个中国人。雷丹妮：那你可以直接到部队上去当兵打仗。木润声：想过，可我得把家交给润铭才能走啊！雷丹妮：你真的什么都不要吗？木润声：身外之物，何况它们本来就不属于我。雷丹妮：那你觉得什么是属于你的呢？木润声茫然地：没有，什么都没有。我是赤条条地来到这个世界上的，一生下来，就没了父母，你说我还能有什么？

阿木扎和和云悄悄摸了过来说：大少爷，好像有动静了。木润声：告诉弟兄们，放到眼前，狠狠地打。阿木扎：好嘞。阿木扎和和云隐去。木润声：雷小姐，咱们的戏要开场了。

松下世仁站在峡谷的尽头，看了一下手表，手表的指针指向十二点。

松下世仁把手一招，骑在马上的特遣队员们向峡谷外冲去。

木润声警觉地听着，并说：雷小姐，他们过来了，一会儿还是你来下命令吧。雷丹妮：谢谢！特遣队员们借着夜色冲过来，雷丹妮沉着脸看着。特遣队员已经进了伏击圈，雷丹妮抬枪打去，一个特遣队员从马上跌下。

峡谷里顿时枪声大作。特遣队员们迅速跳下马散开，向峡谷上方的民团队员还击。松下世仁冲上前，叫嚷着：火力掩护冲过去，赶快冲过去。特遣队员一边以强大的火力进行还击，一边拼命向峡谷外冲去。

雷霆和机场指挥官站在指挥塔上，峡谷里传来激烈的枪声。雷霆说：可以行动了。机场指挥官点点头。

一名军官拿起对讲机说：开始行动！

机场响起警报声，飞行员们冲上跑道，地勤人员帮助飞行员们登上飞机。

一架架飞机开始启动，驶上跑道。

一架架飞机起飞，消失在茫茫夜空中……

在峡谷中的松下世仁抬头看着一架架飞机升空，大吼着：不，不能让他们飞起来，冲过去，一定要打掉它们！冲出峡谷的特遣队员们一边冲，一边扫射。

一名军官从草丛中慢慢抬起头，说：老子趴了一天，终于等来了。弟兄们，打！

士兵们开始向冲过来的特遣队员射击。特遣队员们迅速散开，向士兵们还击，不断有士兵中弹。

机场指挥官说：没想到这帮鬼子这么能打。雷霆：那是咱们太小气了。机场指挥官：命令机场所有的防御力量投入战斗。军官拿起对讲机：指挥塔命令，所有机场防御投入战斗。一盏盏探照灯亮起，士兵们放平高射机枪和机关炮，开始向日军特遣队开火。

特遣队员们拼命还击，一个个特遣队员中弹倒下。

峡谷里，木润声带的人马还在激战。木润声命令：狠狠地打！一定不能让鬼子跑了。雷丹妮一枪枪地打着，手枪里的子弹打光了，抓起身边牺牲队员的步枪继续打。阿木扎抱着一挺机枪，一边喊着，一边向山谷里扫射。

松下世仁指挥着掷手榴弹还击。

手榴弹在阵地上爆炸，木润声飞身扑在雷丹妮的身上，一块弹片击中头部，鲜血流出。雷丹妮着急地问：润声……润声，你没事吧？木润声：别管我，指挥战斗，别……别让鬼子跑了……雷丹妮挥舞着枪：打，鬼子全挤在下面，手榴弹，投手榴弹！一排排手榴弹飞进峡谷，峡谷里一片爆炸声。张营长也带领着战士们压向日军特遣队。

松下世仁恼怒地：撤！

特遣队员们一边打，一边向峡谷内撤去。

雷丹妮跳起身，被木润声一把拉住。木润声问：你要干什么？雷丹妮说：冲啊。木润声：不能冲，他们是受过特殊训练的，这样冲，只能是让弟兄们送死。雷丹妮生气地抓过阿木扎手里的机枪，对着峡谷深处一阵狂扫。

木润声头上缠着绷带和雷丹妮、阿木扎、和云走进机场休息室。雷霆和机场指挥官站起身迎上。

雷霆关切地问：润声，你的伤怎么样？木润声回答：擦破了一点皮，是雷小姐非让包上的。雷丹妮说：流了那么多血，还擦破了一点皮……爸，他是为我受伤的。木润声：雷长官，整个战斗全是雷小姐指挥的。雷霆笑了笑：你们都在战斗中成长。

雷丹妮说：爸，润声的判断能力非常强，到了黑水塘就确定了鬼子的行动方向，而且做了妥善处置。可惜我指挥得不好，让他们又退回去了。雷霆：咱们得实事求是，这伙鬼子的作战能力非常强，又是夜战，能打成这样已经非常不错了。张营长已经把战果清理出来了，这次一共消灭了三十七个鬼子，关键是机场平安无事。

木润声说：现在知道了他们这次的任务目标，还会来吗？雷霆：既然他们的任务目标已经暴露，机场会加强戒备，我想他们不会愚蠢到这种地步的。木润声：那他们又会去祸害丽江的百姓了。

雷霆说：不排除这种可能性。我已经给公路沿线的部队下了命令，打进家里来的强盗，一定要留下来，就地消灭。另外我想告诉你，由于你的出色表现，决定晋升你为中校，负责整个丽江地区的防务。报告已经递上去了，委任状一下来，就可以挂中校军衔了。

赵营长走进来报告：雷将军，你的电话。雷霆拿起电话：我

第30章

是雷霆……知道了,你先把他安排好,我这就回去。雷霆放下电话:润铭上我那儿去了。木润声:我们也得赶回去了。雷霆说:丹妮,坐我的车一起走吧。雷丹妮:不了,我还是先跟润声一起去大研镇,看完那儿的军需库情况后,再回大理。雷霆说:润声,回去以后,警戒任务不能松,他们在这儿栽了跟头,肯定不会善罢甘休的。木润声说:放心吧,雷长官,还是那句话,防匪防盗防鬼子。

木润铭站在雷霆面前报告:……松下世仁已经到了疯狂的地步,黑水塘的人全部死光。雷霆:这次接连打了他两下,他会更加疯狂的。现在前线吃紧,他扰得我们后方不得安宁,可他带着特遣队,机动性强,活动空间大,我们很难抓住他。木润铭:军长,把他交给我吧!雷霆:润铭,这次在礼场跟他们交了手,鬼子的这支部队受过特种训练,作战能力非常强啊。木润铭:大部队很难抓住他,但我们比较容易沾上他,一旦沾上了,就有消灭他们的机会了。雷霆点点头:只要沾上了,我会及时增援的。另外我可以调批武器给你,改良一下你们的装备。要打仗,装备上不能太吃亏。木润铭:那可太好了。

雷霆说:他们现在应该就在丽江一带活动,要消灭他们,必须动用各种力量。在打鬼子的问题上,木润声表现得非常出色,他手下的民团,也有相当的作战力量,以后丽江地区的防务也会交给他,你们要是能够联起手来,松下世仁这个混蛋就没有好日子过了。木润铭垂下头去:军长,道不同,难以为谋,松下世仁我会收拾他的。雷霆:唉,我真希望你们两兄弟能够坐下来好好谈谈啊。

帐篷内，采尔直玛仍在昏迷。木润铭上前把一束山茶花放在采尔直玛的枕边，又抱起小音音亲了亲。

小音音对木润铭说：阿妈睡着了。木润铭：音音，叫一声阿爸，好吗？小音音：你是阿爸？木润铭点了点头。小音音：我阿爸是大土司。木润铭笑着点点头，看到床旁靠着一宝刀，拿起看了看，轻轻抚摸着，又放回原处。木润铭又深深地亲了亲小音音，把孩子放下后，俯身又在采尔直玛的额上深深一吻，起身走出帐篷。

木润铭走出帐篷，见山茶从另一个帐篷走出。

木润铭对山茶说：山茶，我要走了。山茶点了点头。木润铭回头看看帐篷：她还没有醒。山茶说：你放心，我会照顾好她的。木润铭：谢谢你。如果她醒来的话，告诉她，我还像过去那样爱她。山茶点点头。木润铭：让她教孩子点古乐，把我们没做完的事做完，没写完的乐曲写下去……

木润铭说着泪水流出，转身上马而去，消失在黑暗中。

采尔直玛醒来，看到枕边的山茶花，艰难地坐了起来。采尔直玛看孩子在床上趴着睡着了，把被子给孩子盖上，挣扎着下了床，朝外走去。采尔直玛步履艰难地走出帐篷外，山茶走来，说：你醒过来了，快躺着去，怎么出来了？采尔直玛看看手中的山茶花：润铭是不是来过？山茶点了点头：他刚刚才走。

采尔直玛茫然地看着茫茫夜色。

木府书房的桌子上铺着地图，木润声在屋里来回走着。雷丹妮走进，说：我就知道你不会睡，又看这张老地图。木润声：丹妮，机场打得精彩，让松下世仁赔上了三十多号人，可他手下的力量仍然不可小视。咱们把他赶回了丽江，我在想他下一步会干什么？

松下世仁一行骑着马在山路上走着。特遣队长：指挥官，我们六十多个人，完全可以打回去。松下世仁摇摇头：完成这种任务一定要有突然性，他们现在已经有所准备，再去是无意义的了。

松下世仁想了想对特遣队长说：我们先返回丽江，支那军队主要布置在了公路沿线，丽江是他们的薄弱之处，选择好新的任务目标，给予打击。

在一个较隐蔽的地方，松下世仁和特遣队员们下了马。

松下世仁：放出警戒，抓紧时间休息一下。特遣队员们散开休息，两名队员站在树下四处张望着。松下世仁靠在一棵树下，掏出烟点上。特遣队长上前：指挥官，我们的目标是哪儿？

松下世仁说：等待命令。

特遣队长说：是！

木润铭从树后探出头来观察着，向身后一挥手，两个民团队员上前。木润铭用手指了指树下的两个特遣队员，民团队员点点头隐去。大树后两个民团队员端弩瞄准，弩响箭出，两个特遣队员中箭倒下，树上的两个特遣队员立即向民团队员射击，木润铭抬手一枪，一名特遣队员从树上掉下。木润铭带着民团队员向树林外撤去。

松下世仁提枪站起：发生了什么事情？一特遣队员跑来报告：指挥官，我们受到偷袭。松下世仁走到树下，看着死去的三个特遣队员，从一个特遣队员的脖子上拔出弩箭看着。

松下世仁说：八嘎，追！

特遣队员们跳上马，向树林外追去。

木润铭带着几个民团队员打马狂奔，松下世仁带着特遣队紧追不舍。到了拐弯处，木润铭一挥手，民团队员向前跑去，木润铭带马向河谷高地冲去。特遣队追到拐弯处，四下看着。

一特遣队员指着远处说：在那儿。松下世仁抬头看去，木润铭横马在河谷高处，以嘲弄的目光看着自己。松下世仁：追！特遣队员们向高地冲去。特遣队追到峡谷尽头，不见了木润铭。突然一特遣队员喊着：他在那儿！

松下世仁回头看着，木润铭远远地站在身后。松下世仁端枪欲打，木润铭拨转马头，飞驰而去。松下世仁一挥手，特遣队调转马头追去。木润铭飞骑至玉龙山脚，带马朝山上跑去。特遣队追到山脚。松下世仁制止：停止追击！特遣队员们停下马。松下世仁说：支那人很狡猾，他想把我们带到死路上去，撤！听到撤退的命令，特遣队员打马而去。

几个民团队员从树林里骑马跑出，尾随而去。

树林深处，松下世仁和特遣队员们围坐在篝火边。

松下世仁说：这个木润铭非常狡猾，他想沾上我们，使我们无法行动。所以，从明天开始，必须按我们的计划去做，他如果敢同我们作战，就消灭他。

树林另一处，木润铭与民团队员坐在一起，木润铭说：这些鬼子上这儿来，心狠手辣，可又只敢偷偷摸摸地干，所以咱们不但要沾上他们，还要牵着他们，让他们陷在泥里，没法行动。要让他们生不如死。队员：你说吧，怎么干？木润铭：打残他们。队员：打残？

木润铭说：你们想啊，白天咱们灭了他们三个，他们少了三个人。要是打残三个，他们就得有人看着他们。要是打残他一窝呢？队员：那他们也成救护队了，可咱们的弩都是浸过毒的，见血封喉啊。木润铭：除了弩，咱们不是还有打狼套野猪的夹子吗？队员：那东西厉害，踩上了十天半个月别想动。木润铭笑了笑：今晚就用它。队员们悄悄地在树林里布置着铁夹子。木润铭提着枪观察着特遣队的动静。队员们摸到木润铭身后：全布好了。木润铭：好，大家分散开，就朝鬼子人堆里打，打到哪儿是哪儿，打完五发子弹就撤，树林外面集合。

队员们点点头隐去。

特遣队员们相互靠着睡觉，松下世仁靠在树上默默地吸着烟。

突然枪声响起，一个特遣队员肩膀受伤倒在地上，松下世仁提着枪四下看着。枪声从不同方向打来，一个个特遣队员中弹。松下世仁朝四个方向指了指，特遣队员立即散开，向不同方向摸去。树林里不时响起特遣队员的叫声，松下世仁恼怒地四下看着。

清晨，特遣队长经过清理，向松下世仁报告：报告指挥官，昨天夜里一共有十八人受伤。松下世仁吃惊地：什么？特遣队长：一共有十八人受伤。其中十二人是枪伤，六人是脚伤，被打猎用的夹子给夹住。松下世仁气恼地：八嘎！伤情如何？特遣队员：渡边君的脊椎被打断了，怕是不行了，另有八个重伤，其余都是轻伤，但很难随队行动。松下世仁：完全不能行动了吗？特遣队员犹豫了一下：目前很困难。松下世仁长吁一口气：

特遣队的战斗力体现在机动性上，不能随队行动，就等于失去了作战能力……让他们为帝国尽忠吧。特遣队员一怔：指挥官阁下……松下世仁：拜托了！特遣队员泪水流下：哈依！

树林中的一个大坑里，整齐地摆放着十八具日军特遣队员的尸体。

木润铭冷冷地看着说：这群畜牲，他们自己把自己人全杀了，连受轻伤的也不放过。加上前面的三个，他们在一天里没了二十一个士兵，肯定像疯子一样想报复，必须立即找到他们。

几个人跳上马，向树林外跑去。

松下世仁站在山顶上用望远镜四下看着，突然停了下来说：找到目标了。松下世仁把望远镜递给了身边的特遣队长。队长看着说：指挥官，他们中间有武装人员。松下世仁：那是一群没有任何作战素养的蠢猪，在你们面前应该是不堪一击的。特遣队员：面对面的作战，帝国军队是不可战胜的。松下世仁：我很欣赏你的勇气，想想那些为帝国尽忠的武士，你会知道应该怎样去对付这些支那人的。特遣队员：我会送给他们加倍的残酷。松下世仁：天黑开始行动，天亮前发起进攻，天亮结束战斗，然后迅速撤离。特遣队员：明白了。

第 31 章

山茶背着采药筐走出树林,突然看到山坳里到处坐着拿枪的人,忙退回树林,想了想,向旁边救护队营地帐篷跑去。

一号帐篷内采尔直玛正背着小音音替游击队长换药,他的腿受了伤。

二号帐篷内,和东巴、顾约翰正在协助照顾着其他伤病员。

山茶背着药篓匆匆跑进帐篷向采尔直玛报告:直玛,我刚才去挖草药的时候,发现山坳那边有不少形迹可疑的人。他们鬼鬼祟祟地藏在那旦,看来不怀好意,而且人数不少。采尔直玛问:他们有枪吗?山茶:有,都带着枪呢。

这时,和东巴和顾约翰走了进来,游击队长问 他们没有发现你吧?山茶说:没有。游击队长说:那我们目前只能按兵不动,不能让他们知道我们的虚实。游击队长想了想又说:万一他们打过来呢,我们的兵力是应付不了的,得马上找人联络外面的部队派人来增援。山茶说:我去吧,我熟悉路。

游击队长点了点头,说:只有山茶你去了。采尔直玛嘱咐:

山茶，你一定小心点！你先找到和大叔，找到和大叔，就能找到部队。

游击队长掏出枪递给山茶：把这个带上，以防万一。

山茶接过枪。

山茶快马在马帮客栈找到马锅头，对他说：该死的鬼子，竟然打起伤病员的主意了！糟糕的是，游击队长和顾约翰也在那里，他们都是鬼子特别想要的人。而且，我们伤病员一大群，还有那些才运到的国际援助的药品和医疗器械。马锅头说：不能让这群鬼子阴谋得逞！山茶，你先休息一下，让我考虑一下再作安排。山茶着急地：要快，快快联系上部队！阿爸，我先回去吧，那边人手少。马锅头说：你放心，我马上与雷军长联系，得到他们的支援。

这时，木润铭从里屋出来说：山茶，你说的我都听到了，我们民团刚刚打死他们十八个特遣队员，松下世仁被打疯了，所以他一定会疯狂报复，我们绝对不能让他得手。马锅头说：我知道，可现在豺狼就在羊群里，弄不好，就会伤了羊的。木润铭说：愤怒的羊，也会顶死狼的。这样吧，我先赶过去，至少我带的这几个人都能打，如果发生什么问题，可以顶一下，我设法拖住他们，就能够争取到消灭他们的机会，小音音和直玛都在那里。山茶说：是，还有顾约翰，几十号伤员。马锅头：好吧！你们先走，这边我会马上跟部队联系支援救护队，我也会马上赶来。

木润铭和山茶的快马消失在夜色之中……

木府，管家看书房的灯还亮着，走了进来，说：大少爷，还没休息?木润声:睡不着,我在想松下世仁的下一个目标会是哪里?

管家打断木润声的话,说:大少爷,我想跟你说的是,雷小姐人不错,人家对你也有好感,你也老大不小,你是不是考虑……

木润声打断管家的话,说:阿爸,我现在不想考虑这件事情。等润铭回来了,家里的事情都解决了,再说。

这时,阿木扎急匆匆地跑了进来说:大少爷,外围警戒哨刚才传来报告,发现一伙不明身份的武装人员,正向河谷方向移动。木润声:向河谷方向移动,有多少人?阿木扎:说是有三四十号,具体人数不清楚。木润声思忖着:河谷方向,那儿有什么?

管家说:顾约翰先生的救护队在那儿,有采尔直玛、小音音,还有伤员……

木润声说:对了,松下世仁,肯定是松下世仁冲着救护队去的。阿木扎,立即集合镇上所有的民团队员,准备出发。

阿木扎:是!

木润声穿上军装,戴上军帽,穿戴整齐来向管家告别,木润声向管家敬了个军礼:阿爸,这次又抓到他们的尾巴了,但这帮鬼子很能打,救护队的抵抗力量很有限,就等着咱们过去收拾他们吧。对了,你去告诉一声赵营长,就说我带着民团出去了,让他对镇上警戒一下。

木润声说着走出大门。

管家跟到大门,交代着:润声,打鬼子你可当心点啊,当

情 殇

心……

民团队员们已经牵着马等候在了大门外。

阿木扎上前报告：大少爷，在家的二百七十号人全在这儿了。

木润声说：弟兄们，前面咱们狠狠地打过鬼子一次了，跑出去的鬼子让咱们的心里都觉得堵得慌。这次咱们运气好，又撞上了，他们是鬼子中的鬼子，一伙特别能打仗的鬼子，鬼子的特遣队员，有没有害怕的？民团队员们：不怕！木润声说：好，像咱们纳西汉子。这伙鬼子现在想偷袭咱们的救护队，大家都知道，救护队里除了伤员，就是女人、孩子，所以咱们绝对不能让他们得逞，绝对不能放过他们。

民团队员们：杀！杀！杀！

木润声说：对，进了家门的强盗，咱们只有一个字，杀！上马出发！

民团队员们上马，木润声、阿木扎和和云带头向镇外冲去。

管家目送着远去的马队。

两名特遣队员监视着救护队。

特遣队长向松下世仁报告：指挥官，目前他们还很平静。松下世仁：明天他们就会成为帝国武士生命的代价。松下世仁看了看救护队驻地，转身走去。

带着几个民团队员过来的木润铭悄悄地摸到了特遣队员驻地的后面，从石头后探出头来观察着，慢慢又蹲下身去。木润铭指了指前面对民团队员说：他们在那儿设了哨，咱们一会儿从这边绕过去。民团队员一个人一个人地跟了过去，木润铭最后也消失在了夜色中。

第 31 章

帐篷内,采尔直玛正着急地走来走去。山茶走了进来,采尔直玛忙问:你回来了?见到和大叔了吗?山茶回答:见到了,我爹他去联系雷军长的部队,增援队伍很快就会来,润铭也带着民团来帮咱们了。采尔直玛说:噢,知道了。目前还没有什么异常,二号帐篷里有位重伤员,烧得厉害,我过去一下。采尔直玛走到床前给小音音盖好被子,跟着山茶一起走出去。

东方刚刚开始发白,山坳里,特遣队员整齐地站成两排。

松下世仁走到前面,对特遣队员讲话:各位都知道,我们这次过来是有明确军事任务的,虽然失败了,但是我们不能就这样回去。我们现在要打掉的是他们的救护队,接下来我们就要到他们的运输线上去活动,明白了吗?特遣队员:明白!松下世仁看了看手表:你们都是帝国最优秀的武士,这次任务必须在三十分钟内完成。开始行动!

木润铭换上游击队长的衣服,率领他的几位队员从营地中冲了出来,直接冲向日军特遣队隐藏的山坳。两名担任警戒的特遣队员刚要开枪,木润铭投出的手榴弹爆炸,两名特遣队员倒下。木润铭带着几个队员向高地跑去。

正要行动的特遣队员突然看到有人冲出营地,报告松下世仁:指挥官,有人想突围出去。松下世仁说:行动吧,不能让一个人活着离开这儿!

特遣队立即向木润铭等人开火。

木润铭带着几个队员跑上高地。木润铭:这儿的地形好,一定要卡在这儿,困兽欲斗,我们必须拖住他们,等待和大叔去找的援兵……

情　殇

　　木润铭话没有说完，十几名特遣队员开始向高地进攻，枪声响成一片。

　　木润铭对队员说：瞄准了打。队员们向冲上来的日军射击，日军特遣队员又倒下两个。

　　松下世仁一看难以攻下高地，说：留下一个班，看住高地上的支那人，不让他们下山，其余的人立即去消灭救护队。

　　特遣队成散兵线冲向救护队营地。担任警戒救护队任务的队员们顽强地抵抗着。特遣队分散开，交叉掩护攻击，警戒的队员们一个个中弹倒下。顾约翰冲上，抓起牺牲队员的枪向冲上来的日军射击，日军的火力很快压了上来，打得顾约翰抬不起头来。

　　这时，马锅头带着几个游击队员冲进营地，向进攻的日军射击。松下世仁放下望远镜，命令：掷弹筒掩护。

　　几名特遣队员架起掷弹筒炮击营地，游击队员开始出现大量伤亡。采尔直玛、山茶、和东巴冲上阵地，背着伤员往下撤。

　　马锅头说：咱们一定要守死这儿，如果让鬼子过去，后面就是伤员和女人了，赵营长的援军马上就到。

　　一个队员说：鬼子的火力太强，太难守……

　　特遣队又扔上几枚手榴弹在阵地上爆炸，那名队员话没说完中弹牺牲。

　　马锅头说：只要还有一个喘气的，就要守在这儿。

　　木润铭的高地，身边也只剩下两名队员。木润铭自语：妈的，小鬼子太狡猾，不上当了。

　　队员说：咱们在这儿反而被鬼子给看住了。木润铭说：咱们占了高处，那就瞄准了打。木润铭抓起牺牲队员的步枪，瞄准射击。

在松下世仁的指挥下，特遣队又向救护队营地发起进攻。

正在危机时刻，阵阵枪炮声传来。木润声打马狂奔：快，前面已经打上了。阿木扎：跟上，快跟上，到了那儿，见着了鬼子使劲打！

马队呼啸而过……

松下世仁沉着脸看了看手表，命令部队加强进攻，松下世仁说：帝国的勇士们，加紧进攻，他们的增援部队一到，我们就没有机会了。

特遣队的机枪开始猛烈地向营地扫射。

救护队营地，马锅头带领游击队员们顽强地抵抗着。游击队长缠着绷带冲上阵地问：老和，情况怎么样？马锅头：这些鬼子比想象的还能打，队伍伤亡很大，得考虑转移了。游击队长：现在转移已经来不及了，那么多伤员……

作为伤员的游击队长抓起一杆枪也参加战斗：现在只能守在这儿，哪怕是多争取一分钟。

马锅头说：对，增援应该马上会到，但鬼子的火力太猛，我担心守不住。游击队长说：都打到这份上了，守不住也得守。手榴弹，用手榴弹炸鬼子。一排手榴弹从阵地上飞出，在阵地前炸起滚滚黄烟……

木润铭占的高地也是危险重重，日军特遣队似乎已经摸清了他们的兵力，留下四个火力点，双方对射着。

队员说：咱们打不着他们，枪一响，他们的火力立即就压上来。木润铭探头看了看,指了指:咱们从那边撤回营地。

救护队营地,游击队长说:要节省子弹,尽量拖住敌人。

马锅头说:这些该死的杂种,全部散开,每个家伙都是一个火力点,咱们的人一露头,马上会有几个方向的子弹打过来。

顾约翰、采尔直玛、山茶、和东巴也冲上阵地,拿起枪,加入战斗的行列。游击队长说:这儿太危险,你们上来干什么?顾约翰:我们的任务是保护伤员,现在日本人打来了,只有战斗,不让他们进入我们的营地,才能保护伤员,你明白吗?游击队长:顾约翰先生,这儿有我们,不会让鬼子进入营地的。顾约翰反而说:山茶,队长现在还是我们的伤员,立即送他下去。游击队长:好,好,好,咱们一起守在这儿。顾约翰笑着:OK!

木润铭带着两个队员躬身跑回营地。

马锅头说:润铭,情况不好?木润铭说:我们占领高地,本想把鬼子引开,减少救护队营地的危险,可是鬼子不上当,只几个人就把我们给沾上了,干脆撤下来跟你们一块守营地吧。

采尔直玛看到木润铭,惊喜地说:润铭,你来了。木润铭说:直玛,你怎么上来了?你伤好点了吗?采尔直玛说:顾约翰先生说,只有不让鬼子打进来,伤员才是安全的,我已经好了。木润铭说:直玛,你下去吧,看好伤员,看好孩子,我不会让鬼子……

日军的掷弹筒又开始发射榴弹,木润铭扑上去护着采尔直玛,榴弹在他们身边爆炸。采尔直玛当心地:润铭……木润铭抬起头笑了笑:我没事。采尔直玛:你受伤了,流血了。木润铭看了看左臂：蚊子咬了一口，没事。游击队长叫道：鬼子又上来了，打！木润铭抓起面前的两颗手榴弹投了出去，端起枪射击着。

躲在山坳里的松下世仁放下望远镜说：连女人都上去了，他们已经没有多少人了。必须立即突破他们的防线。特遣队员：哈依！

松下世仁说：把掷弹筒推上去打，冲进去了，一个活的都不要留。特遣队员提着掷弹筒向前冲去。

手榴弹在阵地上爆炸，一个个游击队员倒下，日军特遣队迅速靠近阵地。

游击队员说：队长，子弹快没了。

游击队长说：瞄准了打，近了就用手榴弹……

一发榴弹在游击队长身边爆炸，游击队长中弹倒了下来……

山茶放下枪，背起游击队长跑入营地进行救治，采尔直玛也背起一个伤员撤下阵地。

马锅头说：润铭，只有十几个人了……

木润铭狠狠地说：一定不能放这些杂种进入营地。

马锅头说：消息已经送出去了，部队应该来了……

特遣队接到松下世仁的命令，又喊杀着向阵地冲来。

木润铭大声叫道：手榴弹！手榴弹！

一颗颗手榴弹在阵地前爆炸。

松下世仁提着冲锋枪走出山坳，命令特遣队员：集中火力压住他们，掷弹筒进行定点目标清理，必须立即突破他们的防线！

日军的机枪向阵地猛烈扫射，掷弹筒发射着一发发榴弹，阵地上硝烟弥漫。

突然河谷里传来震天的喊杀声、隆隆的马蹄声，一支浩大的马队冲来。

救护队营地的马锅头兴奋地说：同志们，咱们的增援部队来了，狠狠地打啊！

采尔直玛和山茶跑回阵地。

采尔直玛问：润铭，是丹妮的爸爸派兵来了吧？木润铭疑惑地：不像，他们没穿军装啊？山茶：有穿军装的，你们看，前面几个就穿着军装。采尔直玛：好像是润声带来的队伍。

木润铭喃喃着：木润声……

木润声一马当先，阿木扎和和云紧随其后。木润声大声吩咐：阿木扎，分兵两路，不能让这些杂种跑了一个。阿木扎一挥手，马队立即分兵两路向日军特遣队包抄过去。民团队员们骑在马上，开始向特遣队射击。

在山坳中的松下世仁看着冲过来的马队，指挥机枪掩护，立即撤到高地上去。特遣队的机枪调转枪口，向冲过来的马队扫射，特遣队开始向高地撤退。

木润声指挥阿木扎：快把所有的机枪集中起来进行拦截，他们上了高地，就难打了。和云喊着：所有的机枪都拿过来，朝山上的鬼子打，大少爷说了，一旦让他们上了山，就不好打了。一排机枪架起，开始猛烈地扫射，正往高地上撤的特遣队，受到背后的打击，不断有人中弹倒下。和云喊着：大少爷快看，雷长官给的这些宝贝，这次算是派上大用场了。木润声淡淡一笑：切断他们的退路，这儿就是他们的坟墓。弟兄们，跟我冲。木润声一

第 31 章

带马冲了出去，民团队员们喊着"杀"！——冲向E军。

守在救护队营地的木润铭说：鬼子想跑，打他们的身后。木润铭说着端起步枪瞄准，随着枪响，日军机枪手中弹趴下。

马锅头看到木润声援军到了，心放下了许多。松下世仁带着特遣队员撤到高地。战场短暂的安静。

马锅头凑上前对木润铭说：血浓于水啊，润声真勇敢。木润铭说：他现在是雷军长手下的军官，这是他应尽的责任。马锅头想了想：可我并没有向他传送消息啊。木润铭说：他木润声还算是个中国人，就该打鬼子。马锅头犹豫了一下说：润铭呐，你该知道了，润声是你的亲哥哥。木润铭：润声是我亲哥哥？我不信！你怎么知道的？马锅头说：是老管家告诉我的，管家让我抽时间告诉你，让你知道真相。润声的母亲当年是木家的一个佣人，老爷在大太太死后不久，便和她有了润声，她生下润声，就难产死了，临死时，把润声托付给了管家，让管家把他送回木府。老爷五十岁寿辰的时候，从管家手里接过润声，表面认他为义子，其实是正式把润声接进了木家，你跟润声是同父异母的亲兄弟啊。

木润铭怔怔地看着马锅头：和大叔，你说什么？润声是我亲哥哥，我不信……

特遣队长对撤至高地的松下世仁报告：指挥官，我们只剩下二十一个人。松下世仁说：守住高地，你们是最优秀的士兵，装备有最精良的武器，一定能把这儿变成那群支那人的坟墓。特遣队长报告：指挥官，支那人冲上来了。松下世仁：将军告诉我，你们是受过特种训练的，知道应该怎么对付他们。特遣队员：明白了。

民团队员们高喊：杀！——向高地冲来。

特遣队员以密集的火力扫射，民团队员们一排排倒下。

木润声看着，冷冷地说：阿木扎，去把人撤下来，不能做无畏牺牲。阿木扎跑去，队员撤下。木润声试了试风向：去找干草，越多越好。和云不明白：大少爷……

木润声命令：快去！

和云带着民团队员跑去。

高地前一个个草堆燃烧起来，滚滚浓烟飘向高地。

木润声说：阿木扎，想办法接近他们，把所有的手榴弹都投出去。阿木扎说：明白了。阿木扎带着一群民团队员跑去。

一阵马蹄声，队员说：大少爷，又有队伍来了。木润声回头望着笑了笑：咱们的指挥官来了。

雷丹妮、赵营长带着一队骑兵飞奔过来。

雷丹妮跳下马跑到木润声身边问道：润声，情况怎么样？

木润声回答说：全围在那儿了，就等着雷少校来指挥消灭他们。阿木扎已经带着人上去了，下面就是最后的冲锋。

阿木扎带着民团队员，借着浓烟迅速接近高地，特遣队员们朝着浓烟盲目射击着，两个民团队员中弹倒下。木润声紧张地看着，阿木扎带着队员们一步步接近高地。阿木扎一挥手，一排手榴弹打出，高地上发出一片爆炸声。

民团队员们和士兵们喊杀着冲向高地。

阿木扎带着队员们，一边向高地上压，一边不断地掷出手榴弹。

一排子弹打来,阿木扎中弹,慢慢向后倒下。

木润声冲上抱住阿木扎:阿木扎……阿木扎……

阿木扎气喘着:大少爷,阿……阿木扎……不……不能跟着你了……

木润声说:兄弟,坚持住,那边就是救护队。

阿木扎咧嘴笑了笑:不了,熬……熬不住了……

阿木扎说着,头垂了下去。

木润声悲愤地说:狠狠地打!把这些畜牲全给我宰了!

雷丹妮端着机枪扫射,赵营长带着民团队员和士兵们一边喊着,一边冲向高地。

松下世仁指挥着剩下的两个特遣队员进行着最后的抵抗。

民团队员和战士们用机枪扫射,两个特遣队员中弹倒下。

松下世仁抓起特遣队员的枪就打,可枪里已经没有了子弹,松下世仁恼怒地丢下枪,拔出了腰上的指挥刀。

木润声带着民团队员们慢慢地走上高地,怒视着松下世仁。木润声伸出手去,和云把户撒长刀递到他手上。木润铭上前抢刀:哥,让我来。木润声摇摇头:不,还是让哥来吧。

木润声提着刀走向松下世仁,松下世仁大喝一声,挥刀冲向木润声,木润声用刀一挡,两人退开。

木润声冷冷地:钱世仁先生,不,应该是松下世仁大佐,咱们不是第一次较量了,这次为什么不把你这张强盗脸用尿布给蒙上?松下世仁说:你们支那人是挡不住大日本皇军的。木润声看了看身边特遣队员们的尸体说:就凭他们?松下世人说:不,凭帝国军人的意志。

情　殇

　　松下世仁说着挥刀上前，木润声反手一格，顺势正抹，刀锋从松下世仁脖子下划过，松下世仁瞪大双眼倒下。
　　木润声转过身把手里的户撒长刀抛给和云。
　　一个受伤的特遣队员一只手拿着枪向雷丹妮瞄准。
　　木润声看见，大喊着扑向雷丹妮：丹妮……
　　枪声响起，木润声背部连续中弹软倒在雷丹妮的怀里。
　　特遣队员还想继续射击，木润铭抓过身边的机枪，对着特遣队员狂扫。
　　雷丹妮抱着木润声，泪下如雨：润声……润声……
　　木润铭丢下机枪跑向木润声，跪在木润声身边：润声哥……我是润铭啊……
　　马锅头、采尔直玛、山茶、和东巴和顾约翰跑上高地。
　　木润声慢慢睁开眼睛，问雷丹妮：你……你没事吧？
　　雷丹妮满脸泪，回答道：润声，我没事，真的，一点事也没有……
　　木润声说：没事就……就好，我不能让你有事……
　　木润声吃力地掏出玉佩，说：润铭，你的那块……
　　木润铭慢慢掏出玉佩：哥，在这儿……
　　采尔直玛上前慢慢跪下：润声大哥……
　　木润声抓起采尔直玛的手，把玉佩放在她的手里：直玛……我把润铭交给你了……
　　采尔直玛泪水流出……
　　木润声说：润铭，回家吧……去看看阿爸和你阿妈……带好民……民团，老管家……老管家……

第 31 章

木润铭哭着说：哥，你没事的，木家不能没有你……

木润声的眼睛轻轻闭上了……

和云和民团队员抬着木润声，木润铭、采尔直玛、雷丹妮、马锅头、山茶、顾约翰、和东巴跟在担架两边向木府走来。

管家从府内跑出，问道：大少爷怎么了？……润声他怎么了？……

人们默默地低着头不说话。

管家慢慢揭开白布，看着脸上留有硝烟的木润声。

管家轻声说：润声……你答应过我的啊，你要活着回来……

管家抬起满是泪水的脸说：他护着你们，他护着这个家，他护着大研镇，为什么你们就不护着点他？为什么啊？

雷丹妮泪水流出说：大叔，润声是为我死的。

管家轻抚着木润声的脸说：润声，阿爸送你走，干干净净地走……

木府大堂里一片白色，木润声穿着一身干净的军装躺在正中。

雷丹妮陪着雷霆走进。

雷霆上前轻轻取下少校领章，换上中校领章说：润声，你是一个真正的中国军人，我本想带着你一起去参加滇西反攻，把鬼子赶出国门，你却这样走了，像一个军人那样走了。

雷丹妮流着泪水，说：润声，我知道你有太多的心里话，我听到的也是最多的，许多没说完的你自己把它们都带走了，可我还是很知足，你三次救了我，我本想用一辈子去还这个情的，可你却走了……我不知道该怎么还这个情……你为什么对我这样狠……

情　殇

雷丹妮伏在木润声的身上哭泣着。

雷霆看着，泪水流下。

木润铭、采尔直玛走进，跪在了木润声的遗体边。

木润铭低着头，一直在流泪……

采尔直玛说：润声大哥，我现在真的不知道该说什么，小音音是木家的后代，可一直没有给他起个正名，今天我跟润铭商量了，孩子就叫忆声，你让我们真正找到了心中的"圣山"，等我们完成了，会把它献给你。

傍晚，雷丹妮挽着雷霆走进木府中的一个小院，说：爸爸，这是润声专门给我准备的小院，以后每年我都会上这儿住几天的。

雷霆轻轻点点头说：应该经常来看看。

雷丹妮轻抚着床上的羊皮大衣、带血的军装和上面摆放着的勃朗宁手枪说：这些都是他留给我的，无论走到哪儿，我都会带着它们，带一辈子。

雷霆说：丹妮，我知道你现在心里很难过，爸爸的心里跟你一样，也很难过。要把日寇赶出中国去，会有许许多多、成千上万的人战死沙场，所以爸爸希望你能够……

雷丹妮泪水流出说：爸，一个人救了你三次，有两次是用自己的命去救你，最后倒在了你的怀中，还在担心着你出事了没有，我忘不了，真的忘不了啊。

雷霆说：可润声不会希望你这样的。

雷丹妮说：他希望所有的人都不要有误会，他希望所有的人都能好好地活着，可有谁知道他对自己的希望是什么，你们谁也不知道。我知道。所以我会用一生去守候他的希望。

第 31 章

傍晚，木润铭来到采尔直玛的屋子，仔细看着手里的碰铃，然后轻轻放在了采尔直玛的面前。采尔直玛取出自己的碰铃，把两只碰铃放在了一起。

木润铭说：直玛，你把它们收在一起吧。

采尔直玛点点头，拿起两只碰铃轻轻碰了一下。

木润铭说：它们终于聚在一起了，可我现在必须去兑现润声哥的心愿。

这时，管家捧着一个布包走进，把布包交给了木润铭，说：润铭，这是润声留给你的。

木润铭慢慢打开布包，轻轻念道：《纳西正音谱》……

管家说：这是润声的母亲留给他唯一的东西，是润声的外公，一位老东巴留下来的。他知道你们写曲子需要它，就说以后交给你们。……唉，你们谁也不了解润声，你们一走，他的心就死了，抗战让他活了过来，他把自己也交给了抗战……挺好……能这样真的挺好……

管家流着眼泪转过身去走出。

木润铭一身军装跟采尔直玛跪在木仁和二娘的坟前，管家抱着小音音和雷丹妮、雷霆、顾约翰站在身后。

木润铭说：阿爸，阿妈，润铭带着采尔直玛和小音音来看你们了。

采尔直玛起身抱过小音音：音音，给爷爷、奶奶磕个头。

小音音磕头，木润铭、采尔直玛磕头。

木润铭起身走到木润声的坟前，说：哥，这么些年是我错怪了你，原谅润铭不懂事。府上交给老管家了……

雷丹妮说:润铭,直玛,你们打算以后怎么办?

木润铭说:我哥没做完的事情,我得接着做下去。军长,这身军装是我哥留下的,部队很快要反攻滇西了,我想重新回到部队。

雷霆为木润铭整理了一下军装说:好,咱们一块带着部队打过怒江去,一定要把日寇赶出国门。直玛,你以后……

采尔直玛说:我跟着顾约翰先生回救护队,那儿需要我。

木润铭把布包捧给顾约翰,说:先生,这里面是您一直在寻找的《纳西正音谱》,是我哥留给我的,我和直玛写的一些乐谱也放在里面,只有等打走了日本鬼子,我跟直玛才能再完成《圣山》了。

顾约翰说:我等着,你们会写出来的,这《圣山》已经在你们的心里了。

公路上,马锅头带着长长的马帮队伍行走着,采尔直玛背着小音音,和山茶、顾约翰走在马帮旁边。

部队在公路上行进,雷霆带着木润铭和雷丹妮骑马跑过。

木润铭说:和大叔,直玛,你们这是……

采尔直玛说:你们就要反攻了,顾约翰先生说把我们的战地医院先搬到保山,到时候跟你们一块过江。

雷霆大笑着:好啊,我们现在也是到保山集结,准备参加反攻。

雷丹妮说:和大叔,这次是真的上战场了,我们一定会好好打的。

顾约翰说:《圣山》就是人类的和平乐曲,全世界会联合起来打法西斯的。

马锅头说：你们就使劲打吧，我们保证你们打到哪儿，我们马帮就把你们需要的东西送到哪儿。

木润铭说：好，咱们前线见！

小音音挥挥小手说：阿爸，咱们前线见！

木润铭点点头，一带马，跟着雷霆和雷丹妮跑去，在他的眼前出现的是：

巍峨的玉龙雪山。

波涛汹涌的怒江。

浩浩荡荡的大军涌向滇西。